哲学家 2009
PHILOSOPHER

中国人民大学哲学院　编
郝立新　主编

人民出版社

龙润集团（中国）有限公司特别赞助

总　序

冯　俊

哲学就是爱智慧,对智慧的追求和探索;哲学家就是爱智者,智慧的追求者和探索者。

哲学不仅要思考自然、大宇宙,它也关注人的心灵、小宇宙;哲学家既观天、考察灿烂的星空,也察地、关注市井和人生。哲学家要有把天地想得透彻的能力。哲学是一门自由的学问,为了知而求知,求知爱智不受任何功利的驱使,不被任何权威所左右。哲学家任思想自由驰骋,任智慧自由翱翔;同时哲学家又对真理异常执著,愿意为坚持真理而死,就像"夸父"去追赶太阳。

哲学是时代精神的体现,是一个时代的精神桂冠或精神旨归。哲学家既是一个时代的呼唤者,又是一个时代的批判者。哲学家是一个守夜者、一个敲钟人,哲学家又是一只牛虻、一只猫头鹰。一个时代不能没有哲学,更不能没有哲学家,一个没有理论思维的时代和一个没有理论思维的民族是可悲的、是荒芜的;一种哲学和一个哲学家也不能离开他的时代、他的民族,离开了时代和民族的哲学和哲学家是空洞的、没有生命力的。一个时代能够产生哲学家是这个时代的幸运,一个哲学家能遇上一个好时代那是他的福气。

哲学家不像文学家、艺术家那样被大众所熟知和喜爱,哲学家是寂寞的、孤独的,甚至被大众视为异类;哲学家不能像企业家、政治家那样享受现世的荣华,哲学家成为贫穷、寒酸的代名词,他们常被金钱和政治所忽视;但是,哲学家是幸福的,因为他们在理智的沉思中得到了常人无法理解的快乐,哲学家的幸福是思辨之幸福。哲学家虽然不是预言家,但是他们更多地是为了未来而活着,为了整个人类而活着。

《哲学家》是哲学家们的家,中国人民大学哲学院创办《哲学家》是为哲学家寻找一个精神家园,建设一个学术家园。中国人民大学哲学院(系)创办五十多年来,为马克思主义哲学的传播和教育、研究和发展,为中西哲学的继承和弘扬、挖掘和批判做出过巨大的贡献,在这里诞生过许多第一本教材,在这里曾经产生过不少新的学科,在这里出现了国内的第一批硕士点、博士点、博士后流动站、一级学科授权点,在这里走出了千百位哲学教授,这里培养出国内最多的哲学博士生和硕士生,这里产生出数百部学术专著和数以万计的学术论文。它曾被人们誉为哲学教育的重镇、哲学探索的前沿、哲学家的摇篮。进入新世纪,我国哲学社会科学的研究和教学空前繁荣,许多院校哲学学科异军突起,哲学领域出现了诸侯割据、群雄并立之势。哲学家们驰骋疆场、逐鹿中原之日,定是中国哲学社会科学发展繁荣之时。中国人民大学哲学系组建成为了哲学院,哲学家们也找到了《哲学家》,《哲学家》既是哲学家们角逐的原野、比武的疆场,也是以武会友的会馆、交流心得的茶坊。

《哲学家》既要展示人民大学哲学院的学术成果,又要展示国内外同行们的真知灼见。稿件不分领域,不论长短,重在有新意、合规范;作者不讲身份,不论出处,贵在求真理,有创见。欢迎国内外的学者、同行们踊跃赐稿,让我们共同建设好哲学家们的家园。

编者感言

郝立新

　　《哲学家》创于 2006 年。因工作调动,冯俊教授主动辞去主编工作。编委会进行了一些调整和充实。从《哲学家·2009》起,主编由郝立新担任,副主编由余开亮、张立波担任。我们诚挚地感谢冯俊教授在主编《哲学家》时所做的开创性工作和突出贡献。

　　编辑哲学文稿是一个学习哲学、进行哲学思考的良好机会。我常常在想,哲学究竟是什么样的学问? 哲学家应该为社会奉献什么? 通过阅读这些论文,我想读者会与我们一样,越来越会认同:哲学是时代的窗口,哲学是一种社会生活,哲学是一种精神境界;哲学家是社会中的独特的思者和智者,他们为社会奉献的是思想和智慧。

　　我很欣赏罗素在《西方哲学史》中的表达的哲学观。他把哲学看做是人们了解一个时代的窗口,看做是社会生活的有机组成部分。他说:"要了解一个时代或一个民族,我们必须了解它的哲学;……人们生活的环境在决定他们的哲学上起着很大的作用,然而反过来他们的哲学又在决定他们的环境上起着很大的作用。""哲学,从远古以来,就不仅是某些学派的问题,或者少数学者之间的论争问题。它乃是社会生活的一部分,我就是试图这样来考虑它的。"①其实,在罗素之前,黑格尔和马克思等哲学家就表达过类似的思想。

　　我们希望,我们的《哲学家》能够成为了解我们这个时代的学术思想及其反映或折射出的社会现实生活的一个小小的窗口。我们也希望,读者们能够分享哲学家们奉献的思想与智慧。

　　哲学表达是一种特有的精神境界。人们可以从多个角度去理解它。哲学或者体现真善美的交织,或者体现价值与科学的统一,或者体现思想和智慧的融合。在《哲学家·2009》的哲学论著中,不乏思想的深刻,学术的严谨,智慧的闪光。

　　哲学的表达可以是抽象的,但哲学的诉求却是具体的、现实的。抽象的哲学不等于远离现实的说教。《我们的哲学:"首要在于解释世界"》一文表达了强烈的现实关注。它提出一个尖锐然而值得思考的一个问题:我们的哲学能解释我们的世界吗? 作者指

---

　　① 罗素:《西方哲学史》上卷,商务印书馆 2005 年版,第 12、8 页。

出:当代我们有的哲学研究,在历时态上疏离我们的现实生活世界,落后于时代发展所要求的水平;在共时态上没有提升出影响当代中国发展的哲学理念,没有以哲学方式关注现实;在内容上往往满足于宏大叙事,不注重对新的现实进行具体而精确的知识分析;在表述形式上往往抽象难懂,没有为我们提供本应有的明明白白的智慧。《论民主价值的确认及其实现方式》从政治哲学和价值哲学的角度,着力剖析西方民主的利弊得失及其把握方式,探讨民主建设在当前中国特色社会主义现代化建设中的积极作用。

马克思的哲学思想至今仍表现出无穷的魅力。关于马克思哲学的文本解读,特别是他的伦理思想、阶级理论、意识形态理论,都不断有新的研究成果。《"回到马克思"的解释学意境》、《马克思和恩格斯伦理道德观的新阐发》、《资本逻辑的嬗变与重审"阶级话语"》、《阶级的起源与概念问题》、《意识形态概念的基本问题域及其阐释传统》等论文,既体现了对马克思文本的重视,又凸显了问题意识和国际视野。

追踪和反映国内外哲学研究前沿是我们一贯的宗旨。我们组织了以"视觉性·主体性·现代性"为题的一组专题论文,介绍了美学研究前沿——视觉文化研究的概况和有关成果。《方法论与比较哲学》介绍了多位国内外学者对比较哲学方法论等问题所进行的深入探讨。《凤潭与中国天台宗》、《禅者之"手"与海德格尔之"手"》反映了佛学研究的新成果。《哲学家·2009》还刊登了三位国外学者为本书撰写的论文:美国国际管理研究院国际政策研究所执行主任、教授诺曼·莱文的《重新界定马克思主义》,比利时鲁汶大学教授雅克·凡·柏拉克的《我们》,美国普林斯顿大学学者王扬的《修辞与哲学》。

需要指出的是,《哲学家》崇尚学术自由,鼓励在学术领域的探索与争鸣。我们不一定赞同某一种观点,但我们尊重学者发表学术见解的权利。《重新界定马克思主义》的作者诺曼·莱文是美国学界研究马克思、恩格斯学术思想关系的著名学者,他在《可悲的骗局:马克思反对恩格斯》、《辩证法内部的对话》等著作中阐述的主要观点引起了国际马克思学界的重视,不乏学者围绕这些观点展开深入的讨论。他认为,"辩证唯物主义"和"历史唯物主义"这两个"标签"不符合马克思思想的真实内容,为此他要重新界定马克思主义。通过借鉴《马克思恩格斯全集》历史考证版的相关成果,莱文指出,黑格尔主义方法论是马克思社会分析方法的基础,马克思借用黑格尔主义方法论范畴,揭示社会系统的内部结构,发明了一种新的社会科学解释公式,打破了以往所有社会科学的诊断原则。这些观点很具挑战性,值得关注,也欢迎来稿讨论。另外,《元价值、人本价值和责任价值》一文对前一段学术界关于价值和"普世价值"的争论也表达了自己的学术观点。

本期开设了"哲学家学术述评"专栏,刊登了夏甄陶教授的学术自传《三十年的回顾》,以及《为文喜作风雷笔,闻道犹能以身求——陈先达哲学思想述要》、《精思穷微,著作传九州——方立天教授学案》、《探赜索隐,开拓创新——张立文教授学术创新综述》、《问题流变中的创新——刘大椿教授与科学技术哲学研究》,展示了当代中国著名哲学家们的学术风采。

我们感谢各位作者和读者的大力扶持,并期待着您对《哲学家》的继续关注和支持。

目　　录

哲学家

Contents

☞ **Western Philosophy**

☞ **Religious Studies**

☞ **Comparative Philosophy**

☞ **Academic Review of Famous Professors**

【哲学与价值】

我们的哲学:"首要在于解释世界"

韩庆祥　王海滨

（中共中央党校哲学部）

内容提要:改革开放以来,我国马克思主义哲学研究取得了进展。然而值得思考的一个问题是:我们的哲学能解释我们的世界吗? 当代我们有的马克思主义哲学研究,在历时态上疏离我们的现实生活世界,落后于时代发展所要求的水平;在共时态上没有提升出影响当代中国发展的哲学理念,没有以哲学方式关注现实;在内容上往往满足于宏大叙事,不注重对新的现实的具体而精确的知识分析;在表述形式上往往抽象难懂,没有为我们提供本应有的明明白白的智慧。哲学的基本功能是解释世界、批判世界、评价世界、引导世界和改变世界,而我们有的哲学研究不要说改变世界了,就连解释世界也没有做到。

关键词:哲学　解释世界　改变世界

改革开放以来,我国马克思主义哲学研究取得了一定的进展,基本上突破了传统教科书对马克思哲学的某些不正确理解,一定意义上还马克思哲学以本来面目;与西方哲学进行对话,克服了过去对西方哲学以"左"的理解的局限;注重哲学思维方式和哲学观念的变迁,对解放思想发挥着积极作用。

然而,本文在充分肯定我国马克思主义哲学研究取得较大成就的前提下,着重从"忧患意识"和"危机意识"出发,来反思当代我国马克思主义哲学的研究现状。由此我们提出一个值得思考的问题:我们的哲学能够解释我们的世界吗? 哲学既是黑格尔所说的"晚上起飞的猫头鹰",它要解释和反思"既在"的事物,同时还应成为马克思所谓的"高卢的雄鸡",它要为"将在"的事物提供前导。① 根据马克思《关于费尔巴哈的提纲》对哲学的理解,哲学既要解释世界,更要改变世界。这就要求我们的哲学不仅要用理论解释世界,而且要为建立新世界提供前导性理念。然而,在关系当代中国发展的根本性问题上,虽然哲学家不一定去"凑热闹",但我们的马克思主义哲学研究所出现的"解释危机"及陷入缺场、失语、无声的窘境也值得警惕。当代我们有的马克思主义哲

---

① 参见《马克思恩格斯选集》第 1 卷,人民出版社 1995 年版,第 16 页。

学研究,在历时态上疏离了我们的现实生活世界,落后于时代发展所要求的水平;在共时态上没有提升出影响当代中国发展的哲学理念,没有以哲学的方式关注现实;在内容上往往满足于宏大叙事,不注重对新的现实的具体而精确的知识分析;在表述形式上往往抽象难懂,没有为我们提供本应有的明白的智慧。哲学的基本功能是解释世界、批判世界、评价世界、引导世界和改变世界,而我们有的哲学研究不要说改变世界了,就连解释世界也没有做到。

一、疏离现实生活世界,落后于时代发展所要求的水平

哲学革命往往是政治变革的先导。英国哲学充当了英国革命的前导,法国哲学担当了法国革命的前导。恩格斯指出:"正像在十八世纪的法国一样,在十九世纪的德国,哲学革命也作了政治崩溃的前导。"①实际上,马克思哲学也充当了无产阶级革命的前导。纵观西方哲学史,西方哲学家的思想大都引领了时代发展,启蒙了大众,从而影响了他们所处的世界。而当今我们有的马克思主义哲学研究,往往既没有提出影响时代和当代中国实践发展的原创思想,也没有为人民大众提供思想启蒙,还没有为执政党提供先进性的思想体系。一句话,当今我们有的马克思主义哲学研究在一定意义上落后于时代发展所要求的水平,既不能明确解释我们面临的外部世界,也不能说清人的内在心灵世界。

(一)问题落后于时代

问题是时代的声音,哲学必须关注它那个时代的问题,并对时代问题作出符合时代所要求的水平的哲学阐明。正如马克思所言:"一个时代的迫切问题,有着和任何在内容上有根据的因而也是合理的问题共同的命运:主要的困难不是答案,而是问题。"②"每个问题只要已成为现实的问题,就能得到答案。……问题却是公开的、无所顾忌的、支配一切个人的时代之声。问题是时代的格言,是表现时代自己内心状态的最实际的呼声。"③就是说,哲学思考源于时代的呼唤,是对时代发展的理论回应。马克思正是通过准确捕捉时代的、实践的根本问题来把握现实世界的。

马克思哲学所关注的总问题是资本控制社会的逻辑。马克思坚持科学原则和价值原则的统一,既肯定资本对生产力发展的积极作用,又批判资本对人的发展的消极作用。就积极作用而言,资本是"一本打开了的关于人的本质力量的书"④。借助于资本的作用,"资产阶级在它的不到一百年的阶级统治中所创造的生产力,比过去一切时代

---

① 《马克思恩格斯选集》第 4 卷,人民出版社 1995 年版,第 214 页。
② 《马克思恩格斯全集》第 1 卷,人民出版社 1995 年版,第 203 页。
③ 《马克思恩格斯全集》第 1 卷,人民出版社 1995 年版,第 203 页。
④ 马克思:《1844 年经济学哲学手稿》,人民出版社 2000 年版,第 88 页。

创造的全部生产力还要多，还要大。"①就消极作用而论，"死的资本迈着同样的步子，并且对现实的个人活动漠不关心。"②就是说，资本不仅漠视人，而且通过支配劳动控制人。

马克思哲学的总问题对分析当今"中国问题"具有现实意义，从这个意义上说，"马克思仍然是我们的同时代人"。当今我国哲学视阈中的"总问题"，是权力与资本共同控制社会以及社会结构所发生的变化。经过认真分析研究，我们曾认为，"权力至上的、自上而下的、金字塔式的社会层级结构及其权力运作方式"，是产生中国诸多问题的总根源。③ 在当今中国，资本对社会的控制达到了相当的程度。马克思对于资本控制社会的逻辑进行了科学与价值相统一的双重分析，而我们在利用资本对发展经济的积极作用的同时，却没有很好地消除资本对人的发展的负面影响。更值得我们注意的是，当今我国的权力与资本的结合以共同控制社会的情景越来越突出，且已成为当今中国社会的一个基本逻辑。不仅如此，在当今中国社会，一种新的社会结构性因素与社会结构正在日益凸显，这就是公民社会逐渐形成，政府职能正在逐渐发生转变，市场机制正在逐渐发挥作用。这种社会结构的变化是当代中国所发生的最为深刻的新变化，其影响与意义更为深远。自然，像权力与资本共同控制社会、社会结构的新变化这样的问题，仅仅靠具体科学是远远不够的，还必须上升到哲学层面用哲学的方式来解决，也就是说它应当成为当代中国马克思主义哲学必须给予关注并加以研究的根本性问题。

我们有的马克思主义哲学研究并没有完全、真正反映当代中国社会实践所发生的深刻变化，没有真正捕捉到我们这个时代的真正问题，没有深刻挖掘和提升出当今中国的总问题，往往对权力与资本共同控制社会的逻辑不予关注，对当代中国社会结构所发生的深刻变化无动于衷。就是说，我们有的哲学研究的问题落后于时代。其中缘由，就是我们有的哲学研究往往远离马克思主义哲学与现实世界接触并相互作用的本性，即：思维方式没有与时俱进，不去研究当代问题；眼光向外，不肯研究中国问题；担心降低哲学水准，不愿研究现实问题；怕触及权力，不敢研究政治问题。

（二）研究方法落后于时代

我们有的哲学研究方法也落后于时代。

研究客观实际，却不注重把握中国社会主义初级阶段的历史方位及其哲学意义。改革开放以来，我们的马克思主义哲学逐渐注重研究客观实际。那么，当代中国社会最大的客观实际究竟是什么？毫无疑问，最大的实际就是我国的社会主义依然处在初级阶段，处在由前现代走向现代化的征途中，处在消解人的依赖、扬弃物的依赖的过程中。这种实际，对当代我国的马克思主义哲学具有重要的研究价值。当今我们有的马克思

---

① 《马克思恩格斯选集》第1卷，人民出版社1995年版，第277页。

② 马克思：《1844年经济学哲学手稿》，人民出版社2000年版，第9页。

③ 参见韩庆祥：《社会层级结构与以人为本：一种政治哲学的分析》，《中共中央党校学报》2007年第1期。

主义哲学研究却不够关注且没有真正把握这一最大的客观实际及其哲学意义,自然也就无法去解释这一最大的客观实际。

研究认识论,却不注重把握事物的原因、本质、规律。当今我国的马克思主义哲学注重从实践角度研究认识的本质、认识的基础、认识的来源、认识过程、传统真理观及其局限,但不注重对客观事物本身的原因、本质、规律的研究。其实,科学把握事物的原因、本质、规律是准确解释事物的基础和前提。西方哲学相对注重研究事物的原因、本质、规律,而当今我们有的哲学却对事物的原因、本质、规律研究不够。如果我们的哲学不去深入认识和把握事物的原因、本质和规律,解释世界也就无从谈起。

研究辩证法,却往往不能全面地看待现在我们所遇到的问题。马克思哲学注重辩证即全面地看待事物,既注重从科学角度揭示事物发展的规律,又注重从价值尺度为世界的发展提供引导。然而,近年来,在一些重大问题上,我们的一些哲学研究者却没有真正坚持辩证法。如在对待西方文化与本土文化的关系上,有的人总在推崇西化与盲目自信上两极摇摆;在对待儒家学说上,总在彻底批判与提倡复兴之间举棋不定;在对待改革上,有的人以历史尺度看待改革,多看到经济上的巨大成就而少发现"人"的方面的严重问题,有的人以价值尺度评价改革,少看到经济及其他方面所取得的巨大成就而多看到存在的严重问题;对于资本,没有坚持科学原则和价值原则统一的分析方法,因而没有充分认识到资本的双重本性(刺激经济发展和"吃人")、双重作用(积极作用和消极作用),要么推崇"资本至上",要么主张"取消资本"。

研究实践,只有实践概念而没有实践行动。马克思的实践观是实践理论和实践行动的有机统一,既强调从实践角度解释世界,又注重用实践行动改变世界。1978年以来,我们的哲学特别注重并强调从实践角度重新理解马克思主义哲学,从"人改造客观世界的物质活动"、"主客体相互作用的中介系统"、"思维方式"、"人的存在方式和发展方式"、"马克思哲学的革命"和"马克思哲学的本质特征"等角度,逐渐建立起了完整的实践概念和实践理论。我们有的哲学研究往往满足于在书斋里对实践进行学院派式的研究,却不去深入当今中国社会实践,真正把握社会实践活动及其实际发展过程,不关注实践行动。

研究历史,却缺乏结构思维和过程思维。马克思唯物史观的根本特征,是注重从社会结构和历史过程的角度研究历史,强调社会结构状况决定社会历史发展状况,社会历史发展是一个有规律可循的历史过程。我们今天的哲学坚持以历史唯物主义的基本原则来研究历史。我们有的哲学研究往往既缺乏结构思维,没有深入到我国社会结构内部来研究中国社会的发展状况和人的发展状况以及分析当今中国社会所发生的深刻变化,也缺乏过程思维,要么用过去的眼光看待今天,要么把今天迫切需要思考的紧迫问题交给未来,要么把未来才需要做的事拿到今天来做。

研究人,只有"人"的研究而没有对"现实人的生活世界"的关注。马克思的历史观的前提,"是一些现实的个人,是他们的活动和他们的物质生活条件,包括他们已有的和由他们自己的活动创造出来的物质生活条件。"①这表明,马克思既注重对现实的"人"的价值研究,也注重对人的"现实"的科学研究,即注重对有生命的个人、他的物质生产活动和物质生活条件(人的生活世界)进行经验观察和实证分析。遗憾的是,当今我们的哲学研究虽然注重研究人,但对"现实人的生活世界"(外部感性世界和内部心灵世界)关注不够,对"现实的人及其实际的社会历史发展过程"缺乏具体而深入的经验观察和研究。

(三)思维落后于时代

在思维上,存在的"主—客"思维、官本位思维、词句思维、圈地思维、碎片思维限制了我们的视野,致使我们有的哲学思维落后于时代发展所要求的水平。

"主—客"思维。胡塞尔从共同生活的角度提出了主体间性的问题,指出:"每一个自我—主体和我们所有的人都相互地一起生活在一个共同的世界上,这个世界是我们的世界,它对我们的意识来说是有效存在的,并且是通过这种'共同生活'而明晰地给定着。"②在学术界,主要是因为胡塞尔、哈贝马斯等西方哲学家的倡导,近年来,"主体间性"(也有人译为"主体际性",其英文对应词为 intersubjectivity)已经成为我国哲学界使用频率颇高的概念之一。我们的哲学虽然注重研究主体间性,但一些研究者却缺乏主体间性思维,往往以我为主、以他为客,自以为是多,自以为非少;居高临下多,平等对话少;控制话语多,自我纠错少;权威意识多,包容意识少;依附意识强,自主意识弱。

官本位思维。市场经济的发展,推动了公民社会和服务型政府的发展。社会主义市场经济逐渐培育个人的独立意识、能力意识,公民社会逐渐培育人的自主意识、平等意识,公共服务型政府逐渐培育人的服务意识、权利意识。其最终结果,就是必然冲击官本位思维,进而形成公民思维,或者使公民思维逐渐取代官本位思维。我们一些人却往往攀附权贵,且注重控制话语权,没有把自己当做公民而进行哲学思考,不关心公共性问题。

词句思维。哲学创新是一切思想、理论创新之本,是哲学能够不断合理解释世界的前提。"哲学'创新',就是哲学家以新的哲学理念和新的思维方式为人类展现新的世界,提示新的理想。"③当今我们有的哲学研究一定程度上缺乏自主创新能力,其中一个表现,就是往往以制造新概念的词句思维代替提出原创性成果的创新思维。马克思当年曾经批判青年黑格尔派严重脱离德国实际而热衷于"词句革命"的倾向,指责他们不是反对现实世界,而是仅仅反对"词句",他们喊出不少震撼世界的词句,但在实际行动上却是最大的保守分子。我们今天的有些哲学研究不也存在着类似的问题吗?

圈地思维。全球化问题、发展问题、环境问题等综合性的复杂问题,需要我们运用

---

① 《马克思恩格斯选集》第 1 卷,人民出版社 1995 年版,第 67 页。
② 弗莱德·R.多尔迈:《主体性的黄昏》,上海人民出版社 1992 年版,第 63 页。
③ 孙正聿:《以哲学的工作方式推进马克思主义哲学研究》,《学术月刊》2007 年第 5 期。

综合思维进行研究。当今我们的一些哲学研究落后于时代发展的要求,往往以圈地思维来思考问题,集中表现在:先封地后栽树,自我隔离;各学科、各专业自我封闭,各自为战;自言自语、自食其果、自以为是、自卖自夸;对西方哲学的理论挑战置若罔闻。

碎片思维。马克思哲学的大众形态、学理形态和政治形态本来是一个具有内在联系的完整结构,在本质上是统一的:马克思从真正开始其哲学活动初期,最关注的就是人民大众的生存处境与发展命运,期望建立一种为大众提供现世智慧、为大众立言、作为无产阶级解放"头脑"的大众形态的哲学;这样的哲学必须通过分析和揭示人类社会历史发展的一般规律和资本主义社会发展的特殊规律,通过分析工人阶级的生存境遇与发展命运建立起来,这就需要从理论上系统思考研究问题,建立起学术形态的哲学,以从理论上武装无产阶级;要实现无产阶级的解放,还必须建立一个能代表无产阶级根本利益且用为无产阶级立言的理论武装起来的政党,使这个政党来组织和带领无产阶级进行社会主义革命,这就需要确立起政治形态的哲学。只有把马克思哲学的"大众形态"、"学术形态"和"政治形态"有机地统一起来,才能完整把握马克思哲学的精神实质,才能勾勒出马克思哲学的完整图景。但我们今天的哲学研究没有真正实现这三者之间的良性互动,反而把三者割裂开来,各自都是碎片,彼此间缺乏交流与对话:首先,改革开放以来,虽然我们在政治上没有忽视马克思主义哲学的"大众形态",但总体上,马克思主义哲学往往成为政治家和专家学者的专利,一定意义上疏离了马克思主义哲学的"大众本性",为大众立言的马克思主义哲学大众形态未真正建立起来:学术界对大众关心的问题关注和研究不够;哲学研究的内容要么是"文本",要么是"政治生活",要么是"当代西方哲学",人民大众的生活世界和心灵世界没有成为专家学者哲学研究的基本内容,人民最美好、最珍贵、最隐蔽的精髓没有完全汇集在哲学中;学者们乐于在书斋读文本之书,强调读政治生活之书,注重读当代西方哲学之书,而对人民大众的实践之书、生活之书和心灵之书读得不够;我们提出了不少新的政治理念和学术思想,但对我国改革开放30多年人民群众生动活泼的实践与经验智慧做哲学总结、提升不够;当今我国马克思主义哲学充满学术话语、政治话语、西方话语,但大众话语严重缺失,通俗易懂的、人民群众喜闻乐见的马克思主义哲学没有真正呈现出来。其次,在当今我国学术界,马克思主义哲学的学术形态强劲,但疏离政治和大众的倾向较为突出。最后,在政治意识形态领域,马克思主义哲学的政治形态突出,但需要进一步赢得学理支持和大众认同。这种碎片思维,使马克思主义哲学研究缺乏可持续发展的良好环境。

(四)研究主体的素质落后于时代

西方大多数哲学大师都是百科全书式的人物,如亚里士多德、洛克、康德、黑格尔、马克思等。只有具备这样的素养,才能为解释世界和改变世界提供有效的思想和理论。反观我国一些哲学研究者的主体素养,往往已落后于我们这个时代发展所要求的水平。

我们今天面对的多是综合性问题,需要运用各门学科的综合知识来分析研究,因而需要研究主体具有全面合理的知识结构。现在我们一些研究者往往具有片面的知识结構,研究哲学的却不懂经济学、政治学、社会学,研究经济学的却不懂哲学、历史学、伦理学,研究社会学的却不懂人类学、心理学。研究主体的知识结构制约着研究主体的理论视野和问题领域,因而,缺乏全面合理的知识结构,就无法科学地解决时代所提出的综合性、复杂性的问题。

我们今天面临许多涉及公共利益的问题,如改革、教育、卫生、环保、食品、交通,等等,把这些问题上升到哲学层面,需要哲学研究者具有公共观念。我们有些学者缺乏公共意识、公共观念和公共精神,往往站在自己利益的立场上看问题,仅仅从自己专业的角度发表观点。如一些利益受到影响的哲学专家学者往往过多批评改革,而一些利益受益的哲学专家学者往往过多给改革唱赞歌。

当今时代和当代中国实践发展把许多根本性问题摆在我们的哲学家面前,需要哲学给予解答,这就要求哲学工作者深入当今中国实际,潜心研究,提出原创性理论成果,为解答这些问题提供真理,即把哲学看做事业。马克思当年就是把哲学视为一种事业,而不是一种职业。在《青年在选择职业时的考虑》中,他自觉地把"自身完美"与"人类幸福"结合起来,认为"人只有为同时代人的完美、为他们的幸福而工作,自己才能达到完美"①。马克思为人类幸福而工作,就甘愿清贫地从事真理研究,献身于哲学事业。用我们中国古人的话来说,就是"为天地立心,为生民立命,为往圣继绝学,为万世开太平"。我们今天一些人却往往把哲学事业当做职业、当做饭碗,缺乏献身精神,浮躁之风由此而生。

当今中国社会结构与人的生存方式发生了广泛而深刻的变化,市场经济、公民社会和公共服务型政府构成的新型社会结构正在形成,以尊重"利益"、"能力"、"理性"和"自立"为特征的人的生存方式日趋呈现。当今我们有些学者还往往对上述所发生的深刻变化视而不见。

把握事物的原因、本质和规律,有效地解释世界,需要了解全面的信息。马克思为了把握人类社会发展的一般规律和资本主义社会的特殊规律,既深入欧洲社会实际"调查研究",又静心坐在书房广泛浏览文献、深入阅读经典,目的是为了尽量全面地掌握思想资源和有用信息。反观我们的一些研究,往往既不深入当今中国社会现实,不能全面了解实际所发生的深刻变化,又对基本和重要的文献以及思想资源掌握不全,缺乏全面而深厚的学术积累。搜集资料、了解信息、学术积累是提出问题、分析问题、解决问题的前提和基础。信息了解不全、学术积累不够,就会导致判断失准甚至严重失误,进而也就无法为解决"中国问题"提出有效的方法,无法解释当今我们所面临的世界。

今天我们面对的历史方位具有"时空压缩"特征,就是说在社会主义初级阶段,在我国改革开放和现代化建设进程中,既出现了前现代、现代和后现代各种因素、问题、现

① 《马克思恩格斯全集》第1卷,人民出版社1995年版,第459页。

象并存的局面,又有封建主义、资本主义、社会主义因素并存的现象,还有"人的依赖"、"物的依赖"和"自由个性"并存的情景。这就需要我们哲学工作者给予全方位、多层次的哲学分析,需要探颐索隐、致远钩深的细致研究。我们有些人却往往单向度地看问题,看到了"现代"却忽视了"前现代",看到了资本主义因素却忽视了封建主义、社会主义因素,看到了"物的依赖"却忽视了"人的依赖"和"自由个性"。

二、哲学理念提升不够,没有以哲学方式关注现实

我们的哲学要解释世界,就必须注重哲学理念的提升,并以哲学方式关切现实。一方面,从哲学的本性来看,哲学重在反思、批判、超越。理念提升不够,就无法保证以哲学方式讨论问题、从哲学层面解释世界。哲学解释世界的方式,不同于常识、宗教、艺术、伦理、科学把握世界的方式。无论是"思想中所把握到的时代",还是"自己时代精神的精华",都意味着哲学对现实的把握,不是再现时代的诸种表象,而是对时代问题的哲学理念提升。另一方面,从哲学解释世界的独特力量来看,区别于常识、经验、科学,哲学的力量在于说服性、彻底性、根本性。对此,马克思指出:"理论只要说服人,就能掌握群众;而理论只要彻底,就能说服人。所谓彻底,就是抓住事物的根本。但是人的根本就是人本身。"①抓住人的根本(人本身),理论就具有彻底性;理论具有彻底性,就能说服人。哲学解释世界的说服性、彻底性、根本性基于哲学的理念提升。哲学只有捕捉时代问题、抓住时代主题、与现实拉开间距、提升核心理念,才能以独特的理论力量发挥解释世界的功能。

提升哲学理念,不是为了建构思辨的哲学体系,而是为了以哲学方式关注现实。马克思指出,黑格尔哲学实际上是以"最抽象的形式"表达了"最现实的"个人的物质关系,即:"个人现在受抽象统治,而他们以前是互相依赖的。但是,抽象或观念,无非是那些统治个人的物质关系的理论表现。"②马克思哲学的本性是以哲学的方式面向现实的人的生活世界,这主要通过马克思提出的一系列有关哲学理解的命题表现出来:"哲学是对'尘世'进行批判和确立'此岸世界'真理的'批判哲学';哲学是'非常懂得生活'并为现世提供智慧的'生活哲学';哲学是理解现实人的生活世界、进入同时代人的灵魂、为劳苦大众提供心灵引导的'人的哲学';哲学是超越现实并改变世界的'实践哲学';哲学是关注无产阶级解放并成为人民精髓的'政治哲学'。"③沿着马克思开辟的哲学道路,自觉实现哲学观变革,以哲学方式关注现实,是我们的哲学解释世界的前提和基础。

---

① 《马克思恩格斯选集》第 1 卷,人民出版社 1995 年版,第 9 页。
② 《马克思恩格斯全集》第 46 卷(上),人民出版社 1995 年版,第 111 页。
③ 韩庆祥:《回到马克思哲学本性的基地上探寻哲学发展之路》,《哲学动态》2008 年第 5 期。

反思当代中国马克思主义哲学研究的现状，我们的哲学没有真正提升出影响当代中国发展的哲学理念：政题论证多，理性分析少；盲目肯定多，反思批判少；注解论证多，前导引领少；亦步亦趋多，超越创新少。很多具体问题的解决仅靠具体科学远远不够，必须由哲学参与，但是哲学在一定程度上失语了。如何把时代问题提升到哲学层面并用哲学方式讨论？马克思哲学的以哲学的方式面向现实人的生活世界的本性具有重要的当代启示。我们有的哲学研究没有真正基于马克思哲学的本性探寻哲学发展之路，已无法解释我们的世界了。

三、满足于宏大叙事，不注重对新的现实的具体而精确的知识分析

解释世界需要知识。今天，我们遇到的多是新生事物与新问题，面临的形势也日趋复杂，需要具体解释和分析。《德意志意识形态》所形成的历史唯物主义，实际上就是一种解释世界的理论，这种理论注重现实生活，注重对人们的实践活动和实际发展过程的描述，注重对人类历史发展的考察和概括。对此，马克思、恩格斯指出："在思辨终止的地方，在现实生活面前，正是描述人们实践活动和实际发展过程的真正的实证科学开始的地方。关于意识的空话将终止，它们一定会被真正的知识所代替。对现实的描述会使独立的哲学失去生存环境，能够取而代之的充其量不过是从对人类历史发展的考察中抽象出来的最一般的结果的概括。这些抽象本身离开了现实的历史就没有任何价值。"①哲学不同于科学，科学主要以表述方式陈述经验事实，哲学更注重反思、批判、超越。但是，"按照事物的本来面目及其产生根源来理解事物，任何深奥的哲学问题都会被简单地归结为某种经验的事实。"②所以，哲学也需要借助科学精神，从而对新的现实进行具体而精确的知识分析。

现代西方哲学家大都批判缺乏具体精确的分析、满足于宏大叙事的知识，其中利奥塔的批判具有代表性。利奥塔指出，宏大叙事的"危机来自知识合法化原则的内在侵蚀。这种侵蚀是在思辨游戏中进行的，正是它解开了应该定位每门科学的百科全书式的巨网，使这些科学摆脱了束缚"③。如果说利奥塔以当今科学知识发展的复杂性状况为根据批判宏大叙事，那么马克思恩格斯则从终结旧哲学的角度倡导对现实的具体而精确的知识分析。我们曾经指出："马克思恩格斯曾断言以下四种意义的哲学形态会被终结：在自然和历史领域用头脑中的联系代替自然界的联系和历史本身的内在的客观必然联系的以观念构建世界的哲学；不关注人的实践活动和现实生活实际发展过程

---

① 《马克思恩格斯选集》第 1 卷，人民出版社 1995 年版，第 73—74 页。

② 《马克思恩格斯全集》第 3 卷，人民出版社 1972 年版，第 49 页。

③ 利奥塔：《后现代状况关于知识的报告》，车槿山译，三联书店 1997 年版，第 82 页。

的只讲意识空话和注重自我意识想象的纯粹思辨哲学;不能满足国家需要、群众需要、实践需要并且抓不住事物的根本、不能说服人、不能被群众掌握的哲学;丧失自由理性的研究、丧失自我批判能力、哲学批判达不到真正的人的问题、批判触动不到当代问题核心的封闭保守的哲学。"①

当今我们有的哲学研究往往无视宏大叙事的危机,忽视马克思恩格斯对会被终结的哲学形态的批判,疏离《德意志意识形态》所形成的解释世界的理论。这样仅仅满足于宏大叙事、笼统直观、模糊思维,不注重对现实的精确分析,不注重描述人们实践活动和实际发展过程,不注重经验观察,对知识和知识论不屑一顾的哲学,不可能解释当今我们所面临的世界。

四、抽象难懂,没有为我们提供本应有的智慧

哲学是爱智慧。从词源上说,哲学是"philosophia",即"爱智慧"。智慧最基本的功能就是使人明白。学术研究就应该为人民大众提供启蒙思想、使人明白的智慧。马克思倡导这样的学术观:"我们绝不想把新的科学成就写成厚厚的书,只向'学术'界吐露。正相反,我们两人(马克思和恩格斯——笔者注)已经深入到政治运动中;我们已经在知识分子中间,特别在德国西部的知识分子中间获得一些人的拥护,并且同有组织的无产阶级建立了广泛联系。"②我们这个时代特别需要使人明白的智慧:时代的浮躁,需要哲学的反思批判;时代的物化,需要超越精神与人文关怀;时代的感性化,需要哲学的理性分析;时代的问题层出不穷,需要哲学提供解释;人们价值观上混乱,需要哲学提供引导;一些人心灵迷失,需要哲学提供指引;一些人精神家园失落,需要哲学提供支撑。哲学应该恢复爱智慧的本性,用目光关注时代,用声音唤醒时代,用思想传递时代,用理念引导时代,从而为时代立言、为人类提供安身立命之本。当代中国马克思主义应该为我们提供认识并应对当今中国复杂状况的丰富智慧,能使人明明白白的智慧。

使人明白的智慧在表述形式上应该通俗易懂,这也是马克思主义哲学的传统。马克思强调理论要"尽可能地做到通俗易懂"③。他的《资本论》也尽量使读者"不能说这本书难懂"④。列宁指出:"最高限度的马克思主义=最高限度的通俗和简单明了","最高限度的马克思主义=最高限度的通俗化"。⑤ 毛泽东要求"洋八股必须废止,空洞抽象的调头必须少唱,教条主义必须休息,而代之以新鲜活泼的、为中国老百姓所喜闻乐

---

① 韩庆祥、张艳涛:《马克思是如何以哲学的方式解读现实问题的——兼论当代中国马克思主义哲学的解读方式》,《江海学刊》2008 年第 1 期。

② 《马克思恩格斯选集》第 4 卷,人民出版社 1995 年版,第 197 页。

③ 《马克思恩格斯选集》第 2 卷,人民出版社 1995 年版,第 99 页。

④ 《马克思恩格斯选集》第 2 卷,人民出版社 1995 年版,第 100 页。

⑤ 《列宁全集》第 36 卷,人民出版社 1959 年版,第 467—468 页。

见的中国作风和中国气派"①。

　　当今我们有的哲学在一定程度上消解了马克思主义哲学那种通俗易懂、新鲜活泼、喜闻乐见且具有中国作风的表述形式。之所以出现这种状况，原因在于我们的有些哲学研究主体：我们要么热衷于在象牙塔里搞一些形而上学的研究（当然是必要和必需的），远离社会公共领域、公共生活和人的生活世界，满足于抽象思辨，满足于"词句革命"，并认为这才是真正的哲学研究；要么热衷于抽象思辨的语言风格，行文缺乏具体性、精确性、明白性、易懂性；要么不去对各门具体科学所取得的实证知识进行综合、总结、概括和提升，以达到对事物的完整性认识，而是急功近利，对于自己没有真正弄懂的问题缺乏系统深入的研究，在表述形式上只能借助于抽象晦涩的词句进行遮掩。在《科隆日报》第 179 号的"社论"中，马克思曾对德国哲学提出批判：德国哲学"喜欢幽静孤寂、闭关自守并醉心于淡漠的自我直观"，"它不是通俗易懂的；它在自身内部进行的隐秘活动在普通人看来是一种超出常规的、不切实际的行为；就像一个巫师，煞有介事地念着咒语，谁也不懂得他在念叨什么"。② 我们有的哲学研究也存在着类似的问题。这样的哲学不仅不能为我们提供应有的明明白白的智慧，而且也解释不了我们的生活世界。

---

　　① 《毛泽东选集》第二卷，人民出版社 1991 年版，第 534 页。
　　② 《马克思恩格斯全集》第 1 卷，人民出版社 1995 年版，第 219 页。

论民主价值的确认及其实现方式[①]

欧阳康　　陈仕平

（华中科技大学哲学所　海军工程大学理学院人文社科系）

内容提要：民主是人类文明进步的重要基石，是世界现代化的重要内容。改革开放30多年来，我国的民主建设取得了重要的成果，但还需要在新的时代背景下进一步加强。本文着力剖析西方民主的利弊得失及其把握方式，探讨民主建设在当前中国特色社会主义现代化建设中的积极作用。

关键词：民主　西方民主　中国民主　价值

民主一词起源于希腊，其本意为人民的统治，常被人们用以表达"主权在民"、"人民主权"、"人民当家做主"等思想。古希腊时期有了早期的民主理念和民主实践，但其后的漫长历史中，政治专制却一直是政治形态的主要方式。以欧洲文艺复兴运动为转折点，民主的生机再现，许多启蒙思想家重提民主思想，强调尊重民主价值，高扬民主旗帜，坚持民主是人追求符合人性存在和发展的必然结果，强调民主精神追求的绝对性和至上性。他们主张人民享有平等的政治权利，要求以民主的国家来保障人民平等的政治权利的实现。在当代中国，改革开放30多年来我国的民主建设取得了重要的成果，但还需要在新的时代背景下进一步加强。深化民主理论研究对推进当前中国的民主建设具有重要的指导意义。当前在民主建设的理论和实践上还有很多值得探讨的问题，例如如何看待西方民主的理论与实践及其对中国的借鉴意义、当代中国是否应当加强民主建设、如何设计和推进中国的民主政治建设进程等。本文从马克思民主观出发，透析西方民主的利弊得失，把握确认西方民主价值的恰当方式，明确民主在中国社会发展道路中的价值定位，以坚定推进我国社会主义民主政治建设的信心和决心。

---

　　①　本文为国家哲学社会科学规划项目"中国、古巴、越南的哲学和社会主义比较研究"（课题批准号：04BZX005）阶段性研究成果，同时也是国家教育部2008年"学习宣传贯彻党的十七大精神和纪念改革开放三十周年"理论研究重大课题委托项目"中国特色社会主义道路研究"（课题批准号：2008JYJW006）的研究成果之一。

一、西方民主的价值意蕴

当前中国民主建设中面对的一个难题是如何看待西方民主及其价值问题。自民主政治制度出现以来,中西方对西方民主价值有三种不同的看法。第一种是完全肯定西方民主政治制度的价值,对西方民主价值倍加推崇,甚至认为西方民主制度是人类政治文明史的顶点和终结,继而要求所有民族国家将西方民主作为普适原则和普遍模式加以复制。第二种是否定西方民主的价值,认为西方民主的功能基本不能实现,或者不能完整实现。美国历史上的第二位总统约翰·亚当斯先生就认为,"民主从来没有、也不可能像贵族政治或君主立宪制那样令人向往,但只要它存在,就比二者都残酷。记住,民主永远不会长久。"①今天西方有学者也认为,"当代多数人都说民主是件好东西……请问民主到底好在什么地方? ……民主的合法性陷于深刻的危机之中。"②我国也有学者认为,民主是坏东西,应反对"民主迷信"③。第三种看法是客观分析说,认为民主是个中性的专业术语,应视具体情况而定,切不可妄自菲薄,更不能因带入感情色彩而用有色眼镜察之,因为"民主仅仅是个东西"④。

以上三种观点争论的焦点其实是如何评估民主的局限性和如何理解民主的实践成效。客观地说,民主并非完美,从工具理性意义而言,民主具有两面性,即民主的价值具有正价值和负价值的区分。正如罗伯特·达尔在《多元主义民主的困境》中所言:"即使在我们想象的民主共和国里,人民的合唱也不会永远完美、和谐地进行下去。"⑤

(一)如何看待西方民主的正面价值

对于民主价值的正面肯定可以从民主的价值、功能、优势、意义等方面加以解读,例如美国政治学家达尔把"民主的长处"即民主的工具理性价值总结为避免暴政、维护公民基本权利、促进公民和社会自治、培养责任感、促进个性自由、造成较高的政治平等、维护国际和平、保证国家繁荣等方面⑥。我国学者王沪宁教授把民主政治的功能分为三个方面:一是民主政治体制的总体功能;二是民主政治的体制功能,包括公民参政、政治稳定、政府有效、政治有序;三是民主政治的社会功能,包括增加社会成员的决策明

---

① 转引自刘山鹰:《为什么要坚持民主的价值》,《中国改革》2005 年第 10 期。
② 约翰·基恩:《民主与传播媒介》,载中国社会科学杂志社编:《民主的再思考》,社会科学文献出版社 2000 年版,第 291 页。
③ 潘维:《法治与"民主迷信"——一个法治主义者眼中的中国现代化和世界秩序》,香港社会科学出版有限公司 2003 年版,第 1 页;转引自李林:《当代中国语境下的民主与法治》,《法学研究》2007 年第 5 期。
④ 宋圭武:《民主仅仅是个东西》,中国选举与治理网。
⑤ [美]罗伯特·达尔:《多元主义民主的困境》,周军华译,吉林人民出版社 2006 年版,第 93 页。
⑥ 参见[美]罗伯特·达尔:《论民主》,李柏光、林猛译,商务印书馆 1999 年版,第 51—69 页。

智、推进社会公正的实现、化解政治暴力、推进公民智力的发展、完善社会成员的人格①。这对我们全面认识民主问题具有重要启示。

但是不管如何表达,在马克思看来,西方民主价值是价值理性和工具理性双重价值的组合。

民主的价值理性的功能在于民主本身作为公民个体的根本利益表达方式,具有显示人类追求主体性,体现人的自由全面发展的理想,强调作为主体的个人,不仅在现实的生活中有追求自由的权利,而且拥有平等参与政治的权利。马克思从历史唯物主义的立场和原则出发,确认民主的价值。民主是民众追求自由精神的体现和参与国家和社会的基本形式。民主制之区别于君主制和贵族制的关键点在于人民是国家的基础,并能够在国家生活中有效地行使主人的权力。在马克思看来,民主是通过国家而实现的"人民的自我规定"。他说,"在民主制中,国家制度本身只表现为一种规定,即人民的自我规定……国家制度在这里表现出它的本来面目,即人的自由产物。"②"然而民主制独有的特点是:国家制度在这里毕竟只是人民的一个定在环节。"③在马克思看来,民主制的关键在于,个人和市民社会先于国家而存在而不是相反,人民有权力参与和支配国家政治生活,并在这个过程中求得自己的存在和发展。国家和政府的权力只有得到民众的承认和拥戴才具有最终的合法性根据。民主理想对于人类社会进步和人的自由全面发展具有积极的意义。

民主的工具理性的功能在于民主能够促进和保障广大人民的根本利益有效实现,即民主能够有效保障人的权利和推进人的自由全面发展,促进社会的全面进步和健康发展。马克思认为民主是一种可取的社会治理方式、决策机制和组织体制。马克思晚年通过对古代氏族社会的考察,认为原始社会公共管理机制是民主的,提出"氏族这种组织单位在本质上是民主的"④。作为一种社会治理方式,民主就是通过一定的规则与程序来规制政府权力和凝聚公众意见,让人民实现对于社会的管理和参与,并按照大多数人的意愿控制和决定公共活动。此外,马克思把民主作为共产主义者同盟和国际工人协会根本组织原则,他在为"国际工人协会"起草的《临时章程》中指出,"所有成员不分肤色或民族一律平等,协会完全按照民主的原则组织并进行工作"⑤。在这里,民主成为社会团体和政党组织运行的基本原则。在这些意义上,民主是一种有效的社会治理方式、决策机制和组织体制,通过民众参与和民主监督,可以促进公共权力得以制衡,促进组织机构高效廉洁运转。

---

① 参见王沪宁:《民主政治》,三联书店(香港)有限公司1993年版,第97页以下;转引自李林:《当代中国语境下的民主与法治》,《法学研究》2007年第5期。
② 《马克思恩格斯全集》第3卷,人民出版社1995年版,第39页。
③ 《马克思恩格斯全集》第3卷,人民出版社1995年版,第39—40页。
④ 马克思:《摩尔根〈古代社会〉一书摘要》,人民出版社1965年版,第76页。
⑤ 《马克思恩格斯全集》第16卷,人民出版社1995年版,第15页。

(二)如何看待西方民主的负面价值

马克思一方面把资产阶级民主纳入到人类民主发展的历史进程中加以考察,肯定它和封建专制主义相比是历史的进步;另一方面,马克思明确了西方民主具有局限性,深刻批判资产阶级民主的虚伪性和不彻底性。① 实际上,无论是直接民主还是间接民主,在民主的理论和相应的技术设计上始终存在着局限性和难以避免的代价,其根源在于民主的工具理性和价值理性之间的对立统一关系。民主工具理性和价值理性之间的有机统一促进了民主的实现,民主价值理性引领工具理性的实施,民主工具理性维系价值理性的实现。同时,民主工具理性和民主价值理性之间有着巨大的张力结构,这种张力结构演绎出一系列实现民主价值的两难困境,例如,如何在尊重多数人的同时又恰当地保护少数人,如何在注重公平的同时又能提升效率,如何在注意整体一致的时候又能接受多元差异等。对这些矛盾和两难问题的具体解决往往难以达到有效协调和合理平衡,使民主的价值目标难以得到完全和有效实现,甚至导致民主负价值出现。西方民主的负面价值可以从民主的局限、代价、风险、悖论等方面来加以探讨。西方民主最明显的局限是由于民主制度少数服从多数的决策机制,有时会形成多数人的"恶",导致少数人的权益被边缘化甚至被侵害。除此之外,还有"选举的可操纵性和选举结果的非理性、民主对于原有社会结构的强化、民主社会的向众性、忠于反对与稳定民主的困难性"等方面的局限。② 此外,社会活动的演进具有历时性,民主建设可能需要支付巨大的时间成本,在非民主体制转换为民主体制的过程中需要经历较为漫长的历史过程。

二、确认西方民主价值的恰当方式

民主问题的复杂性要求我们把西方民主置放到所由产生的历史和时代背景中,并以一种全面的、综合的、动态的辩证思维方式来加以看待。

(一)在既有社会时空域中综合比较三种政治形态,民主是最优选择

民主的价值直接地是在与专制主义和无政府主义的比较中凸显出来的。作为一种根据多数人意愿决定问题的国家政治制度及活动机制,民主并非全能和完美的,但我们不能就此认为民主是坏东西或者价值不确定。应该说评判一种政治体系,不能只从狭隘区域和短暂时段加以考察,而要从整个人类历史发展的维度和全世界这样的广度,对其加以综合判断。从人类历史的宏大跨度和全球的广袤范围来看,民主在其实施的每个历史时期和每个区域,都面临着其他政治形式的冲击,最根本的是两种冲击:一种是独断主义或者专制主义的冲击,另一种是无政府主义的冲击,人们从来就是在专制和无政府之间徘徊,而民主恰恰就是要在这两者之间找到一种张力。正是在探寻和维系这

---

① 参见《马克思恩格斯选集》第 1 卷,人民出版社 1995 年版,第 274 页。
② 参见赵鼎新:《现代民主的真实面目》,《中国改革》2007 年第 11 期。

种张力的过程中凸显民主巨大的价值。比较三种政治模式的成效与积弊,民主政治的边际效益显然是最高的。正如达尔所言,尽管尚未找到最理想的民主模式,但民主至少是目前为止实现社会政治控制成本最低的政治形式。①

无政府状态对个人、社会和国家而言有害无益。在无政府的所谓绝对自由的状态里,由于没有权威维持秩序,具有强大力量的个人、团体或组织有可能借助自身优势抢夺他人的财富,支配甚至控制力量相对弱小的人和组织,形成事实上弱肉强食的局面。在专制政治形态,专制权力具有绝对的控制力。这种被垄断了的政治权力,只属于独裁者和极少数权贵阶层,普通社会公众只是权力的被控制者。在专制政权控制之下,特权横行,必然导致公民备受国家权力的约束和限制,公民权利保护无从谈起。专制政体因独裁者难以撤换,错误的决策难以修正,导致社会危害持续存在,影响社会的发展。三种政治形态之中只有民主制能够维护个人权益,推进人的全面发展。在政治职能方面,只有民主政治有着良好的修正错误和自我完善能力,以确保社会持续健康发展。民主政治能够在决策时可利用丰富的思想资源,整合各方聪明才智,提高决策的准确性。客观地看,民主政体决策速度一般较慢,但失误率较低,即便决策错误,一旦发现危害,常能得到较快制止和修正。

(二)民主价值的显现要以发展民主政治的基本条件和有效控制民主的局限为前提

既然在漫漫历史中民主是一个好东西,那么是否是再烂的民主也比专制好呢? 显然不是。民主价值的实现不是无条件而自行推进的,民主价值的实现受到必要的经济、政治和文化条件等多种因素的影响和制约②,也受制于政治参与主体素质和必要的国际条件。这些条件之中有的对民主价值的实现是具有强约束性,有的影响较弱。当然,这些条件的影响力发挥是动态变化的。

除了相应的政治、经济、社会条件外,民主价值的显现还必须以对民主的局限和代价有效控制为前提。民主自身虽然局限少一些,但是毕竟有局限存在。民主的运行代价较小,但是还是需要付出代价。因为有局限存在和应该付出代价,在民主的价值追求与民主的经验实践之间,总是存在着一个间距。然而,间距的存在并不足以否证民主的价值,在民主价值理性层面,民主价值观仍然发挥着引导作用,引领人们追求人的主体性和平等性的实现。民主的价值理性作用的发挥不是完全在于民主理想在现实社会中具体实现,而在于这种理想让人们对主体发展过程给予一个可以憧憬的目标和方向。从这种意义来看,民主的渐进式发展获取的许多进步仅是人类在追求美好生活的过程中可以预期的部分成果,而期间的局限和代价则是其中短暂的干扰,追求的过程并不会

---

① 参见罗博特·达尔:《多元主义民主的困境》,尤正明译,求实出版社1989年版,第35—36页。

② 参见俞可平:《民主是个好东西:俞可平访谈录》,社会科学文献出版社2006年版。前言部分第2—3页。

因此而停止。因为,民主给予个体解放和人性获得全面发展的空间是宏大的,目标是高远的,可以不断引导激励公众对民主精神的追求。在工具理性价值实现方面,实践证明,按照代价控制流程,有效地控制发展民主代价,可以做到抑制局限性,争取以较小的代价换取最大的发展,发扬其优越性。按照代价控制流程,有效地控制发展民主代价,我们应该做到:走出民主完美发展误区,确立民主发展代价意识,明确以尽量小的代价谋求民主的最佳发展;在发展民主之前,评估代价付出对民主价值实现有没有合理性,使人们在从事民主活动之前对于可能出现的负效应有所准备;付出发展民主的代价时,理性决定对代价付出,考虑发展民主代价的合理负担,让社会各方公平地来承受政治民主化的代价;代价付出后,展开对于政治民主的代价反馈,以期确定引发代价的原因,为下一步优化对民主代价调控创造必要的条件和奠定良好的基础。总之,民主政治不是终极性现实,需要不断改造、不断完善,对民主的局限和代价加以有效控制,注意避免民主体制的弱点,才能显示和发扬其优越性。

(三)民主价值的显现要以民主一般性原则适用和本土化改造的有机统一为前提

当今有不少国家都复制西方民主政治模式,结果很多国家发生了政权频繁更迭、社会秩序混乱、经济严重滑坡、人民生活质量下降的状况。这一切都说明民主价值的显示不是通过简单复制可以实现,民主价值体现还在民主一般性原则适用和本土化改造的有机统一这个前提的确立。马克思曾经明确指出:"只有民主制才是普遍和特殊的真正统一。"①西方民主制度毫无疑问包含了民主的某些基本特征和一般性原则,反映了民主发展的共性内容,属于人类政治文明的有益成果。与此同时,由于社会体制、建设目标、地理环境、文化传统、演进步骤和历史时机等诸多变量的存在,任何具体国家的民主制度、民主观念和民主行为必然具有这个国家的特色,从而形成实现民主形式的多样性,此即民主的本土化改造。

民主功能的发挥需要以民主一般性原则适用和本土化改造的有机统一为前提,应当使民主这双生方式和二重价值均涵盖在其中,而且二者应是同等重要、共同发生作用的。外力影响只有与内在特性充分结合,才能维系民主政治体系的和谐,显示民主价值。民主制度在西方国家作用的发挥具有相对的确定性。要把它们运用于其他国家,必须接受这些国家社会体制、建设目标、地理环境、文化传统、演进步骤和历史时机等诸多变量的实际影响。因此,民主的一般性原则必须经过本土化改造而形成与该国民主发展状况相适应的制度形式才是合理的。但是我们今天要特别注意的是,民主一般性原则本土化改造的价值取向是有边界的,以民主显示人类追求主体性,体现人的自由全面发展的理想是各个国家发展民主政治的共同愿望,而一般性原则适用和本土化改造之间天然存在着某些矛盾和问题,因此,民主一般性原则适用与本土化改造的统一是一

---

① 《马克思恩格斯全集》第3卷,人民出版社1995年版,第40页。

个动态的过程,其间的平衡点是滑动的,是根据人民对民主的需求、基本条件的创设,依据有利于控制住民主的局限性,减少实现民主代价付出,充分显示民主的生命力等情况来进行调整。只有立足于各国的历史和现实具体情况,才有可能找到政治文明建设的正确发展方向。

三、民主建设在当今中国的价值定位

当代中国是否应当加强民主建设?绝大多数学者对此作出了肯定的回答。但也有少数学者认为,在中国,"民主化是祸国殃民的选择",主张中国应该放弃民主的追求,只推行威权政治和"唯法治主义"[1]。这种看法过于极端,可以提醒我们警惕民主的可能危害,却难以被我们所认同。应该说,民主建设在当代中国的价值定位需要借助于中国社会发展的宏观规划,并依据于中国的社会发展实践。实践表明,社会主义民主政治建设与经济、文化、社会进步相辅相成。就民主在我国社会主义现代化建设四位一体的战略目标实现过程中的意义而言,社会主义民主建设有利于社会和谐、经济发展、文化进步,并具有重要的国际意义。

(一)中国民主建设对社会和谐的积极意义

加强社会主义民主建设有利于促进国家范围内对社会财富的相对公正分配,提高公众生活质量,促进社会稳定和谐。当前,由于某些制度不够完善,改革开放以来经济快速增长创造出来的巨量财富,在不同群体之间的分配严重失衡,贫困差距拉大,影响广大国民生活品质的改善,导致社会矛盾尖锐化,影响社会稳定。问题的产生根源在于社会不同人群拥有的个人权利的不平衡,而权利赋予的失衡在于民主制度的不完备和民主实践发展的不充分。社会主义民主对于确保国民共享社会进步经济增长的成果,提升国民生活品质有特殊的意义。发展社会主义民主,有助于更好地解决权利赋予的公平,促进社会财富的公平分配。民主政治作为一种公开透明的政治运转体系,经过必要的程序并通过法规或者政策制定实施等方式来实现不同群体之间的利益整合、妥协、平衡,确认公众特别是弱势群体有更多的话语权,并对财富享有公平的控制权和拥有公平的发展机会,建立公平的利益保障机制,以解决当前社会发展中突出的民生问题,有利于更好地实现党的十七大提出的让人民"学有所教,劳有所得,病有所医,老有所养,住有所居"的价值目标。同时,社会主义民主以有效的制约机制调控社会冲突,促进社会稳定和谐。今天中国社会存在着不少社会矛盾和冲突,需要通过一定的机制,使这些矛盾和冲突的强度与范围都受到有效的调节和控制。建设民主政治是调节社会冲突、实现社会稳定的一个基本路径。通过加强民主建设,有助于使社会全体成员按照既定

---

① 潘维:《法治与"民主迷信"——一个法治主义者眼中的中国现代化和世界秩序》,香港社会科学出版有限公司2003年版,第1页;转引自李林:《当代中国语境下的民主与法治》,《法学研究》2007年第5期。

的程序参与政治,通过相互沟通,消除怨恨,使人们的对立情绪得到缓解,依托合法的程序和步骤达成良性共识,或者通过法定程序维护自身的权利和利益,化解利益矛盾,避免社会混乱和动荡,为经济发展创造稳定的社会秩序。

(二)中国民主建设对经济建设的积极影响

能否在承认资本逻辑的情况下确定民主的逻辑?在当代社会科学领域,关于政治制度与经济发展的关系有很多不同的见解,如民主与经济发展无关论、民主制约经济发展论①、民主与发展正相关论②等。从人类社会现代化的实践经验看,在市场化程度比较高的社会,经济发展总是与民主的存在和发展相联系的,实现了民主与经济良性互动。因此,在今天中国推行社会主义市场经济的情况下,民主与经济发展正相关论是可取的。

社会主义民主政治有助于释放市场经济发展带来的政治参与压力,为经济发展提供更为稳定的社会环境。社会主义市场经济的发展加快了个性化社会的形成,改变着中国的公共权力结构,影响着民众的社会意愿,也使得民主政治建设成为市场经济发展的内在要求。社会主义市场经济激发当代中国人的潜在能量,确认个体的权利,激发个体政治参与的热情,推进人的自由解放与全面发展。同时,市场经济导致不同利益集团力量的动态变化,推进中国新的社会力量整合,进而形成公众对改变既有公共权力配置的需求。可以说,市场经济催生的公民政治参与积极性和对改变公共权力配置的要求,迫切需要我们加强民主政治建设,以民主作为必要和可取的政治整合方式和机制去应对由此可能带来的新问题。通过加快政治体制改革、扩大人民民主、基层自治与社区参与等民主政治建设举措,有利于呼应和满足市场化形成的民主要求,促进国家权力内部各个权力机关之间和国家与社会之间权力配置格局进一步优化,理顺党委与政府、中央和地方、国家与公民等方面的关系,实现国家治理和社会自治良性互动,形成国家与市民社会新的均衡,确保社会秩序稳定,保障经济的发展。

社会主义民主政治建设有利于形成高效、合理的经济管理机制,推进社会主义市场经济的深入发展。社会主义市场经济的顺利发展需要必要的前提,要求国家能够提供让经济建设有讲求公平、自由开放、竞争有序的整体环境。理想的经济秩序的形成必须通过政府的调控和引导才可能实现。因此,对于市场经济而言,政府的宏观调控有着重要意义。通过民主政治的发展,使民众能通过民主的体制将对政府作用恰当发挥的要求表达出来,利用相应的民主活动机制去提醒和督促政府转变职能,提高政府服务意识

① 参见[美]道格拉斯·C.诺斯:《经济史上的结构与变革》,厉以平译,商务印书馆1992年版。诺斯认为,包括民主制国家在内,国家的存在对于经济增长来说是必不可少的,但国家又是人为的经济衰退的根源,由此形成"诺斯悖论"。

② 参见[美]塞缪尔·亨廷顿:《第三波——20世纪后期民主化浪潮》,刘军宁译,上海三联书店1998年版;[美]罗伯特·达尔:《论民主》,李柏光、林猛译,商务印书馆1999年版;[美]帕特南:《使民主运转起来》,王列、赖海榕译,江西人民出版社1992年版。

和办事效率,满足社会多数人对于公平竞争、自由开放、规范有序的经济秩序需要,帮助建立良好的经济环境,抑制垄断,减少不公平的竞争,制约和铲除腐败,有效抑制市场经济的消极影响,维护广大相对弱小经济主体的利益,加快社会主义市场经济的发展。

(三)中国民主建设对文化发展的积极意义

文化是影响民主制度的主要因素之一。中西方的许多学者都非常重视民主与文化之间的关系,但是学术界的关注点在于文化对民主政治发展的影响①,对民主政治对于文化发展的意义则关注和论证较少。今天,我们不应仅仅关注中国传统政治文化对民主政治的影响,而应关注民主实践对文化发展的反作用,充分认识到民主政治对于文化发展的重要影响,把握民主实践提高国民精神品质和推进文化创新发展的强大功效。

社会主义民主建设有利于推进公民价值观念的更新,改善人民精神风貌,使之更加昂扬向上。人类政治文明史的发展表明,民主制度的施行和民主实践对公民精神境界的影响巨大。正如有学者指出的:"正是在民主制度下,公民的经历、生活、经常性的行为和所受到的教育,使公民学得民主的规范和政治游戏规则,接受民主的观念,养成民主的行为习惯,并将民主制度内化为自己的价值体系,从而使公民文化发育成熟。"②通过民主实践,有利于增强中国公民的公平、正义、自由、权利等现代意识的培育。民主实践活动的广泛开展,民主政治逐步地得到发展,社会主义所需的新的价值观念就可以于此间形成和发展,包括了公平、正义、自由、平等、民主、人权、法治等诸多价值理念更加快速地为国人所接受,提升公民价值观念层次,培育文明风尚,改善人民精神风貌。公平、正义、自由、平等、民主、人权、法治等诸多价值理念与社会主义核心价值体系的构成有着密切联系,新的价值观的确立显然也有利于社会主义核心价值体系的建设。

社会主义民主政治建设能增强文化发展的活力,推动文化生产力发展。民主制度保证人民拥有基本文化权益,保障公民平等参与文化建设和文化创造,共享文化发展的成果。社会主义民主能够营造出一种有利于文化建设的和谐、自由、健康的氛围和环境,有利于充分发挥人民在文化建设中的主体作用,调动个体的积极性,增强人们的独立思考能力,激发全民族文化创造活力,保护和激励人们特别是文化工作者的创造精神,推动文化内容形式、体制机制、传播手段创新,创作出更多优秀的多样化的文化产品,促进百花齐放、百家争鸣的局面形成,增强文化发展的活力,推动文化大发展大繁荣,促进社会的文化生产力的发展和国家文化软实力的提升。

(四)中国民主政治建设的国际意义

在当前世界性民主潮流浩荡前行的过程中,中国顺势前行,成为推进政治民主建设的重要力量,有着重要的国际意义。中国社会主义民主政治的创新和发展有利于彰显

---

① 参见[美]阿尔蒙德和维巴:《公民文化:五国的政治态度和民主》,马殿君等译,浙江人民出版社1989年版,第586页;燕继荣:《现代政治分析原理》,高等教育出版社2004年版,第295页。

② 丛日云:《民主制度的公民教育功能》,《政治学》2001年第3期。

社会主义民主制度的生机与活力,并丰富社会主义国家和发展中国家实现民主化的样式。人类的进步离不开制度的创新。中国是世界民主制度创新链条上的重要一环。客观地说,社会主义民主政治的理论和实践至今还不是非常的成熟,有待进一步的摸索和完善。当前中国的民主建设面临着特殊难题,中国共产党领导人民对社会主义民主政治的成功探索,对这些难题的破解,具有重要的理论和实践意义。从实践上看,有助于改变共运史上在民主建设问题上的教条主义的做法,推进社会主义民主建设创新和发展,通过中国社会主义民主多元功能的展示,展现社会主义民主的生命力,使世界人民看到中国特色社会主义民主政治的巨大影响,提高社会主义在全世界的影响力。从理论上看,中国特色社会主义民主建设理论是对社会主义民主建设理论的新发展,将为坚持走社会主义道路的国家的民主建设提供了新经验和新理论,对科学社会主义理论在当代的发展产生积极影响。同时,中国的民主发展将为发展中国家民主的发展开创一条新的道路,为人类政治文明的发展贡献出中国智慧,拓宽发展中国家实现民主化的途径,增进人类对民主政治发展规律的认识,推进全球化时代人类政治文明的多样性发展,推进世界政治文明的发展。

总而言之,民主政治建设有利于中华文明昌盛目标的实现。当然也应该看到,当前中国的社会主义民主建设是世界历史上前无古人的伟大理论探索和政治实践创新,同时由于社会主义民主政治是一个由多种内容构成的复杂的政治系统,加之民主政治建设与其他建设之间既相互制约,又相辅相成,有许多新的问题需要加以认真探索。我们应当自觉地把民主建设的一般性经验适用与本土化改造有机地结合起来,尤其注意处理好民主建设的共性与个性、理想与现实、国家与基层等的辩证统一关系,实现民主一般性原则适用和中国化过程的有机统一,民主理想追求和民主实践活动的良性互动,国家民主与基层民主的内在协调,对民主的局限和代价实现有效控制,使得中国民主建设可以利用更加丰富的思想资源、拥有更加充分的实践、形成更加强大的推进民主发展的力量,推动民主制度的建设与完善,充分彰显民主在中国的价值。

元价值、人本价值和责任价值

牟永生

（苏州科技大学政治系）

内容提要：作为当下学界热议的问题之一，普世价值具有十分丰富的意蕴。与价值自身内涵及特点的复杂性直接关联，普世价值也至少具有元价值、人本价值和责任价值三个层面。它们分别构成人们对价值哲学创建，对和谐世界诉求，对全球问题共担的主要内容。

关键词：价值　普世价值　意蕴

改革开放 30 多年来，我国以元价值作为主要研究对象的价值哲学早已成为显学，价值、普世价值等概念也为我们所熟悉。但熟悉未必熟知。学界关于价值、普世价值的理解依然见仁见智，莫衷一是。这里，笔者拟从价值所固有的普遍性、主体性和规范性入手，剖析普世价值所具有的元价值、人本价值和责任价值三层意蕴的价值地位，以求教于方家学人。

一

哲学作为主要研究关系的学问，人与世界的关系便是其特别关注的根本问题。这个问题一般可从两层面展开：一是人对于世界（也包括人自身）的"求真"问题，形成所谓的事实判断，通常用"是"与"不是"的连系词予以表征；二是世界（也包括人自身）对于人的意义问题，形成所谓的价值判断，通常用"利"与"不利"的连系词予以表达。这也就是学界津津乐道的所谓"休谟问题"："我所遇到的不再是命题中通常的'是'与'不是'等连系词，而是没有一个命题不是由一个'应该'或'不应该'联系起来的。"①

在休谟看来，人与世界间的这两重关系不能混淆，更不能等同，否则就会违背逻辑法则。这是其深刻之处。一方面，前者属于事实哲学，倾向于"求是"、"求真"。后者属于价值哲学，倾向于"谋利"、"谋福"。另一方面，前者又以主体客体化为主，通常表现

---

① 休谟：《人性论》，商务印书馆 1980 年版，第 509 页。

为人的"对象化劳动"——人类改造自然、改造社会、改造主体能力的劳动活动,并通过这种劳动活动及其劳动对象,使人的本质得到确证。① 而后者,则以客体主体化为主,通常表现为人本化、人文化取向:"就是改造世界使之适合于人类社会进步发展,或按照人的尺度和需要去认识世界改造世界(包括人和社会本身)。"②通过人自身需要的不断开发与满足,来确证自己的本质力量。

　　然而,人与世界之间的这两重关系并非水火不容,截然对立,而是相互依赖、相互渗透的关系。"求真"往往是"谋利"的前提与基础,没有"求真"的"谋利",是盲目的,危险的。不择手段,一夜暴富,胜者为王的人生哲学,遭人唾弃。同样,"谋利"是"求真"的结果与归宿,脱离"谋利"的"求真",又玄虚空洞,苍白无力。不食人间烟火,自视清高的处世之道,也不足倡。正确的做法应是,将二者联系起来加以考察:在"求真"过程中实现"谋利",在"谋利"过程中检验"求真"。诚如马斯洛所见:"从根本上说,一个人要弄清楚他应该做什么,最好的办法是先找出他是谁,他是什么样的人,因为达到伦理的和价值的决定、达到聪明的选择、达到应该的途径是经过'是'、经过事实、真实、现实而发现的,是经过特定的人的本性而发现的。他越了解他的本性,他的深蕴愿望、他的气质、他的体质、他寻求和渴望什么以及什么能使他真正满足,他的价值选择也就变得越不费力、越自动、越成为一种副现象。"所以,"发现一个人的真实本性既是一个'应该'的探索,又是一种'是'的探索。"③

　　"求真"的"真",即是指"真理",意味着主体对于客体的正确把握与运用。真理既具有普遍性,即普遍真理,也具有特殊性,即具体真理。"谋利"的"利",往往就是"价值"的代名词。广义的利,本身就包含义。孔孟倡言:"杀身成仁","舍生取义",即是指仁义是一种大利,一种比人的生命价值更珍贵的价值。价值不是别的,正是事实对于人的意义。既然价值与真理之间相互联系,相互渗透,密不可分,那么与真理具有的普遍性与特殊性一样,价值也具有普遍性与特殊性。价值的普遍性,也就是普遍价值。它一般是指价值的广泛性、本根性、融摄性。这一意义的普世价值,实质就是元价值。它是价值哲学研究的对象,构成价值哲学的逻辑起点,因而具有极为重要的价值地位。

　　能否具有特定研究对象是一门学科赖以存在的根基。价值哲学不可能也无必要面面俱到,对各种具体价值作包罗无遗的研究,它只能以作为价值一般的"元价值"为研究对象。正如《简明不列颠百科全书》所定位的:价值哲学是"对最为广义的善或价值的哲学研究。它的重要性在于:(1)扩充了价值一词的意义;(2)对于经济、道德、美学以至逻辑学方面的各种各样的问题提供了统一的研究,这些问题以往常常是被孤立开

　　① 参见马克思:《1844年经济学哲学手稿》,人民出版社2000年版,第107页。
　　② 李德顺:《价值论》,中国人民大学出版社1987年版,第347页。
　　③ 马斯洛:《人性能达的境界》,云南人民出版社1987年版,第112页。

来考虑的"。① 李凯尔特则更加明确倡导:价值哲学"把价值领域留给自己,它认为价值领域是自己真正的领地,哲学的目的就是研究这些作为价值的价值。"② 所谓"作为价值的价值",无疑是指"元价值"。

它作为价值哲学的研究对象,不仅洛采、文德尔班、李凯尔特和迈农等一批西方价值哲学的创始人作了详细论述,就是前苏联、日本和我国 20 世纪 30 年代的学者也作如是观。张东荪认为,大多数学者不满足于分门别类地研究具体价值,主张探寻元价值,"即本身价值",尽管"甚么是本身价值,直是一个哑谜"③。至于今天的中西学者视元价值为价值哲学的研究对象则更无异议。哲学"只有作为具有普遍意义的价值科学才有生命力。哲学以具有普遍意义的那些价值作为自己的领域"④。的确,在探寻世界本原之"真",求索人类认识之"是"的同时,必须追问"真"与"是"的"妥当"问题。萨特也说:"妥当与否是属于价值上的观念,然而价值究竟是甚么? 有了这种疑问,对于价值问题又发生极密切的感情,至是,价值论又成为哲学家研究的对象了。"⑤ 哲学对元价值的追寻与考量,成为价值哲学生成的契机。

二

价值不仅与事实密不可分,也与人相伴而生,影形相随。价值总是相对于人而言,而人的本质就是人具有理性,能够认识世界,改造社会,变自在之物为为我之物,实现人的价值目的。如果没有人(即使有人,但如果人没有思维和意识,结果也会一样),那么世界的意义到哪里去寻找? 宇宙万物的价值又如何体现?"'人的实在'是价值来到世界上的原因。"⑥可见,全部价值的落脚点都毫无例外是对于人的价值。脱离人追问价值问题,无异于缘木求鱼。

价值与人之间这一同步性,最起码可以从价值的词源学角度加以考证。"价值"(Value)的词源学意义是"可宝贵、可珍惜、令人喜爱、值得重视、让人敬畏",它源于古代梵文 wer、wal(围墙、护栏、掩盖、保护、加固)和拉丁文 vallum(堤)、vallo(用堤护住,加固,保护),取其"对人有维护、保护作用"的含义演化而成。⑦ 既然是"令人喜爱、值得重视、让人敬畏",那自然就涉及所谓价值的"主体"问题。就价值发生的内在规律而

---

① 《简明不列颠百科全书》第 4 卷,第 306 页,转引自王玉樑:《价值哲学新探》,陕西人民教育出版社 1993 年版,第 4 页。

② 转引自刘放桐:《现代西方哲学》,人民出版社 1981 年版,第 124 页。

③ 张耀南:《知识与文化——张东荪文化论著辑要》,中国广播电视出版社 1995 年版,第 39 页。

④ 转引自江畅:《现代西方价值理论研究》,陕西师范大学出版社 1992 年版,第 36 页。

⑤ 张东荪:《价值哲学》,上海世界书局 1934 年版,第 2 页。

⑥ 转引自宾克莱:《理想的冲突——西方社会中变化着的价值观念》,商务印书馆 1983 年版,第 232 页。

⑦ 参见李德顺:《价值学大词典》,中国人民大学出版社 1995 年版,第 1 页。

言,价值客体、价值主体都不可或缺。只有客体,无所谓价值;只有主体,也无所谓价值。价值总是某事、某物、某人与人的主体状态之间所构成的某种意义的体验和态度。

价值离不开它的载体,似乎不言而喻。虽然有的论者把价值定义为某事、某物、某人的属性,不见得就揭示了价值的本质特征,但从另一侧面又的确揭示了价值对于事、物、人的依附性。没有事、物、人的存在,就不可能有价值。正像没有脱离事、物、人的纯粹属性一样,也没有离开事、物、人的纯粹价值。事、物、人作为价值载体,它们确是价值发生的必要条件,蕴藏着价值发生的潜在可能性。

可是,欲使这一潜在可能性转化为现实性,就必须凸显价值主体的特殊地位。这样一来,我们又不得不承认,价值的发生也同样离不开它的主体。毫无疑问,主体是人,人是价值来到世界上的又一个重要原因。在这里,我们以人的存在作为价值发生的地线,而不是以生物,更不是以万物作为价值的主体,这就与"泛价值论"保持着一定距离。这种理论坚执价值现象早在人类出现之前已经发生,一切生命体都是价值的主体,阳光对于树木,雨水对于花草,食物对于飞鸟走兽,等等,都是一种地地道道的价值载体。

需要指出的是,在价值载体(事、物、人)中,有"人"的要素,在价值主体问题上,更离不开人。人具有载体的品格,也具有主体的特质,人既是价值客体,也是价值主体;既是工具理性,也是价值理性;既是手段,也是目的。不过在这两种场合中,作为价值载体的人与作为价值主体的人,不能等量齐观。在价值载体的三大要素(事、物、人)中,人仅仅作为一种载体,而非全部。易言之,人可以作为价值载体,而价值载体却未必总是人。因而即使撇开它,价值现象也可能照样发生。然而,在价值主体问题上,情况就完全不同:不单人可以作为价值主体,价值主体也同时是人。尽管人可以作为价值载体,但价值的主体却非人莫属。

价值与人之间的这种密切关系,意味着普世价值不但可以解读为价值的普遍性,也应该凸显价值的主体性,即人的优先性。关心人,尊重人,尤其是关心、尊重每一个普通劳动者,直至社会困难群体的人本价值,是普世价值的题中应有之义。人本价值之所以成为人类共同的核心价值,首先是因为它是一切价值的基础。"人是价值来到世界的秘密。""在今日世界上有价值事物,论其本质并非自在地有价值——本质总是没有价值——却是一度被赋予和赠与价值的,而我们就是这赋予者和赠与者。是我们首先创造了这世界,和人有关系的世界。"可是,我们并不是脱离人本去另外创造什么价值,相反,我们必须承认:"当我们谈论价值,我们是在生命的鼓舞之下,在生命的光学之下谈论的;生命本身迫使我们建立价值;当我们建立价值,生命本身通过我们评价,生命对价值来说,才是最终决定的东西。"①

人无论作为理性动物,还是劳动动物、社会动物,都是个体性与群体性兼而有之。

---

① 以上引文均见洪谦主编:《西方现代资产阶级哲学论著选辑》,商务印书馆1982年版,第15页。

作为个体性的存在,拥有自我价值;作为群体性的一员,担当社会角色,负有社会价值。在全球化与多元化的今天,普世价值的意义正是在于从个体性与群体性结合的视阈中重新审视人类利益,关切全球问题,实现公平正义和和处共赢。以人为本,可持续发展,睦邻友好,和平发展,构建和谐世界,反对霸权主义、强权政治和狭隘的民族主义等价值理念,就是世界上绝大多数国家和民族的共同呼声与期待,因而越来越成为人类的共同价值,尽管各民族间的肤色不同、语言分殊、种族有别、信仰异趣。所谓"同一个世界,同一个梦想",早已超越团结、友谊、参与和进步这一奥林匹克精神,成为人类追求和谐世界、美好未来的时代强音。

三

如果换一个视角,我们便不难发现,与共同的人本价值对应的就是人应该遵循共同的规范,承担相应的义务,也即共同的责任价值问题。甚至,设计、遵循必要的规范系统,强化责任价值,不仅不是对人本价值的漠视与遏制,恰恰相反,它既是人本价值的特殊表现,亦是人本价值的制度保障。

人是带着各种需要来到世界,又能够通过劳动满足需要、实现其价值的社会存在物。当然,人也是永不知足的社会动物。在满足既往需要的基础上,又将萌生新的需要。从需要到满足,再到需要,如此循环往复,以至无穷,而每一次貌似重复的过程,正好成为提升人本价值的根本路径。无怪乎学界常引用马克思转述瓦格纳的这一论断来阐释价值的哲学意蕴:"如果说,'按照德语的用法',这就是指物'被赋予价值'。那就证明,'价值'这个普遍的概念是从人们对待满足他们需要的外界物的关系中产生的。"[①]

主体性地位和规范性要求就是人的两种必不可少的需要。满足其主体性地位的需要,即自我价值;满足其规范性要求的需要,即社会价值。两种价值间相互规定、相互确证和相互补充,缺一不可。一般认为,马斯洛提出的五层次需要(生存、安全、交往、尊重和自我实现)反映了人较为复杂的需要系统。其实该论顶多只是揭示了人作为主体性地位的需要,特别是其所谓最高层次的需要(自我实现),完全遮蔽了人作为责任者的社会角色。这无疑是一种不该发生的缺失,一种对于人同样有着规范性需要的缺失。虽然康德认定:"人就是现世上创造的最终目的,因为人乃是世上唯一无二的能够形成目的概念的存在者,能够借助于他的理性,从一大堆有目的而形成的东西构成目的的一个体系。"[②]但如前所述,人未必就是价值主体,人往往也同时扮演着价值客体的角色。在充分享有普世权利的同时,人也始终自觉和不自觉地要承担起自己的普世责任或普

---

① 《马克思恩格斯全集》第 19 卷,人民出版社 1979 年版,第 406 页。

② 康德:《判断力批判》下卷,商务印书馆 1982 年版,第 89 页。

世义务。

由于历史文化和现实地域条件的不同,历史上和现实中每个国家、民族对于人的规范性要求,不可能整齐划一,也难"天下大同"。诚如恩格斯所见:"社会直到现在还是在阶级对立中运动的,所以道德始终是阶级的道德","善恶观念从一个民族到另一个民族,从一个时代到另一个时代变更得这样厉害,以致它们常常是互相直接矛盾的"。①但在长期的国际交往和文化交流过程中,约定俗成,并不断积淀、凝练起来的共同准则,由世界组织制定并实施的国际公约、联合条例等对于全人类的规范性要求,却同样是毋庸置疑的事实。如"己所不欲,勿施于人"等儒家的仁义价值,"道法自然"等道家的率真价值,"普度众生"等佛家的慈悲价值,"爱人如己"等基督教的博爱价值,"世人原是一个民族"等伊斯兰教的平等价值,"拿自己的学识为人类服务"等马克思的实践价值,就是不同文化、不同宗教里相近相通的责任价值。

正是这些相近相通的责任价值,构成世界各民族之间进行文化交流、文明对话的基础和前提。历史上,由于科技等手段的相对落后,世界范围内的文化交流与文明对话几乎不太可能,即使偶尔发生,也极不平衡。近代以降,由科技革命催生的文化交流与文明对话,就超越洲界,尤其是经济全球化时代,人类在信息社会里成为"地球村"村民的今天,世界各民族间的文化交流与文明对话,其范围之广,程度之深,均堪称盛况空前。出现文化交流与文明对话空前活跃的局面,这固然与人类采用先进的科技手段这一工具理性直接关涉,但如果没有世界各民族文化中的普世价值作为交流与对话的基础和尺度,那么交流、对话的过程就不再是和平、和谐、共生、共荣的过程,而很可能就是人类弱肉强食,自相残杀的所谓"世界末日"。应该说,科技手段的作用仅仅是将世界各民族文化交流、对话的潜在可能(也即普世价值)迅速地催化为现实而已。

也正是这些相近相通的责任价值,成为人类共同应对环境恶化、恐怖威胁、经济危机等全球性问题,从而平等对待、和谐相处、和平发展、共存双赢的智力支撑和制度保障。世界各民族文化既呈现出五彩缤纷、百花竞放的态势,又于日益活跃的交流、对话中彰显出普世价值,自然是世界各民族独特的历史文化和现实地域条件使然,但最根本的还是他们之间的经济利益所决定:"人们自觉地或不自觉地,归根到底总是从他们阶级地位所依据的实际关系中——从他们进行生产和交换的经济关系中,吸取自己的道德观念。"②因此,不同的文化效力于不同的经济利益,而文化中的普世价值则通过携手并进,共克时艰,破解前述全球问题,以维护人类共同的经济利益。

---

① 《马克思恩格斯选集》第 3 卷,人民出版社 1979 年版,第 132 页。
② 《马克思恩格斯选集》第 3 卷,人民出版社 1979 年版,第 133 页。

【视觉性·主体性·现代性】

    主持人按：当今的视觉文化研究之所以可能和必要，据称是因为我们的时代已经是一个视觉时代，一个奇观化的时代。可不单我们这个时代，历史上的任何一个时代都有其视觉性和奇观化的一面，而所谓的"视觉性"和"奇观化"，根本指的是我们的观看行为得以可能的一种建制化运作，就是说，我们的观看行为实际并非我们自己的，而总是已然受到观看主体以外的某个东西的主导。我们的时代之所以被称为"视觉时代"，根本在于：与此前的时代相比，在我们这个时代，视觉机器和视觉建制已成为无所不在的现实，主体在其中已经无所逃遁。今天的"看"不再是"我"在看，而是"我"通过"机器"在看，更确切地说，是"机器"在让我们看，是隐匿的"他者"在让我们看。在今天，视觉性已经成为主宰观看行为的基本逻辑，奇观化已经成为观看行为借以发生的基本场所，它们是社会及文化场域中已然存在的视觉建制的一部分，是以各种公开或隐蔽的策略把每个个体建构为观看的主体的一整套机器。今天的视觉机器有一系列的特异功能，它不仅向主体提供幻象的脚本，还能把这个幻象的脚本缝合在主体之中，它不仅是自治的，即不受主体之操控，而且还是殖民化的，即它把主体变成了一个屈从的、臣服的主体。

    是故，面对无所不在的看与被看，面对主体无以逃遁的视觉机器的捕捉，重思视觉性、主体性与现代性的关系便成为今日视觉文化研究的一个重要课题，为此我们组织了一组论文，以期引起大家对相关问题的进一步思考。

（主持人：吴琼）

观看的层次

——视觉文化、视觉社会学与视觉方法批判

廖新田

（台湾艺术大学艺术与文化政策管理研究所）

内容提要：受 20 世纪 60 年代文化研究及媒体影像理论的影响，近十几年以来西方学界兴起一股视觉文化探究风潮。视觉文化特色有三：跨学科界域、奠基于后现代主义、关注日常生活（Mirzoeff，2004）。根据 Elkins（2003）的调查，学界对其定义、理念、方法论至今仍有相当大的保留与歧见。视觉文化所提出的"视觉性"（visuality）突破了以往感官与美学的指涉，将观看关系注入权力与论述的元素，进入批判与反身性的范畴（刘纪蕙，2002、2006；吴琼，2005；Bal，2005）。这是视觉文化研究的核心价值之一。

虽然探讨的议题和范围都和社会形构有关，视觉文化除了运用部分社会学概念外，整体而言社会学并没有扮演更为积极的角色。社会学运用视觉研究社会现象并不晚于当今的视觉文化。值得注意的是，社会研究方法中的"观察"建立了科学数据的基础，和视觉分析的关系最为密切。而其观看（作为一种分析的取径）的问题性，和视觉文化研究所探讨的视觉的社会形构问题相遇，是社会学和视觉文化整合的可能关键点。本文将从"层次阅读"的角度剖析观察的意义与批判其意涵，借此探索其衔接视觉文化批判态度的可能性。

关键词：视觉文化　视觉社会学　观察　视觉性　后现代主义

一、前　言

长久以来视觉在西方文化中一直有着举足轻重的地位。《圣经·创世记》记载着在伊甸园里生活的亚当、夏娃原先裸露但并不感到羞耻。蛇怂恿两人吃伊甸园中的果子，因为吃后能使眼睛明亮、能如神般知道善恶。在食用禁果后"才知道自己是赤身露体"。这个情节中的"观看"意味着认识善恶、分辨美味（丑）、意识裸体、感到羞耻，甚至是性别差异。伯格（John Berger，1972）认为人们观看的经验远早于文字的接触，其深层意义更不下于语言的作用，并且具有复杂的意义。布迪厄（Pierre Bourdieu）（1984：2—3）也说"voir"（看）和"savoir"（知）是一连续不可分的动作：

就某一意义而言，一个人可以说看的能力是知识或观念的作用，……缺乏特殊符号的观者将迷失于声音与节奏、色彩与线条中，欠缺押韵或道理。……"眼睛"是教育建制下的历史产物。

教育建制既是文化建制的一部分，我们可以说视觉的运作当然也是经过文化建制的过程。甚至，"理论"（theorein）一词作为"看"和"知"的一种总结表现，也还是带有观看的痕迹（Bourdieu，1993）；另外，"theoria"指心灵的最高贵活动，亦取自视觉的隐喻（Jonas，1953/1954）。由此看来（或者说"由此可知"），视觉从来都不是单纯而天真的。视觉涉入了人们建构社会世界的过程之中，扮演着接收信息、生产意义、传递价值甚至是界定社会关系与进行社会互动的角色与功能。

视觉文化概念的开发，大体上得自潜意识心理学、文学批评、后现代、后结构、后殖民理论的启示与影响较多。虽然探讨的议题和范围都和社会的形构有关，但鲜少有社会学理论的大力介入。Jenks（1995：2）认为社会学对视觉与现代性的讨论并不如其他议题来得深入：

现代世界是一个非常和"观看"有关的现象。然而，面对兴起的现代性的各种论述，社会学相当程度地忽略了对此文化视觉传统的探讨，因而无法阐明社会关系中的视觉面向。

事实上，社会学从事视觉分析并不晚于当今的视觉研究，其介入的方式也不同于视觉文化，因此若从视觉文化研究的角度断言社会学对视觉现象漠不关心是一个误解，至少我们能理解社会学处理问题的焦点并不同于当今视觉文化的探讨方向。本文首先铺陈视觉文化与视觉社会学的内涵及比较两者之间的关系，并从视觉文化批判的角度对社会研究中的"观察"加以剖析，试图寻找视觉文化研究与社会学理论更基本的联系。社会学是否在这场"视觉盛宴"中缺席也许并不那么重要，透过视觉文化研究重新思考社会学中的视觉因素及其问题性应该更具有启发性。

二、当代与台湾视觉文化研究

"视觉研究"（visual studies）、"视觉文化"（visual culture）或"视觉文化研究"（visual culture studies）是在文化研究的带动下，因应视觉产物与视觉科技而发展起来的新兴学问。一方面，受到20世纪60年代文化研究的影响以及媒体影像工业的蓬勃发展，90年代以来西方学界兴起一股视觉文化探究与出版的潮流（刘纪蕙，2002、2006）。另一方面，视觉文化或视觉研究的崛起，其跨学科、跨媒体、跨精英通俗界域以及关注现代视觉现象的特色，引起极大的冲击与不安（Bal，2005；October，1996）。视觉文化包罗万象,从日常生活的摄影、电视至好莱坞、迪斯尼都是探讨的范围。其所采用的理论以巴特(符号学),本雅明(影像复制与灵韵),福柯(权力与监视)和拉康(镜像与主体)为主。普遍探讨的议题有:影像建制、社会景观、他者的摹想、视觉政体(scopic regimes)、拟像、恋物、凝视、机械之眼等,而总体议题上可以"视觉性"(visuality)概括之,是一种看与被看关系的再检视与再诠释,提出此概念的核心人物 Mieke Bal 指出"视觉本质主义"的谬误,从两方面提炼出如理念型般的"视觉性"以跨越材质与感官而进入权力结构式的分析取径,将视觉从眼睛的观看"禁锢"中解放出来进入文化意义的探讨范畴。此外,Mirzoeff(2004)认为视觉文化之特色有三:跨学科界域、奠基于后现代主义思想之上、对日常生活视觉现象的关注。这里意味着相应的三种对(现代主义)现状的"不满":对从单一学域出发的视觉现象研究之不满、对现代主义观点无法掌握当代汹涌的视觉思潮的不满、对过去视觉研究专注于精致艺术而忽略日常生活充满视觉涵义的不满。

台湾早期视觉讨论约始于 20 世纪 70 年代,集中于美术心理学领域。"视觉文化"一词在台湾艺术界有时和视觉艺术混用,并没有因此引发不同的启发,更多的探讨则见于美术教育研究。引介西方视觉文化研究始见于王正华的《艺术史与文化史的交界:关于视觉文化研究》(2001)。王文除了把 1990 年以来西方视觉文化研究几条重要脉络、一些关键词以及相关数据做一全面介绍之外,特别着重艺术的社会史研究和视觉文化在文化史方面的交集。台湾视觉文化从点到面的探讨始于交通大学外国语文学系暨新兴文化研究中心举办之"视觉文化与批评理论"文化研究国际营(2002)。该会所邀请的讲座事实上和后殖民理论有更多的联系,显示后殖民理论的观看差异、帝国之眼等议题是视觉文化研究中重要的面相。刘纪蕙以"视觉系统"界定文化研究的视觉关怀为表象之内的文化逻辑,并将视觉文化研究锁定在"可见性"、"观看位置"与"可视化"三个议题上。刘纪蕙(2006)特别指出呈现意识形态的感性政体(regime of the sensible)架构了观看模式,决定了美/丑、可看/不可看、喜好/憎恶、优越/劣势等的空间化区别,因此视觉被规训为一种感觉体系,处于被囚禁、监控的状态。文化研究检视可视化(visualization)状况事实上主要在批判权力分布与宰制的版图——一种权力执行的判决。

三、视觉社会学:社会学的视觉关照

视觉研究常常沿用社会学所开发出来的理论与概念,社会学也从学科本位之角度提供更完整而具深度社会学意义的视觉分析,谈视觉和社会的关系是理解视觉如何介入社会、形塑行为过程的社会学式的考察。关注视觉现象,并从广义的视觉文本中探讨社会议题的社会学称为"视觉社会学"(visual sociology)。《当前社会学》(*Current Sociology*)出版的《视觉社会学的理论与实务》(*Theory and Practice of Visual Sociology*)专辑中声称"视觉社会学的历史和社会学一样久",只不过它的名称是晚近才出现而已

(1986)。20世纪60年代的视觉社会学进入运用摄影等工具的高峰,也比1995年后视觉文化研究潮流早了30年。① 根据Henny(1986)的分析,社会学的研究中经常运用摄影作为证据(或可视化的插图)和社会工程改造的用途:前者称为"行为主义者"(the behaviorists),将照片、电影或录像当做是追求科学的测量工具;后者称为"社会改革者"(the social reformists)或"人文主义者"(the humanists),借着影音媒介中的信息介入进行社会行动。视觉社会学强调以影像记录与分析来作为社会分析的主要工作,其界定为:

> 视觉社会学家关心事物的外表,大部分的视觉社会学家企图经由社会学的原则来解释隐藏在外表之后为何物……当事物的表象和社会学的解释连接起来,这个循环就此完成:视觉社会学也就大功告成。(Ibid:47)

视觉社会学是外在社会与社会思维的联系,说明社会学研究之"表里如一"、"内外一致"(或"心眼合一")的科学立场。撇开透过影像探讨社会议题,视觉社会学广义而言是社会学的视野延伸,因为社会学家研究社会可观察的现象,进而对可见之物的测量、分析、解释与诠释。另外,视觉社会学经常提出下面的通盘性问题:

> 哪些社会事实影响视觉? 哪些影响了我们观看事物的方法及意义之赋予?
>
> 在现实的社会建构中什么是视觉象征的性质、角色与机构组织?
>
> 透过视觉影像的分析,有哪些对于社会的性质及组织的洞见可以被揭露出来?(Ibid:47—48)

以及一些特定的问题:领域的定义、媒体中的社会影像、社会互动中的视觉向度、视觉艺术的社会学、视觉技术与社会组织。视觉社会学也进一步探讨能否透过视觉的研究呈现社会真实、能否因此比统计图表或社会学规则更具人性。以上的讨论发现,社会学处理视觉问题所思考的角度和观点,较偏向于社会学所关心的一些核心议题,如社会事实、社会建构、角色、组织等,但也同时碰触到当今视觉文化的兴趣所在,如权力、象征、消费、影像等,而主题方面也遍及视觉文化的观照范围。Tomaselli(1999)认为,视觉社

---

① 另一种说法及更详细的数据是"视觉社会学"一词出现于1975年,始于20世纪70年代美国社会学会的会议中。1981年成立"国际视觉社会学学会"("International Visual Sociology Association",简称IVSA),1991年出版《视觉社会学》(*Visual Sociology*),1986—1990年有非正式的《视觉社会学评述》(*Visual Sociology Review*)。另外,两种视觉的社会学刊物《美国视觉社会学季刊》(*American Visual Sociology Quarterly*)及《欧洲视觉社会学简讯》(*European Newsletter on Visual Sociology*)于1983年合并为《国际视觉社会学学报》(*International Journal of Visual Sociology*),1986年因出刊不定期而结束(Tomaselli,1999:19-28)。

会学提供主流社会学通常所忽略的三种分析技巧:传送信息——以统计图表或地图记录或展示社会事实;探出访问资料,如摄影探查(photo-elicitation);从影像分类、描述、探索影像的批判社会学脉络如建制或断裂来了解社会事实自身。但他也批评这种方法将正在做观察的学者移出田野,导致观察者及其主题(subject)更有距离,成为普遍化的社会学研究之无法知悉的对象(less knowable object)。基于此,他批评视觉社会学是"无家可归的孤儿"(the homeless orphan)。

此外,视觉社会学和社会学的教学最有关联。大学社会学教师希望透过生活化的视觉教材让学生更容易领会社会学的内涵,也就是说主要发挥视觉在解读影像方面的功能,是工具理性倾向的,是应用社会学的一种形式。一本由"美国社会学会"(The American Sociological Association)为社会学教学而出版的《视觉社会学及社会学课程使用电影/录像》(*Visual Sociology and Using Film/Video in Sociology Courses*)中显示(Papademas ed.,1993)①,以视觉媒材为社会学的教学见于各大学(就笔者所知,台湾社会学教学其少有相关的视觉社会学课程,值得关注)。② "国际视觉社会学学会"(International Visual Sociology Association,简称IVSA)网站中亦有会员的视觉社会学教学大纲③,虽然该会会员与主要干部以社会学者为主,该会出版的学刊《视觉研究》(*Visual Studies*)及相关出版品事实上跨越了各领域,这可见于《视觉研究》的七个目标:④

一、提供发展视觉研究的国际平台。

二、提倡以影像为基础研究的广泛的方法、取径、典范的接受与了解。

三、降低社会科学中不对等的视觉与文字的研究。

四、发展对各种形式的视觉研究方法论的兴趣。

五、鼓励于研究中使用混合的视觉方法和分析取径。

---

① 该书已于1980年、1982年、1987年有出版纪录,先前的书名为《在社会学课程中使用影片》(*Using Film in Sociology Courses*)。

② 例如:"用故事电影鼓励批判思考"(Peter A. Remender,Wisconsin-Oshkosh大学),"用故事电影来帮助社会学思考"(Kathleen A. Tieman,North Dakota大学),"电影社会学:透过流行电影来培养社会学的想象"(Christopher Prendergast,Illinois Wesleyan大学),"透过录像教授社会学理论:实验策略的发展"(Eleanor V. Fails,Duquesne大学),"探讨全球脉络中社会问题的电影"(Paula Dressel,Georgia州立大学),"从商业动画中探讨老年刻板印象"(Bradley J. Fisher,Southwest Missouri州立大学),"透过电影教授医疗社会学:理论方法与实际工具"(Bernice A. Pescosolido,Indiana大学),"借由故事电影教授流行音乐社会学"(Stephen B. Groce,Western Kentucky大学),"社会学研讨会:摄影与社会"(Cathy Greenblat,Rutgers大学),"传达与媒体社会学"(Diana Papademas,SUNY Old Westbury),"电影作为一个社会学的研究工具"(Richard Williams,SUNY Stony Brook)等。(以上大学译名省略)

③ 例如Wheaton学院的John Grady所开设的"视觉社会学"课程目标有四:(1)学习如何使用视觉方法来从事社会研究;(2)学习如何诠释体现于视觉沟通中的社会信息;(3)学习使用视觉媒介于社会研究之报告;(4)评估视觉方法对文化与社会研究的贡献。葛莱谛的做法比较是应用社会学取向。http://sjmc.cla.umn.edu/faculty/schwartz/ivsa/files/grady_vis_soc_04.pdf,取用日期:2005年12月26日。

④ http://www.tandf.co.uk/journals/routledge/1472586X.html,取用日期:2005年12月26日。

六、鼓励实证和象征视觉研究之辩论,以增加相互的理解。

七、提供一个不同取径(如社会符号学)、特殊方法(摄影探查)、主题(物质文化)、视觉现象(姿态与舞蹈)之深度探索的舞台。

IVSA 广泛邀请社会学、人类学、媒体传达、教育、历史、摄影、新闻摄影、心理学各领域的人士参与,由此可见,视觉社会学虽以社会学为名,其关注焦点亦渐趋与视觉文化合流,不以经典社会学理论架构自居,成为一个综合的、跨域性的当代视觉影像现象的探讨领域。

由以上讨论可知,视觉社会学对视觉形构或可视化的根本现象之探讨与批判是比较少的,这是视觉社会学与视觉文化研究的基本差异之一,后者除探讨视觉现象和社会、个体的关系之外,更关注视觉形构的理论探讨;但前者围绕社会学之核心议题,对视觉作为社会行动(the visual as social action)的探讨较有理论上的依据。如果我们承认视觉是社会形构下的产物,那么,社会学不仅是以应用社会学的姿态分析视觉现象与影像世界。依此而言,视觉的社会形构通过视觉的社会学解释与关照,一方面可以更深入地探讨传统社会学主要理论中对视觉的看法,另一方面可以和视觉文化或视觉研究做更好的论述上的对话,甚至接合。Hooper-Greenhill(2000:14)指出视觉文化是一种研究典范的转换,所发展的理论其实是"视觉性社会理论",说明视觉研究和社会学理论可以有更密切的衔接:

> 视觉文化研究指的是一种视觉性的社会理论。它所关注的是如下一些问题,例如,是什么东西形塑其可见的面向、是谁在观看、如何观看、认知与权力是如何相互关联等。它所欲考察的是外部形象、对象与内部思想过程之间的张力下所产生观看的行为。

在众多视觉理论的整合中,学者们指出社会学的观点将有助于视觉研究与视觉社会学的建构。然而,社会学依赖社会观察搜集资料、形成概念与建构理论,和上述期待一个批判、后设的社会学之出现是有一段差距的。值得注意的是,社会研究方法中的"观察"建立了科学数据的基础,和视觉分析的关系最为密切。而其观看(作为一种分析的取径)的问题性,和视觉文化研究所探讨的视觉的社会形构问题相遇,是社会学和视觉文化整合的可能关键点。对社会学研究方法的视觉方法论批判,有助于厘清这一段距离。

四、视觉方法论批判

(一)社会研究的"观"点及其"盲"点

"察言观色"是视觉的最基本作用,就如同"观察"在社会研究方法中扮演举足轻重的角色。人们透过眼睛接收、感知、评估内外关系，并据以提出行动策略因应，最后形成理论思考。英文"perceptible"指被"察觉"（observed）或"注意"（noticed）的感知状态，因此，观察可以说是进入意义感知世界的入门阶段。另一层的意思是：客体必须显明或"值得"注意，方能被收录为有用的数据作后续处理。以 Babbie 的《社会研究法》（2005）为例，"实验法"、"调查研究"、"质性的实地研究"、"非介入性研究"、"评估研究"这五大章均被纳入第三篇"观察的方式"中。他说："科学的观察是一种自觉的活动。更谨慎的观察可以减少错误的发生"（Ibid：8）、"观察是科学的基础"（Ibid：43）、"理论可以合理解释观察到的模式"（Ibid：32）。这种科学程序的认定赋予观察重要的使命，规范出社会研究的标准程序。表面为一种瞬息万变的现象，透过观察进入深层的内部世界揭露其秘密成为社会科学研究的重心，和前述视觉社会学"企图经由社会学的原则来解释隐藏在外表之后为何物"（Henny，1986：47）的陈述如出一辙，反映出社会学运用视觉的"表里如一"的基本假设。观察因此和洞见（insight）有着必然的因果关系，"insight"又是以"内视"（in-sight）的方式进行。从"in-sight"出发到"insight"的获取，视觉的本性可以说是有穿透作用的（所谓"深度访谈"所取得的内容意义，也是建立在"in-depth"的层次上）。

"看穿表面"成为一种启蒙心智的表现，可以说是知识生产过程中的理性化表演。但是，将观看科学化，用以掌握社会世界，在一些学者看来，其操作方式是有问题的。Jenks（1995）指出，所谓"西方之眼"在科学条件的诉求下不断精进、纯粹化观察与推理技术，以朝向中立客观的科学标准，这样的程序符合了孔德式实证主义精神——普遍、化约、纯粹、经验验证（Comte，1996）。[①] 科学的观察并预设了三种假设：其一，认定社会现象的有限与能见度；其二，理论者的道德与政治秉性，即"清楚的视看"（the "clear sightedness"）的预设；其三，理论家和现象间的可视形式（the manner of "visual" relationship）之直接无误的联结。这些假设的逻辑是：一双受过科学训练的眼睛可以正确地掌握表象，而表象是内在结构的忠实反映，解读表象因此理所当然地可获得内在的意义。到头来，事物的"真实面貌"不在表象，而存在于内容，也就是说不可以"不明就里"。所谓"诚于中，形于外"，外表与内在是一个颇为顺畅的认知流程，这一套科学程序（或游戏规则）的观看仿佛保证了信息取得的结果及其随之而来的分析与诠释。Jenks 批判：科学的观察其实是"卫生化的方法论形式"（sanitised methodological form），是"纯粹的视觉"（"pure" vision），是"视觉的理性化"（the rationalisation of sight），是"指导的观念"（an instructive concept）；总之，是"无懈可击的教条"（the doctrine of

---

① 孔德说："纯粹的想象便无可挽回地失却从前的精神优势，而必然服从于观察，从而达到完全正常的逻辑状态，不过它依然在实证思辨中发挥关键的永不衰竭的作用，由此而建立或改善永久的或临时的关联手段。简言之，作为我们智能成熟标志的根本革命，主要是在于处处以单纯的规律探求及研究被观察现象之间存在的恒定关系，来代替无法认识的本义的起因。"（1996：9—10）

immaculate perception）。这一套科学的意识形态的极致反映于"笛卡儿透视主义"
（cartesian perspectivalism）的独断操作，在 Jay（1992）看来这就是"现代性的视觉政体"
（scopic regimes of modernity）——透过科学主义操作达到用视觉统一再现自然的目的。
透视法（perspective）的发明是典型的例子，事物在此单点观看中进入次序的系统，而隐
藏其后的是一套科学观念的意识形态。根据 Jay 的观点，詹克斯批判西方现代科学主
义操作法则下视觉的社会理论的主要方法论机制为：选择（分类的方法论）、抽象（异化
的操作）与转换（符码化），最后终将日常生活多样的信息单一化，甚至窄化为科学的操
作与符码系统，并据此视为客观的沟通平台。叶启政认为，视觉的认知模式和社会统计
有着类型学思考上的亲近性，都是"以分类的方式对秩序从事表征工作"（2005：8），并
获致客观的目的，并以规范的姿态取得大众的信赖，因而"此一强调视觉感官经验可认
证之属性的研究对象，自然不是、也不可能是人作为一个完整体的自身，而仅能是依附
在人身上一些特定选择的外显特征"。（前引：14—15）由此看来，一方面社会研究依赖
观看作为客观的资料搜集，另一方面这个动作隐含着现代主义科学规格要求下的问
题性。

（二）从表面到内里——层次解读策略

古典社会学独钟观察的态度其来有自，除了孔德的实证主义主张知识是建立在感
官考察之上外①，涂尔干可为代表。在《社会学研究方法论》（1990）中，他一再强调摆
脱既成概念，了解社会的真正方法是观察现象的外表。透过观察外在，"社会事实"因
而被客观地取得，这是科学研究的第一步，也是"将社会事实看做客观事物的具体法
则"。他说：

> 我们必需将社会现象看做是社会本身的现象，是呈现在我们面前的外部
> 事物，必需摆脱我们自己对它们的主观意识，把它们当做与己无关的外部事物
> 来研究。这种外在性可以使我们从外面观察事物的里面，从而免除一些谬误。
> （Ibid：29）
> 社会事实的各种表现是在个人意识以外，必需观察外部事物而不必考究
> 个人内部的事情。（Ibid：31）

---

① 孔德说："这一段必然的漫长开端最后把我们逐渐获得解放的智慧引导到最终的理性实证状
态。……自此以后，人类智慧便放弃追求绝对知识（那只适宜于人类的童年阶段）而把力量放在从此迅速发
展起来的真实**观察**（粗体为笔者所加）领域，这是真正能被接受而且切合实际需要的各门学识的唯一可能的
基础。""我们的实证研究基本上应该归结为在一切方面对存在物做系统评价，并放弃探求其最早来源和终
极目的，不仅如此，而且还应该领会到，这种对现象的研究，不能成为任何绝对的东西，而应该始终与我们的
身体结构、我们的状况息息相关。……如果说，失去一个重要的感觉器官便足以根本感觉不到整整一类自
然现象，反过来，那就很有理由地认为，有时获得一个新的感觉器官就可能令我们发现目前我们全然无知的
一系列事物……"（1996：9—10）

他认为"从事物的外形去观察"（"部分"表象）可以取得一种真正获得信度的社会分析与研究的位置，从而了解事物的"全部"真相：

> 社会学者用这种方法下定义，可以使科学研究从一开始就与事物的真实现象相接触。必须指出，分析事物外形的方法，同样不能靠意念去想象，必须根据事物的自然现象。将事物进行分类所使用的标记，必须公之于众且得到大家的承认，观察者所下的论断必须得到大家的认可。（Ibid：36—37）

> 开始研究事物时，要从事物的外形去观察事物，而不是说在研究中或者研究结束后，可以用外形观察的结果来解释事物的实质。用事物外形去下定义的目的，不是为了了解事物的实质，而是为了使我们能够与该事物相接触。因为一个事物最容易与我们接触的地方，正是它的外形。观察事物外形的定义，它的效用就在于能够解释事物的外形，并且不必解释事物的全部外形，只要能够为我们着手进行研究提供足够的解释就行了。（Ibid：43）

涂尔干将观察作为社会学客观研究的首要条件，无疑强调了视觉所扮演的角色，将视觉作为通往客观研究的第一步。在他看来，视觉的可靠在于它不受"成见"的约束而重新碰触事物，并获得新鲜的观感。透过科学程序检验下选择，据此获得事物的真实数据，而不受刻板框架的影响。外表、视觉、客观、真实因此构成相当稳定的联系。即使如此，视觉仍然不是这讨论过程中的核心；视觉是方法、工具，事物的内在关系才是最后的真正目的，所谓"自然规律表明的是事物之间的内在关系，而不是事物表现的形式"（Ibid：27）。同样的，在《宗教生活的基本形式》（1992）中涂尔干对图腾的探讨亦是以视觉观察为基础的，但他对图腾所带来的神圣化概念或意义之兴趣远远高于图腾自身，也就是说，集体社会的神圣性代表了图腾与物质，而不是相反。抽象的概念是各类物质的核心，表象之下有更"引人注目"的结构，其特质则是偏重思考的、理念的，性格上是探掘的、"内"敛的。"将思想翻译成物质"而非"将物质翻译成思想"透露视觉感知的次要地位。他所揭橥"凡事皆可神圣"的看法，将神圣与凡俗区隔开来，作为社会形构的准则，也同时将视觉一分为二，内外有别：影像与观看虽然于过程中不可缺少但并非重点，具有神圣氛围的是背后所带来的集体沸腾。什么样的形式、材质并不重要，要紧的是它们代表什么、象征什么。社会的神圣结构之意义大于社会的表象变化，前者决定后者，后者是前者的反射。同时，涂尔干似乎非常肯定地认为，社会中的人们看的方法都相当一致，因而感受也相同。他说：

> 事物的外形无论如何表面浅显，只要是通过观察方法得出的、与事实符合的，就可以作为一种深入研究事物的途径，作为研究的起点，科学由此继续下

去,可以逐步得到详细的解释。(Ibid:43—44)

他的精确无误的观看之假设,如同前述实证科学因果一致性的原则下之观察一般,多少有纯化或绝对化视觉操作的意思。

事实上,在时空背景的条件下,观看事物并非一定是透明、因果式的过程,上述的观看逻辑仿佛意味着观察等同于客体内外关系的掌握,引起一些论者的反省。当代社会理论对社会关系之考察有意避开了单一、单向的倾向,而采取更具人文诠释的态度来处理多变多因的社会文化现象。韦伯的社会科学研究强调意义的理解就是这种典型的主张。在《社会学的基本概念》(1997:25—27)中,他区分两种理解方式,并将观察视为"直接观察"和隐微的动机理解、意义理解尚有一段距离。他主张理解有"直接观察的理解"与"解释性理解"两种。前者"借着直接观察而理解它的意义",后者则更进一步地"理解到他为什么在这个时候及这些情境下如此做"。他以伐木或瞄枪为例,他认为光靠观察不足以理解其动机并掌握主观意义,而诠释性理解可协助纯粹观察的不足,是为一项"额外的成就"(Ibid:36)。总之,视觉观察与动机密切搭配方能竟其功,行动方能称为有社会学意义的社会行动:

> 通常我们习称社会学中各式各样的概括性推论为某些"法则",……它们事实上是经由观察在既定情况下、某种社会行动被预期可能发生之典型机会后,所得出的通则,同时这种社会行动又得以透过行动者典型的动机与典型的主观意义而获得理解。(Ibid:40—41)

和涂尔干对纯粹观察的评价和信赖和韦伯不同。韦伯的社会观察除了借助概念,还更要借助典型的主观意义来检视、诠释社会行动。韦伯承认观察具有理解客体的积极功能,可达到因果妥当,但直观的理解和以意义诠释为基础的人文理解是两种不同的层次,后者具有意义的妥当性。有因果妥当而无意义妥当的理解,不足以称为社会科学;而有意义妥当而无因果妥当,则不足以称为科学。由此看出,相对于真正的理解,韦伯认为视觉观察之于社会学并不是彻底的、完美的媒介,尚需要其他诠释概念的协助。同时韦伯的诠释方法论中,和涂尔干一样暗示着一种表象与内容的层次关系。对现象的层次阅读意味着理论的态度。事物、客体因着历史承载、文化积累、社会形塑的结果而必然有其结构性,"表象—内在"的二元性因此是方法论上及方法操作中不可忽"视"的参酌架构。既然结构是由内而外,则由外而内的反向解析是理所当然的做法。

透过视觉观察将事物表象穿透而获得事物内在结构的取径,存在着一种深度的形式,并成为人透彻自然、见证文化的必经之路。艺术研究方法也有这种视觉阅读的取向。艺术史学家 Erwin Panofsky 的图像学名著《图像学研究——文艺复兴的人文主题》

（1972）都是一种深度的、层次的、结构式的视觉解读策略,虽然后者更重视诠释与历史的角色,架构也更细致。Panofsky 将阅读图像分为自然主题（事实、表达）、传统主题（故事寓言）、内在意义（象征价值）三个层次。这三个层次分别对应于三个诠释的行动:描述、分析、诠释,并动用实际经验、文学知识与综合的直觉,以及诠释的控制原则（controlling principle of interpretation）:风格的历史、类型的历史、文化症状或象征的历史。潘诺夫斯基以下表显示图像的三层次分析内容（Ibid：14—15）:

诠释客体	诠释行动	诠释装备	诠释的控制原则	
1. 主要或自然主题（subject matter）—事实的、表现的,建构艺术主题（artistic motifs）的世界。	前图像学的（Pre-iconographical）描述（及虚假形式 pseudo-formal 分析）。	现实的经验（熟悉客体与事件）。	风格（forms）史（对方式 manner 的洞见,在变动历史的状况下,客体与事件由形式表达）。	传统的历史
2. 第二或传统主题,建构图像、故事与寓言。	图像学分析（Iconographical analysis）文字的狭义面。	文学来源的知识（熟悉特殊的主题 themes 与观念）。	类型（types）史（对方式 manner 的洞见,在变动历史的状况下,特殊的主题 themes 或观念游客体及事件所表达）。	
3. 内在意义或内容,组成"象征"价值的世界。	深层面的图像诠释（图像学的综合 Iconographical synthesis）。	合成的（synthetic）直觉（熟悉人类心灵的本质的倾向）,由个人的心理学与"世界观"（Weltanschauung）的条件所限制。	普遍的文化征候或"象征"史（对方式 manner 的洞见,在变动历史的状况下,本质的人类心灵倾向由特殊的主题 themes 和观念来表达）。	

他举例,当一个熟悉的人在街上脱帽向我们招手,我们首先察觉的是他的外表与感受到他所表达的信息,接着解读脱帽的动作为一种礼貌,最后联结到更深层的意涵:教育背景、生活史所形塑的人格等,也就是可能的文化社会结构形式。Panofsky 因此总结,精确掌握历史传统的象征意义是获得正确诠释的必要条件:

> 当我们希望非常严格地表达我们自己（……）,我们必须区别这三种层次（stratum）的主题或意义,最底层通常被形式困扰着,第二层（及第三层）狭义的看则是特殊的图像学的范围。不论从那一层次移动,我们的认同与诠释都依靠主观的工具,基于这个理由,是受到对历史过程的洞见的纠正与影响,总的说就是传统。（Ibid:16）

这里凸显出来的重点是:逐层（stratum）地由外而内之解读策略可获得相当程度的系

统、准确而深刻的意义成果,也就是说越深入深层(预设了结构与层次关系)越反映出学科的理论观点与态度。① Mitchell(1994)推崇 Panofsky 是"图画转向"(the pitcural turn)的推动者,是视觉文化研究的起点。Panofsky 的图像解读策略受到曼罕(Karl Mannheim)1922 年《论世界观的诠释》的影响;另外艺术解读方法也得到曼罕的注意。Tanner(2003:10)说:

> 他[Mannheim]认为所有的领域都相当合法性地透过由沃夫林和潘诺夫斯基展示的各种分析的抽象之操作来形成各领域的目标。然而,他(Mannheim)也寻求创造知识架构来整合有相同目标的不同领域的了解,或至少协调不同领域的特殊洞见。

曼罕发展出来的文化产物的客观意义(objective meaning)、表达意义(expressive meaning)、文件(或证据)意义(documentary or evidential meaning)和艺术作品的三层图像意义雷同,称为"意义层"(stratum of meaning)。他(1971)以施舍为例,第一层看到的动作是社会帮助(即社会所鼓励的行为);第二层表现出来的是怜悯、仁慈、同情,和施舍主体的主观意识(意图)有关;第三层文件意义是将所看见的分析为完全不同的、超越的结果:透过其脸部表情、姿态、步态、说话语调判断其施舍动作是虚伪的行为,这是"文化客体化"(cultural objectification)的行动。值得注意的是,曼罕的分析层次也是由外而内,从可视的部分出发走向分析、诠释:

> 我们的第一个任务是使相关现象可见,并且保持分离;它必须显示诠释技巧可应用于文化分析,特别是最后诠释的形态"文件(或证据)意义"是不可或缺的理解的最佳例证,它不可与前二者混为一谈。(Ibid:22)

第三层的诠释因此有结构、集体、抽象的意涵,是主体的"意索"(the ethos of the subject)。

---

① 詹明信说:"科学就是穿透、取消感性认知的现实,科学要发现的是表面现象以下更深一层、更真实的现实。"(1990:27—28)这种剥洋葱式的分析方法早在柏拉图倡导穷究宇宙本质时就提出来,并且和三种床的比喻、对画家的批评之概念是相通的。《斐德若篇》记载:"无论什么事物,你若想穷究它的本质,是否要用这样方法? 头一层,对于我们自己想精通又要教旁人精通的事物,首先,要研究它是纯一的还是杂多的;其次,如果这事物是纯一的,就要研究它的自然本质……如果这事物是杂多的,就要把杂多的分析成为若干纯一的,……"(2005:224)总之,"分到不可分为止"是穷究事物的法则。

将艺术作品置入社会文化的符号脉络中考察是 20 世纪中叶"新艺术史"①研究的新主张,Coser(1998:148)认为曼罕肯定这种艺术研究趋势反映出他受到格式塔心理学与反原子论的影响,"企图通过对某一时期的生活和文化环境,综合地去解释和理解一件艺术作品"。同时,这也和德国历史主义的"历史理解的现实条件与相对关系"之见解不谋而合。这里牵涉到人如何"看"待历史的双关用语——观点和"观"点,曼罕综合了视觉与历史态度于知识形构中。换言之,观看此时不仅是对应历史的一种视觉隐喻,也是一种对应历史的认知或价值观。他说:

> "观点"是指吾人看待某一客体的方式,从客体看到了什么,以及吾人如何思考解释客体。因此,观点不只是由思想所范塑决定,而且还涉及思想结构中的性质要素,这些要素必然为纯粹形式逻辑所忽略。(*Mannheim*,1998:27)
>
> 关于视觉认知客体的争论(此一例证在性质上,只能视之为观点),并非由建立周遍的观点(这是不可能的)来解决。反之,是要征诸一个人自己的处境决定了其见解,而了解到客体对处境不同的人为何看来不同来解决……就像视觉观点的情况一样,确实最具有包容性与成果最丰硕的观点,也就是卓越的观点。(Ibid:79)

"入虎穴,得虎子"似乎成为社会科学与人文研究的途径。同样的,一般人对艺术品的欣赏也朝着这个方向发展,反映了一种假设的事物形成的结构性次序。艺术品作为文化象征物,布迪厄(1990、1984)认为观察者必须具备一套掌握文化符码的能力方能有所谓解读的能力,因此取得有意义的观察、能发生作用的观察,在艺术世界中完全是象征的。有观察之"眼"而无文化资产之"珠"有如"文化盲者"(有眼无珠),拥有和使用在文化符码的操作世界中是一体两面、不可切割的。借助于文化象征体系,人的观看由自然进入文化构作的世界,也有由浅入深的层次意涵,所谓"外行看热闹,内行看门道"的品味区隔。表象是外,结构是内;没有外行的专家,只有内行的专家。

上述从表面到深度的层次阅读取径是结构功能式的立体状态,方法论上假定每一层次均互相扣接,循序渐进,最后通达现象的核心,即相对于表面假象的真实内在。一

---

① 新艺术史质疑传统艺术的探究方法与观点,将研究焦点摆在关于艺术品的生产与消费脉络、拥有与收藏、阶级关系与斗争、政经运作、意识形态等议题上,也就是以艺术的社会史取代艺术的作品史的研究取径。其使用的理论不再局限于艺术史学传统如图像研究或形式分析,而是社会理论如马克思主义、女性主义、结构主义、心理分析、符号理论等。克拉克(Timothy James Clark)写于 1973 年的《绝对的布尔乔亚——1848—1851 年法国的艺术家与政治》(*The Absolute Bourgeois-Artists and Politics in France 1848—1851*)和《人民的形象——库尔培和 1848 年的革命》(*Image of the People*:*Gustave Courbet and the 1848 Revolution*)为代表作(王正华,2001;Rees & Borzello eds.,1986)。根据 Rees & Borzello,新艺术史发展于 20 世纪 70 年代的英国,因此笔者认为 Coser 将 40 年代的曼罕放入新艺术史的脉络看待和一般新艺术史的看法有些许出入。关于新艺术史的评介,参见 Bann(2004)及 Overy(2004)。

个成功的"剖析"有一定的轨迹可循,这可见诸 17 世纪笛卡儿理性主义的四个方法规则中(1991:129—130):

第一规则:自明律,即明和晰。……绝不承认任何事物为真,除非我自明地认识它是如此,就是说小心躲避速断和成见,并在我的判断中,不要含有任何多余之物,除非它是明显清晰地呈现在我的精神面前,使我没有质疑的机会。

第二规则:分析律。……将我要检查的每一个难题,尽可能分割成许多小部分,使我能顺利解决这些难题。

第三规则:综合律。……顺序引导我的思想,由最简单、最容易认识的对象开始,一步一步上升,好像登阶一般,直到最复杂的知识,同时对那些本来没有先后次序者,也假定它们有一秩序。

第四规则:枚举律。……处处做一很周全的核算和很普遍的检查,直到足以保证我没有遗落为止。

笛卡儿的综合律,也就是层次渐进(升)的看法普遍存在于社会学、人类学与文化研究的理论中。墨顿(Robert King Merton)在《社会理论与社会结构》(1968)中对显性与隐性功能的分析讨论,也具有层次阅读的意味。透过隐性功能分析,以达到明晰社会内里、发觉具潜力领域、避免道德判断下的庸俗结论。这里似乎暗示着,表面的具体现象固然必要,但却是不可靠的、多变的,即使以科学的观察获得资料,仍然必须经过心智的判断、辩证、过滤,以"学术之眼"透视客体方能取得"社会学重大的进步",以及既抽象又可以普遍化的概念结构。在视觉分析上,显性与隐性的概念有两种指涉:其一,形式与内容,前者外显后者隐藏;其二,内容的直接义(外表、一般概念)与间接义(即符号、象征)(Walker & Chaplin,1997)。而诠释人类学者吉尔兹(Clifford Geertz)在《文化的诠释》(1999)中强调找出事物隐晦的文化符号体系与意义是"厚描"(thick description)的伟大目标,融合了观察与抽象界定,也是人文研究的科学风格之保证。他说:

> 所有非常普遍的、在学院内造就的概念和概念系统——"整合"、"理性化"、"符号"、"意识形态"、"民族精神"、"革命"、"本体"、"比喻"、"结构"、"宗教仪式"、"世界观"、"角色"、"功能"、"神圣",当然,还有"文化"本身——都被编织进深"厚"描式民族志的主要部分之中,以期使单纯的事件具有科学般的雄辩性。……因此,不仅仅是解"诠"释要一直落实到最直接的观察层次上,解"诠"释在概念上所依赖的理论也要深入到这一层次。(Ibid:35—36)

上面引文中的语词概念都具有分析的功能,但都倾向厚度的暗示,潜藏于物体之内。相对于厚描,就是薄描(thin description),只触及表面的现象,也许连贯、合乎日常生活用途,但并不深入,研究者并不视为探讨的终极,也不认为是研究的饱和状态。这就是理论的"厚度",具有破解文化密码的坚实能力及呈现特有的解题"管道"。社会或文化的表象与符号结构之差异在于:后者的意义远大于前者,前者是进入后者的必要门道。整体来说,文化层次阅读的标准句构是:"表面是……,实际上是……",如同吉尔兹对巴里岛斗鸡的分析:"表面上在那里搏斗的只是公鸡,而实际上却是男人。"(Ibid:490)总之,人类学家的主要使命是"从内部观察并感觉原始社会是如何运转的……运用了心理分析的洞见:个人或群体会无意之间、不由自主地透露最珍贵的数据。"(McLuhan,2004:93)其他层次分析如索绪尔(Ferdinand Saussure)的语言分析结构(1997)和利瓦伊史陀(Claude Levi-Strauss)的文化心灵结构(1995),都有表与里之分,都是一种透析现象的企图。在此,表象可以说是一种挑战;表象作为迷障,吸引着研究者一探究竟。此探勘的痕迹或记录即是结构分析。表象隐藏着立体的形式,在拨云见日之后,揭露结构的神秘面纱,但同时也更确认了结构层次的根本特性,仿佛如意识形态般的固着。

不同于上述结构式的态度,巴特(Roland Barthes)采取征状式(symptomatic)探索影像,主要在文化结构体(syntagm)中找寻其裂缝、冲突处并"见缝插针",批判其文化形构的意识形态。在《影像的修辞》(1972)一文中,他分析广告影像有三层信息:语言的(linguistic)、指示的(denotational)、内涵的或意识形态的(connotational or ideological)。影像的意涵由浅而深,最后达到理解与批判社会整体的目的,第三个层次也称为"今日神话"(myth today)。所以一幅意大利面的商业广告,不只透露产品的类属(指示的),也强化新鲜、自然的信息(内涵的),更重要的是巩固了意大利的文化与国家认同,即"意大利特性"(Italianicity or Italian-ness)(意识形态的)。同样都是透过分析的理路,巴特标榜视觉解构,一种反阅读的阅读,成为哈贝马斯的"解放自主"的第三个解放旨趣的意味(Habermas,1972)。

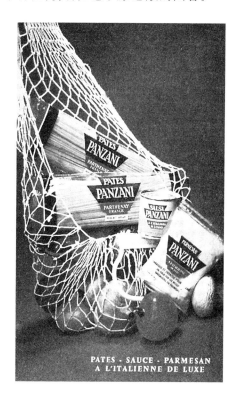

巴特所讨论的是资本市场操作下的商品形象。倘若让我们站在马克思主义的立场来看,现代资本主义下的生产关系下商品逻辑与私有财产制相互增强,而财产的拥有可以表现在感官的联系上,人因而有人自身的感官与为其存在的世界,同时也占有了别人的感官与生命,这构成了一个异化的、片面的世界。"看"清这一层的人必须坚决扬弃这种拥有价值与使用价值。扬弃这种"绝对的贫困",才能重回或找到完整而全面的人

之自我——社会的存有状态,进入真正人的状态,真正属于人"类"的眼睛,人"类"的感官,一个丰富的世界才真正的展开。马克思(1993:82—85)详细地剖析了这种状况:

> 人同世界的任何一种人的关系——视觉、听觉、嗅觉、味觉、触觉、思维、直观、情感、愿望、活动、爱,——总之,他[sic]的个体的一切器官,正像在形式上直接是社会的器官的那些器官一样,是通过自己的**对象性**关系,即通过自己同**对象的关系**对对象的占有,对**人的现实**的占有;这些器官同对象的关系,是**人的现实的实现**,是人的**能动**和人的**受动**,因为按人的方式来理解的受动,是人的一种自我的享受。……因此,**一切**肉体的和精神的感觉都被这**一切**感觉的单纯异化即**拥有**的感觉所替代。……因此,私有财产的扬弃,是人的一切感觉和特性的彻底**解放**;这种扬弃之所以是这种解放,正是因为这些感觉和特性无论在主体上还是客体上都变成**人的**。眼睛变成了**人的眼睛**,正像眼睛的**对象**变成了社会的、**人的**、由人并为了人创造出来的对象一样,因此,**感觉**通过自己的实践直接变成了**理论家**。……不言而喻,**人的**眼睛和野性的、非人的眼睛得到的享受不同,人的**耳朵**和野性的、非人的耳朵得到的享受不同,如此等等。……所以社会的人的**感觉**不同于非社会的人的感觉。只是由于人的本质的客观地展开的丰富性,主体的、**人的**感性的丰富性,如有音乐感的耳朵、能感受形式美的眼睛,总之,那些能成为人的享受的感觉,即确证自己是**人的**本质力量的**感觉**,才一部分发展起来,一部分产生出来。因为,不仅五官感觉,而且所谓精神感觉、实践感觉(意志、爱等),一句话,**人的**感觉,感觉的人性,都只是由于**它的**对象的存在,由于**人化**的自然界,才产生出来的。

上述说法反映了一种"现代主义的感官苦行僧主义",企图通过对"表面感官享乐主义"的分析解剖(或克制)获致"深"刻甚至批判的、带着严肃气氛的意义,同时也约制感官朝向特定的社会作用。批判、启蒙、除魅的严肃议题通过对表象、感官的"整肃"而被实践着,是现代性计划的关键一步。观看的从自然状态转变成文化状态才有"人化"的可能。这里的假定是,视觉与其他感官如同资本一样被私有化,一种总体结构化的现象,逻辑和层次分析相似:表象的接触底下有复杂的操作。我们不能看穿事物的外表,却可以借着理论(来自视觉意义的延伸)的洞见(insight)进入客体的内部(in-sight)取得结构性的意义或借着理论之光(enlightening)获得启蒙(enlightenment)的效果。这就是视觉理性的展现。

(三)非深度分析

总结上面的讨论,由表层到深层的方向探索暗示着结构内文化欲力的强度是逐渐增加的,带有启蒙或除魅的色彩。层次阅读因此体现了研究者对事物的洞见,当然也包括一种说服的魔力在其中;视觉与影像的层次分析架构因着影像、视觉的具体接触而成为这种层次分析的代表作。行动见于形体之中，形体也见于行动之中，两者互相证成。但是，形体与行动如何互相定义，还是被限定在视觉之可见与不可见的框架中，事实上是有讨论的空间的。对于后现代主义者詹明信(1990：211—221)而言，西方科学主义与理性主义主导下的层次思考模式有其历史与结构视野的问题，并据此分析而提出"非深度"的分析模式。他剖析西方的四种深度模式，也是四种分析社会世界的理论。詹明信的分析说明视觉和西方理性科学的建立有绝对的关系，同时，视觉之原初的感官功能则被转化为一种处理知识的"机器"。进一步地，这种科学的观看的文化模式和分析社会世界的深度理论有相互呼应之处，都区分内外两层，并且从外表出发逐渐进入内在的深度解读模式，计有四种：(1)黑格尔/马克思辩证法，认为现象与本质有所区别，经过破解翻译而寻得内在规律。(2)以笛卡儿为基础的存在主义模式，区分确实性可从非确实性的表面下找到，前者才是思想、行动价值的核心。(3)弗洛伊德模式区分明显与隐含(原我、自我与超我)，深藏于内的欲望经压抑的作用而转化为它种表现，如升华。解读外在表现以找到内在密码是"解梦者"的能力与责任。(4)由索绪尔的语言学到巴特的记号语言学所发展出来的所指(signified)与能指(signifier)，两者的武断(arbitrary)关系隐藏着文化符号、象征与再现的秘密——事物作为一种符号总是能指与所指的辩证现象(1990、1998)。

对于深度结构的层次策略解读有赖于诠释的启动，诠释的能力因此作为一种理解世界的洞见的表现。如前所论，这里预藏着一种假设：表像与内里之分，两者的关系是隐微的，而在两者之间，诠释担负揭秘(弊)的角色。诚如他所言"人们一个坚定的信念，就是在表面的现象之下必有某种意义"(1990：213—214)。詹明信认为，这样的信仰与假设在当代理论视野中不复见，因为"所有当代的理论都抨击解释的思想模式，认为解释就是不相信表面的现实和现象，企图走进内在的意义里去"。他(1998)因此总结西方现代主义和后现代主义的进程，其明显的变化是"从深度感走向平面感"。对深度感的质疑，和批判制造幻觉空间、一统视点的透视法(单点透视)有关系，也就是对15世纪以降人类视觉的科学化过程予以一观看点为中心所获得的秩序化、系统化空间的再反省。詹明信将这种状况和笛卡尔哲学中"意识即中心"的看法、自然的统一化、商业以及科学观联系在一起，和前述杰的"笛卡儿透视主义"相呼应。

事实上，詹明信批判地突显视觉在西方文明化的形构中所扮演举足轻重的角色。视觉所到之处，显示新的社会秩序正在成型，也就是新的社会景观的浮现，而主宰着这一切变迁的主要动力就是科学，并意味着对人类身体知觉的信任大多投注在视觉方面；换言之，将视觉绝对化为接触世界、收集正确可靠资料的途径，虽然，这种信赖从批判的角度来说是有所保留的。透过观察、视觉、表象、层次，似乎也保证了社会世界的结构式存在。

詹明信反对金字塔式的结构逻辑，也就是由某一种基础引向更高或更深的意义体系。在他看来，表面与内容之间并没有这种厚度式的因果关系，表面的现象不是内在结构的一种不可信赖的、片面断续的信息,表面有其自身更高的意义层次,表面现象就可以生产出足够的意义,表面就是结构,因此大胆地提出"最简单的、最表面的东西也就是最高级的东西"的看法。结构、深度、层次、关系在此成为西方建构知识体系中的共同分析架构之概念特色(1998)。它既是分析的、也是建构的,既是分、也是合,两者互为表里、互相指涉,但是它不必然是垂直的或上下的统摄关系,它可以是水平关系,以位置(position)的差异取代阶层(stratum)的从属关系。这样的思考有另类方法论的意涵。齐穆尔(George Simmel)(1991:1-2)以桥与门隐喻文化与自然的区别,说明人类整合联系与区分内外的本能,可以作为水平观察的参考。他解释道:

> 人类以特有的方式进行联系和分离。换言之,联系和分离总是相辅相成、互为前提。假若我们列举两种天然物称之为"分离",那么,在我们的意识中,这两者已经相互联系并互为对方的衬托了。反之,被称为联系的事物,当用任意方法使之分离后,它们正是为了相互联系才分离的。实际正如逻辑一般,联系本来并不分离的事物毫无意义,联系并非在所有情况下均处于分离的事物也无意义。……无论直接性的或象征性的,无论肉体的或精神的,人类无时无刻不处于分者必合、合者必分之中。

透过齐穆尔的启示,层次阅读的分析结构一方面具有桥的联系功能,另一方面具有门的区隔作用,都是意志(或权力)形塑下的"形式再现"。当我们把层次阅读的观点视为联系的桥时,我们对事物的表象与内在的假设犹如河流的两岸,此时反映联系欲力的重点是桥的形式(造形),而不是抽象的主观意图。因此齐穆尔说:"形体源于行动,行动趋向形体"(Ibid:2),分析的结构是具有形式意义的,是美学的、直观的,因为:

> 桥梁的美学价值在于,它使分者相连,它将意图付诸实施,而且它已直观可见……奉献于实施架桥意图之纯动力已变成固定的直观形象……包含着整个现实生活的过程。桥梁授予超越一切感性生活的最终感觉以一种个别的未经具体显现的现象,它又将桥梁的目的意图返回自身,视之成为直观形象,仿佛"被塑对象"一样。(Ibid:3)

分析结构成为重要的观看对象,而不只是作为联结两岸的目的。换言之,结构形式的使用价值建立在象征价值之上,成为作品的自身价值,是诠释行动的展现。若是层次阅读结构具有门的区隔特性,那么现象被看做是连续的整体,透过门区隔出有限(内)与无限(外)的运作模式,据此"体现了界限意义和价值所在"(Ibid:8)。循此,层次阅读始终是一种方法论上的切割方式,体现阅读者的策略位置。因此所谓表象与内在是人为的区隔,并非本质上的认定,可以确认的是,方向是构成门里门外重要的决定因素。扁平化视觉分析的层次观,化为形式关系,视觉表象的意义在表象自身及其互动关系,神圣与凡俗的严密区隔因此松动,是视觉研究透过理论(一种深度的假设)以突破雅俗区分所需思考的。进而言之,表象和具体、内在和抽象的联结与对立之二元观点因此有重新检讨的必要。

齐穆尔非常重视视觉的运用。在《面容的美学意义》一文中认为眼睛是表情达意的首要感官,符合一般所谓"眼睛是灵魂之窗"的说法。他(1991:182—183)说:

> 没有任何特别的东西像眼睛那样绝对固定在自己的位置上却又似乎远远超过这个位置而伸展。眼睛能够表示探透、恳求、还愿、迷惘,表示希望得到渴望的事物;**这就需要特别的研究**(粗体为笔者所强调),犹如画家为安排画面的空间使之易于理解而运用方位、明暗以及透视那样。面容反映气质的功能尤其集中在眼睛;同时,眼睛又可以执行在只说明现象而毫不知道现象后面不可见的精神世界时所具有的最细腻的纯形式功能。

齐穆尔对面容与眼睛的讨论是建立在"社会精神"意涵上,亦即出自群体又超乎群体的统一,和涂尔干所持社会学观点(外在、强迫)相似。

非深度分析虽然强调表面与表面联结的意义,但是不是因此完全舍弃结构的诠释方法令人怀疑。理解现象的过程,总是需要描述、分析、诠释,不论其采取的方式为何,总是一种从某一点出发形成"延伸的"、"扩展的"或"释放意义的"过程,总而言之,是意图的,即使不使用深度的用词,即使避免固着的结构性看法,仍然具有深度的意味。詹明信的平面化解读,重视形式关系是层次解读策略的反序操作,也就是说,当游离的能指(floating signifier)附着于他处后(所谓"拼贴"、"混杂"的后现代主义概念),重新生根,建构意义,观察者根据表面的构成"虚拟"其构造,是由表面返回表面的洄游或说找一面可以返照的镜子"暂时"认清自身,和深度分析中企图揭穿事实、解剖早已存在的形构关系的力道不同,但拉开距离动作是相同的。非深度分析可以是另类深度解读模式,一种抵抗解释的方式。

以上层次解读策略与非深度分析观点,对事物之外貌(physiognomy)及主体解读意义均保持重视的态度,但对于处理外貌的态度显然是不同调的,因之其研究目的也有根本的分歧、取得的视觉意义更有所不同。

五、结　论

察言观色有赖视觉感官的运作,而达成此表里如一的观察则端赖正确的观看方法,这个正确的观察之道事实上和实证主义、科学主义与理性主义有关,而这三者的精神体现与贯彻在透过观察所获取的知识上面。虽然科学的观看带来洞见,批判而论,它反映了科学介入观看后视觉被窄化的隐忧。总的来说,视觉的理性化使视觉沦为选择、抽象与转换的工具,是"观"点,也是"盲"点;是洞见,也是漏洞之见。

检讨社会科学的观看,可从层次解读策略加以了解。涂尔干认为,从事物的部分外形进入观察可以取得一种可靠的数据,从而了解事物的全部真相。对他而言,慧眼可以识(视)英雄,但唯独必须英雄的内在构成英雄的外在特质,这是不容置疑的假设。同样是社会学方法名著,韦伯提出理解有"直接观察"与"解释性"两种,前者和后者相互搭配成为真正的理解,社会行动的意义在对视觉接触后的诠释才得以成立,诠释性理解可以说是观察的额外成就。由外而内,内在解读因此比外在解读更具有意义关联,更具有社会学意义。韦伯所举伐木工人的例子说明动机的诠释为观察之本,视觉在两位社会学家的眼中的确受到重视,但不是一个可以独立竟其功的感知感官。从 Panofsky 到曼罕可知,观看是对历史与文化层层剥解的方法,"观点"有其双关语——"观"点和观点,既是视觉隐喻也是方法的态度或价值观。值得注意的是观看是可以在方法的驱动下进行细腻的拆解程序,视觉此时被纳入层次解读的第一关。第一关意味着视觉无法独立作业,拥有布迪厄所谓文化符码的阶级方能解读文化系统,因此层次阅读的视觉是符码化的视觉,视觉带着符码的工具才能出入该体系。诠释人类学者吉尔兹"厚描"和"浅描"的概念充分反映层次解读的看法:越深厚越有意义。事物被假设为有其厚薄,透过理论的"厚度"解读,文化结构之密码因而被破解。

上述表里如一的看法是属于结构功能式的,看是"看穿"、"看透"、"看对"客体,是正阅读。还有一种层次阅读是反阅读,其目的不在诠释结构的内在功能与目的,而是找到文化运作的把戏,巴特征状式阅读(语言的、指示的、内涵的或意识形态的)的第三层现代神话,反将了结构一军,因此解读策略获得内在批判的支撑点。特别是巴特专注于图像修辞更凸显层次解读策略在视觉上的特殊角色。可以说,它赋予视觉文化诠释方法更强的合法性地位。

社会学、人类学、艺术史学及符号学的"观"点采取的是层次阅读的路线,在詹明信看来,并不符合跨国资本体系下的文化逻辑。他主张人们所坚信的表象之下必有某种意义的迷思必须破除,后现代社会的表象就是终点。詹明信总结了现代主义的四种深度模式并以平面终结视觉的层层探索。非深度分析并非舍弃分析或根本就不分析,而是强调联结的意义,不是脉络的意义。因此,后现代影像的拼贴、谐拟、历史精神分裂症等特质都显示一种新的视觉隐喻的解读策略于焉形成。过去强调深刻性,当代认为肤浅也有"可看性",这是视觉模式、层次阅读与其符应于现代/后现代的最大分野,也是视觉文化研究与社会学的视觉观照的分野,批判社会学如何挪用视觉作为社会论述,则是开启两者间批判对话的可能。视觉文化所企图揭橥的视觉性意涵等批判取径将提供社会学检视视觉在社会学观点形成与理论建构的过程中引带的问题性。

参考文献

1. 王正华:《艺术史与文化史的交界:关于视觉文化研究》,《近代中国史研究通讯》2001 年第 32 期。

2. 吴琼:《视觉性与视觉文化——视觉文化研究的谱系》,载吴琼编著:《视觉文化的奇观:视觉文化总论》,中国人民大学出版社 2005 年版。

3. 叶启政:《观念巴贝塔:当代社会学的迷思》,(台北)《群学》2005 年。

4. 刘纪蕙:《文化研究的视觉系统》,《中外文学》2002 年第 12 期。

5. 刘纪蕙:《可见性问题与视觉政权》,载刘纪蕙编著:《文化的视觉系统 i》,(台北)麦田 2006 年版。

6. Babbie,E.:《社会研究法》,邱泽奇译,华夏出版社 2005 年版。

7. Bal,M.:《视觉本质主义与视觉文化的对象》,吴琼译,载吴琼编著:《视觉文化的奇观:视觉文化的总论》,中国人民大学出版社 2005 年版。

8. Bann,S.:《新艺术史有多革命性?》,常宁生译,常宁生编著:《艺术史的终结——当代西方艺术史哲学文选》,中国人民大学出版社 2004 年版。

9. Barthes,R.:"Rhetoric of the Image." In S. Heath (Ed.), *Image*, *Music*, *Text*. New York:Noonday Press,1977.

10. Berger,J.:*Ways of Seeing*. London:BBC Publications,1972.

11. Bourdieu,P.:*Distinction-a Social Critique of the Judgement of Taste*. London:Routledge,1984.

12. Bourdieu,P.:"Artistic Taste and Cultural Capital." In J. C. Alexander & S. Seidman (Eds.), *Culture and Society-contemporary Debates*. Cambridge:Cambridge University Press,1990.

13. Bourdieu,P.:*The Field of Cultural Production*:*Essays on Art and Literature*. Cambridge:Polity,1993.

14. Comte,A.:《论实证精神(Discours sur L'esprit Positif)》,黄建华译,商务印书馆 1996 年版。

15. Coser,L.:《曼海姆思想评介》,张明贵译,载曼海姆:《知识社会学导论(Ideology and Utopia:an Introduction to the Sociology of Knowledge)》,(台北)风云论坛出版社 1998 年版。

16. Current Sociology:"Preface."*Current Sociology*, 1986,34(3).

17. Descartes,R.:《我思故我在》,钱志纯译,(台北)志文出版社 1991 年版。

18. Durkheim,E.:《社会学研究方法论(The Rules of Sociological Method)》,(台北)结构群 1990 年版。

19. Durkheim,E.:《宗教生活的基本形式(The Elementary Forms of the Religious

Life）》,芮传明、赵学元译,（台北）桂冠 1992 年版。

20. Elkins,J.：*Visual studies-a Skeptical Introduction*. London：Routledge,2003 年版。

21. Geertz,C.：《文化的解释（The Interpretation of Cultures）》,韩莉译,译林出版社 1999 年版。

22. Habermas, J.：*Knowledge and Human Interests*（J. J. Shapiro, Trans.）. London：Heinemann Educational,1979.

23. Henny,L. M.："Theory and Practice of Visual Sociology." *Current Sociology*,1986, 34,1 – 76.

24. Hooper-Greenhill,E.：*Museums and the Interpretation of Visual Culture*. London：Routledge,2000.

25. Jameson,F.：《后现代主义与文化理论》,唐小兵译,（台北）合志 1990 年版。

26. Jameson,F.：《后现代主义或晚期资本主义的文化逻辑（Postmodernism, or, the Cultural Logic of Late Capitalism）》,（台北）时报文化 1998 年版。

27. Jay,M.：Scopic Regimes of Modernity. In N. Mirzoeff（Ed.）, *The Visual Culture Reader*. London：Routledge,1992.

28. Jenks,C.："The Centrality of the Eye in Western Culture." In C. Jenks（Ed.）, *Visual Culture*. London：Routledge,1995.

29. Jonas,H.："The Nobility of Sight - a Study in the Phenomenology of the Senses." *Philosophy and Phenomenological Research*,1953/1954,14,507 – 519.

30. Levi-Strauss,C.：《结构人类学》,谢维扬、俞宣孟译,上海译文出版社 1995 年版。

31. Mannheim,K.：《知识社会学导论（Ideology and Utopia: an Introduction to the Sociology of Knowledge）》,张明贵译,（台北）风云论坛出版社 1998 年版。

32. Mannheim,K.：*From Karl Mannheim*（Kurt H. Wolff. ed.）. New York：Oxford University Press,1971.

33. Marx,K.：《1844 年经济学哲学手稿（Economic and Philosophical Manuscripts）》,（台北）时报文化 1993 年版。

34. McLuhan,M.：《机器新娘——工业人的民俗（The Mechanical Bride -folklore of Industrial Man）》,中国人民大学出版社 2004 年版。

35. Mirzoeff,N.：《视觉文化导论（An Introduction to Visual Culture）》,（台北）韦伯文化 2004 年版。

36. Merton,R. K.：*Social Theory and Social Structure*. New York：Free Press,1968.

37. Mirzoeff,Nicholas：《视觉文化导论（An Introduction to Visual Culture）》,陈芸芸译,（台北）韦伯文化 2004 年版。

38. Mitchell,W. J. T.：*Picture Theory*. London：University of Chicago Press,1994.

39. Overy，P.：《新艺术史与艺术批评》，常宁生译，载常宁生编著：《艺术史的终结：当代西方艺术史哲学文选》，中国人民大学出版社 2004 年版。

40. Panofsky，E.：*Studies in Iconology-humanistic Themes in the Art of the Renaissance.* London：Harper & Row，Publisher，1972.

41. Papademas，D.： *Visual Sociology and Using Film/video in Sociology Courses* (American Sociological Association ed.). Washington，1993.

42. Plato：《柏拉图文艺对话录》，朱光潜译，（台北）网络与书 2005 年版。

43. Rees，A. L.，& Borzello，F.（Eds.）：*The New Art History.* London：Camden Press，1986.

44. Sociology，C.："Preface."*Current Sociology*，1986，34（3）.

45. Saussure，F.：《符号与语言》，陈志清译，载吴潜诚编著：《文化与社会》，（台北）立绪 1997 年版。

46. Simmel，G.：《桥与门——齐美尔随笔集（Das Individuum Und die Freiheit Essai）》，涯鸿、宇声译，上海三联书店 1991 年版。

47. Simmel，G.：《社会学——关于社会化形式的研究（soziologie）》，林荣远译，华夏出版社 2004 年版。

48. Tanner，J.："Introduction：Sociology and Art History."In J. Tanner（Ed.），*The Sociology of Art - a Reader*（pp. 1－26）. London：Routledge，2003.

49. Tomaselli，K. G.：*Appropriating Images - the Semiotics of Visual Representation.* Denmark：Intervention Press，1999.

50. Walker，J. A.，& Chaplin，S.. *Visual Culture - an Introduction.* New York：Manchester University Press，1997.

51. Weber，M.：《社会学的基本概念（Soziologische Grundbegriffe）》，顾忠华译，（台北）远流 1997 年版。

观看与认同：以拉康的角度

吴　琼

（中国人民大学哲学院）

内容提要：在今天，一提到拉康对视觉机制的思考，人们立即会想到他的镜像阶段理论，可实际上，镜像阶段只是拉康对观看行为的一个初步探索。本文拟以拉康的"三界"作为基本框架来考察其视觉理论的逻辑，这一考察将主要围绕主体的观看与认同的关系进行。我的观点是：在拉康那里，观看既是使主体性的构成得以可能的前提，更是主体性的一个崩溃点，是使主体的欲望满足变得不可能的一个切口。

关键词：想象界　象征界　实在界　观看　认同

本文拟从拉康精神分析学的角度讨论观看与主体之认同的关系。这里的所谓"观看"不是艺术的看，不是我们面对艺术作品时那种沉思默想式的凝视，但它也不完全是我们日常的看，它不是我们在不经意间朝向对象的一瞥，拉康所讨论的观看是一种利比多行为，一种欲望行为，是主体为确证自身形象而去寻找理想参照物的行为，是主体的认同得以完成的过程。所以拉康对观看行为的思考是为了去揭示观看行为背后的无意识机制，揭示观看行为的功能及其效果，或者说揭示主体之构成背后隐藏着什么样的观看逻辑。

一般地，人们在谈论拉康的观看理论时注意力都集中在他的镜像阶段，而实际上，拉康对观看的考察是在三个方面分步进行的，这就是他所谓的想象界、象征界和实在界。需要注意，这并不是三种观看形式，而是观看的三个层次。本文拟从这三个层次来说明拉康的观看理论的实质，这个实质就是"主体性的倾覆"。

一

镜像阶段（mirror stage）不仅是拉康借以结构自己身为精神分析学家的主体性的神话，也是拉康有关主体的自我构成的神话。镜像阶段本身就是一个神话，用拉康自己的话说，是一出戏剧。个体在镜前的观看成为其完成自我认同和误认的一次倾情演出，成为主体之命运的先期送出。在那里，空间的迷思和时间的辩证法的交织令主体由此走上了无尽的欲望求证的不归之路。拉康后来称镜像阶段是一个"装置"，是一架生产自我及主体的分裂性的机器,它在弥合自我之躯原始的无助感和破碎感的同时又在其中植入了一个异化的种子,镜前的观看乃是自我和主体之命运的一次预期。

　　"镜像阶段"的经验材料来自于比较心理学的一项研究,这就是6—18个月的婴儿与黑猩猩、猴子等动物在情境认知方面体现出的行为差异,例如——拉康描述说——它们都能在镜子中辨认出自己的形象,但在黑猩猩和猴子那里,一旦发觉其镜像是空洞的,马上便会失去兴趣,而婴儿的情况就不同,他立即会以一连串的姿态动作作为回应,在这些动作中以游戏的方式体验到镜像中的运动与被反射的环境之间的关系,体验到"镜像"这一虚设的复合体与它所复制的现实——婴儿自己的身体、他周围的人和物——之间的关系。但是,与心理学家们仅仅从人和动物对"认知情境"的综合能力方面来解释这一现象的差异不同,拉康把这一心理学素材引入了对自我的结构的说明,用他自己的话说,他要借镜像阶段的现象来揭示"利比多机制……以及人类世界的本体论结构"。① 所以,在描述了那一心理现象之后,拉康立即以一种非经验的方式重述了婴儿在镜像前的行为反应:

　　　　还不会自如地行走甚至还无法站立的婴儿被某些支撑物——人或人造物(在法国,我们称之为"宝宝学步车")——紧紧地支撑着,但他却能在一阵欢快的挣扎中克服支撑物的羁绊,把自己固定在一种微微前倾的姿态中,以便在凝视中捕捉到那瞬间的镜像并将其保持下来。②

　　这显然已经是一个神话学的"叙事":不会行走的婴儿、既是支撑又是羁绊的"支撑物"、婴儿的欢快的挣扎和前倾的姿态、婴儿的镜像及其对镜像的凝视,这一切经由一种非经验的重述而变成了一个神话叙事的种种"单元",变成了有关存在的某个原型式的"典型情境",并使得"镜像阶段"脱除了作为婴儿心理发展之一个"阶段"的时间语境,而变成了一个空间迷思的场景,一出镜前魅影的戏剧。

　　接下来便是对这个"场景"的多重阐释。首先是一个精神分析化的阐释:与心理学家们把这个场景解释为"情境认知"的一种表现不同,拉康在那里看到的是主体的"一次认同",婴儿对自身镜像的那种欣悦认定被认为暴露了主体今后的继发性认同的"象征基型"(symbolic matrix),即个体通过镜像的看获得了一个理想的"我"的形象,该形象将作为主体的某种原始形式在其进入语言或文化秩序时重新复活,"使其作为主体在世间发挥功能":

　　　　在此,"我"突然被抛入了某种原始的形式,之后,又在与他者认同的辩证

　　① Jacques Lacan, *Écrits*, p. 76, trans. Bruce Fink, New York:W. W. Norton & Company,2006.
　　② Jacques Lacan, *Écrits*, p. 76. trans. Bruce Fink,New York:W. W. Norton & Company,2006.

哲学家

法中被对象化,尔后又通过语言而得以复活,使其作为主体在世间发挥功能。①

在如此高度凝练的句式中叠加繁复的语义乃是拉康的拿手好戏,面对这样的语句,也许只有"过度阐释"方可让隐藏在诸如"我"、他者认同的辩证法、对象化、语言、主体等语词背后的瞳瞳鬼影逐渐显形。这需要一种"知识考古学"的热情。不过,在此我只能割舍这种热情,暂时专注于拉康字面的意思。在拉康看来,镜像认同的核心不是某个自足主体对环境的能动反应,而是空洞的"主体"在镜像环境中被构型的过程,是主体以"我"的形式在镜像魅影中被召唤的过程,其结果便是"理想的我"的出现。

接着,拉康对这个精神分析化的阐释又实施了一次哲学化的二度阐释:

> 这一发展过程可被体验为一种决定性地将个体的形成投射到历史之中的时间辩证法。镜像阶段是一出戏剧,其内在的冲力从欠缺猛然被抛入到预期之中——它为沉溺于空间认同诱惑的主体生产出一系列的幻想,把碎片化的身体形象纳入一个我称做整形术的整体性形式中——最后被抛入一种想当然的异化身份的盔甲之中。这一异化身份将在主体的整个心理发展中留下其坚实结构的印记。从此,从 Innenwelt(内在世界)到 Umwelt(外在世界)的环路的断裂,将给自我求证带来无穷无尽的困扰。②

这又是一段需要过度阐释的超级文本,当然这不是说它里面充满了难以言喻的梦呓和狂想,恰恰相反,它就像一个结构森严的语词之城,个体的形成与主体的历史、主体性的认同与身体的整形术、主体的异化身份与自我的确证,还有欠缺与预期、(被)抛入与投射,通过一种特殊的时间逻辑被勾连在一起,且处处闪烁着黑格尔和海德格尔的思想灵光。这是最为典型的"野性的思维",是对历史性的语词的劫持,语词的意义从固有的历史凝滞中被解放出来,形成为一个个的意义碎片,沿着时间的切线在文本中穿梭、滑行。

如果说在精神分析经验的层面,镜像认同还主要被阐释为个体的一种心理现象,一种欲望的投射和形象的凝注,那么到了哲学化的层面,这一现象进而又被阐释为主体世界的一种"本体论结构",它既呈现了主体与由他人所构成的社会情境之间的空间辩证法,也呈现了主体在自身发展或历史中的时间辩证法。

镜像阶段是一出戏剧,是个体的形成被投射到历史之中的"时间辩证法",这一辩证法亦是串联戏剧幕间的逻辑线。而"预期"的投射和"体验"的回溯则构成了剧中人

---

① Jacques Lacan, *Écrits*, p. 76.

② Jacques Lacan, *Écrits*, p. 78.

物的行为,也决定了这个人物过去和将来的命运,即由于他是通过预期来产生将来,通过回溯来产生过去,使得他的命运注定是被抛入的、不由自主的;又由于这一系列的预期和回溯都为一个"虚设的复合体"、一个被整形的幻象即镜像所主导,使得这个人物注定要为虚幻的、异化的身份盔甲所困扰,其对自我的确认根本上是一种自我误认。

如果说精神分析化的阐释和哲学化的阐释是拉康围绕着镜像认同与自我的形成来阐释镜像阶段的两个水平角度,那么,在这两个角度之上和之外,拉康还沿着纵深的方向探讨了这一认同的机制及其对自我或主体的功能。需要说明的是,拉康提出"镜像阶段"理论是在20世纪30年代中期,第二次世界大战后到50年代初这一理论进一步得到完善。1953年他首次提出了一个被称为"圣三位一体"的理论构架,这就是想象界、象征界和实在界的"三界"学说,其中镜像阶段成为他阐述想象界的重要资源,更确切地说,想象界是他对镜像阶段理论的重述,而这一重述的重点就在于自我认同的机制,并且现在,拉康把镜像认同称做是自我的想象性认同。

如果说个体在镜前的看是"一次认同",那么这一认同的机制究竟是什么?在1953—1954年的第1期和1954—1955年的第2期研讨班上,拉康对这个问题做了详尽的说明。在此我只是归纳其中较为关键的几点。

第一,认同的媒介和对象。个体在镜中看到的首先是自身与他人的形象——当然也可以是物恋意义上的物的形象——镜中之像就是他的认同得以展开的媒介,也是他的认同对象。但媒介不等于对象,镜中之像或镜像作为媒介不过是观看者与外部对象在镜子中映射出来的物理的或光学的可见之像,而认同对象则是指个体通过利比多投注在那一物理的或光学的可见之像中结构出来的心理的或想象的理想形象,亦即所谓的"意象"或"心像"(imago),认同就是对这一意象的认同,是对这一意象所代表的理想形象的认同。在1953—1954年的第1期研讨班中,拉康说:

> 形象的本质就是被利比多所投注。所谓的利比多投注,就是使某个对象变成可欲望的,也就是说,它与这一多少是被结构起来的形象是混淆在一起的,而我们则以各种方式携带着这个形象。[1]

自我认同的只是以利比多投注的方式投射出来的一个理想形象,这本来是一个想象的对象,一个虚构的形象,可自我却把它视做是可欲望的对象,通过把它置于一个理想的位置来反观出某个理想的"我"的形象,比如一个LV的女包,它的存在不过是一个僵死的物质性,可在物恋者的幻想中,它的造型、它的手感、它的光泽等都被赋予了一种独特的气质,并因这一气质而使其成为了可欲望的对象,主体由此而进入一个幻象的链

① Jacques Lacan, *The Seminar of Jacques Lacan. Book* Ⅰ. *Freud's Papers on Technique. 1953 –1954.* p.141, ed. Jacques-Alain Miller, trans. John Forrester, Cambridge: Cambridge University Press, 1988.

条,觉得只要拥有了这样一个物质性——它就像是女人所欲望的菲勒斯——就等于拥有了其所代表的那些气质:优雅、高贵、富有等。殊不知,主体之自我通过物质性的独特品质所指认出来的这些气质并非主体自身的,或者说主体的这种自我感实际是由自身以外的某个东西结构出来的,正是在这个意义上,拉康称通过想象性认同构成的自我不过是一个"小他"(other),是以"小他"(other)的形式出现的理想形象,是自我的利比多投注到对象身上而形成的"我"的"对体"(alter ego)。

第二,认同的过程。认同不是模仿,不是个体单纯地对认同对象的复制,相反,它是对对象的一种理想化,并且这个认同过程不是一次性地完成的,而是利比多投注在个体与形象之间的循环往复:一方面,就个体而言,他把自己的利比多能量转换为对镜像所代表的理想形象的欲望,通过对那一理想形象的认同来获得自我的同一性,获得一个理想的"我"的形象;另一方面,就形象或意象而言,它虽然是个体沿着虚构的方向想象出来的结果,但其对于个体反过来又构成一种强大的构型力量,使个体将它视做自身的一个抽象的对等物,以其理想的形式回复到自身内部,从而建构起一个统一的自我整体。后来拉康把自我与理想形象之间这一循环往复的过程称之为一种"跷跷板游戏":自我首先在利比多的投注中被对象化,同时自我作为利比多的庞大贮存处也在把他人和外部世界对象化,它把利比多派送到对象那里,并随时准备吸收从对象那里返回的利比多,个体就是在这一循环往复的过程中形成了自我的同一性。

拉康强调说,自我在与对象的跷跷板游戏中形成自我同一性的过程还有赖于某种时间逻辑或"时间的辩证法"的运作,这就是他所谓的"预期"和"回溯"的辩证法。

在拉康的精神分析经验中,预期(anticipation)和回溯(retroaction)是一对结构性的范畴,它们都与时间有关,前者是一种结构时间,后者是一种分析时间。简单地说,前者指的是以未来影响当下的方式,是主体从未来的状态来预设、构想、决定当下的存在的一种运作;后者是以当下来重建过去的方式,是主体从当下的效果去综合和解释过去的事件的运作;以语法学的概念描述之,前者是将来的过去完成时,后者是过去的将来完成时。在自我的想象性认同中,主要涉及的是预期,回溯则是在分析实践中更需要考虑的。根本上说,所谓预期,其实就是将"我"或理想自我置于未来的某个位置,让它在这个位置发挥功能,例如自我从这个位置观看和建构自己的存在,通过对这个位置的先行认同来构想自己与世界的关系。如此观之,预期不过是自我建构自身的存在及其与世界的关系的另一个想象性维度。如同对镜像的空间认同是一种想象性的认同一样,主体通过预期所完成的认同也是想象性的。

第三,认同的效果或后果。拉康说,自我通过利比多投注所形成的理想之"我"的形象首要地是自我躯体的形象,是躯体的整一性和协调感,他把这称为"格式塔"(gestalt,又译"完形")形象,并因此称意象的建构功能是一种身体"整形术",即婴儿通过镜中的意象以一种预期的方式把自己不成熟的、动作尚不协调的、碎片的身体整合为一个统一的、协调的整体,由此而形成一个有关自我的理想统一体的幻象。拉康的这个观点实际是基于精神分析学有关人的诞生创伤的神话：人是一个特殊的早产儿，身体机能和心智尚未发育成熟就来到世间，所以无助感是人类随诞生而来的一种原初创伤经验，为平复这种无助感，自我只能在幻想中通过预期来想象自身力量的成熟，以抵御自然的时序，或者说以预期来影响"自然的成熟"。这样，通过意象的整形功能来"克服"碎片化的身体经验的时刻就成为主体或自我发展中的一个"决定性的时刻"。

说得再具体一点，想象性认同对自我或主体的结构性效果主要体现为如下几点：首先，它是对躯体的一种完形，是碎片化的身体现实的一种矫形术，婴儿通过认同于镜像而形成了完整的躯体感；其次，它是自我的一种理想化，个体在有关自身躯体的完整心像中进而结构出了自我的原型，形成了理想的"我"的概念；进而它也是结构自我与他人和世界的关系的动因，通过镜像认同，有机体得以建立起与其现实之间的联系。从躯体到理想之我，从理想之我到世界，一系列的自恋性镜像认同就这样把自我建构为一个整体，使其获得了一种同一性。

可是，与这一系列的同一性建构辩证地共存的是另外一种触目的真实：与完整的躯体感对应的是破碎的身体现实，与整一的理想之我对应的是镜像作为一种他性的存在对自我的建构，与自我与世界之间的统一性对应的是自我与他人之间无法抹除的差异性。何以至此？关键的一点就因为人是一个早产儿，各种机能尚未发育成熟便降临于世，于是只能借助想象性的认同来弥合先天的不足。想象即是一种幻觉，一种虚构，而想象性认同的关键在于人总是沉溺于这个想象的统一性中，把这种统一性视做自我的真实，进而以其为原型来构想自身的一切。当认同沿着虚构的方向向前发展时，统一性的幻觉便掩盖了破碎的真实，但也仅仅是掩盖而已，它并不能因此而抹除那个真实，因为后者根本上是无法抹除的。即便主体的心智功能成熟了，原初认同的那种幻觉并不因此而消失或被克服，相反它会一直伴随着主体直至死亡。正是在这个意义上，拉康说，自我的想象性认同根本就是一种误认。所谓"误认"（méconnaissances），就是把本来属于想象的东西当做是真实的，把本来属于他者的属性当做是自己的，把本来属于外在的形式当做是内在的。正是这个误认，借助想象性认同确立起来的自我同一性终将归于瓦解。拉康的认同戏剧至此进入了高潮。

拉康说，误认机制给自我或主体带来的只能是"异化"：它给沉溺于空间认同诱惑的主体产生出一系列的幻想，将其抛入一种想当然的异化身份的盔甲中，而自我的理想形象与现实的经验之间的不协调，或者说从内在世界到外在世界的环路的断裂，将给自我的求证带来无穷无尽的困扰。也正是在这个意义上，拉康描述镜像"阶段"（stage）就像一个"竞技场"（stadium），四周是沼泽和荒野，主体在那里陷入争夺高耸的、遥远的"内部城堡"的斗争。显然，这既是一个精神分析化的意象：它其实是拉康为弗洛伊德的本我、自我、超我描画的一个结构图；也是一个有关主体的异化命运的神话场景：个体用"我"来呼召自己的时刻即是主体宣告诞生的原初时刻，这个"诞生"因为误认而伴随着一种创伤，一个裂口。也许我们还可以作出一个"过度"想象，把这个场景视做是拉康有关自我的侵凌性的一个隐喻。

有关侵凌性,拉康在 20 世纪 30 年代就已经有所涉及,比如他对埃梅和帕品姐妹的案例的研究以及对家庭情结的研究就都与侵凌性有关,而在 40 年代末阐述镜像阶段时他更明确地把侵凌性同自我的自恋性认同联系在一起,其中最为集中的讨论是在《精神分析中的侵凌性》(1948 年)一文中,在那里,他强调侵凌性是存在于人类主体当中的一种普遍的精神结构,并且是与自我的镜像认同的关系结构紧密地联系在一起的。在自我把异于自身的对象凝定为一个理想的形象加以认同的时候,也就把自我与他人的紧张关系引入了自身内部而形成为一种内在的张力,也就是说,自我对他人形象的想象性认同在引入一种爱的结构的同时,也引入了一种敌对的结构,一旦那爱的结构发生裂隙,且必然要发生裂隙,爱的能量就会转化为侵凌性的能量:

> 这种形式凝结于主体的内在冲突的张力中。此张力终将唤醒他对他人的欲望对象的欲望:在这里,原初的协作迅速演变为侵凌性的竞争,并由此而生发出他人、自我和对象的三元组。这个三元组在奇观式的共享空间中闪烁着,并以其自身的形式结构铭刻在其中。①

自恋与侵凌性是一回事,爱和恨是同一枚硬币的两面,这就是为什么拉康称在理想主义者、改革家、教育家甚至在慈善家的行动背后都隐蔽有一种侵凌性的意向。

侵凌性是自我与他人的想象性关系的必然结果,只要主体把自己置于一个想象的自恋主体的位置,其对他人的关系就必定带有侵凌性的特征,即便那关系呈现为一种爱的形式。为什么会这样呢? 根本的原因在于自我与对象的关系。自我是通过对对象的一种形式凝定来完成其认同的,这一认同固然有助于自我的统一性的确立,但也在自我内部植入了一个异己的因素,一个时常会唤起自我的破碎感的因素,这就是说,在想象性认同中,自我与对象的关系终归是一种你死我活的关系,即便是在爱的关系中,自恋性的自我爱的并不是他人,而只是他自己,是自我投射到爱的对象身上的理想的自己,只是在一般情况下,自我统一性的表象会把我们内心的侵凌性意向掩盖起来,或者说以一种爱的形式把它掩饰起来,再加上我们对自己的这种自恋的爱的误认——以为自己真的爱着对方,以为对方真的是因为我而爱——也导致了我们对那种侵凌性的拒认。当然,这并不意味着侵凌性必定要体现为进攻的行为,拉康特别地强调,侵凌性只是主体的一种精神结构,一种心理意向,攻击性则是这种心理意向的后果,但侵凌性不一定非要体现为直接的攻击性,人类的行为,尤其有意识的行为,总归是一种表象,所以从行为本身根本无法判断该行为的性质,而只有进入到自我与对象的关系结构中,我们才能

---

① Jacques Lacan, *Écrits*, p. 92.

看到隐藏在行为背后的实质,看到利比多能量的经济学运作。

还有一点就是,侵凌性并不一定只是指向他人,许多时候它恰恰是对自我本身的攻击,或者对他人的侵凌与对自我的侵凌常常共生性地存在着,就像拉康在20世纪30年代研究过的埃梅和帕品姐妹的病例,她们对自己一度倾慕的对象的攻击与对自己的攻击——即拉康所谓的"自罚妄想"——是一体的,是她们的自恋精神结构的高潮演出。

比如《红楼梦》中的林黛玉,我们在这个角色身上所看到的那一切可爱或不可爱的品质,归根到底就因为她是一个只生活在自恋性的自我世界之中的存在,她拒绝让自己接受象征世界的秩序,拒绝那个污秽的世界施加于她的一切规制,她只活在自我的想象中,只活在以一种自恋模式投射出来的神话性盟约中,所以在她高兴的时候,她会把自恋的爱投射到贾宝玉的身上——这个时候的他当然必须是不通世务的——在那里,她爱的与其说是贾宝玉这个人,不如说是贾宝玉作为她的镜像对象的那个完形,她在贾宝玉的不通世务上看到的只是自己的高洁。如果她的自我的完形受到威胁,忧郁和哀悼就是她从另一面来构形自我的常用手段,这时,那满地的残花就是她看到的自己:自己的处境、自己的命运、自己的洁净品质,等等,她不是因为生命的无常而忧郁,她也不是因为韶华的逝去而哀悼,她的忧郁和哀悼是为了让自己适应与对象的分离,为了在对对象的回忆与展望中、在对对象的过去与未来的意象的建构中来暴露和放大自我在当下的缺失,在一个残落的替代对象中来重寻自我的幻影。及至她对世界的拒绝使得她的自我最终一无依持的时候,她就只有认同自己的病态乃至死亡,这一认同并不是她对世界的控诉——她不会控诉或质询世界,那是象征界的主体才会做的事,她只会误认、拒认那个世界——而是她对自我的绑架和胁持,是她的自恋结构的本体化,通过对自我的最后一击来确证"我"的完整与清洁。从这个意义上说,林黛玉最后对死亡的认同是把那个脆弱的自恋的我升华到了不死的我的境界,"我"通过杀死自己来证明"我"是不死的,"我"是不可毁灭的。而相对于作为读者的我们而言,这个不死的"我"就像是一个崇高的"物",一个不可趋近却又散发出迷人光辉的对象。

二

想象界只是拉康"三界"框架中的一个界面,而在他的拓扑学运作中,象征界、想象界和实在界是以某种共存互动的方式共生性地作用于主体的。至少就观看的行为而言,纯粹的想象性的看并不存在,因为任一主体自来到世间的那一刻起就已然被象征界所铭写,例如在他——这时他其实还不是真正意义上的主体——向镜中窥看的时刻,常常是代表着象征秩序的父母——他当然还在父母的怀抱里——指给他某个理想的认同形象,比如父母对着镜中的形象说,"看,这就是我们的漂亮宝宝","这就是我们的小天才",等等,或者当婴孩以父母的形象或父母的期许、认可与赞赏作为参照来"完形"自己时,象征界的他者就在此发挥作用了,主体在这个镜像认同中完成的就不再只是理想自我,而是还有自我理想。这就是说,在主体对镜像的观看中,不仅有属于想象界的自恋性认同,还有属于象征界的他者认同,前者形成的是理想自我,后者形成的是自我理想,前者是自己对自己或与自己相似的对体的看,后者则是以他者的目光来看自己,按照他人指给自己的理想形象来看自己,以使自己成为令人满意的、值得爱的对象,换用拉康喜欢的拓扑学方式来说,与自我理想对应的观看方式是"我""想象地"看那"象征地"看着我的他人,由此而形成了我"想象地"看自己的"象征形式"。在这个时候,至少可以说,触发主体进入象征秩序的东西不仅有言语或他者的话语,而且还有他者的看或凝视,因为那在看我的人(比如父母)已经是象征秩序的一部分,他们对我的看已然是象征的看,是以看的方式先期地把我注册到一个象征秩序中。简而言之,如果说主体在想象性认同中获得的是"理想自我"(ideal ego),那么其在象征性认同中获得的将是"自我理想"(ego ideal)。

"理想自我"和"自我理想"是弗洛伊德讨论认同时提出的两个概念,如果要把他的运用做一个简单的归纳,不妨说,理想自我是自我利比多外投的结果,而自我理想则是社会利比多内投的结果,前者认同的理想形象是"曾经的我"的形象,是"我"曾经拥有的欲望满足,后者认同的则是"未来的我",是社会所召唤的"我"。① 弗洛伊德的这个界定存在含混不清的地方,尤其是对"曾经的我"和"未来的我"的区分明显地缺乏经验的支撑。在这个方面,拉康的想象界和象征界的确显示了更强的阐述力量。

按照拉康的理解,作为想象界之运作效果的自我和作为象征界之运作效果的主体并不是一回事,例如他在第 1 期研讨班中就明确地说,"如果自我是一种想象的功能,那就不能把它和主体相混淆。"②这当然不是说自我与主体毫无联系,恰恰相反,拉康强调的是,自我不过是主体的一种必要的想象功能,但我们决不能因此把主体只还原为想象的维度,因为主体还有一个属于自身的最根本维度,那就是无意识的维度,"这个维度不再与自我相混淆。自我被剥夺了其在主体中的绝对位置。自我作为剩余获得了一个幻影的地位,它只是主体的对象关系中的一个方面。"③

自我与主体的这一区分在拉康那里有着多重的意义,仅就认同的问题而言,它旨在强调两种认同即想象性认同和象征性认同的差异,前者形成的是理想自我,后者形成的是自我理想,前者是基于自我在想象中对理想形象的误认功能,后者则是基于主体在间性结构中的确认欲望。

在想象界,自我把镜中之像——不论那像是自己的还是他人的,甚或只是一个物像——凝定为自己的理想形象,并以误认的方式将其视为自己的自我形象,以此来预期或投射自我的未来以及自我与世界的关系。可是,正如拉康指出的,这一想象性认同在

① 参见车文博主编:《弗洛伊德文集》第 2 卷,长春出版社 1998 年版,第 668 页。
② Jacques Lacan, *The Seminar of Jacques Lacan. Book I. Freud's Papers on Technique. 1953 – 1954*. p. 193.
③ Jacques Lacan, *The Seminar of Jacques Lacan. Book I. Freud's Papers on Technique. 1953 – 1954*. p. 194.

结构自我同一性的同时，也在作为自我的主体中植入了异化的因子，一种妄想症的结构和侵凌性的意向与这种认同如影相随。原初的自我与想象中的对象形成了一种既爱又恨的矛盾关系。即便随着自我在与镜像的跷跷板游戏中逐渐发展出了一种较为成熟的自我意识，自我与对象之间的那一悖论结构还会继续发挥作用，主体还是会继续混淆自我和理想形象，也会继续把投射其理想自我的他人作为自己的竞争对手。同时，作为自我的主体还会继续把自己的理想形象或理想自我外投到外部世界中，继续以此来结构其与他人的关系和他对所有外部对象的妄想症知识。通过不断把自己的理想形象外投到外部世界，人甚至会把外部世界的一切都拟人化，例如，宠物的主人通常会在宠物身上看到人的形象——许多时候这恰恰是因为他们在人的身上只看到侵凌性，或者说他们是以对宠物的施爱来掩饰自己对人的侵凌性，虽然他们一定会把这种解释同样视作是一种侵犯。

如果说理想自我是把自我的理想形象外投到外部对象身上，那么自我理想则主要是主体对外部对象的一种内投射，在此主体是把外部对象的某一特质内化为自身的一个结构性维度，更具体地说，自我理想是主体认同父亲形象的结果，它使主体进入法的象征世界，以缓和自恋和侵凌性的两难。正是在这个意义上，拉康称自我理想是想象界和象征界的一种交互作用。不妨说，正是理想自我提供给了自我理想一种预期的"形式"，而自我理想则是这个形式在象征秩序中的一种"重构"。

按照拉康的理解，虽然想象性认同在发生学的意义上先于象征性认同，但在逻辑上主体的想象的看不可能孤立地发生，观看的主体先然地已在象征界中，先然地已是一个欲望的主体。"我的欲望是什么？我在想象的结构化中的位置是什么？这一位置只有当人们于想象界之外、在象征界的层面、在合法交换的层面找到一个指导时才可以想象——那种合法交换只有在人与人之间的言语交换中才能得到体现——这一主宰主体的指导就是自我理想。"①由此拉康得出结论说，对于观看的主体而言，若是没有"另一个维度"即象征界的维度的介入，其真正有效和完整的"想象性调节"就不可能确立起来：

> 正是象征性关系决定了作为观看者的主体的位置。正是言语这种象征性关系决定了想象的完善程度、完整程度和近似程度。这一表象使得我们可以区分出理想自我和自我理想。自我理想主宰着关系的互动，而所有与他人的关系都有赖于这一互动。想象的结构的满足特征多多少少也取决于与他人的这一关系。②

---

① Jacques Lacan, *The Seminar of Jacques Lacan. Book I. Freud's Papers on Technique. 1953–1954.* p. 141.

② Jacques Lacan, *The Seminar of Jacques Lacan. Book I. Freud's Papers on Technique. 1953–1954.* p. 141.

象征性认同根本上是对他者的认同,是在他者的位置对自我的观看,也就是说,所谓自我理想不过是主体以他者的目光看自己时得以凝定的形象,象征界的关系不仅决定了理想自我的形成,也决定了自我理想的形成。拉康依循其精神分析经验把这个象征的关系首先归于主体与父母的关系,自我理想的形成根本上有赖于主体对父亲功能的认同。

拉康指出,以俄狄浦斯情结的角度看,象征性认同最初就是对父亲功能的认同。父亲功能意指着一种秩序、一种命令,它不仅要求你应该怎么做,还告诉你不准怎么做,在这个意义上说,父亲功能代表着禁止,代表着"不"。禁止什么呢?禁止对母亲的欲望。而实施或实现这一禁止的根本策略就是提供一个优先能指,即象征的菲勒斯。父亲承诺主体在将来可以拥有代表着权力与权威的菲勒斯,可以借菲勒斯能指的意指功能在象征秩序中获得一个主体性的位置,可另外,这一象征位置的获得不是必然的和无条件的,而是需要主体付出代价,需要主体作出牺牲,那就是接受父法的阉割,放弃对母亲的欲望。当然拉康对这一俄狄浦斯阶段的描述远比这里叙述的要复杂,不过,仅就这里论及的要点而言,我们已经可以看到象征性认同的关键特征。

第一,象征性认同是以语言或言语的意指结构为中介的,这个意指结构构成了一个能指的链条或他者的场域,它在主体之间充当着调停者的角色,使主体在此可以获得某种确认,但所确认的并不是主体的本质,而只是他在这个象征秩序中的某个位置,就是说,主体在此成就的只是一个位置的主体,他在言语结构中占据着某个位置,能指链在该位置通过某个主能指的统摄而被锚定或纽结在某个意义所指上,然后再把这个意义缝合到主体的身上,使主体获得了某种身份性的存在。比如孩子(主体)通过菲勒斯这个优先能指而被缝合在某一性化的位置(男性主体的位置),成为一个将会拥有菲勒斯的主体,而拥有了菲勒斯,也就意味着主体将拥有该能指所代表的诸如权力、权威等意义。

第二,由于象征性认同是在他者场域借能指的作用发生的,所以主体认同的只是他者的欲望,是他者欲望的欲望(对象),主体身陷他者欲望的陷阱中无法自拔,而这个他者又是一个淫秽的他者,一个不知饱足的他者,他者的欲望是无止境的,它把主体一次又一次拖向质询、认同;再质询、再认同的无限循环,拖向撕裂的深渊,认同的主体成了一个异化的主体、一个分裂的主体。

第三,象征性位置的获得是以主体的牺牲为代价的,主体要想进入象征秩序,就必须接受属于这一秩序的父法对他的阉割,他必须学会有所放弃,这样才能有所得。象征秩序的这一切阉割使得认同的主体最终还成为了一个有欠缺的主体,一个无意识的主体,他的存在中总有一部分无法被象征秩序所接纳,无法在象征秩序中得到实现。所以,象征界对主体的结构效果是悖论性的:在使他获得某个象征的主体性位置的同时,也在他身上划开了一道切口。

第四,象征的切割必将引发另外两个后果,即剩余和不可能性。所谓"剩余",就是那个被切割掉的东西,那个被掩藏在无意识结构中无法被象征化的东西,那个时常出现在主体的梦境、口误、玩笑、症状中且引发主体的创伤性回想的东西;至于所谓的"不可能性",指的是主体在他者场域的认同不可能完整,主体在认同后的欲望满足不可能实现,主体与对象的关系不可能以互为主体性的方式出现,主体间性是不可能的,拥有自主本质的主体性也是不可能的。

那么,如何从象征性认同的这一系列特征来看待观看的逻辑呢? 在 1964 年有关精神分析学的四个基本概念的第 11 期研讨班上,拉康以"凝视"(gaze)的概念对此作出了说明。在那里,他提出了一个说法:"眼睛与凝视之间的分裂":

> 眼睛与凝视——这就是对我们而言的分裂,在那里,驱力得以在视界领域(scopic field)的层面呈现。①

这句话可以说是拉康的整个凝视理论想要表达的中心思想,但要想弄清楚它的含义,可能得费一番周折。我们的解释必须从后半句——"驱力得以在视界领域的层面呈现"——包含的两个概念"驱力"和"视界领域"开始。

还是要回到弗洛伊德那里。在第 11 期研讨班中,拉康把"驱力"看做是精神分析学的四个基本概念中的一个,所以对它做了详尽的分析,更确切地说,是对弗洛伊德的驱力概念的强力重写。

1915 年,弗洛伊德就驱力的构成、功能及其转化等问题写了一篇论文:《驱力及其转化》。② 在论及驱力的功能及其转化时,弗洛伊德说,驱力的功能主要体现为主动与被动、主体与对象、快感与不快感这三组对立的形式,驱力的转化指的就是这三组功能的共同作用机制。他特别地分析了两种特定的转化情形:向对立面的转化和向主体自身的转化。前者主要指从主动转向被动,如从施虐狂转到受虐狂、从窥视癖转到裸露癖,这一转化只涉及驱力目的的变化,即从主动性的目的(施虐、观看)转到被动性的目的(受虐、被观看);后者则只涉及驱力对象的转化,即从以他人为对象转向以自我为对象,如受虐狂是把施虐转向自身,由此分享着对自我攻击的快乐,裸露癖则是把窥视转向自身,由此分享着展示自我的快乐。弗洛伊德还把这两种转化结合为一个共生的过程,提出了驱力转化的三个阶段:以别人为对象(此时的主体为施虐狂、窥视癖)、以自己为对象(主体从主动转向被动)、新主体的出现(受虐狂、裸露癖),并借用语法学的概念分别称这三个阶段为三种"语态"(voice):主动的(active)、反身的(reflexive)和被动

---

① Jacques Lacan, *The Four Fundamental Concepts of Psycho-analysis*, trans. Alan Sheridan, London: Hogarth Press and the Institude of Psychoanalysis, 1977, p. 73.

② 中文习惯译作《本能及其变化》,参见车文博主编:《弗洛伊德文集》第二卷,长春出版社 1998 年版,第 676—701 页。

的（passive）。拉康沿用弗洛伊德的说法，但以结构的原则将三个阶段重述为共时的运动：

> 弗洛伊德借用一种最传统的方式给我们介绍了驱力，他把语言的资源运用于每一时刻，并毫不犹豫地把自己的观点建立在只属于某些语言学体系的三种语态之上，即主动的、被动的和反身的。但这仅仅是一个外壳。我们必须看到，这一意指的反转是别的某个东西……在每一驱力的层面，根本的东西是那在其中结构它的往返运动。①

拉康指出，弗洛伊德描述的驱力的三个转化阶段其实是驱力发生的三个结构性时刻，而这三个时刻标示出驱力的运动根本上是一种"循环"（circuit）：

> 我们必须识别出在第三个阶段出现的——但也没有出现——那向驱力之循环的回返。就是说，应这样来理解新主体的出现，即不是在已然有一个主体即驱力的主体的意义上，而是在新的东西就是有一个主体出现的意义上。这个主体——它其实是他者——得以出现是因为驱力能够显示它的循环路线。只有随着主体在他者的层面出现，才有驱力的功能的实现。②

这就是说，在前两个时刻（主动的语态和反身的语态），还没有出现所谓的新主体，比如在主动的语态中是主体在看他人，在反身的语态中是主体在看自己的某个玩意儿，只有到第三个时刻（被动的语态），当驱力完成其循环时，才有一个新的主体出现，因为这时是主体让自己的某个玩意儿被他人看，这个使自己被看的主体就是作为看的对象的新的主体。并且，尽管第三个时刻是被动的，可驱力本质上总是主动的，因此第三个时刻不是"被看"，而是"使自己被看"。这一驱力的循环就是拉康所讲的视界驱力的基本结构，即驱力在视界领域或视界秩序中的呈现，而构成这一结构的基本对立形式就是看与（使自己）被看，眼睛与凝视的分裂就存在于这个非同一性的辩证反转中。

那么何谓"眼睛与凝视之间的分裂"？在我们的日常理解中，眼睛不就是看和凝视的器官吗？它们的分裂从何而来？这涉及拉康对凝视概念的独特运用，在此我只简单地强调一点：拉康的凝视理论要讨论的不是我们的眼睛能够看到什么和如何去看，也不是我们所看到的东西——视像——的结构或结构背后的意义，而是我们的看的行为是怎样发生的，更确切地说，我们的观看是如何因为凝视而可能的，又是如何因为凝视而不可能的；换言之，如果说拉康所谓的"看"指的是主体的看，那他所谓的"凝视"则指的

---

① Jacques Lacan, *The Four Fundamental Concepts of Psycho-analysis*, p. 177.
② Jacques Lacan, *The Four Fundamental Concepts of Psycho-analysis*, pp. 178 – 179.

是主体以外的某个东西的凝视,而且是在他者那里失落的原质之"物"即对象 a 的凝视,是不可能之物的凝视,如果说观看代表着眼睛的功能,那么凝视就是那使观看变得可能(我看/我被看)和不可能(看而不见;见而不看)的原因与机制。对于那可能的看,拉康称那是因为有"想象的凝视",这其实就是前面说到的象征的看;对于那不可能的看,则是因为有"对象 a 的凝视",它实际就是"实在界的凝视"。

刚刚已经说过,镜像之看是一种想象的看,而且这个看自一开始就受到了他者的象征之看的染指,这意味着,主体在这个看中不仅形成了统一的理想之我的原型,而且也形成了作为其超我律令的自我理想的原型。所以,拉康所谓的"想象的凝视"并不局限于主体单在想象界的看与被看,而是主体在想象界与象征界的交互空间中的看与被看。这本是人的看区别于动物的看的根本所在,但就想象的凝视本身的运作而言,其在人和动物身上的体现似乎又有某种同一性。

拉康说,动物也有想象的凝视,其最典型的体现就是动物学家所讲的那种"拟态现象"(the phenomenon of mimicry),即有些动物甚至生物可以依据环境模仿性地改变自己的视觉形态——例如身体的颜色——来达到保护自己或攻击敌人的目的,这种拟态性的改变或变形——它有三个重要的维度:效颦(travesty)、伪装(camouflage)和恫吓(intimidation)——并非如传统所说单纯为了适应环境,而是动物依据"他者"的存在而对自身存在的某种构型,拉康把这称之为动物眼睛的"色斑功能"(the function of the stain),它恰好标记了"被看者假定被看的前存在"(the pre-existence to the seen of a given-to-be-seen)。①

动物因为想象自己将被看而对自身形体可能的视觉效果作出拟态性的改变,这一假定被看的前存在也是人的想象的凝视的本质所在,即在人的镜像之看中,真正发挥作用的不是我在看,而是我可能被看,我是因为想象自己有可能被看而看自己的,并且是用他人的目光看自己。在这一点上,人的想象的凝视的功能与动物眼睛的色斑功能可谓异曲同工:"它既能最为隐秘地主宰凝视,还总是能够逃脱那一视觉形式的掌控,满足于把自身想象为意识。"②

所谓"满足于把自身想象为意识",在拉康那里有两重意思。首先,这意味着理想自我和自我理想的形成是在这一想象的凝视中完成的,主体一方面把想象的他者的凝视投射到自我之上,从而造成自我完满性的效果或幻觉,另一方面还通过认同他者的目光把这一凝视内化为自我的理想。拉康把这称之为"凝视的效果"。他说:

> 这就是在处在可见性中的主体之建制的中心所看到的功能。那在可见性最为深刻地决定我的东西,就是处于外部的凝视。透过凝视,我进入光亮中,

---

① See Jacques Lacan, *The Four Fundamental Concepts of Psycho-analysis*, p. 74.
② Jacques Lacan, *The Four Fundamental Concepts of Psycho-analysis*, p. 74.

视觉性·主体性·现代性 观看与认同:以拉康的角度

69

从凝视里,我接受其效果。因此可以说凝视是这样一种工具:透过它,光线被形体化;透过它——如果允许我像往常一样以肢解的方式使用一个词——我"被摄入像中"(photo-graphed)。①

其次,这还意味着我是"看自己在把自己观看"(seeing oneself seeing oneself)。② 我的看本来是由他者的凝视主宰的,我是被看的,可在我的想象中,在我的意念和意识中,我看不到——更有可能是我不承认、我否认——他者的这个凝视,我不觉得、也不认为我的理想自我和自我理想是我为了迎合他人的目光才显得这样的,透过想象,我避开了他人在看我这样一个事实,于是我的观看模式就变成了"看自己在把自己观看"。拉康把这称之为是"凝视功能的逃避",是"凝视的省略",是想象的凝视的一种"意识幻觉"。③

拉康指出,笛卡尔的我思主体就是处在这种意识幻觉中的主体,他不知道那在思的并不是有意识的"我",而是无意识的"它",不知道正是那个不可见的"它"的"凝视"才使得主体之思好像是"我"在思:"那使我们成为意识的东西,是通过和洁净的镜面一样的手法来建构我们的。"④

同样地,萨特在《存在与虚无》中所讲的窥视者想象的他人的凝视也是这种自己对自己的看,在他那里,他人以同样的方式被悬置了,被部分地"去现实化"了,因为他把他人的凝视理解为"让我大吃一惊"的凝视,理解为使我的世界彻底改变、并从我所是的虚无的点来规整我的世界从而使我在凝视中彻底消失的凝视,也就是说,在萨特那里,由于把主体与他人的凝视的关系转换成了"我"作为看的主体与"我"作为被看的客体的关系,我的看就成了我对自己的看,我的"大吃一惊"就是由此而来,因为我对自己的这种看让正在窥视的我油然而生一种羞耻感。拉康说:

> 这是一种正确的现象学分析吗?不是。事实根本不是这样:当我处在凝视之中时,当我勾引一种凝视时,当我抓住一种凝视时,我并不把它当做一种凝视去看。……
>
> 那凝视看见了自己——确切地说,这就是萨特所讲的凝视,令我大吃一惊的凝视,让我感到羞愧的凝视,因为这种羞愧感是他认为最为重要的情感。我所遭遇的凝视——在萨特自己的文字中可以找到这一点——不是被看的凝视,而是我在他者的领域想象出来的凝视。⑤

---

① Jacques Lacan, *The Four Fundamental Concepts of Psycho-analysis*, p. 106.

② Jacques Lacan, *The Four Fundamental Concepts of Psycho-analysis*, p. 74.

③ See Jacques Lacan, *The Four Fundamental Concepts of Psycho-analysis*, p. 74、p. 75、p. 83.

④ Jacques Lacan, *The Four Fundamental Concepts of Psycho-analysis*, p. 75.

⑤ Jacques Lacan, *The Four Fundamental Concepts of Psycho-analysis*, p. 84.

那么，为什么在想象的凝视中会有这种自己对自己的观看呢？是什么东西导致了凝视的消失或省略呢？如果单纯按照镜像理论的说法，那这种省略显然是误认的结果，即是我把自己对凝视的想象投射到自己身上的结果。可前面已经说了，想象的凝视并不只有想象界在其中发挥作用，他人在他者领域的象征的看以及主体对这个位置的看的认同才是根本的，如果说镜像之看还只是把主体凝定在一个缺乏流动性的完满自我之上，那么，透过象征界的介入，透过父亲功能作用在主体身上的阉割效果，理想自我的完满形象也将随之受到质疑，主体将只有通过认同代表象征秩序的父法，接受象征秩序赋予他的位置，他的欲望才可以在语言中获得适当的表达——尽管那已是一种异化的欲望。因此真正的问题应当是：在这种认同中何以会出现对他者凝视的省略？这与父法秩序的权威性的获得有关。

按照拉康的理解，主体在其象征认同的过程中常常会把处在他者领域中的父法代理——比如实在的父亲——想象为一个"假定能知的主体"（the subject supposed to know），就好像处在分析情境中的分析师一般，这个全能的他者似乎能洞悉主体的一切。这当然只是主体的想象，可他者秩序的权威性及其确定性就是这一想象的虚拟反转到主体身上而产生的效果，进而，主体还在这个想象的虚拟和反转中用那一效果来保证其所认同的自我理想和现实形象的一致性，他者的凝视转而隐退到了一个消失点上，一个类似于透视法的灭点上。拉康恰好用了西洋绘画中的透视法来说明这一点：透视法看似是主体站在自己的位置把眼睛所及的事物按照距离的远近、比例的大小及次序的安排"正确地"配置在画面中，让观众觉得他所看到的就是现实的再现，甚至消失在远处的景物也都存在于画框之中，可事实上，真正主导这一系列安排的恰恰是消失在无限远景中的那个几何学的灭点，是它保证了再现的一致性。想象的凝视就是这样的一种观看。主体本来是被看的，是被凝视的——这不是说真的有一个他者在看，而是主体想象自己是被看的和被凝视的，是主体使自己被看和使自己被凝视——而通过想象的反转，这个不可见的凝视被删除了，结果就成了看到自己在看自己。殊不知主体的这一自己看自己乃是一种几何学的看，一种幻觉的看，一种欺骗的看，就像拉康所说的，"几何学的维度可以让我们瞥视到我们所关切的主体在视觉领域是如何被捕捉、被操控、被俘获的。"①也正是在这个意义上，拉康称想象的凝视中眼睛的功能是一种"屏幕"（screen）功能，它屏蔽了视像背后的凝视，它让使观看得以可能的"光源"——那个在远处闪动的光点——消失在可见性之外。拉康说：

在我们与事物的关系中，就这一关系是由视觉方式构成的且在表象形态中被排列得井井有条而言，总有某个东西在滑脱，在穿行，被传送，从一个舞台

---

① Jacques Lacan, *The Four Fundamental Concepts of Psycho-analysis*, p.92.

哲学家

送到另一个舞台,且在某种程度上总是躲藏在里面——那就是我们所说的凝视。①

　　总之,在拉康看来,如果主体只是停留在想象界去观看,只做纯粹的镜像之看,他所看到的就只能是自己眼前所见的一切,而无法看到视像背后的东西,他甚至根本就不承认那背后有什么东西。同样地,如果主体是处在想象的凝视中,那么处在象征秩序中的他者的凝视将固然可以暂时地缝合他的视像的不确定性,让他完成对自我理想的想象性建构,但是,在这一意义缝合和身份建构的过程中,因为眼睛的屏幕功能,他看不到那个象征的权威本身只是寄生在他者之中的一个替代,他的所见依然是想象的,那背后的东西依然被屏蔽,如拉康所言:"在这一可见性的情形中,一切都是陷阱。"②拉康这里所描述的情形十分类似于柏拉图所讲的"洞穴比喻":长年身居洞穴且躯体完全被锁缚的奴隶,眼睛所见只是物体通过他身后的那堆火投影到前面的墙壁上的暗影,并深信自己所见即是物体的本相,而不知这"知识"之来源是那看不见的火光;即使某一天他终于走出那洞穴,看到了真理的光源,也会惰性地视这光源是令他目盲的原因。拉康所描述的主体在其对自己的观看中对他者领域的凝视的想象性省略就是柏拉图的这种洞穴式的观看。

三

　　主体的看以及由此而来的认同效果之所以可能,是因为他想象在他者的场域中有一种凝视,有一道不可见的目光在引导、引诱和调节他对自己的看,可在主体的这一想象的观看中,这个他者中的凝视却是被省略的。这个省略对于主体的看而言有着双重的效果,即一方面主体正是凭借对凝视的省略来确保其所认同的形象与位置的确定性和一致性,而另一方面这个省略只会给主体的看埋下致命的诱惑,因为主体在想象的凝视中所完成的认同只是一种暂时的缝合效果,是主体的欲望在象征的能指域偶然的锚定,这意味着其所获得的确定性和一致性随时有可能被揭穿。缝合的效果一旦被揭穿——并且必定会被揭穿——被建构的主体将会发现,其所面对的并不是全视的他者,而是一个不完满的、有欠缺的他者,一个被画杠的他者。主体终将明白:我想从他者的观点来观看和建构自己的统一性的尝试终究是徒劳,我认为他者握有关于我的全部秘密也只是一种幻觉,我所面对的根本上是一种不可能性,是在我的认同之初就已经被先期送出的令人惊骇之物,真正主宰着我的观看行为的就是这个不可能性,是这个在实在界闪烁不定的坚硬内核,是它在凝视着我。至此我们来到了拉康的另一种凝视的门口:

---

①　Jacques Lacan, *The Four Fundamental Concepts of Psycho-analysis*, p. 73.

②　Jacques Lacan, *The Four Fundamental Concepts of Psycho-analysis*, p. 93.

不可能之物的凝视或实在界的凝视。不过拉康本人更喜欢另一个说法——"作为对象 *a* 的凝视"（the gaze as objet petit *a*）："凝视本然地就包含着拉康的代数式'对象 *a*'。"①

可什么是"对象 *a*"？这个令人惊骇的代数式到底代表着什么？它与凝视又有什么关系？对于前两个问题，拉康的解释可谓千回百转，充满了一种妄想症式的逻辑缠绕，在此只能简单地给出一些结论性的东西。

在拉康那里，对象 *a* 包含有对象的含义，但它不是众多欲望对象中的一个对象，而是唤起欲望的对象—原因，是引发欲望对象或者说使某个对象成其为欲望对象的东西，如果非要说它也是一个对象，那这个对象的本质就在于它是一种不可能性，是不可能之物，用拉康的话说，是一种彻底的匮乏。但是，在拉康那里，造成对象匮乏的原因有很多，挫折是一种匮乏结构，剥夺和阉割也是一种匮乏结构，对象 *a* 作为一种根本性的匮乏甚至在母子关系中挫折的辩证法开始之前就已经存在了，它在主体进入原初的象征化过程之前就已经发生了，它是在欲望人化的过程中已被先期切割掉的东西，是一个不可能的剩余。进而，这所谓的"被先期切割"不是说它曾经存在过，后来因为语言或父法的介入而不存在了。实际上，它原本就不存在，从来未曾存在，它的被切割是回溯的结果，是我们依照主体化的效果即主体在语言中的异化和分裂对根本不存在的前主体状态的一种神话性想象，斜体的小写符号"*a*"就体现了它的这一想象的特质。不过，这并不表明对象 *a* 只存在于想象界，相反，它属于实在界，是存在于实在界的那个不可能的晦暗之物，是主体无法企达的东西，而它的被切割的效果乃是由于实在界、象征界和想象界的共同作用。至于对象 *a* 与主体的关系，简单地说，它既在主体之外，也在主体之内，尽管它是主体永远无法企及、无法把捉的，可它作为引发主体欲望的原因又是无所不在的，它总在躲避主体的看和思，但从来不会出现在主体的视觉和意识中，致使这个躲避本身成了其对于主体的最大诱惑。主体在自己的欲望之路上一次一次地追逐它的踪影，可就是无法把它召唤到眼前，主体在躲避与追逐的不对称的辩证法中陷落了，而对象 *a* 就是主体陷落的地方。

从凝视的角度说，对象 *a* 其实就是那在想象的凝视中被省略的东西，主体在想象界和象征界的看都是因为它而可能，更确切地说，主体之所以看、之所以让自己被看，就是因为有它躲在远处凝视，它就是主体朝向视界秩序的驱力，它的目光对主体有一种难以克服的诱惑。但另一方面，主体永远也看不到它，这不仅是因为处在想象界和象征界的主体没有办法与之真正相遇——主体与实在界的东西的相遇总是一种失之交臂的相遇——而且也是因为已然成为象征界之一部分的主体根本无法承受来自这个凝视的目光——那是一道令他感到眩晕、令他目盲的火光。

① Jacques Lacan, *The Four Fundamental Concepts of Psycho-analysis*, p. 77.

哲学家

　　主体虽然与不可能之物总是失之交臂,故而根本看不到来自对象 a 的凝视,但是它们毕竟要在某个地方交会,就像阿喀琉斯与乌龟的赛跑,不是阿喀琉斯跑得太快,就是乌龟爬得太慢,反正两者始终无法照面,只是在一瞬间擦肩而过,但终归还是有擦肩的时刻。而正是这个时刻,正是主体与对象 a 一擦而过的这个相遇,让主体的观看以及主体因想象的凝视好不容易确立的象征权威顷刻间化为乌有,主体自以为稳固的象征秩序实际只是一个彻底的匮乏的补充。此时此刻,焦虑油然而生。为说明主体与凝视的这种相遇,拉康讲了一个小故事,他说这是他亲身经历的一个真实的故事:

　　　　在我 20 多岁的时候,那时,我当然还只是一名初出茅庐的知识分子,我下定决心想要离开学术界,去见见世面,投身于实践领域和现实领域,用我们的俗话说,到大海里遨游一番。有一天,我们的主人公和布列塔尼的渔夫们一起坐着一只小船出海捕鱼。就在大家正等待收网的时候,一个漂浮在海面上的沙丁鱼罐头在阳光下闪烁着,一位渔民指着罐头对拉康说:"你看到那个罐头了吗? 你看见它了吗? 对了,它可看不见你!"①

　　这个渔民的话让拉康想到了一个问题:"为什么他觉得这件事这么有趣而我却不觉得?"为了回答这个问题,拉康开始思考。首先,他认为他与渔民之所以对这件事有不同反应,是因为相对于那些为生计忙碌、整天同无情的大自然作斗争的人而言,"我在世上显得一文不值。简言之,我完全游离于那个画面之外"。此刻的拉康觉得自己像是陌生人、外来者,无法融入苦中作乐的渔夫们的幽默中。也就是说,这个反差一瞬间把拉康自己在现实中的孤立境况凸显了出来,就像是被沙丁鱼罐头的反光所探照一般,一下子把他抛入了尴尬和焦虑的境地。因此,拉康说,如果说那个渔夫的话"它看不见你"有什么意义,那也是因为"它始终在注视着我"。透过这个注视,我在象征秩序中的意义链条断裂了,就在我的目光与罐头的反光的交汇处,就在那个不确定的暧昧的空间,我在象征秩序中的位置被倾覆,我被置于象征他者的缺口,我无能掌控的匮乏的征兆被暴露出来——这就是那个在我的日常经验中不可能与之相遇的东西带给我的无以平复的伤痛。拉康说:

　　　　在那向我呈现为光的空间的东西中,那所谓的凝视总是光和暗的一种游戏。它总是闪烁的光——它就处在我的小故事的中心——它总是在每个点上阻止我成为一个屏幕,阻止我把那光看做像是一道彩虹而把它淹没。简言之,凝视之点总是有着宝石一样的模糊性。

　　　　────────────

　　① 　Jacques Lacan, *The Four Fundamental Concepts of Psycho-analysis*, p. 95.

再者，如果说我是那画面中的某个东西，那通常也是以屏幕的形式存在，此即我先前所说的色斑、斑点。①

那么这个神秘之物所唤起的到底是一种什么样的创痛呢？它其实就是主体进入象征界的那一刻在无意识中所刻下的原始创伤，不论这创伤是体现为言语的原初象征化中能指对主体的谋杀，还是体现为父法对主体的原始阉割或者说菲勒斯能指所代表的实在界的匮乏，反正这创伤是主体所认同的象征秩序本身所无法平复的，也是主体在象征秩序下永远无法触及的。

由此我们可以总结一下作为对象 a 的凝视在主体的视界领域所造成的效果。

从凝视的方面说，按照拉康的理解，如果说主体在想象的凝视下还能借助象征性的认同来获得匮乏的临时替代物，还能通过对想象的凝视的确认与省略来缝合他者中的缺口而成为他者领域的一部分，那么实在界的凝视就只会把主体抛入一个彻底的虚无，一个介于主体和他者之间的不可能的空间，主体在此体验到的将只能是他的分裂，他的创伤性的匮乏。总之，凝视早就在看着我们，并在不断地诱惑着我们，是它让我们去看，因而也让我们成为了被看，是它让我们可以看见，因而也让我们无法看见，是它让我们忘记了那根本的匮乏，因而也使得那匮乏的再次返回让我们难以承受。所以，不论是想象的凝视所维系的他者秩序的权威，还是实在界的凝视所暴露的创伤性缺口，都隐含着看与凝视之间的距离的运作，隐含着眼睛与凝视的分裂：

自一开始，我们就在眼睛和凝视的辩证法中看到，这两者之间根本不存在一致性，而是相反，存在的只是引诱。当陷入爱河的我迷恋于一种观看时，那根本上不满足且总是错失的东西就是——"你从我看你的位置根本看不到我。"②

"我看你的位置"既可以指对象 a 被象征化到他者的位置，也可以指它在实在界的位置，不论是在哪个位置，主体与它在视界领域的关系都是非对称的：它一直在那里凝视，主体却看不到它，主体的看是一种不可能的看。

从主体的方面说，主体为了维系其与不可能之物的凝视之间的距离，总想用幻象来掩盖创伤，用眼睛来取代凝视，用替代性的对象来置换真正的欲望对象—原因，视界的驱力就在这一系列的两者之间重复往返，以满足其求原乐的意志。然而，在这所有的替代以及由此而来的满足中，总是有某个东西从主体那里滑脱，每一次的替代和满足最终总是把主体引向根本性的匮乏，每一次的观看最终总是把主体引向与凝视的错失的相

① Jacques Lacan, *The Four Fundamental Concepts of Psycho-analysis*, pp. 96 – 97.
② Jacques Lacan, *The Four Fundamental Concepts of Psycho-analysis*, pp. 102 – 103.

遇,主体最终只能发出一声绝望的哀叹:"我所看到的根本不是我想要看的。"

同时这也表明,肉眼的看根本是一场"游戏",是一种"欺骗的游戏",在眼睛与凝视的对峙中,结局总是"凝视战胜眼睛"①,把眼睛捕获在无法看透的空间中。就像古希腊两位画家——宙克西斯和帕拉西阿斯——举行的那场著名的绘画比赛:宙克西斯因成功地画了一串葡萄而引来飞鸟啄食,即其逼真的程度连鸟儿的眼睛也被它欺骗了;可帕拉西阿斯更胜一筹,他在墙上画了一块布帘,这布帘如此之逼真,以至于宙克西斯转身想要掀开它去看看里面到底画了什么东西。在此,拉康说,问题的根本不在于逼真性本身,而在于凝视对视界驱力的建构,眼睛会受到欺骗不是因为逼真,而是因为主体满足于欺骗的游戏,满足于"驯服的看",同时也是因为凝视战胜了眼睛,凝视在引诱眼睛:

> 鸟儿凭什么会看以如此不同寻常的逼真性描绘出来的葡萄呢? 那一定是:对鸟儿而言,在再现葡萄的东西中有更多的东西被简化了,有某个东西更接近于符号。但是帕拉西阿斯的反例清楚地表明,如果想要欺骗一个人,只要呈现给他一幅画着布帘的画,就是说,引诱他去问那布帘的后面是什么。②

因此,如果说想象的凝视让主体变成了一个被(他者)欲望的主体,一个欲望他者之欲望的主体,一个被看且是欲望被他者看的主体;那么,不可能之物的凝视则引诱主体变成了一个欲望的主体,一个欲望透过看来弥合他者之缺口而最终总是要被那道无法穿透的凝视之点撕成碎片的主体,进而,如果说想象的凝视可以暂时地让主体在幻象的支撑中获得存在的意义,那么,来自不可能之物的凝视就只会使主体再次去面对存在的挫败,匆匆踏上赴约之路,不过那是死神的最后的邀约。

---

① Jacques Lacan, *The Four Fundamental Concepts of Psycho-analysis*, p. 103.

② Jacques Lacan, *The Four Fundamental Concepts of Psycho-analysis*, pp. 111 – 112.

意识形态的幻象与凝视

韩振江

（大连理工大学人文学院）

内容提要：在齐泽克的哲学中，意识形态幻象是遮蔽实在界之"社会不可能性"的屏障，是一种把握"社会基本对抗"的叙事，而勘破这一意识形态幻象的关键在于找到某种社会幻象是由什么样的处于不可能位置的叙述者的凝视所建构的。同时，齐泽克还总结了意识形态幻象的运作规律：意识形态秩序（能指链）围绕非意识形态意义的幻象而形成，幻象支撑并与之保持一定距离；如果幻象距离意识形态秩序太近，则破坏了意识形态，因此他强调了幻象维持意识形态表象的重要性。

关键词：齐泽克　实在界　意识形态幻象

斯拉沃热·齐泽克（Slavoi Zizek）通过晚期拉康哲学的"实在界"概念的理解和阐发，提出了意识形态幻象理论。拉康之"实在界"在社会层面上意指"社会并不存在"，即认为社会存在不可克服的根本对抗。据此齐泽克认为，意识形态幻象则是遮蔽社会对抗和社会不一致性的支撑点和叙事。

一、遮蔽实在界之"社会并不存在"

20世纪80年代后期，齐泽克的《意识形态的崇高客体》《幻象的瘟疫》等著作的发表标志着他的意识形态幻象思想的成熟。他根据拉康关于实在界与符号界的关系论述，提出"意识形态幻象"是对实在界之"社会不可能性"（或者基本对抗）的把握、接近、遮蔽的意识形态新思路。那么，在此如何理解拉康的实在界之"社会并不存在"的命题呢？齐泽克认为，"基本对抗"这一概念恰恰体现了拉康实在界的逻辑："如果实在界是不可能的，那么要借助于其结果去把握的，恰恰就是这种不可能性。拉克劳与墨菲在对抗这一概念中，首先发展了这种实在界的逻辑，并与社会意识形态领域产生关联：对抗恰恰是这种不可能的内核，是某种限制，而它本身实际上什么也不是。我们只能从它所产生的一系列效应中，用回溯的方式来把它作为创伤点而建构出来，它使社会的领域无法闭合起来。"①

正如齐泽克所提到的,在当代左翼思想中,英国政治学家恩斯特·拉克劳继承并发展了拉康的大他者的匮乏观念。他认为,社会中心总是一个不一致的领域,是围绕一个构成性的不可能性建构起来的。齐泽克思想与之一拍即合,认为意识形态幻象就是掩饰这种非一致性,掩饰"社会并不存在的"的事实。他指出,意识形态幻象是"对抗"的必要的对应物:幻象是掩饰对抗性裂缝的方式。当然,社会基本对抗不是内在于社会的差异,它仅仅借助于社会差异和矛盾才能阐明、显现自身。更确切地说,意识形态幻象就在于把社会的基本对抗和否定性转化成为一个被排挤出社会秩序的他者,并以此来保证社会的统一性、完整性。譬如,在纳粹主义意识形态中,社会的否定性和不一致都转化为犹太人形象,以被排除的犹太人形象来维系社会的统一性、一致性,一旦真的消灭了犹太人,那么纳粹的意识形态就会土崩瓦解,因为社会依然不一致,依然存在基本对抗。

以排犹主义为例,齐泽克说明了幻象如何通过遮蔽社会的对抗性分裂支撑了意识形态能指秩序(即意识形态话语)。齐泽克认为,我们分析意识形态的话语体系并不能真正看到意识形态的秘密所在,这也是他不主张马克思意义上的意识形态批判,而强调穿越意识形态幻象的原因。意识形态的话语好像是梦的形式一样,是以移置与凝缩的机制构成的,但是还在符号界的能指罗网之中,无法看到真正的意识形态真相。齐泽克指出,纳粹最纯粹的意识形态化身就是排犹主义,充分表明了"社会并不存在"的这一真相,犹太人就是纳粹意识形态话语秩序的病症。

首先,在意识形态话语分析上,我们可以很清楚地看到"犹太人"这一形象背后所负载的多重决定的符号网络。"犹太人"形象在德国法西斯意识形态话语体系中的主人能指位置是由移置与凝缩的机制所决定的。第一步,我们最表层接触到的意识形态宣传是犹太人形象的多方面矛盾因素的凝缩,比如正面的与反面的、高尚的与卑鄙的品行等。他们被假定为既是肮脏不堪的又是聪明绝顶的,既是纸醉金迷的又是吝啬节俭的;在经济方面犹太人是无耻的奸商,在政治上是阴谋家和腐朽政权的支持者,道德上是毫无信仰的人,性方面是诱奸清白少女的引诱者……总之,犹太人形象体现了如同弗洛伊德的梦一样的凝缩作用——是一切异质事物的集合体和矛盾体,这样的形象吸纳了社会上一切不和谐因素,成为纳粹社会的"丑陋的犹太人"。第二步,在丑陋的形象背后有移置(隐喻)机制,转移了社会的否定性。齐泽克认为,纳粹排犹主义的诡计就是将社会的基本对抗,社会并不存在的不可能性置换成社会整体内在的对抗,把犹太人视为侵袭社会健康和正常秩序的破坏力量和否定力量。20世纪30年代德国社会经济危机,社会一片动荡,工人失业。纳粹党上台后,通过意识形态宣传把社会的否定性转

---

① [斯洛文尼亚]斯拉沃热·齐泽克:《意识形态的崇高客体》,季广茂译,中央编译出版社2002年版,第223页。

移到了犹太人身上,是犹太人破坏了经济,搞乱了政治,颠覆了社会,玷污了道德,社会的否定性转化成了否定性的犹太人形象。齐泽克指出,在意识形态话语分析的层面上,我们可以通过移置与凝缩机制透视犹太人形象背后的意识形态内涵和功能,但是重点的是移置—凝缩机制还不足以说明为何犹太人形象捕获了德国大众(主体)的欲望。

其次,问题是在意识形态运作中,犹太人形象以何种方式进入了结构主体快感的幻象框架。在拉康看来,社会的对抗永恒存在,社会并不能真正被人所理解,是一种不可知的超越个体的存在。意识形态幻象就是要阐释这种社会的不可知性,掩盖社会的对抗和分裂。对于法西斯主义来说,犹太人是表现其社会不可能性的手段。对于法西斯主义意识形态纲领来讲,建立一个同质性的、社会等级分明而又和谐共存的社会是他们的目标。但是,这一乌托邦纲领本身体现了不可能实现的特性,这是其纲领内部的限制,体现了社会分裂和对抗的永恒性。但是,法西斯主义意识形态把这种纲领的乌托邦性——社会不可能性转移到了犹太人形象上,结果是犹太人占据了社会不可能的位置,成为阻碍社会一致性和整体性的崇高客体。齐泽克指出,法西斯意识形态中的犹太人担负了两种功能:其一,真实的社会对抗和否定性转移到了犹太人形象身上,它是被社会排斥出去的、干扰社会一致性的否定因素。其二,犹太人形象体现了法西斯意识形态本身的不可能性,是阻止社会获得其全部统一性而成为封闭的、同质的整体的不可能性的体现。齐泽克说,犹太人远非社会否定性的积极因素,而是社会否定性同样假定实证性存在的临界点。社会并不因为犹太人的存在,才被阻止获得其全部一致性;它是被其自身具有的对抗性、障碍所阻止的,而且它把这一内部否定性“投向”犹太人形象。由此可见,齐泽克认为,犹太人是社会的病症,是社会不可能性与实证性之间的临界点。从法西斯意识形态幻象框架来看,犹太人就是一个破坏社会整体性的入侵者,它就被变成一个外在的实证性的原因。剔除它,社会就会恢复一致、秩序和稳定,因此法西斯要排挤和屠杀犹太人。

二、“不可能位置”的凝视

在社会操作层面,意识形态幻象不仅是一种遮蔽社会对抗的原初叙事,还是一种处于不可能位置的叙述者的凝视。任何意识形态幻象都是对“社会是什么”这一原初问题的可能回答。社会是什么? 这问题本身就预示了一个客观的、中立的视角存在,预示了一个联系的、整体的、统一性的答案。对此,拉康的回答是“社会并不存在”,也就是说社会本身是空无的、无法解释的,对这一问题的任何回答都将是一种知识幻象,一种处于不可能位置上的凝视。齐泽克对此理解是:“实在界概念的根本性在于:我们不可能首先提供一个社会现实的客观、中立的社会描述,像确定客观的社会格局一样确定这里是犹太人,那里是日耳曼人,然后从中发展出作为一种次要的附带现象的幻象。这里我同意拉克劳和墨菲关于社会并不存在的概念:没有可以被先客观地描述的、中立的空间、中立的现实(从中再找出敌对的思想)。这就是我的观点幻象形成现实。"①

在现实层面上,社会总是存在对抗和裂缝,总是有难以解释的对立和黑洞,正如齐泽克所说"社会总是被对抗性的裂口所穿越,而对抗性的分裂是无法整合成符号秩序的"。意识形态幻象的诺言和赌注要建构一个有关真实存在的社会景观,一个没有对抗性和分裂的社会,一个各组成部分和各种因素都合理分工、优势互补的社会。齐泽克认为,这就是最大的意识形态幻象。意识形态幻象是一个用来填补不可能性空间的脚本,是掩饰社会空隙和分裂的一道屏障。当幻象出现了,社会的不可能性才会被弥补和缝合,人们才对这一社会形式有自己的理解和阐释,有失落和希望,有目的和意义。他说:"幻象是叙事的初级形式,其作用在于封闭某些原初的僵局。"②或者换言之,意识形态幻象是遮蔽和阐释社会原初对抗的叙事形式。每一个社会形式都有一种对社会不公正、不和谐的对抗作出解释的原初叙事,这种叙事就是这一社会形态的原始幻象。例如,陈忠实的《白鹿原》就提供了一种原始意识形态幻象。《白鹿原》中白氏家族与鹿氏家族的斗争纠集着民族斗争、国共斗争等一系列问题,最终的根源通过一个原始故事作出了解释。一切的问题都源于不同的家族文化,而家族文化则是民族文化的缩影,这一逻辑就回答了陈忠实建构"一个民族的秘史"的初衷。《白鹿原》中的原始故事:一户庄稼人有兄弟两个,兄长老实朴实,通过勤劳追求富裕和成功,保留了一个攒钱的"匣子";弟弟则聪明机灵,外出打工通过降低自己的人格和报复的奸诈获得财富和名利,最终被人所诟病。这一兄弟二人致富的不同路径,不过是民间故事中懒惰兄弟与勤劳兄弟故事的翻版而已,然而这一原始叙事却有效地阐释了社会不公和社会对抗的原因。这一叙事实质上遮蔽了白家与鹿家发家的赤裸裸的剥削和狠毒,比如白嘉轩用计谋换取风水好地,长期对长工鹿三进行剥削和文化控制,对黑娃和小蛾进行家族压迫,由此看来,原初叙事不过是对某一社会形态起源的不可能性所做的阐释模式,是对社会对抗的遮蔽叙事。齐泽克指出,资本社会中原始积累的"美国梦"叙事不过是资本主义起源的一种迷思,其实质在于模糊其真正资本系谱的暴力——即资本主义从头到脚的每一个毛孔都滴着血和肮脏的东西。"美国梦"就是阐释资本主义起源和社会对抗的意识形态幻象和原始叙事,它遮蔽的恰恰是个人奋斗与社会规制的分裂。

从叙事学的角度来看,意识形态幻象这种原初叙事来自站在"不可能的位置"发出凝视的叙述者。在当代全球化资本主义意识形态时期,这种不可能的凝视所阐发的叙事逐渐成为一种流行的、时尚的意识形态幻象。齐泽克指出:"幻象的特征之一,为了它的时间循环,幻象的叙事总是涉及了一种不可能的凝视(impossible gaze),透过这个

---

① [斯洛文尼亚]斯拉沃热·齐泽克、[英]格林·戴里:《与齐泽克对话》,孙晓坤译,江苏人民出版社2005年版,第81—82页。

② [斯洛文尼亚]斯拉沃热·齐泽克:《幻见的瘟疫》,朱立群译,(台北)桂冠图书股份有限公司2004年版,第17页。

凝视,主体已经出现在他/她自己概念作用下的行动中。"①为了说明这一不可能的凝视作为意识形态幻象的功效,齐泽克举了自己的一段亲身经历:"1992年他在美国的一所大学作关于希区柯克的报告,一位美国听众气愤地质问他:'你从前的祖国正在烈火中消亡,你怎么能够谈论这样一个微不足道的话题呢?'他的回答是'为什么在美国的你们就能谈论希区柯克呢? 我按照受害者的身份做事,证明在我的国家发生的可怕事件,这不会对任何人产生伤害——这种行为的必然结果就是引起怜悯和一种不真实的内疚感,与自恋满足形成对照,……但是我开始表现得像他们一样,谈论希区柯克,而不是在前南斯拉夫发生的可怕战争,我就违反了一条默认的禁令……'。"②

这条"禁令"来自西方世界对巴尔干半岛的不可能的凝视,即萨拉热窝是一个种族仇杀、血腥战争、人民处于水深火热中的岛屿,需要西方的哀怜和援救。齐泽克指出,西方记者和媒体的报道展示了萨拉热窝"悲惨世界"的一面:残缺不全的婴儿、被强奸的妇女、饥饿不堪的战俘,这些才是满足西方饥饿眼睛凝视的"受害者幻象"。1999年《纽约时报》一篇关于科索沃难民的报道展示了西方塑造"受害者"幻象的欺骗逻辑。题目是"一名科索沃妇女,一个苦难的象征",她被确定为无助环境的牺牲品,在展示创伤经验中抹去一切政治的差异,从而被剥夺了政治身份并置于苦难之中。在此,北约有了予以干涉的理想主体的呼唤——牺牲者/受害者意识形态幻象:不是一个具有明确身份的政治主体,而是一个同情所有苦难、要求恢复平静的无助受苦的去政治化、人性化的主体。根据这一叙事逻辑,如同《卢旺达饭店》的继续发展就到了武装干涉和入侵一个独立的主权国家。齐泽克认为,这种牺牲者的意识形态幻象模式是当代资本主义意识形态,公众的目光难以透视。齐泽克接着指出,让西方凝视受不了的是萨拉热窝如何维系正常的生活:穿过有狙击手的街头老职员照常上班,在轰炸声中照常营业的迪斯科舞厅,为和心上人在一起去办离婚手续的妇女,报刊上照样讨论希区柯克的文章……他分析说,让西方凝视的眼睛受不了的不是血腥的巴尔干人,而是萨拉热窝人和西方人一样都是正常的市民。"巴尔干人与美国人,他们与我们"的人为划分就导致了不可能的凝视以及由此而来的意识形态叙事。

关于一种意识形态的幻象场景,我们应该问的是"幻象是为了哪一个凝视而搬上舞台? 意识形态叙事的叙述者是谁? 波斯尼亚战争本来是属于一个国家内部的内战/内政,西方媒体起初从政治的角度来看待这场战争。西方主流认为,在处理塞尔维亚入侵这件事上,关键问题是前南斯拉夫对一个独立国家的侵犯。1992年夏季法兰西斯·密特朗(Francois Mitterrands)访问塞拉耶佛(Sarajevo)成为西方看待波斯尼亚战争的转折点。齐泽克认为,它起着一个锚定点的作用,翻转了西方大众和媒体对战争的看

---

① [斯洛文尼亚]斯拉沃热·齐泽克:《幻见的瘟疫》,朱立群译,(台北)桂冠图书股份有限公司2004年版,第25页。

② [斯洛文尼亚]斯拉沃热·齐泽克:《快感大转移》,胡大平、余宁平、蒋桂琴译,江苏人民出版社2004年版,第2页。

法,并带来了一场"人道主义灾难"的去政治化的再叙事化。密特朗离开之后,一场严肃的意识形态、种族、宗教信仰交织在一起、具有全部巴尔干历史复杂性的战争,被简化和去政治化为充满人道主义灾难的野蛮的部落战争。西方大国认为唯一能做的就是运用它的影响力缓和战争的狂热,并对无辜的受害者进行食物和医疗的人道援助。密特朗的造访给波斯尼亚利益致命的一击,改变了国际视阈,发挥了政治中立化的重要作用,其中的关键是密特朗制造了一个意识形态的幻象——巴尔干诸国的民族仇杀和部落战争,而这一幻象叙事背后则隐含着一个中立的、超然的、处于不可能地位的凝视者、叙事者,这一意识形态叙事策略掩饰了西方大国的军事行动和政治经济利益。用齐泽克的话来说,这一"部族仇杀"幻象就是"真实的军事行动本身在这里服务于意识形态叙事化"比如北约的军事干预,而找到幻象的叙述者位置就会发现正好相反"意识形态叙事服务于西方大国在巴尔干的经济政治利益"。在西方对波斯尼亚战争的看法中,我们发现了搬演意识形态幻象的中立的不可能的凝视,即叙述者位置。齐泽克评论道,此凝视乃是虚假地将自己豁免在具体历史存在之外的人不可能的凝视。与此相应的还有西方媒体对加尔各答的泰瑞沙修女的"圣行"报道中,从中看出西方文明的"第三世界幻象"的意识形态。加尔各答被描述为人间的炼狱,衰败的第三世界人口密集而肮脏的都市。在一片死灰的景象中,泰瑞沙修女给人们带来了上帝的福音和拯救的曙光。泰瑞沙修女的形象本身就是西方国家和媒体塑造的透视第三世界的幻象:一方面,它阻碍了人们探索和讨论贫穷和落后的原因,阻断了人民政治化他们生活的念头;另一方面,泰瑞沙修女给西方富人提供了一种替代救赎的机会。这一幻象及其意识形态叙事的出现,源自于西方不可能的凝视(叙述者位置)。由此观之,第三世界是人间炼狱,是毫无政治活动、唯有慈悲和怜悯才能拯救的蛮荒之地。

齐泽克总结巴尔干和第三世界被西方不可能凝视的缘由,认为这是西方对其进行"他者"化建构的结果,以此来维系西方大国的政治和经济文化中心地位。巴尔干是欧洲的他者,这就是波斯尼亚战争中西方大国的出发点。那么对于这一意识形态幻象和叙述者凝视该如何理解呢? 齐泽克说:"真正的罪恶不在于被视为恶的对象,而存在于从四周观察恶的无辜的凝视。在前南斯拉夫,和平的首要障碍不是'古老的种族激情',而是欧洲的无辜的凝视,这种凝视深迷于这些激情。今天的新闻常识是巴尔干是盛行民族主义的疯狂之地,在其中行为的理性法则被悬置了;但与此相反,人们必须反复指出,前南斯拉夫的每一个政治行动者的运动、它们所达到的目标在总体上是理性的——在其中唯一的例外、唯一的非理性因素是西方的凝视。"[①]西方的凝视把自身排除在世界之外,处于一切现实关系之外;同时,貌似中立、民主、自由的凝视把受害者观念普遍化了。受害者形象通常是一个为政治—意识形态权力斗争付出代价的天真无知

---

① [斯洛文尼亚]斯拉沃热·齐泽克:《快感大转移》,胡大平、余宁平、蒋桂琴译,江苏人民出版社 2004年版,第 227 页。

的孩童或妇女,这就是当代资本主义的"受害者意识形态幻象"。其凝视点透露出一个非意识形态的去政治化叙事的最纯粹的意识形态,齐泽克直接斥责为"一种非理性的罪恶"。例如《太阳之泪》、《卢旺达饭店》等电影就是展示了西方站在不可能凝视的位置上把对第三世界国家的军事干预演变成了一个扶危救困、普遍人性的人道主义援救的意识形态幻象,其掩饰的是在当代政治中西方世界赤裸裸的侵略和军国主义。当代资本主义的意识形态不外乎是围绕着一个"悲悯受害者"—人道主义—不可能的凝视—新军国主义的隐含逻辑而旋转,这就是齐泽克所指出的"幻象—叙事—叙述者—政治经济利益"的当代意识形态分析逻辑。

三、意识形态幻象的运作规律

意识形态幻象及其叙事要想发挥适当的功效,它必须保持"内隐"(implicit)性质,它必须与它所支撑的外显的意识形态能指秩序(话语体系)保持一定距离,并作为意识形态法则的僭越而运作。这就是齐泽克所阐发的意识形态幻象在意识形态话语中的运作机制。距离本身就是意识形态,意识形态幻象发挥作用就在于保持与符号秩序的距离,也就是保持与"符号界之实在界"的距离。齐泽克曾指出,"符号界之实在界"不是居于符号界之外的硬核,而是符号界能指秩序的空洞、裂缝和符号化失败之痕迹。一旦意识形态幻象比如犹太人按照符号界的能指秩序或话语体系运作的话,一旦幻象过于接近或则符合了意识形态话语要求(符号法则)则导致了整个意识形态秩序的覆亡。齐泽克后期特别强调了意识形态幻象是实在界与符号界之间的距离和间隔屏障的观点。从实质上说,意识形态秩序的崩溃不是制造了完全对立的否定意识形态法则的对象,而是幻象过于接近了意识形态法则,就暴露了符号法则的无力、空洞和实在界的虚无——即社会并不存在。齐泽克根据拉康的精神分析的伦理学,认为颠覆意识形态法则和秩序的根本在于坚持符号能指"字面"上的要求,不向自己的欲望让步,进而颠覆这一法则,比如安提戈涅坚持埋葬哥哥的符号要求,就破坏了安瑞翁的意识形态法则。

对于意识形态幻象的运作机制,齐泽克指出,幻象是"非意识形态"的意识形态性,以非意识形态支撑意识形态能指秩序,这与康德美学的无功利的功利性有异曲同工之妙。他把两部好莱坞讲述士兵成长的战争题材影片《军官与绅士》(*An Officer and a Gentleman*)与《全金属外壳》(*Full Metal Jacket*)放在一起比较,完美展现了军事意识形态的组合规则。《军官与绅士》的魔鬼教官与《全金属外壳》的魔鬼教官一样的冷酷无情,但在意识形态效果上,却明显不同。前者随着影片的深入发展,观众发现在暴躁、冷酷的训练魔鬼班长背后原来隐藏了一个温暖的、人性的父亲;而后者则成功地抵制了"人性"魔鬼教官的意识形态诱惑,从而在电影里揭露了意识形态的底牌——淫荡的权力超我。齐泽克认为,《军官与绅士》是充满意识形态幻象的,其核心是在意识形态形象(魔鬼教官)的核心部分我们没有发现钢铁的法则、严酷的纪律等意识形态性能指,发现的却是一个温和的、慈祥的父爱升华,是非意识形态的能指,恰恰是非意识形态核心支撑了意识形态法则,实现自己的意识形态功效。而《全金属外壳》则揭示了军事意识形态的秘密——淫荡的权力快感和意识形态秩序的直接规训,其结果是颠覆这一意识形态秩序——射杀了魔鬼教官。从这两个范例中,齐泽克得出了一个意识形态幻象运作的机制:"正是当我们保有警觉而认为我们并不完全等同于意识形态,意识形态之下有着丰富的一个人之所以为人的特质时,意识形态认同便施加在我们身上,并抓住了我们:'并非全部都是意识形态,意识形态面具之下,我也是个人'这样的说法,就是意识形态的形式本身,也是意识形态的市价功效。"①或者我们可以更简洁地表达,越是感觉不到意识形态性的文艺、人性化的文艺,越是具有意识形态性的。意识形态幻象不是政治的工具化和教条化图景,那样的艺术和宣传几乎是强制的规训。要想使一个意识形态秩序运作,并有效地抓住每一个主体,那么在真正有效的意识形态结构中,要有一种超越意识形态(trans-ideological)的核心,该核心不能简化为权力之合理化的工具诸如团结、正义等概念和感情。就法西斯极权主义意识形态来说,超越意识形态幻象的核心不是意志、国家和铁血这样的概念,比如《纽伦堡的名歌手》(Meistersinger),而是充满酒神精神的、狂喜地拥抱死亡的超政治美学比如《崔斯坦与伊索德》(Tristan and Isolde)。齐泽克说,不是没有非/反意识形态核心就没有意识形态,而是有了这一非意识形态核心,才使得意识形态完美的运作,达到让主体认同的效果。

齐泽克认为,意识形态幻象及叙事要运作良好,需要有如同《风流医生俏护士》中英雄的态度——反意识形态认同模式来支撑意识形态运作,当然反认同不同于颠覆意识形态,这就需要处理好幻象与意识形态能指秩序的距离。一个意识形态结构可能被一个过于当真的认同从根本上破坏掉,比如《好兵帅克历险记》(The Good Soldier Schweik)中的主人公由于过于热衷、过于认真执行了上级交给的命令而引发了全面的混乱破坏,齐泽克称之为"过于认同意识形态秩序而造成的颠覆"。因此,他强调意识形态幻象的运作必须与意识形态能指秩序或者法则保持最小的距离,否则幻象或叙事就会颠覆法则本身,就达到了穿越幻象,解构意识形态的效果。

综上所述,意识形态幻象在意识形态话语与实在界之间出现,是意识形态能指秩序的支撑,透过幻象的框架结构了解整个社会话语系统;同时,意识形态幻象还是间隔实在界的社会非一致性的屏障,阻止实在界入侵社会,破坏社会整体性、统一性与和谐性。在齐泽克的词典里,社会幻象也就是意识形态幻象,其作用是遮蔽社会基本对抗的非一致性。齐泽克根据实在界与幻象的悖论关系,进一步阐释了意识形态幻象的运作规律:意识形态秩序(能指链)围绕非意识形态意义的幻象形成,幻象支撑并与之保持一定距离,如果幻象距离意识形态秩序太近,则破坏了意识形态,因此他强调了幻象维持意识

---

① [斯洛文尼亚]斯拉沃热·齐泽克:《幻见的瘟疫》,朱立群译,(台北)桂冠图书股份有限公司2004年版,第33页。

形态表象的重要性。在此基础上他总结了意识形态幻象的含义:转化社会基本对抗的否定性和遮蔽社会非一致性的初级叙事与站在不可能的叙述者视角的凝视(一种当代资本主义意识形态叙事)。意识形态批判就是要揭穿此种意识形态叙述者的凝视视角,揭示当代资本主义意识形态幻象的虚假性和伪善性。

抓住你的眼睛

——时尚杂志 30 年封面变化的视觉隐喻

祁　艳

（中国艺术研究院公共文化政策研究中心）

内容提要：时尚杂志封面 30 年表现出四个方面的变化。封面女郎到封面男郎的出现说明，曾经作为观看者的男性，如今也可以作为被看者。技术带来越来越完美的视觉图像，但是，当越来越多的精美围绕人的眼睛时，那种技术制造出来的幻像就会让人们信以为真，形成一种视觉侵掠。封面人物的话题取舍，一方面说明现代图像从纯形式变得有故事，另一方面造成视觉感知的麻痹化趋向。被设计的封面，表征着今天所谓的美好生活都是商业逻辑下的预设。

关键词：封面女郎　视觉技术　话题中心　设计

　　每一位时尚杂志的主编在每一期杂志出版前，都遭遇过如是焦虑的状态：究竟谁能登上本期的封面，在眼花缭乱的上百张图片中，哪一张就会成为唯一？杂志主编的焦虑不无道理，在杂志圈里有一句行话：五步三秒。"五步"就是指你的杂志挂在报刊亭上，读者在五步之遥就能够从几十种不同的杂志封面中发现你。而"三秒"则是读者拿起你的杂志之后，仅仅通过封面上提供的信息就能在三秒钟之内决定是否购买。这就意味着，封面不仅是杂志的脸，更是杂志的生产力。在视觉强大的今天，这一点尤其重要。

　　那么，今天的杂志在封面上所下的工夫，某种程度上可以反映公众的审美趣味，甚至是社会、文化取向。如果我们集中对中国 20 世纪 80 年代以来，时尚生活类杂志的封面做一个聚焦观察，可以窥测到当代视觉文化的某个侧面，其中的变化折射出消费主义、后现代主义的色彩。

　　中国 20 世纪 80 年代的时尚类杂志的产生及发展，既可以看做是一部文化生活上的改革开放史，又是一部文化工业的生产和发展史。80 年代以来，中国的时尚生活类杂志发展可以分为三个阶段。第一个阶段是从 1980 年到 1988 年，第一本严格意义上的时尚生活类杂志《时装》创刊于 1980 年，有关时装的概念开始被介绍到中国。《现代服装》、《流行色》和《上海服饰》分别于 1981 年、1982 年和 1985 年创刊。这个阶段的时尚杂志封面上以模特为主。第二个阶段是 1988 年到 1998 年，中国杂志开始和国外著名杂志进行版权合作,真正现代意义上的时尚生活杂志在中国大陆成型发展。1988 年,上海译文出版社与法国最大的出版集团桦榭菲力柏契旗下的 *ELLE* 合作,联合推出《ELLE·世界服装之苑》杂志。1993 年,《时尚》杂志创刊,中国时尚工业本地化运作初现端倪。1998 年,《时尚》与美国最大的出版集团赫斯特进行版权合作,推出《时尚 COSMO》,走上集团化运作的道路。1995 年,中国轻工业出版社和日本 *Ray* 杂志合作,推出《瑞丽》杂志,放弃顶级奢华路线,而选取"实用、时尚"路线,迅速成长为国内销量第一的时尚杂志。第三阶段是 1998 年到现在,时尚杂志以集团化经营的模式,分工更细。与此同时,一批除了传播时尚信息,还表达艺术和人文追求的城市杂志也出现了,比如《周末画报》、《生活》、《城市画报》、《名牌》等。

时尚生活类杂志的三个阶段,可以看出最显著的变化表现为"图像化"趋势。从设计、纸张、色彩等各个方面,都可以找到例证。而作为纯视觉对象的杂志封面,更隐含着当代文化的某些流变。

一、从封面女郎到封面男郎

社会学家卡罗琳·基什(Carolyn Kitch)说过,"杂志在其发展过程中,必然发展出两个主要业务,那就是把杂志推销给读者,并把读者推销给广告商。在任何一种交易能够发生以前,杂志必须首先吸引读者的注意力。达到这项成就的关键就是封面,封面宣告了杂志的个性特征、对读者的允诺,同时也宣告了它的目标读者。妇女的面孔既可以表现一种特定的女性美,也可以表现一种传达了某种模范品质的"风格"——年轻、纯真、精致、现代作风、力争上游。"①卡罗琳的分析告诉我们,以女性作封面的杂志,对读者有巨大的吸引力。

女性占据杂志封面,有漫长的历史。从杂志的图像化开始,女性就是杂志封面上从来不曾停歇的形象。民国时期的《良友》杂志(图1—3),就用女性作为杂志的封面,出现在《良友》杂志封面上的女性有当时的胡蝶、陆小曼、林徽因、郑苹如等。当代意义上的时尚杂志,也是对女性封面青睐有加。

《男人装》的主编瘦马 2003 年在搜狐网发表了题为《寻找一本男性的梦杂志》的国内男性的调查。搜狐的调查显示出,10 份杂志的 12 张封面中,占 67.5% 比例的网友选择了以女性为封面的杂志,而以男性为封面的被选率只有 32.5%,二者近乎 2∶1 的关系。可见中国读者还是比较喜欢以女性作为封面形象。美国杂志封面设计师罗可维尔(Norman Rockwell)说过:"封面必须让许多人感到愉悦……必须有一种当下的冲击

---

① Carolyn Kitch, The Girl on the Magazine Cover: The Origins of Visual Stereotypes in America Mass Media.

图1 某期良友封面

图2 胡蝶为《良友》拍的
第一期封面

图3 《良友》封面上的
郑苹如

力。"基于这两点,女性成了时尚类杂志封面首选。首先,女性尤其是漂亮的女性具有美丽的外形,很容易让人产生赏心悦目的感觉。其次,被摆上杂志的封面女郎,无论是从脸蛋、身材到装扮,都被包装得非常完美,再加上有诱惑力的神情,对男性和女性都能产生非常强大的冲击力。男性会欣赏这些完美的封面女郎,女性会从中找出差距,以封面女郎为模板来塑造自己。

女性作为视觉对象登上杂志封面,从其首要意义上来说,是女性走出家庭,参与公共文化领域的开始,这与女性主义思潮对男性权力文化的解构具有某种同趋性。因为长期以来,无论是在西方还是在中国,女性都是被拒绝在公共领域之外的,那里一直是男性的世界,由男性制定规则,然后加以讨论。但是,当女性出现在杂志封面上的时候,人们不仅是被女性的外形所吸引,更重要的是开始倾听封面女郎发出的声音,比如她们的生活方式、她们的看法。

比较30年来的时尚杂志封面,封面女郎的形象有很多变化。第一个变化是,封面女郎从纯粹形式的被欣赏,变成某种生活方式的代言人。出现在《时装》杂志创刊号上的封面女性(图4),是一位不知名的女模特,她在封面上的作用主要是为了表现当时的衣装。在80年代很长的一段时间里,无论是《上海服饰》,还是《ELLE·世界时装之苑》,封面女郎极少出现让人记得住的人物,关于封面人物的介绍也更多是偏向其装扮的品牌和造型师,以期表现流行趋势。

从20世纪90年代中期起,杂志的封面女郎开始出现娱乐明星,这时的封面女郎不仅仅是花瓶似的摆设,还是故事的主角,她们表达自己的生活理念、奋斗故事、人生看法。从这种意义上来说,封面女郎的诉说,渗入了曾经以男性为代表的权力结构,虽然还不是颠覆,但至少在一直由男性掌权的公共领域表达了女性的看法。如果说,60年代的女性主义运动是以一种革命的姿态在男权社会中争取权力的话,那么封面女郎从

图4 《时装》杂志1980年
创刊号

被观赏到被倾听,是某种后现代色彩的呈现,这种呈现固然有着浓厚的商品气息,但也是对多元的、个体的世界的渴求,这种表达是润物细无声的柔性方式。

封面女郎的第二个变化是从美的欣赏变成商品销售的策略,是一种超真实的完美视像。盖伊·塔奇曼(Gaye Tuchman)的"映像假设"(Reflection hypothesis)理论指出:"大众媒介反映了占支配地位的社会价值。"杂志选择的不同视觉图像,折射出社会文化及价值观变迁的轨迹。研究20世纪80年代起到90年代再到2000年以后的杂志封面女郎,我们可以发现,这也是一个消费主义文化逐渐孕育成型的过程。在80年代的封面里,封面女郎通常由摄影技术制造出来,除了穿着更漂亮和鲜艳一些,女郎和现实生活里的差异并不是很大。但在90年代中期以后的封面里,女郎的形象越来越精致得几乎在现实生活里不可见了。在这个过程里,封面女郎被商业文化塑造成了完美的幻象,以吸引人购买杂志,购买广告商品。完美的封面女郎,正是鲍德里亚在《物体系》一书里提出的"仿像"。"仿像"是一种虚拟的图像,它既不是模仿的真实世界,也不是对真实世界进行的复制,而是通过技术制造出的超真实世界。封面女郎的图像,不仅读者觉得完美,连女郎自己也觉得完美(图5)。这种完美是造型、摄影、Photoshop电脑技术等的合体。健康的肤色、S形身段、精致的妆容、时尚的装扮、迷人的微笑,封面女郎的种种完美,都是商业逻辑作用下的产物。首先,完美的女性形象,被当做商品购买、欣赏。其次完美女性所代言的时尚产业和观念,被顺理成章地推销了出去。

封面形象的第三个显著变化是封面男郎的出现。在很长时间里,男性只出现在新闻类杂志里,在时尚生活类杂志封面上看见男性面孔,是在男性杂志诞生以

图5 2000年后的时尚杂志封面

后。男性杂志诞生之初,还用女性作封面以刺激销量,但后来大多还是选取了男性作为封面。《时尚先生》作为国内销量较大的男性杂志,学习美国的 *Esquire* 杂志,一直用具有个人魅力的男性作为杂志封面。男性杂志广泛的出现封面男郎,在女性时尚杂志上,也出现了封面男郎的面孔(图6),比如2009年黄晓明、张涵予和李冰冰一起出现在《时尚COSMO》的封面上。刘德华出现在2007年的《ELLE·世界时装之苑》上。

图6 时尚杂志上的封面男郎

封面男郎的出现说明,曾经作为观看者的男性,如今也可以作为被看者。女性也可以作为主体,对男性客体进行打量,这进一步说明男性为主导的权力结构发生了松动。随着女性经济地位的巩固和社会地位的提升,封面男郎向我们展示出:不仅男性可以消费女性——打量女性,女性也可以消费男性——打量男性。封面男郎的出现印证了后现代文化的特征:权力主体消失,多元个体显现。封面男郎的另一层寓意是,男性不再仅仅是智力、财富的代表,他也可以是美的象征。健美的身材、俊朗的外形、精致的修饰,男性以前所代表的理性文化,呈现出感性化趋向。

当然,无论是封面女郎还是封面男郎,其根本上都是时尚工业制造的幻像,精美也好,性感也好,健康也好,时尚杂志的封面是消费文化的传声筒,它的目的"是展示富人的生活方式和催生麦尔斯·欧维尔(Miles Orvell)称为'中产阶级文化基础'的'仿制品审美',而进一步构建了读者力争上游的(生活态度)"。① 不过,这种构建很大程度上来自于消费。

① 卡罗琳·凯奇:《杂志封面女郎——美国大众媒介中视觉刻板形象的起源》,曾妮译,天津人民出版社2006年版,第64页。

二、新技术缔造完美镜像

比较三个阶段的时尚杂志封面,我们发现技术进步在封面变迁上留下了显著痕迹。时尚杂志封面的 30 年,就是视觉技术的发展史。技术的变革,深刻地改变了人们看的对象以及看的方式。

按照现代时装杂志的编辑流程,封面要经历如下步骤才能被制作出来:首先,对封面人物进行造型,造型的内容包括发型、化妆、服装、道具、姿势等。头发的颜色、曲直、蓬松度都直接关系到人物要传递出来的感觉;妆容的浓淡、眼影的运用等将抓住视线的焦点;服装的款式影响身体的线条,色彩则决定着封面是否夺目;姿势作为仪态的表达,传递着内心。第二,拍摄封面人物。摄影器材高端化以及灯光运用的精细化,大大提高了图像的清晰度。第三,对封面图像进行电脑制作。在电脑修图技术出现以前,摄影图像基本上是没法改变的,摄影师总是通过灯光及角度来避免拍摄对象形象上的缺陷。而在 Photoshop 等电脑修图技术出现以后,数码照片上的任何瑕疵,都可以通过后期制作去除。无论是脸型、肤色,还是身形、发型、色彩等,都能在电脑上呈现接近完美的状态。而且,不同场景下拍摄的人,还可以随意组合在一起,背景也可随意调换,电脑合成技术为图像增加了无限可能。第四,将封面印刷出来。印刷技术的进步,也使得封面图像可以在质感更好的纸上被印刷出来,色彩更加鲜艳,清晰度更高。

根据周宪的解释,视觉技术可以从三种类型来理解:首先是"观看物象或图像的技术"。这包括"以什么方式或观念用肉眼来观看物象世界"以及"人们借以审视世界的其他视觉手段或方式"[1]。观看技术的进步,比如人们通过望远镜看到更广阔的世界,或者通过显微镜看到更微小的世界,都在改变着人们观看世界的方式。其次,"视觉技术还指图像制作或生产的技术"[2],这既受到观看方式、手段和观念的制约,又反过来推动它们不断发展。图像制作技术让人们借助技术记录、复制、制作图像,比如摄影、电脑制图等。第三类视觉技术是指图像传播技术。在前工业时代,由于传播技术不发达,是人趋近图像。但随着传播技术的发展,图像可以被无限复制,可以储存,因此可以被反复观赏,而且通过网络无限传播。因此,传播技术使得图像在我们的生活里无处不在。大型广告牌、电视、电影、移动电视、手机,各种传播技术使得图人被图像包围。

从时尚杂志的封面来看,图像制作或者说生产技术的进步深刻地改变了人们看的方式。如果我们比较一下《时装》杂志 1980 年的封面(图 7)、《ELLE·世界时装之苑》1990 年的某期封面(图 8)以及最近时尚杂志的封面(图 9),可以感受到技术对图像的影响。同样是三位女性,20 世纪 80 年代的杂志封面女性,完全由摄影对真实现实的复

---

① 周宪:《视觉文化的转向》,北京大学出版社 2008 年版,第 144 页。
② 周宪:《视觉文化的转向》,北京大学出版社 2008 年版,第 144 页。

哲学家

制所产生,而且被放大的皮肤,还能看到颗粒状,这是当时的摄影和印刷技术所能达到的程度。人物从形象到色彩都更贴近现实,没有夺目的感觉。而在90年代的杂志封面上,甚至还可以看到模特脸上的皱纹,这是修图技术还未出现时的产物。而在电脑技术进步后的2000年以后的杂志上,每个封面形象都是光鲜夺目的,身形十分完美。

图7 《时装》杂志　　　图8 《ELLE·世界时装之　　　图9 《时尚 COSMO》
1980 年封面　　　　苑》杂志 1993 年封面　　　2009 年封面

这种被虚拟出来的完美镜像,波德里亚称之为"仿像"。这种图像既不是对现实的模仿,也不是对现实的复制,它不再依循原本复制,而是形象的自我复制。"今天,整个系统在不确定性中摇摆,现实的一切均已被符号的超现实性和模拟的超现实性所吸纳了。如今,控制着社会生活的不是现实原则,而是模拟原则。"当人们在视觉上对仿像开始适应并且渴求的时候,眼睛对真实的现实反而视而不见,当真实和虚拟的经验被混淆的时候,人们认知世界的方式必然发生改变。当人们适应杂志封面的完美形象之后,对真实存在的不完美的人物形象会产生拒绝心理。模拟会"威胁到真与假、真实与想象物之间的区别"。①

另一种技术——传播技术的发展带来完美图像的无处不在。在20世纪90年代中期以前,杂志基本上是以订阅的形式发售的。但现在,杂志不再仅仅是纸质的形式,很多时尚杂志都将封面放到网上,以非常便捷的方式让公众知晓和观赏。不仅如此,更有大量的电子杂志出来,海量使得读者对杂志的需求变得图像化,大家越来越没有耐心认真阅读文字,而是在图片的刺激中一览而过。而另一方面,杂志的封面也不仅仅在杂志上可以看到了,车站、地铁站往往会出现封面的巨幅广告,那楚楚动人的完美图像诱惑着你去购买。

---

① Mark Poster, eds., Jean Baudrillard: Selected Writings(Stanford: Stanford University Press, 1988), pp. 167 - 168.

制作的精美、传播的广泛，使得人们生活在一个完美的图像世界中，但是，当越来越多的精美围绕人的眼睛时，那种技术制造出来的幻像就会让人们信以为真，形成一种视觉侵掠。视觉侵掠的后果是，人们在观看图像时，对形式的刺激需求会大于精神上的打动，图像的"传形"意指大于"传神"。形式大于内容的积习一旦养成，视觉刺激就减弱了个性辨识。形式追求很容易造成一种程式化，这就是我们今天看到封面女郎时，除了好看、性感，再也想不出别的什么词的原因。个性辨识度的降低，使得封面形象出现很多的雷同趋势，造型、身段、微笑都非常一致。视觉技术的变革，既能带来视觉审美形式的极致化，也能导致视觉的麻痹化。麻痹化一方面带来视觉疲劳，人们可能对精美图像的刺激开始无动于衷。另一方面，当由技术构建出来的完美图像成为视觉经验的全部时，人们开始对真实世界里的景象视而不见。从这两个方面而言，技术改变了人们看的方式。

三、话题中心

观察中国近 30 年时尚杂志封面，还有个有趣的发现，与 20 世纪 80 年代初期时装杂志作为专业的服装信息、服装研究功能不同，从 90 年代中期以后，时尚与娱乐的结合越来越紧密。比较这 30 年前期和后期的杂志，我们会发现，在 80 年代和 90 年代中期以前，封面图像以时装模特为主，在 90 年代中期以后，逐渐为影视娱乐明星。

早期的《时装》、《上海服饰》的杂志封面，都是对一种流行服装款式，或者面料的介绍，很少注重封面人物本身的故事。《ELLE·世界时装之苑》杂志 1988 年在中国创刊，从 1988 年到 2000 年，封面女郎都是时装模特，很多还是并不为国人熟知的外国模特。对封面的介绍也偏重于模特的造型，偶尔会出现一两个影视娱乐明星。而 2000 年以后，更多的明星出现在封面上，具有吸引力的封面，不仅是明星靓丽的造型，还有明星隐含的八卦故事。

熟识的名人或者明星登上时尚杂志的封面，这一视觉选题，折射出两个问题。第一，现代图像从纯形式变得有故事，时尚杂志的封面从纯粹时装的摆设，转变成主角的诉说。这种转变深受娱乐工业的绯闻政治影响。在娱乐产业里，绯闻、话题永远是制造人气的工具，被关注才是娱乐产业持续运转的动力。杂志封面图像的这一变化，让我们窥探到时尚工业和娱乐产业在现代社会的纠葛。按齐美尔的话来说，时尚就是要"引人注目"，从这一方面来说，时尚是一种典型的视觉性活动，它借助特定的形象和外观来传递。但是，时尚杂志封面的这一变化告诉我们，时尚不仅仅是一种外在美的表现，它还包含对时尚主角们的窥探。当我们消费封面主角的外形时，我们同时还要消费他/她的内在故事。同时，这也说明，时尚并不仅仅是有关美的形式和外观，它与政治经济社会生活紧密联系在一起。例如，奥巴马当上美国总统前后，他和夫人几乎把美国著名时尚杂志的封面都上了一遍，从 *Vogue* 到 *Esquire*，作为政治人物如此被时尚关注，说明时尚不是单纯外观的事。

当明星或名人频繁被摆上时尚杂志封面时,恰好说明时尚具有某种外在驱动性,是在明星效应下的某种从众行为。这说明,时尚的外在表征,来自于所谓时尚圈子的互相支撑,就像齐美尔所言:"时尚的魅力还在于,它受到社会圈子的支持,一个圈子内的成员需要相互的模仿,因为模仿可以减轻个人美学与伦理上的责任感;时尚的魅力还在于,无论通过时尚因素的扩大,还是丢弃,在这些原来就有的细微差别内,时尚具有不断产生的可能性。"①时尚杂志封面的话题性表明,现代视觉范式里,看的内容有着某种浅薄化的趋势,"看什么"不再是对意义的追寻,而是一种新奇的模式化之旅。韦伯曾经在宗教社会学研究中,对形式和内容的现代转换关系有非常精辟的论述。他认为和传统艺术重视宗教—形而上学世界观不同,现代艺术更加关注审美形式本身所带来的趣味判断和感性快感。所以,即使杂志封面的故事性在增多,但八卦的故事代替了对时尚变革自身的意义探寻,这在某种程度上印证了现代视觉范式演变的一个特征:从重内容转向了重形式。

封面话题性折射出的第二个问题是,视觉感知出现了麻痹化趋向。本雅明曾经比较过绘画与电影的差异,从而描述出两种不同的视觉感知方式:静观和震惊。绘画技术使得对象具有某种韵味,从而形成静观这种传统的视觉感知方式,是主体对对象保持距离的沉思状态,本雅明称之为视觉接受。震惊则是电影等机械复制艺术带来的体验,是短暂的状态,主体与对象的距离消失。这是消遣娱乐性的,不是聚精会神的,而是发生在闲散之中,本雅明将其称为触觉接触。

但时尚杂志的封面,给我们呈现了第三种视觉感知的可能,既不是静观,也不是震惊,而是麻痹。当封面愈来愈多以明星动态为卖点的时候,封面也变得模式化起来。明星、名人的造型是模式化的,服装、妆容、姿势都是完美形态的表达。他们的故事也是模式化的,刚担任了某片的主角,或者刚刚与谁发生了故事,这些按着既定模式发展的故事主角,一遍一遍被摆上封面,用大同小异的形式,被散播在一切你目光所及的地方。可以说,杂志封面的趋同,让传播时代的视觉感知缺少了震惊,而更多的是麻痹。仔细观察近几年的时尚杂志封面,无论是《时尚 COSMO》,还是《ELLE·世界时装之苑》,以及《瑞丽》,都呈现出麻痹化的特点。封面的人物选择、布局等都被庸俗化和简单化了。

时尚杂志封面的话题性,不仅表现为选择话题人物担当封面人物,而且还在封面上放上各种标题文字,以用足够多的信息来吸引读者。封面的标题条数显然比过去增多了,在《时装》杂志的创刊号上,是没有放上标题文字的,《上海服饰》20世纪80年代的封面上,也只有不超过3条的信息。《ELLE·世界时装之苑》1988年到1996年的杂志封面上,封面文字保持在5、6条。但现在的时尚杂志封面文字,除开大标题之外,其他

---

① 齐美尔:《时尚的哲学》,文化艺术出版社2001年版,第92页。

小标题也达到了8、9条之多。在一个信息泛滥并且足以让人恐惧的社会里,人们一方面试图回避信息,另一方面又期待信息的刺激。在这种境况下,投靠于商业的杂志,在其封面上为信息谋求足够多的空间,这种视觉上造成了一种信息轰炸,而且还有信息雷同,这加深了封面视觉感知的麻痹化。

四、被设计的美好生活

我国时尚杂志封面近30年以来的另一个非常显著的变化是,设计感的增强。杂志封面上的图像、Logo、封面文字的大小及字体,都是被设计出来的,不仅如此,登上杂志封面的人物也是被设计出来的,封面人物所代表的时尚生活也是被设计出来的。杂志封面这一视觉图像表达着一种被设计的美好生活。

杂志封面要完成吸引读者的使命,首先是必须被设计的,只有符合设计美学的封面,才能在视觉扫描时脱颖而出。封面的视觉化设计,要达到三个目的:一要造成视觉快感,二要吸引视觉注意,三要传递视觉信息。作为视觉图像,杂志封面必须符合设计的美学原则,要有视觉层次,突出最有吸引力的部分,一般而言封面人物就是其要突出的。要有视觉重心,通过尺寸、位置、色彩等因素来强调视觉焦点。只有在形式上符合这些设计的美学原则,杂志封面才会让人产生视觉愉悦,才会被欣赏以致产生购买的冲动。应该说,设计与抓人眼球的杂志封面有着不可分离的紧密关系。

观察30年来的时尚杂志封面,可以发现,设计的痕迹是越来越重了。在80年代的杂志封面上,设计表现在封面人物的装扮及姿势上,封面上的文字信息和字体变换相对是少的。而到90年代中期以后,杂志封面变得越来越精细,不仅要选择好的纸张,而且在人物的形象、封面字体等方面增添了越来越多的设计感。时尚杂志的编辑团队在封面上下的工夫和资本,显然比过去增加了。对比《ELLE·世界时装之苑》1988年秋冬期的封面(图10)和2007年10月号张曼玉的封面(图11),人物的发型、姿势、着装、表情、背景、文字介绍等,都比过去考量,封面被精心设计出来,表达着巧思,却没有一丁点儿意外。

杂志封面在形式的设计之外,更重要的是通过视觉图像,传达了一种被设计的美好生活,这恰好表征了现代生活方式和价值观带有明显的人为的、预先谋划的特征。正如格罗皮乌斯所言,"设计的概念包容了我们周围的所有物品,或者说,包容了人的双手创造出来的所有物品(从简单的或日常的用具到整个城市的全部设施)的整个轨迹。"[①]这种预先谋划的特性,反应了设计的深刻内涵,像西蒙(Herbert A. Simon)界定的那样:"设计,它主要关心的是事物应该是什么样子,还关心如何用发明的人造物达到

---

① 转引自马克·第亚尼编:《非物质社会》,四川人民出版社1998年版,第66页。

想要达到的目标。"①时尚杂志的封面,就是典型的对生活的预先谋划。在这个被谋划的视觉图像里,有关时尚的、美好生活的所有意义,被传递给读者和消费者,而所有的被设计出来的美好的意义、时尚的标准,"都是建立在特定的生产、流通和特定社会集团使用的社会语境之中的。"②

图 10 《ELLE·世界时装 　　　图 11 《ELLE·世界时装 　　　图 12 《时尚 COSMO》2009 年
之苑》1988 年封面 　　　　　　　之苑》2007 年封面 　　　　　　12 月号封面

以《时尚 COSMO》2009 年 12 月号封面为例(图 12),我们来看现代杂志封面是如何传播这种被设计的美好生活。本期封面人物的选择是巩俐,她头戴 Hermes 皮帽、身穿 Hermes 紫色纱质连身裙、右手的宽手镯也是 Hermes,服饰显然经过精心挑选和搭配。与服装搭配的,是深棕带着暗金光泽的眼影,淡粉的唇膏及粉白的指甲油,面容上完全找不到 40 岁的痕迹。手的位置和站姿,构成 S 形,被 V 领纱裙勾勒出非常窈窕的曲线。眼神在柔和中透着坚定,嘴唇微笑显出女性亲和。所有一切的精心安排,都是表达了巩俐所代表的自信、成熟、永远年轻的女性形象。再加上一旁文字的暗示:霸气之舞,一切形象设计和文字,都为了告诉读者,中年女人,依然可以这样美丽,或者说,就应该是如此美丽的,这包括紧致没有皱纹的皮肤、凹凸有致的身段,以及拥有一件类似Hermes 品牌的物什。

分布在人物周围的大小标题,也在提醒你过美好生活的方法,比如,怎么做个一直成功的女人,有《长赢女人的秘密——在陌生的世界发现新的自己》。怎么选到好的时装,有《88 个年末时装精明购物法则》。如何做一个精致的女人,有《全球精致女人的美丽生活》。这些标题实际上在暗示:只有按杂志里描述的那样的方式去思想、去生活的女人,才是精致的、成功的、美丽的女人。反之,则不是。时尚杂志就是一本生活设计

① 转引自马克·第亚尼编:《非物质社会》,四川人民出版社 1998 年版,第 110 页。

② *Encyclopedia of Aesthetics*, New York:Oxford University Press,1998,Vol. 2,17。

手册,这本手册的精华,在封面上以最吸引人的视觉方式表达了出来。

时尚杂志封面的这种设计策略在商业上是无疑成功的,看看期刊销量的榜单就知道了,《时尚 COSMO》、《ELLE·世界时装之苑》、《瑞丽》这些深谙此道的时尚杂志,总是最受广告商和读者青睐的杂志。

时尚杂志封面传递出来的美好生活,从某种程度上说明了设计正成为现代的基本生活方式,"摆脱传统社会那些随机的、偶然的或无规划的因素,就是预先对行为或目标的一种合乎理性的规划。"①但是,这种被设计的理性是否是可靠的呢? 当反映着时尚工业和商业逻辑的美好生活摆上时尚杂志的封面而被展示时,那样的生活方式是否就像时尚杂志所宣扬的一定就是美好的呢? 或者说,当读者被封面的美好生活所吸引而争相效仿的时候,他们是否在放弃另外的很多种美好生活的可能? 那些可能包括:非西方的、非精英的、非商业的。当时尚杂志的封面在形式上和观念上都传播着模式化的美好生活的时候,这种有意在阶级、性别、年龄、文化等方面的去分化设计,是有必要注意的。

对中国时尚类杂志 30 年来的杂志封面变化进行解析后可以发现,杂志封面的图像化、精细化历程,是和中国的时尚产业、娱乐工业同步发展的,时尚杂志封面所制造的视觉经验,恰好说明了中国逐步进入后现代消费社会的一个过程,时尚杂志封面的视觉化非常鲜明地表征了现阶段中国社会文化背后隐含的消费逻辑。消费逻辑对当今社会文化的破坏和重新建构,是非常复杂的现象和命题,对其评判和负面规避,有待视觉文化及其他领域的文化研究深入探索。

---

① 周宪:《视觉文化的转向》,北京大学出版社 2008 年版,第 244 页。

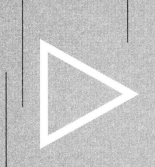

【重思马克思】

"回到马克思"的解释学意境

张文喜

（中国人民大学哲学院）

内容提要："回到马克思"如何可能？验之于阿尔都塞对马克思的解释实践，任何希望明察马克思文本意义者都得面对如何判别合法的解读标准问题。将此一问题置入对历史意识的批判，就会引致两种看起来是完全相反的解释学原则：是以坚持返回马克思的意图，抑或宣称"合法偏见"。在解释实践中，如果解释者按照前者确立解释的原则，并像施特劳斯那样真诚和细心识读经典文本字里行间的微言大义，那么因为他思考马克思之所思和思考自己的思想是接受引导的，从而可能产生超越作者与解释者的"历史视阈"而共同指向他们所要思考的事情。

关键词：马克思　解释学　阿尔都塞

把马克思和恩格斯以及列宁、斯大林作解释学上的区分，差不多是肇始于"西方马克思主义"的思想倾向，"回到马克思"是这一思想倾向熟知而显白的意图。在本文中，"回到马克思"哲学的题旨，倒不是基于采用一种类似于"西方马克思主义"的方式，重新对"马克思主义"的文本作"原本"与"副本"的区分，而是在于大致地描述出"贴近"马克思的文本自身所规定的某些解释学原则，并由此重新回答一个基本问题："回到马克思"这一口号的实质意义在哪里？

一

不消说，"回到马克思"这一口号不同于"回到康德"，它不是一个认识论观念，它表达的是一种"复原"或"重建"马克思的解释学观念。但是，人们并没有留意的是，因为马克思的哲学存在于马克思的著作中，这种解释学观念上的"重建"和"复原"，就差不多总是从如何解读马克思的文本这样貌似文学的问题入手的。一旦解释者被抛入这样的问题，就会面临当代解释学的那个尴尬处境——要在他明白那解释所要说明的东西之前先去明白那解释：一方面，马克思哲学是解释者所要指涉或重新做解释的"对象"，解释者必须思考马克思所思考的东西，以免有所歪曲。但是，这个所谓"对象"本质上是非对象的，非现成的，因为它所涉及的完全不是既定的客体，如果它已经是对象化的，从而也就是一个既定的客体,那么解释者就无须重建它,要对某一既定客体的把握只需有足够目力就行;另一方面,解释者在思考马克思哲学的时候,总已经就马克思哲学这一名词的意指有所领会,有所指引,有某些最初的理解,简言之,有所对象化。我们从胡塞尔的《逻辑研究》第一研究第 9 节可以看到,"即使是在独白这样一个最能纯粹地体现表象的独特性的活动中,也要出现对词的哪怕是想象的表象。"①因为,名词需要指涉,要不是总已经有所特型化、对象化,或者指涉某某类型的事物,往后的解释、概念的理解根本就不可能。所以,真实的情况往往是,解释者一开始思索,因为一些经典的段落固定在他的思维中,他往后对文本的解释仿佛就是对这些经典段落的安排。照此理解,由此所发生的解释学过程就是伽达默尔意义上的视界融合的过程,也同时就是趋向于秋平阅读与误读界限的过程,这个过程是谁也控制不了的。

所以,伽达默尔的误读(理解)即为解释的理论有足够的说服力,原因就在于此。这样,彼特洛维奇的如下忠告的理由就既不特别又可能是无害的,他说:"不能把现有的对马克思主义的解释都看成是马克思主义,因为一些理论家打着马克思主义的幌子提出与马克思主义截然相反的立场;而另一些人则在'创造性地发展马克思主义'的口号下,以折中主义的手法把马克思主义和资产阶级哲学概念结合起来,或者干脆伪造马克思主义。"②这里,我们除了赞同彼特洛维奇的论断外,还需要进一步提醒的是:一方面,马克思也同历史上任何伟大的先驱一样,为其他人开辟了他们自己并不曾走的道路,以至于马克思不可能在后来的追随者身上重新认出自己。"聪明的"读者总能就马克思的这个或那个见解添枝加叶,采取立场,讨论,阐释,等等;另一方面,在历史上,总会出现比一个学说的创始人的意图所包含的更多或更少的东西。这种错失能否被允许,必然有一个否定性的评判标准,就是尼采所做的说明:文本在其纯粹的和真正的形式上是无法接近的(有如康德的物自体)。一般说来,解释学观念就是在与"对某一话语的一切参与活动都是可公度的"这一认识论假设作斗争。③

这一解释学观念涵括了马克思被各种各样的方法所解读、并常常被阅读者同化到自己信仰的微光迷蒙中去的可能性。的确,在面对什么才是马克思的著作中传授的真正教诲这一问题时,有传统的、肤浅的和外在的解释,也有聪明的、深入的和精到的解释,这两种解释往往又是冲撞的。仅就我们随意地宣称"那是马克思的思想"或"这儿我感觉到黑格尔的影响"而言,马克思主义的诠释者的意见争执,就会如同传说中国王的三个女儿都说自己从父亲那里得的指环才是真金的纷争一样,也就必然地令人沮丧。更何况彼特洛维奇发现马克思主义被怀揣不同思想动机者致命地玷污了,究竟该听信

---

① 张祥龙:《朝向事情本身》,团结出版社 2003 年版,第 357 页。

② B. 彼特洛维奇:《现代哲学》,转引自徐崇温:《"西方马克思主义"论丛》,重庆出版社 1989 年版,第 39—40 页。

③ 参见理查德·罗蒂:《哲学和自然之镜》,李幼蒸译,商务印书馆 2003 年版,第 298 页。

哪一种说法呢?

如果我们现在假定,误读已成当今解释学的格言,那么为了真正回到马克思而不遭到挫败,那种不急于从马克思那里寻得现成的教条的做法也许就显得比较聪明。因此,在我们还不太懂得怎样阅读马克思的时候,施特劳斯所倡导的对待经典思想文本的理智上的诚实、敬重态度及其作为解释者的美德倒是值得效法。施特劳斯对经典文本充满深情,他将对真理的追求视为一种共同的、通过交往产生的追求。经典作品这个"观念"在施特劳斯的著作里就是一种通向现实之窗的交往形式。

我们来看一个简单的例子。施特劳斯相信,阅读修昔底德,"他使我们懂得了人类生活的真谛;他使我们智慧。通过了解修昔底德的智慧,我们才智慧起来;但如果我们在了解修昔底德的同时,没有认识到正是通过了修昔底德我们才逐渐变得智慧,那我们是不可能真正变得智慧的,因为智慧与自知是不可分离的。通过了解修昔底德,我们会越来越智慧,从中我们也看到了修昔底德的智慧。"①从施特劳斯这里的慎思明辨中,我们可以轻易地想象:即使我们当中的数不清的解释把坚持本真的马克思主义挂在嘴边,却又因为声称马克思哲学归结为以某种方式隐含了评价原则的理论知性(theoretical understanding)范畴,那些评价原则与知性范畴一道都是可变的,它们随时代而变。于是,几乎不用说这样的声称,便不可能阻止那些辩驳去怀疑马克思主义具有表达当代世界变化的能力。

这里的问题同时也就表现为,仅仅是要把马克思拿来拷问,并根据他本人没有经历过的历史,来审读他留给我们的著作。这么说来,我们也就可知,何以一般地说来,上述的那种看法总是未能使马克思哲学走出被边缘化的危机,反而最终稳当地坐落于现当代之历史主义的"洞穴",而且,首要地,它只是钟情于提出种种要求使我们看到马克思那里没有注意到的或者一直缺少的东西,于是,无论是因马克思盲目而造成的"看"的缺陷,还是因我们占了后见之明而洞察秋毫,在把眼睛当做工具的哲学中,比谁视力好"这大约真是我们传统马克思主义史学研究中的套路"②。

二

在我们梳理施特劳斯与当代解释学的关系问题时,我们可以深深地感到,面对一切思想科学都是历史科学之现代性状况,施特劳斯解释学显现出了强烈的"还原性"和"排他性"。他相信通过贴近阅读(close reading),或坚持作者的原意应该最终支配我

① 转引自斯蒂芬·霍尔姆斯:《反自由主义剖析》,曦中等译,中国社会科学出版社2002年版,第86页。
② 张一兵:《问题式、症候阅读与意识形态——关于阿尔都塞的一种文本学解读》,中央编译出版社2003年版,第74页。

103

们的阅读的方法，能够达到对文本的完全复原或重建，而这种"复原"作为一种"解释"，应该是诸多解释当中最好的一个。不言而喻，在伽达默尔等人那里只是可能的情形，在施特劳斯的思想当中却是现实。这显然是，施特劳斯解释学受到"与古典解释学之绝对主义有染"的攻击的原因。伽达默尔说，虽然"存在着足够的理由使我们不要把非历史的思维的可能性看做空洞的可能性"，但是，施特劳斯坚持以过去的作者理解自己的方式来理解他们，就"低估了一切理解所具有的困难，因为他忽视了我们可以称之为陈述辩证法的东西"①。依伽达默尔看来，施特劳斯与理解的历史性作斗争，他所批判的，正是"历史地"理解传统思想所要求的，即由于理解的历史性，我们无法像先哲们领会自身那样领会他们。在施特劳斯这一批判的背后，有着近代启蒙主义和传统思想追求永真的主导观念。由此，"他反对他所谓的历史主义的论据首先也是在历史的基础上提出来的"②。

这一矛盾，如果是被伽达默尔以一种误解的方式而解说出来的，那么它将导致误解了的施特劳斯形象：他是一个致力于建构一种阅读所有文本的普遍方法理论的且在气质上靠近狄尔泰那样的浪漫解释者。

依据伽达默尔的解释学，把马克思作为解释学思考的对象，就像马克思理解自身那样来理解马克思。这仅仅只是一个真诚而保守传统的诉求，它不仅会因为对于任何一个解释者来说，其头脑远不是简单的像"白板"，而完全暴露于当代解释学的反诉之中，而且它所要越过理解上的历史藩篱进行哲学对话的可能性的最终依据，仍然浸染于现代历史意识之中。换用阿尔都塞的讥评，这是虚妄的"无辜的阅读"。

值得注意的是，阿尔都塞的《读〈资本论〉》可以说是以怎样"阅读"马克思的著作为中心引线而展开的。阿尔都塞明确地将回到马克思的意图称为"有罪的阅读"，即他表达为从哲学角度阅读《资本论》，在他看来，只有在《资本论》中，才可以读到马克思真正的哲学。③ 阿尔都塞引用马克思本人在《资本论》第一版序言里的寄语指出，"为了试图理解马克思究竟思考过什么，我们最起码应该做的，就是回到马克思，从而'[为]自己思考'马克思究竟思考过什么。"④这里显示了：当代解释学的阅读理论与阿尔都塞的"有罪"阅读理论起码是并行不悖的，但事实上并不相互覆盖。伽达默尔的思想是从海德格尔来的，并结合了一些黑格尔的东西，阿尔都塞的深层理论背景则源自弗洛伊德和拉康等人。阿尔都塞将回到马克思比况于回到弗洛伊德，回到弗洛伊德意即回到

① 伽达默尔：《真理与方法》下卷，洪汉鼎译，上海译文出版社 1999 年版，第 704—705 页。
② 伽达默尔：《真理与方法》下卷，洪汉鼎译，上海译文出版社 1999 年版，第 703 页。
③ 参见路易·阿尔都塞、艾蒂安·巴里巴尔：《读〈资本论〉》，李其庆等译，中央编译出版社 2001 年版，第 4—5 页。
④ 阿尔都塞：《哲学的改造》，载陈越编：《哲学与政治：阿尔都塞读本》，吉林人民出版社 2003 年版，第 182 页。

"已经建立、确立和巩固在弗洛伊德自己身上的这个理论"①。因而,当阿尔都塞假定《资本论》包含了真正的马克思主义哲学时,马克思和古典经济学家所面临的问题,大多是我们在意识层面上能意识到、观察到并能够检验的现实问题,但是阿尔都塞却从无意识层次来解读马克思的正文。

依阿尔都塞看来,在传统的阅读观念中,作者在文本中清晰地表述了一切,读者几乎被剥夺了一切权力,只在一旁被动地理解。这种对文本"真相"的解释只是一种被动的"观照"、"反映",这一阅读观念除了忽视意识层面上的听、读与说、写不具有直接性和完全性的同时,也忽视了历史结构对作者的客观作用。马克思比任何其他思想家都敏感于某种哲学观念的意识形态含义,我们只是从马克思开始,才从理论上对传统的阅读和写作的含义产生怀疑,马克思以与弗洛伊德、尼采本质上同样的方式,看到了解决人的异化和压迫这一人类的匮乏问题过程中所产生的虚假意识,"马克思之所以成为马克思,就是因为他建立了历史理论以及意识形态和科学之间的历史差别的哲学,而这一切归根结底是在破除阅读的宗教神话的过程中完成的"②。

半吊子的马克思主义者阿尔都塞所说的"阅读的宗教神话",就是试图抹去阅读与历史性的距离。比如,黑格尔从存在中直接读出本质的"绝对知识"和青年马克思用来缝合工人被异化的劳动本质的直接的价值预设,都抹平了理论阅读和现实历史的距离。相反,"《资本论》却保持着恰当的距离,即现实固有的距离。这些距离和间隔体现在《资本论》的结构中。这些距离和间隔使它们自身的效果阅读不出来并使对它们进行的直接阅读的幻想达到其效果的顶点:拜物教。"阿尔都塞批判的焦点就是这种令阅读者放弃自己的历史性,或明明是有罪的阅读,却自以为是无辜的阅读的拜物教。所谓一打开马克思的著作读一遍,就马上产生"我正在与大师直接对话"的狂喜,这正是阅读拜物教的幻觉效应,它本质上乃是"宗教阅读方法"(读《圣经》那样的宗教般神秘阅读方法),从这幻觉中醒来,阿尔都塞要求我们做一个一百八十度的大转向,"我们必须转向历史,才能把这种读的神话消灭在它的巢穴中"③。在阿尔都塞的眼中,一个好的阅读者将会提防幼稚地阅读文本,这种阅读遗忘了历史结构的客观作用,预设了作者的独立存在和阅读者的直接阅读。

当阿尔都塞认定,马克思假定了历史结构不能与明显可见的关系相混淆并且对它们那隐蔽的逻辑加以直接的阅读的时候,他将按照"这个"(马克思的)方向,发明一种新的阅读方法,来替换掉那种仅仅使"马克思变成了斯密"的旧的阅读方法,这种新的阅读方法不仅使马克思能够提出对古典经济学而言"从来没有被提出来的问题",而且

---

① 阿尔都塞:《列宁和哲学》,杜章智译,台北远流出版事业股份有限公司1990年版,第218页。
② 路易·阿尔都塞、艾蒂安·巴里巴尔:《读〈资本论〉》,李其庆等译,中央编译出版社2001年版,第6页。
③ 路易·阿尔都塞、艾蒂安·巴里巴尔:《读〈资本论〉》,李其庆等译,中央编译出版社2001年版,第6页。

作出正确的回答。① 援这种由问题结构牵引,并且把隐藏在文本里的某些思想征候地显示出来的痕迹(包括表述中的沉默、某些概念的阙如、它的论证的严格性的空白,等)作为线索去阅读,就会"使语言表层的连续性解体"、"救出被旧的问题结构压抑的新的问题结构"、"给予被隐藏的言说以生命,并进行重构。所谓阿尔都塞的马克思研究,自始至终是根据征候性解读的马克思研究。"②当成年的马克思,确切地说,阿尔都塞的那个马克思找到原文深处的无意识结构时,阿尔都塞确信,马克思哲学的整个悖论就凸显出来了:存在着马克思主义哲学,但没有被当做"哲学"生产出来,或者说,马克思接受了传统哲学的陶冶,但马克思拒绝"哲学"写作,"他几乎从不谈论哲学(只是在费尔巴哈提纲第 1 条中写下'实践'一词时就已动摇了全部传统哲学的根基),却依然在《资本论》的写作中实践了他从未写过的哲学"③。

　　这里,阿尔都塞的看法无疑是准确的。问题在于,应该如何来理解马克思非哲学式地写哲学这个悖论? 阿尔都塞以为,马克思没有把哲学当做"哲学"来写作,是为了避免落入对手(资产阶级的意识形态)的游戏中,哪怕是采取对立的形式,也会混同于资产阶级意识形态。④ 记住阿尔都塞的这一提示很重要,它实际上是意味着要求马克思的读者,不应该把马克思当做一个传统意义上批判知识分子——被理性主义传统责成要把真实的东西从虚假的东西中解救出来——类型的"作者",马克思由此提出"消灭哲学"并把这一任务交给无产阶级。我同意(在我与阿尔都塞意见一致的方面),马克思主义不是哲学,它更像具有一套理论,一套在特殊的实践(治疗)中能认识和改造其对象的精神分析方法。因此,言及阅读,阿尔都塞认为,马克思哲学也就不能被当做运用理性的理论体系,给自己的哲学存在提供证明的哲学来阅读,而应该当做一种新的哲学实践。这意味着马克思哲学虽然也有概念,但那些概念同时也是实践形式,这实际也是阿尔都塞用"哲学实践"的说辞所暗示的东西。对马克思主义这种新的哲学实践的性质的理解,阿尔都塞强调说,它"不是一种(新的)实践哲学,而是一种(新的)哲学实践"。⑤ "新"就"新"在它已经不再是那种沉思冥想,一味从事着"解释"世界的哲学。所以,阿尔都塞"制造"的马克思主义不能当做一种新哲学,而应该当做一门科学,一门完全不同的科学,但仍然是科学。

　　这样,阅读的"有罪"性就被推到了极端,因为它在学理上以对马克思的结构主义

———————————

　　① 参见路易·阿尔都塞、艾蒂安·巴里巴尔:《读〈资本论〉》,李其庆等译,中央编译出版社 2001 年版,第 13 页。

　　② 今村仁司:《阿尔都塞:认识论的断裂》,牛建科译,河北教育出版社 2001 年版,第 292 页。

　　③ 阿尔都塞:《哲学的改造》,载陈越编:《哲学与政治:阿尔都塞读本》,吉林人民出版社 2003 年版,第244 页。

　　④ 参见阿尔都塞:《哲学的改造》,载陈越编:《哲学与政治:阿尔都塞读本》,吉林人民出版社 2003 年版,第 246 页。

　　⑤ 阿尔都塞:《哲学的改造》,载陈越编:《哲学与政治:阿尔都塞读本》,吉林人民出版社 2003 年版,第169 页。

解释为前事的。这种解释对自身所提出来的要求,按照施特劳斯解释学来看,至少不自知地被假定为比马克思本人还更为真实地理解马克思。虽然阿尔都塞正确地揭示了:像马克思的著作这样有综合性内容的文本所必然具有的字面意义和深度意义区别的事实,因而必须被纳入新的理论思考范畴。以新的理论为中介,有助于重新聚集以前一直被忽视掉的马克思著作中的微言大义。但阿尔都塞"对马克思主义所作的最为警觉和最为现代的再阐释"(德里达),从思想结构看,显然,已经大大超出了上述作用,阿尔都塞深怕我们固执地囿于马克思阅读古典政治经济学的那种方法来阅读马克思的著作,他要求我们这些希望发展马克思主义的读者,去悉心地倾听马克思主义历史理论所发出的"空洞的声音",抓住这门科学在充分"论证"的外表下包含在自身中的弱点。从而生产出马克思没有生产出来的东西,因为科学可以发挥出进步的作用,而这种作用"不在于它所知道的东西,而在于它所不知道的东西"[1]。概言之,他希望提出一个"完全创新了的"马克思。

不难看出,阿尔都塞通过考察马克思的思想过程来解释马克思理论自身中存在的矛盾,就是阿尔都塞所理解的对马克思主义的创新。譬如,他通过症候阅读发现,马克思思想发展中存在着一种"认识论的断裂",亦即马克思主义从作为一种意识形态突然转变成作为科学的理论。这里,显然假定了只有作为解释者的阿尔都塞意识到了马克思文本中的思想"断裂",马克思本人未曾意识到,只有后来居上的历史审查才能注意到文本的方方面面,使这种"断裂"大白于天下。这样说来,创新性是不是也就变成一种无始源和无目的的"新"写作,一种"冥思苦想",一种总"想"冲破已有界限的"想"?在这种"想"的背后分明同样存在着一个意识形态神话:把对马克思文本的研究转换成本质上是古文献研究,我们研究过去19世纪的马克思的作品,不是因为它们可能包含永恒的真理,而是因为它们向我们展示了所谓理论从不成熟到成熟发展的阶段,展示了马克思为设法逃离意识形态偏见而进行的漫长斗争。匪夷所思的是,马克思自己对此一无所知,却在勤勉为之。

在我们看来,阿尔都塞把马克思主义思想史中的形成时期绝对地看成一种"断裂",其最大的危险恐怕不在于由此招致对其著作完整性的肢解(尽管那种阿尔都塞式的把在马克思的两本书之间出现的矛盾或曲异,常常说成是马克思的思想发生了变动。若矛盾超出了一定的限度,则会在没有任何证据链条的情况下断定其中的一种观点是错误的,这样的方法的负面影响是显然的),而是他用来解释马克思的术语却不能翻译成马克思自己的语言,进而把马克思的思想关联排除在我们自己的时代之外。阿尔都塞与马克思的两次"诀别"——第一次是与早期马克思的"诀别";1978年,这一次是与整个马克思的一种"诀别"——是他独创新的思想的开始,但是,因为他只有一个主题:

---

① 阿尔都塞:《哲学的改造》,载陈越编:《哲学与政治:阿尔都塞读本》,吉林人民出版社2003年版,第23页。

克服马克思的局限的需要。一旦阿尔都塞以"确认马克思学问的杰出成果及其今后应有的可能性"为意图,但所采取的方式不仅"恰如调查死者的遗产,做财产目录那样",而且所做的"尽是消极面的财产目录"。他的主题自然就带有了自戕性的味道:"回到马克思"仅仅是因为"马克思的思想已经没有恢复的可能性"。①

三

马克思本人所曾经说过的理论、观点是错误的吗？马克思所使用的概念体系是不可能在马克思本人的意图上再使用了吗？所有这些问题总是尖锐而必然地摆在任何一个马克思的诠释者面前。从我们的视角看,阿尔都塞并不是完全如今村仁司所指认的那样,是在毫不自知的情形下与马克思"诀别"的。因为,不管在什么情况下,阅读总是将一段新的话语连接在文本的话语之上,阿尔都塞不可能不认为,在他的两部重要著作《保卫马克思》和《读〈资本论〉》中,如果他所使用的语汇中存在着与马克思的文本所使用的语汇处于某种推论性关系之中,那么,他就有可能表明他本人所代表的马克思主义具有一种更加本原的性质。不过,他把这种"对于某种更加纯正的马克思主义精神的回归",与"原先以阶级为基础的对抗姿态"的"马克思列宁主义联系在一起"。② 在我们看来,在这样做时,他所愿意做的也许充其量在于继续沿着马克思的书页,与马克思达成最小化的协和,而这一般地说来,只要他去解释马克思说了什么,靠近马克思的可能性总是存在的。当后来他跨出了马克思文本的页边,向一个孤独的思想家后退时,他就既忽略了马克思哲学,也为马克思哲学所忽略。

可以说阿尔都塞解读马克思的解释学特质就在于"深度观察",分清经典文本的显性意义和隐微意义。在阿尔都塞的视野里,"'马克思学说具有无限力量,就是因为它正确'(不是因为它能够被它的成败所检验,所以它才正确,而是因为它正确,所以它才能被它的成败所检验)"③,这意味着,马克思主义的理论的历史生命与其说在于它的成功和显性的正确,不如说就在于"他的表述中没有出现的、却是他自己的思想的基本概念的存在"④。

照理说,对马克思的文本的表面的显性意义和隐微的深层意义的区别,就会把阿尔都塞对马克思的意图的追问推到中心地位,因为他假定了马克思的真实想法不等于马

---

① 今村仁司:《阿尔都塞:认识论的断裂》,牛建科译,河北教育出版社 2001 年版,第 253—255 页。

② 阿尔都塞:《哲学的改造》,载陈越编:《哲学与政治:阿尔都塞读本》,吉林人民出版社 2003 年版,第517 页。

③ 阿尔都塞:《哲学的改造》,载陈越编:《哲学与政治:阿尔都塞读本》,吉林人民出版社 2003 年版,第177 页。

④ 阿尔都塞:《哲学的改造》,载陈越编:《哲学与政治:阿尔都塞读本》,吉林人民出版社 2003 年版,第23 页。

克思在其文字中所表达的看法。但是,如果阿尔都塞想承担这个追问,就必须首先从马克思思想的一以贯之的中心出发,将其著述当做表白出来的整体加以理解。重要的是,他必须首先像马克思理解自己那样来理解马克思。这意味着,阿尔都塞应该从所谓马克思的"科学"论题与"意识形态"论题的"断裂"的历程中把握到一脉相承的东西。依据施特劳斯的解释学,在著作的连贯或思想的统一与否的问题上,我们宁愿断言马克思的所有文本是首尾一贯的,像施特劳斯那样,他总是极不情愿指责他所敬重的作者实际存在着前后矛盾,他会设法找到一种把矛盾与作者的意图视为一致的解释,致力于栓紧文本机体中松散的经纬,以表明文本与作者的意图是不能分割的。否则,思想史的客观性唯一标准就无从谈起。

这是一种很正确的想法,深刻的意义上正是这样。谁都不能否认这一点,即没有人能够预见一百年后马克思的文本会被怎样读解,马克思的同一文本在不同的历史解释情境下,可以允许几个不同的,甚至相互冲突的解释存在,到现在,人们不会不知道,开放式的撒播能够辐射出对"教条的真理"的解毒剂。从传播思想史的角度来看,伟人的思想在人类思想传播上之所以能够所向披靡,其实是以颠覆这样一个观念为前提的,这个观念是:最好的诠释是忠实复制伟人内心怀抱的意图。在前面的文字之中多次提到,这种观察会令援引伽达默尔、利科尔的解释原则的某些人断定,任何一种对文本的解释都无法成为在知识论的"真理"意义上的"真解",自从浪漫派以来,哲学中已经失去了一个"绝对者"。然而,这个观察之中所缺少的是:它没有真正看到,马克思在写作某一文本时,只从一个角度理解它的事实,这是任何一个重建理性主义的解释者都应该坚守的底线。所以上述那种观察也无以用来否定"思想史客观性的唯一可行标准",以便解决"究竟什么是文本解释的'真'?"的问题。相反,有学者批评利科尔那样的解释概念对这么一个问题不仅只在无关痛痒的地方挠挠,而且在其自身中隐含着一条消解"思想史客观性的唯一可行标准"这一问题的途径。

但是,我们也知道,伽达默尔、利科尔的解释概念实际上不能不预设"怎样的途径才能使我们正确理解文本解释行为的本性?"问题,因而,他们的解释概念实际上仍含有方法及规范的提示,为的是显示文本中的力量与真理。由此暴露出了他们的解释概念与基础主义框架的残余性不情愿、不相称的结合,援引他们的解释概念为后援的马克思解读,也就必然都预设了马克思的作品中有某种可以追寻的本真意图。对于任何一位本色的经典研究者而言,文本的意义虽然不是自明地给予的,但是它的重要的问题总是如何去知道文本的真义,以及当面对不同的解释时,如何判断哪一个是正确的。并且我们确信,只要我们践行"从字里行间去阅读"的方法,它就会导致在理解方面比较健全的视野:拒绝见木不见林,尽管这在理解的目标上并不意味着去弄懂马克思所有的思想。

依据施特劳斯的解释学,研究过往学说的解释学的进路,首要的问题是"原作者的精言妙意是什么?"而不是某一过往学说"对我们的信念作出了什么贡献?"或者"从现在的角度看,这个学说里什么是原作者没弄明白的?"①如此,当我们在面对马克思著作中某些论点的表面"错误"时,它并没有给我们提供了一个机会来证实我们比马克思更高明。即使我们可以像卢卡奇那样假定"新的研究完全驳倒了马克思的每一个个别的论点",我们也"无须片刻放弃马克思主义正统","正统马克思主义并不意味无批判地接受马克思研究的结果。它不是对这个或那个论点的'信仰',也不是对某本'圣'书的注解"②。卢卡奇的这个看法对于许多人来说无疑是一种悖论,他自甘放弃马克思主义所有的论点,而将马克思主义蒸发为一种独特的方法。如果问题可以像他这样来提的话,那么,除非把马克思主义概念的形成、理论的建构、论证和理论发现的逻辑完全澄清,否则是不能推导出马克思主义的突出成就在于方法的结论,而这恰恰需要踩着马克思的文本,那种不谈论文本本身,而大谈马克思主义的独特方法论的,在此之中有着它的迷失。例如,像人们习惯于论证马克思主义理论是历史的,而非马克思主义则是非历史的;马克思关心的是实践,而费尔巴哈关心的则是理论;马克思主义的方法是整体主义的,资产阶级的理论是个人主义的。如此等等的证明,并不奏效。因为不论谁想把马克思主义规定为整体主义和历史主义的,他都是把马克思主义的论敌所持的方法论当做界的尺度,充其量只能说马克思主义具有独特的方法论结构形式,仍不能说明马克思主义具有什么独特的唯一的方法论。这表明确定马克思主义具有独特的方法论是一回事;与马克思深入讨论他所说的东西,即他之所以这样说,从而揭示出它的实质性的内容则完全是另一回事。

　　显然,与当前的解释学转向在很大程度上起源于对基础主义的反叛而发生的一切比较起来,我们抗拒解释学将马克思的作品"改变"或"翻译"为别的什么东西,而不是如其所是、如事物本身地描述作品,就显示出一种对文本真诚而保守的愿望。我们认为,当代解释学者对基础主义的反对是正确的,但是,正像伽达默尔那样,他们错误地得出结论说"所有的理解都是解释",这意味着所有的解释都是非基础的和可改变的。这个观点被进一步的推论所加强:由于所有解释是可以改变的,所有理解也是可以改变的,因此,所有理解都是解释。这些推论实际上是可疑的,因为它在虚构一种什么东西也解释不了的东西,从而忽视了理解和解释的区别:解释通常意味着某些有意的或至少是有意识的思考,而理解则不必然有意识,甚至我们根本不需要思考就能理解。如果没有前反思的、非语言的经验和理解的没有清楚说出的背景,解释就无以存在。理解作为解释的基础的观点,不仅在海德格尔、维特根斯坦那里有过明确的阐述,而且我们也可以在马克思那里找到。马克思自己就为我们提供了一个启发性的进路去了解经典。要了解经典中关键性概念的意义,我们有时须将其产生的社会背景及实践纳入其中。这

---

　　① 　施特劳斯:《如何研究中世纪》,载刘小枫:《经典与解释的张力》,上海三联书店 2003 年版,第 301 页。

　　② 　卢卡奇:《历史与阶级意识》,杜章智等译,商务印书馆 1996 年版,第 47—48 页。

样一种原则实际上就是马克思主义倡导的"历史的具体性原则"。这原则要求的是："必须尽可能地就其本身来解释作者。"如何"回到马克思"的这个审思在这个原则里结束,它也应该在这个原则那里开始。

马克思和恩格斯伦理道德观的新阐发

韦正翔

（清华大学马克思主义学院）

内容提要：为了在新的历史背景和伦理学的新的研究成果的基础上发展马克思主义伦理学，就必须在马克思和恩格斯经典论述的基础上作进一步的阐发。本文从马克思和恩格斯的原典依据、伦理和道德的概念和伦理体系的历史演变三个方面，对马克思和恩格斯的伦理道德观进行了重新的阐发，指出了"自由、平等"这样的"普世伦理"是马克思和恩格斯关注的重点，但是他们认为真正的"自由、平等"在资本主义社会是无法实现的，只有在共产主义社会才能够真正实现。

关键词：马克思　恩格斯　伦理　道德

为了在新的历史背景和伦理学的新的研究成果的基础上发展马克思主义伦理学，就必须在马克思和恩格斯经典论述的基础上作进一步的阐发。那么如何保证这样的阐发是马克思主义的呢？第一，具有一致的目标。马克思和恩格斯的终身奋斗目标是要实现共产主义，因此马克思主义的伦理道德思想体系的社会理想目标只能是共产主义。第二，具有严整的唯物辩证法的思维方法。马克思和恩格斯的理论，只有通过他们的唯物辩证法的方法才能正确阐发，以免写成一堆没有现实合理性而只是字面上相关的语录和例证的堆积。第三，具有兼容性。马克思和恩格斯的基本理论体系是完整系统的，所阐发的思想不应该与马克思和恩格斯阐述的基本理论发生矛盾。如果产生了矛盾，要具体说明这样的矛盾是怎么产生的，如何从理论上加以解决。第四，在思考伦理道德问题时，一个马克思主义的思想家应该站在无产阶级的立场上，才能看清一个社会发展的真正的利弊，而不只是看自己是否是这个社会的受益者。如果社会不普遍公平发达，人获得幸福的条件是具有偶然性的，取决于他出生在什么样的家庭，他在社会中处于什么地位。稍有闪失，他便可能跌入社会下层，他享有的获得幸福的条件也将离他而去。

一、马克思和恩格斯的原典依据

在《马克思恩格斯全集》中，马克思、恩格斯的伦理道德观散见于他们的著作中，但对于伦理道德的本质的集中论述,主要集中在代表了马克思和恩格斯的共同思想的、恩格斯著的《反杜林论》中,本文的阐发主要以如下片段为依据:

> 善恶观念从一个民族到另一个民族、从一个时代到另一个时代变更得这样厉害,以致它们常常是互相直接矛盾的……今天向我们宣扬的是什么样的道德呢? 首先是由过去信教时代传下来的基督教的封建的道德……和这些道德并列的,有现代资产阶级的道德,和资产阶级道德并列的,又有未来的无产阶级道德,所以仅仅在欧洲最先进国家中,过去、现在和将来就提供了三大类同时和并列地起作用的道德论。哪一种是合乎真理的呢? 如果就绝对的终极性来说,哪一种也不是;但是,现在代表着现状的变革、代表着未来的那种道德,即无产阶级道德,肯定拥有最多的能够长久保持的因素。

> 但是,如果我们看到,现代社会的三个阶级即封建贵族、资产阶级和无产阶级都各有自己的特殊的道德,那么我们由此只能得出这样的结论:人们自觉地或不自觉地,归根到底总是从他们阶级地位所依据的实际关系中——从他们进行生产和交换的经济关系中,获得自己的伦理观念。

> 但是在上述三种道德论中还是有一些对所有这三者来说都是共同的东西——这不至少就是一成不变的道德的一部分吗? ——这三种道德论代表同一历史发展的三个不同阶段,所以有共同的历史背景,正因为这样,就必然具有许多共同之处。不仅如此,对同样的或差不多同样的经济发展阶段来说,道德论必然是或多或少地互相一致的。从动产的私有制发展起来的时候起,在一切存在着这种私有制的社会里,道德戒律一定是共同的:切勿偷盗。这个戒律是否因此而成为永恒的道德戒律呢? 绝对不会。在偷盗动机已被消除的社会里,就是说在随着时间的推移顶多只有精神病患者才会偷盗的社会里,如果一个道德说教者想庄严地宣布一条永恒真理:切勿偷盗,那他将会遭到什么样的嘲笑啊!

> 因此,我们拒绝想把任何道德教条当做永恒的、终极的、从此不变的伦理规律强加给我们的一切无理要求,这种要求的借口是,道德世界也有凌驾于历史和民族差别之上的不变的原则。相反的,我们断定,一切以往的道德论归根到底都是当时的社会经济状况的产物。而社会直到现在是在阶级对立中运动的,所以道德始终是阶级的道德;它或者为统治阶级的统治和利益辩护,或者当被压迫阶级变得足够强大时,代表被压迫者对这个统治的反抗和他们的未来利益。没有人怀疑,在这里,在道德方面也和人类知识的所有其他部门一样,总的说是有过进步的。但是我们还没有越出阶级的道德。只有在不仅消灭了阶级对立,而且在实际生活中也忘却了这种对立的社会发展阶段上,超越

阶级对立和超越对这种对立的回忆的、真正人的道德才成为可能。①

二、什么是伦理和道德？

那么什么是伦理和道德呢？伦理就是与一定社会的经济结构相配套的社会秩序。马克思说：

> 一切伦理的关系，按其概念来说，都是不可解除的，如果以这些关系的真实性作为前提，那就容易使人相信了。②

这是马克思早期作品中的话。如果把这句话中的真实性理解为经济结构，那么伦理关系就不再是不可捉摸和任意的了。任何一个社会要正常运行，都需要一整套人们认同的社会秩序。大多数人认同一种社会秩序，不是认为这种秩序是完美无缺的，而是认为它是唯一可能的最好的秩序。正如恩格斯所说：

> 只要被压迫阶级——在我们这里就是无产阶级——还没有成熟到能够自己解放自己，这个阶级的大多数人就仍将承认现存的社会秩序是唯一可能的秩序。③

这个社会秩序是通过一系列的伦理关系表现出来的。根据人类的两大生产即生活资料的生产和人自身的再生产，可以把这种伦理关系分为婚姻家庭外的伦理关系与婚姻家庭内的伦理关系。根据这些伦理关系的需要，对个人提出的如何对待这些伦理关系和如何正确处理这些伦理关系的行为规范就是道德规范。也就是说，经济结构预制着合理的社会秩序，合理的社会秩序预制着合理的伦理关系，合理的伦理关系预制着合理的道德规范。没有社会就没有伦理，而没有伦理就没有道德。

当一个社会的生产力发展了，经济结构发生了变化，由经济结构预制的社会秩序必然发生变化，由社会秩序预制的伦理关系也必然发生变化，由伦理关系预制的道德规范也必然发生变化。正如恩格斯所说：

------

① 恩格斯：《反杜林论》，人民出版社 1999 年版，第 95—97 页。
② 马克思：《论离婚法草案》，《马克思恩格斯全集》第 1 卷，人民出版社 1995 年版，第 348 页。
③ 恩格斯：《家庭、私有制和国家的起源》，《马克思恩格斯选集》第 4 卷，人民出版社 1995 年版，第 173 页。

每一时代的社会经济结构形成现实基础,每一个历史时期的由法的设施和政治设施以及宗教的、哲学的和其他的观念形式所构成的全部上层建筑,归根到底都应由这个基础来说明。①

衡量一种伦理道德体系的好坏的标准不在于它是超前于或落后于它所适用的经济结构,而是正好与这种经济结构相配套,并随着这种经济结构的变化而与时俱进。当一种伦理道德体系提前或落后于其经济结构的时候,都会对其经济结构产生破坏作用,从而阻碍生产力的发展。

在一个社会的经济结构发生重大变革的时期,必然出现伦理关系混乱,从而出现道德规范失灵的情况。只有当这个社会的经济结构调整到位,基本上处于稳定状态,与此相配套的比较稳定的伦理关系得以确立,与此伦理关系相配套的规范个人行为的道德规范为人们实际遵循时,社会才会重归和谐状态。所以不能只是以道德规范是否失灵来判定一个社会的好坏。社会不变革就没有进步,而社会变革时期必然导致道德规范的失灵。一种旧的道德规范的失灵预示着一套新的适合变化了的经济结构的伦理道德规范体系即将诞生。

如果经济结构是类似的,社会变动的原因只是为了改朝换代,这种社会变动不会导致这个社会的伦理道德体系发生根本变化,而且在改朝换代后会使原来的伦理道德体系更加健全和稳固。由于生产力是种物质力量,必须按照一定的规律发展才能达到预期的效果。与它配套的经济结构及伦理道德体系,都必须遵循这些规律才不至于阻碍生产力的发展,因此才为衡量一个社会的伦理道德体系是否科学奠定了基础,否则便会出现随心所欲地构造伦理道德体系,随心所欲地应用自己喜欢的伦理道德体系的现象,缺乏衡量一种伦理道德体系是否科学的客观依据。因此,尽管每个时代的哲学家们或伦理学家们都会为一个社会设计出自己认为理想的社会秩序,但是真正能够得以实现的社会秩序是与那个时代的经济结构相配套的社会秩序。正如马克思和恩格斯所说:

> 各代所遇到的这些生活条件还决定着这样的情况:历史上周期性地重演的革命震荡是否强大到足以摧毁现存一切的基础;如果还没有具备这些实行全面变革的物质因素,就是说,一方面还没有一定的生产力,另一方面还没有形成不仅反抗旧社会的个别条件,而且反抗旧的"生活生产"本身、反抗旧社会所依据的"总和活动"的革命群众,那么,正如共产主义的历史所证明的,尽管这种变革的观念已经表述过千百次,但这对于实际发展没有任何意义。②

---

① 恩格斯:《反杜林论》,人民出版社1999年版,第25页。
② 《马克思恩格斯选集》第1卷,人民出版社1995年版,第93页。

而且,任何发挥实际作用的伦理道德观念都具有被大多数人接受的特点,并且都具有全民性的特点,因为一个阶级的伦理道德主张都是在它领导社会变革的时候提出的。那个时候,领导变革的阶级与人民群众具有共同利益。而当领导阶级获得统治权后,它不得不沿用它在革命时期提出的伦理道德观念,在它做不到的时候它就采取伪善的形式。对此,马克思和恩格斯说:

> 因为每一个企图取代旧统治阶级的新阶级,为了达到自己的目的而不得不把自己的利益说成是社会全体成员的共同利益,就是说,这在观念上的表达就是:赋予自己的思想以普遍性的形式,把它们描绘成唯一合乎理性的、有普遍意义的思想。进行革命的阶级,仅就它对抗另一个阶级而言,从一开始就不是作为一个阶级,而是作为全社会的代表出现的;它俨然以社会全体群众的姿态反对唯一的统治阶级。①

三、伦理道德体系的历史演变

另外,马克思和恩格斯主要是把西方国家的发展历史作为总结社会发展规律的依据。而在他们那个时代,从伦理道德观念上看,西方人关注的主要问题是自由和平等的问题,因此马克思和恩格斯关注的也主要是自由和平等问题。西方伦理道德体系的实际发展已经经历了一个从自由、平等到实质上的不自由、不平等的阶段。按照否定之否定的发展规律,下一个阶段必然是在更高的层次上回到自由、平等的发展阶段,即马克思和恩格斯所描绘的共产主义阶段。在这里,否定之否定规律具体表现为原始公有制—私有制—共产主义公有制这三个发展阶段。正如恩格斯所说:

> 一切文明民族都是从土地公有制开始的。在已经经历了某一原始阶段的一切民族那里,这种公有制在农业的发展进程中变成生产的桎梏。它被废除,被否定,经过了或短或长的中间阶段之后转变为私有制。但是在土地私有制本身所导致的较高的农业发展阶段上,私有制又反过来成为生产的桎梏——目前无论小地产或大地产方面的情况都是这样。因此就必然地产生出把私有制同样地加以否定并把它重新变为公有制的要求。但是,这一要求并不是要恢复原始的公有制,而是要建立高级得多、发达得多的共同占有形式,后者远不会成为生产的障碍,相反的它才将使生产摆脱桎梏。②

---

① 马克思:《德意志意识形态》,《马克思恩格斯选集》第 1 卷,人民出版社 1995 年版,第 100 页。
② 恩格斯:《反杜林论》,人民出版社 1999 年版,第 143—144 页。

在原始公有制时期,个人是具有人身自由的,他不属于和不依附任何人。部落不属于部落首领,所以虽然人的生存依赖于部落,但只是依赖于这个集体,而每个人都是这个集体中的平等的一员。他们共同劳动,共同分享劳动成果。正如恩格斯所说:

> 在实行土地公有制的氏族公社或农村公社中(一切文明民族都是同这种公社一起或带着它的非常明显的残余进入历史的),相当平等地分配产品,完全是不言而喻的;如果成员之间在分配方面发生了比较大的不平等,那么,这就已经是公社开始解体的标志了。①

首领与部落成员之间的关系在实质上是平等的,首领因为其才能和道德超群而获得大家的尊重,年长者因为经验丰富而受到尊重。成员之间互相帮助,一个人的困难就是大家的困难。整个部落团结得像一个人一样,一起抗击来自大自然的威胁和灾害。由于社会没有分裂成阶级,各个成员都从部落的集体利益出发考虑问题,不存在维护个人私利的问题。这种利益的一致性,使得人们通常能够达成完全一致的共识,因此在投票选举或投票决策时,通常采用的是全体通过而不是大多数人通过的原则。每个部落就相当于一个大的家庭,因此其伦理关系属于家庭内部的关系,人与人之间都是熟人,道德的力量无孔不入。一个破坏了伦理道德规范的人是无处安身的,因此一个人必须具有部落中公认的道德品质方能安身立命。

私有制获得成功的原因不是因为其伦理道德更加高尚,而是因为它是进步的,能够更好地促进生产力的发展,使人类总体首先能够从自然界的奴役下解放出来,而私有制必然灭亡的原因是因为它发展到一定的时候就会阻碍生产力的发展,而且它败坏了人类具有的原初的伦理道德风尚。人类在伦理道德方面的堕落是随着私有制的产生和发展而出现的。当原始初民们平等地分得私有财产时,成员们是赞同的,因为每个人都得到了自己认为公平的一份。而当有了私有财产之后,在大家族中出现了小家庭,家庭与家庭之间产生了交换产品的现象。商品的供求关系和各个家庭的不同的生产力导致了贫富不均。在穷人不得已而出卖自己的财产时,富人买走了穷人的财产。当穷人一无所有时,只能卖身成奴才能生存下来。

战俘在生产力低到一个人生产不出剩余价值的时候,通常是被杀死的。在一个人能够生产出剩余价值的时候,战俘被留了下来。变成奴隶总比被杀死好,因为人都有求得生存的自然欲望,好死不如赖活。这样便出现了奴隶主阶级和对奴隶主具有人身依附关系的奴隶阶级。由于生产力水平比较低下,不加大奴隶劳动的强度和延长他们的劳动时间,就无法榨取他们的剩余价值,因此出现了极其野蛮地让奴隶在皮鞭下劳动的

---

① 恩格斯:《反杜林论》,人民出版社1999年版,第153页。

状况。到此为止,曾经普遍存在于整个社会的自由和平等没有了。奴隶阶级失去了自由和平等,成为了被奴役的对象。奴隶主之间也划分了等级,由于奴隶分属于不同等级的奴隶主,因此在他们中也产生了等级观念。为了镇压人数越来越多的奴隶们的反抗,垄断着暴力手段、并服务于奴隶主阶级的国家产生了。在奴隶主和奴隶之间存在的伦理关系是主奴关系,相应的道德规范是忠诚:奴隶主拥有绝对尊严,奴隶绝对地服从。

尽管如此,奴隶制相对于原始社会来说是进步的。对此,恩格斯说:

> 生产已经发展到这样一种程度……劳动力获得了某种价值……战俘获得了某种价值;因此人们就让他们活下来,并且使用他们的劳动。这样,不是暴力支配经济状况,而是相反的暴力被迫为经济状况服务。奴隶制被发现了……只有奴隶制才使农业和工业之间的更大规模的分工成为可能,从而使古代世界的繁荣,使希腊文化成为可能……在这个意义上,我们有理由说:没有古代的奴隶制,就没有现代的社会主义。①

随着生产力的进一步发展,劳动者能够生产出更多的剩余价值。在奴隶们的反抗下,社会进入封建社会。在封建社会中依然存在着自上而下的严格的等级制度。正如马克思所说:

> 在实行单纯的封建制度的国家即实行等级制度的国家里,人类简直是按抽屉来分类的。②

强势者处于强势地位,弱势者处于弱势地位。于是产生了下级服从上级、儿子服从父亲、妻子服从丈夫的伦理体系,与此伦理体系相应产生了一整套的道德规范体系。资本家出现后,他们要求农奴从土地上解放出来,成为他们的雇佣劳动者,于是有了对于自由的倡导;为了消解贵族的权力,于是他们反对封建等级制,提倡平等;为了解除宗教贵族对于上帝的独占,即必须通过他们才能与上帝国交流,因此提出了上帝博爱众的口号。只是这样的自由、平等在资本主义社会中,变成了无产者们在工作时因为出卖了自己的劳动力,完全像奴隶一样受资本家的意志所支配,他们只是被当成工具使用,失去了自由。在业余时间里,他们是自由的,自由到没有饭吃的时候资本家也没有义务过问。至于平等则转化为另外一种等级,即按金钱的多寡来划分的等级。拥有金钱的人则拥有更多的自由。

私有制必然导致等级,等级必然导致强势等级对于弱势等级的或多或少的奴役。

---

① 恩格斯:《反杜林论》,人民出版社 1999 年版,第 187—188 页。
② 马克思:《关于林木盗窃法的辩论》,《马克思恩格斯全集》第 1 卷,人民出版社 1995 年版,第 248 页。

与私有制的等级制相配套的伦理观念,必然是等级观念。与这种等级的伦理关系相配套的道德规范,必然是对于不同的等级的人或者说对于处于不同社会角色的人具有不同的道德要求。在资本主义社会中存在着资产阶级的道德、农民阶级的道德和无产阶级的道德。但是这些道德都属于资本主义的整个统一的伦理道德体系中的一个部分。处于一个等级伦理体系中的不同的阶级或不同的人,必然需要遵循不同的道德规范。随着个人的阶级地位的变化和个人角色的变化,他必须按这个等级伦理体系的要求,遵循与他的身份、地位和角色相配的道德规范。等级制的伦理体系就是依靠其成员各自遵守与其身份角色相适合的道德规范来实现社会和谐的,这即是人们常说的"和而不同"的社会和谐状态。

在奴隶社会和封建社会中,人们主要生活在熟人社会中,从下等级流动到上等级的可能性比较少,法律比较严酷,因此除了由于饥荒等状况使人们无法生存下去导致起义或革命外,人们通常是安分守己的,底层人民通常是逆来顺受的,因此伦理秩序井然,普遍的违反伦理道德的现象比较少。而在资本主义社会中,生产积极性主要是靠刺激人们的欲望来实现的。个人在追求欲望最大化,而且流动性比较强,跨国移民比较容易,下等级向上等级流动的现象增多,各种品牌和奢侈的生活方式让许多人向往,因此把持不住自己的欲望的人,便产生了违反伦理道德观念和违法犯罪的情况,因此资本主义社会在极大地促进了生产力的发展的同时,产生了历史上少有的违反伦理道德和法律的现象。在这样的社会中,人不再需要防备其他动物的袭击,而是随时要防备受骗上当。这里需要注意的是,一个社会提倡的伦理道德与实际的伦理道德状况是不同的。资产阶级提倡的"自由、平等、博爱"本身是好的,只是在这个社会中无法真正普遍地实现。各种伪善、自私、贪欲、欺诈、假冒伪劣现象的存在,并不是这个社会加以肯定而是在努力加以消灭的现象,只是因为其制度的局限性而无法被完全消除。

根据马克思和恩格斯关于生产力决定生产关系、经济基础决定上层建筑的原理,私有制的出现是必然的。没有经历这三种私有制的充分发展的社会,必然需要补课。只有把在这三种私有制下人类创造的全部文明的精华都吸收后,才能为彻底否定私有制和进入共产主义社会准备充足的条件。无论与原始公有制相配套的以原始自由和平等为核心的伦理道德体系还是与私有制配套的以实质上不自由和不平等为核心的伦理道德体系,都是与生产力的发展水平相适应的必然出现的伦理道德体系。

原始的伦理道德观念虽然包含着共产主义社会将实现的自由和平等的观念,但当时的自由和平等观念不是人自觉选择的,主要是由于群体生存的需要而产生的。在部落与部落之间的战争中存在着野蛮的杀戮现象。在部落处于严重的食物危机的时候,还存在着食人现象。因此,就伦理道德本身来说,也需要向更高层次发展。在私有制的伦理体系中,虽然都包含了上下级之间的义务和权利,但是由于处于强势地位的人经常只享受权利而不尽到完全的义务,而处于弱势地位的人常常只是被要求尽完全的义务,而不能真正享受到相应的权利,所以不公平。这些等级性的伦理体系即使在共产主义社会中也是可以被借鉴的,因为任何社会组织都需要有个结构。在这种结构中,人与人之间的重要性和地位是不同的。关键在于人应该交互承担这种义务并享受相应的权利。

在共产主义社会中,尽管人享有自由平等,但并不意味着社会中的每个人都完全一样或没有社会秩序,而是说人不被其他的人拥有并只是被当成工具使用,人也不会因为在社会中承担的角色不一样而被歧视或被强制。在这里,分工虽然依然存在,但是:

> 原来,当分工一出现之后,每个人都有自己一定的特殊的活动范围,这个范围是强加于他的,他不能超出这个范围:他是一个猎人、渔夫或牧人,或者是一个批判的批判者,只要他不想失去生活资料,他就始终应该是这样的人。而在共产主义社会里,任何人都没有特定的活动范围,每个人都可以在任何部门内发展,社会调节着整个生产,因而使我有可能随自己的兴趣今天干这事,明天干那事,上午打猎,下午捕鱼,傍晚从事畜牧,晚饭后从事批判,这样就不会使我老是一个猎人、渔夫、牧人或批判者。①

---

① 马克思:《德意志意识形态》,《马克思恩格斯选集》第 1 卷,人民出版社 1995 年版,第 85 页。

重新界定马克思主义

[美]诺曼·莱文/文① 臧峰宇/译

内容提要：诺曼·莱文是美国学界研究马克思、恩格斯学术思想关系的著名学者，他在《可悲的骗局：马克思反对恩格斯》、《辩证法内部的对话》等著作中阐述的主要观点引起了国际马克思学界的重视，不乏学者围绕这些观点展开深入的讨论。本文认为，"辩证唯物主义"和"历史唯物主义"这两个标签歪曲了马克思思想的真实内容，为此他要重新界定马克思主义。通过借鉴《马克思恩格斯全集》历史考证版的相关成果，莱文指出，黑格尔主义方法论是马克思社会分析方法的基础，马克思借用黑格尔主义方法论范畴，揭示社会系统的内部结构，发明了一种新的社会科学解释公式，打破了以往所有社会科学的诊断原则。

关键词：马克思主义 辩证唯物主义 历史唯物主义 重新界定 重新黑格尔化

苏联解体之后，马克思主义的新时代来临了，这个新时代的主要特征是对马克思的重新黑格尔化。

为了阐明我对马克思主义的重新界定，首先有必要揭示的是，为什么"辩证唯物主义"和"历史唯物主义"这两个标签是对马克思思想真实内容的歪曲。

一、辩证唯物主义

"辩证唯物主义"主要是由弗里德里希·恩格斯和约瑟夫·斯大林创建的马克思主义学派。苏联时期的马克思主义，跨越从 1917 年布尔什维克的胜利到 1991 年苏联解体这段岁月，也是"辩证唯物主义"作为国际共产主义主导意识形态的时期。"辩证唯物主义"是斯大林主义的同义词。

尽管格奥尔吉·普列汉诺夫发明了"辩证唯物主义"这个术语②，但弗里德里希·

---

① 作者系美国国际管理研究院国际政策研究所执行主任，教授。译者工作单位：中国人民大学哲学院。
② "辩证唯物主义"这个术语是由德国工人哲学家狄慈根发明的，恩格斯在《路德维希·费尔巴哈和德国古典哲学的终结》中沿用了这个概念，并对狄慈根进行了评价。普列汉诺夫在《黑格尔逝世 60 周年》中认为，马克思主义哲学就是辩证唯物主义，但这个表述是在狄慈根提出这个概念大约 4 年之后作出的。——译者注

恩格斯是界定其特征的人。在恩格斯看来,自然界的运转依靠矛盾、否定之否定、质量互变这三个辩证的规律。这三个辩证的规律来自于黑格尔的《逻辑学》,但恩格斯使它们成为自然界和社会领域的运行原则。

苏联马克思主义使恩格斯的"辩证唯物主义"成为他们政治意识形态的主要教条。斯大林这样看待这个问题:"自然辩证法"是苏联共产主义最终胜利的保证。斯大林主义假定"自然辩证法"是如下论断无可辩驳的根据:社会转型是历史内在固有的;历史变迁终将使共产主义战胜资本主义。斯大林主义的"辩证唯物主义"基于现行的历史发展观,它假定马克思主义理论基于对历史的线性解释。

苏联解体也是苏联时期的马克思主义的覆灭。新时代的后苏联(post-Soviet)哲学开始于1991年,而后苏联哲学的一个基本原则是马克思主义的去斯大林化(de-Stalinization)。

二、历史唯物主义

"历史唯物主义"的原则在马克思1859年《〈政治经济学批判〉序言》——马克思在其中描述了作为历史发展动力的生产资料和生产方式之间的冲突——中第一次得到了阐明。在这篇序言中,马克思还描述了经济基础和上层建筑之间的关系。经济基础是一个社会的经济—生产性的有机体,而上层建筑是文化领域的各种表现形式。马克思认为,上层建筑是对经济基础的反映,文化的王国是对经济—生产性前提的投影。"历史唯物主义"优先看重一个社会的生产者阶层,认为理念的王国是经济基础的缩影。

通过揭示上层建筑相对于经济基础的独立性,马克思主义哲学的当代发展使"历史唯物主义"的这个核心的观点无效了。特别是关注语言分析的发展和实践的法国后现代主义,是一个认为文化领域独立于经济基础的重要思想学派。让·鲍德里亚和雅克·德里达的著作,以克劳德·列维—斯特劳斯的语言学研究为基础,驳斥"历史唯物主义"的一个基本原理,即文化仅仅是社会经济组成部分——比如阶级、所有权和劳动——的映像。

我相信,马克思既不是一个"辩证唯物主义者",也不是一个"历史唯物主义者"。《不同的路径》试图证实这个结论,因此,这本书标志着我作为马克思主义支持者的成熟时期的重要阶段。

如果没有《马克思恩格斯全集》历史考证版(MARX—ENGELS GESAMTAUSGABE)的出版,我作为一个马克思主义理论家的自身成长是不可能的。出版于柏林—勃兰登堡科学院,由曼弗雷德·纽豪斯博士主持编辑,MEGA2发表了大量的马克思和恩格斯此前不为人知的手稿,尽管在这篇序言中,我主要关注马克思的材料。马克思的这些手稿其中之一是为撰写《资本论》而准备的1861—1863年笔记。当我2000年在柏林—勃兰登堡科学院从事研究的时候,我有幸看到了这些大纲,而这些材料证实了我的想法:

黑格尔的方法论对马克思具有重要影响。我随后发表了一篇论述该问题的文章,对黑格尔—马克思的相互关系感兴趣的读者应该参阅我的论文《黑格尔和〈资本论〉的1861—1863 年手稿》①。该论文的研究主要集中于 MEGA2 第二部分第 3 卷第 1 册、第 5 册和第 6 册。MEGA2 第二部分完全是与《资本论》的形成相关的准备材料。

此外,对《资本论》三卷本的当代理解因为 MEGA2 出版的此前不为人知的马克思文本而被推翻了。《马克思恩格斯全集》第一版的早期编辑——达·梁赞诺夫和弗·阿多拉茨基——自觉或不自觉地出版发行了马克思的某些手稿,或允许不正确的或在政治上倾向于赞成斯大林主义的文本或评论收入他们编辑的马克思恩格斯著作集之中。后来的《马克思恩格斯全集》由莫斯科和东德的柏林合编,随后德意志民主共和国共产党中央以《马克思恩格斯全集》英文版为基础,也收录了支持斯大林主义的"辩证唯物主义"的评论。MEGA2 是对马克思恩格斯文献的最客观和最详尽的版本,它开始了解释马克思主义的新时代。对马克思原貌的忠实而符合事实的理解只能回到 MEGA2 的页面上来,而现在有必要思考马克思主义分析的前 MEGA2 时代和后 MEGA2 时代。21 世纪的马克思主义研究只能在依赖 MEGA2 的条件下展开。

而且,《马克思恩格斯全集》德文版和《马克思恩格斯全集》英文版的编辑所收录的《德意志意识形态》现在也属于历史的灰尘。《德意志意识形态》"费尔巴哈"章的编排是无序的,马克思和恩格斯的注释和栏外的评论并不连贯,而莫斯科—东德的柏林的这种解释充满了不准确之处。2004 年,《马克思恩格斯年鉴》与 MEGA2 联合发表了由汉斯·派尔格编辑的"费尔巴哈"章的新版本,该版本提供了对马克思恩格斯思想意图的更为忠实的描写。

作为从这些新发表的文本中受益的人,我越来越相信,黑格尔主义方法论是马克思社会分析方法的基础。我发现自己赞同最近被称做新黑格尔主义的马克思主义或系统辩证法的马克思解释学派。我在《不同的路径》第一章中提到过,这个学派的两个杰出的成员是托尼·史密斯和克里斯托弗·阿瑟。我还想在这个名单中添加弗雷德·莫塞莱教授的名字。作为经济学家,莫塞莱在两本文选——《对马克思方法的新研究》(Humanities Press,1997)和《马克思〈资本论〉的方法》(Humanities Press,1993)中,整合了揭示马克思政治经济学的黑格尔主义基础的论文。莫塞莱是以黑格尔主义方法论的显要观点重写马克思经济学理论的重要力量。

我自己对黑格尔的解读使我确信对马克思重新黑格尔化的需要。然而,我对马克思的重新黑格尔化与恩格斯的方案是完全相反的:恩格斯将辩证法置于自然中,使马克思主义成为一种自然哲学,而我要探究的是,马克思如何借用黑格尔主义方法论范畴,并运用这些范畴去揭示社会系统的内部结构。我拒绝所有对马克思主义的线性解释,

---

① 该文发表于 *RETHINKING MARXISM*,Vol. 14,No. 4,2002.

包括"辩证唯物主义"和"历史唯物主义"。尽管"辩证唯物主义"和"历史唯物主义"之间是有区别的，然而它们有一个共同点：都强调线性的历史发展观。它们都使马克思主义成为历史主义的形式，成为随着时代逐步发展的社会经济制度。

我自己的著作依据的理论是，马克思发明了一种新的社会科学解释公式。马克思打破了以往所有社会科学的诊断，提出了一种新的社会科学分析原则，而这个原则主要来自于《逻辑学》的"本质论"。马克思对社会科学的变革主要由四部分组成，或者说马克思的解释方法是由四个原理组成的。

（1）马克思的《资本论》，马克思在他对黑格尔的第二次借用期间并不主要关注历史的预见，他并不想描述社会运动的内在趋势。他主要关注的不是历史的预言。

在第二个层面上，可以得出关于社会发展的未来可能的结论。马克思想实现的主要意图可能是关注潜在的结果。比如说，在政治活动的实践层面上，他可能思考政治活动必须超越社会压迫的形式。

（2）首先，马克思是一个社会科学解释的理论家。他发展了社会研究的新范式。

这个新范式的核心是黑格尔主义的总体性思想。黑格尔认为，如果一个事物不能被视为总体的一部分，这个事物就不可能被理解。总体性提供了意义的语境，在黑格尔和马克思看来，运用这个原理对他们的方法论来说是必不可少的。

特殊性总是包含在总体性中，因此，特殊性通过参与在总体性中而获得了它们的意义。《逻辑学》中"本质论"的核心主题是整体和部分的辩证法，黑格尔认为，部分只能在整体的语境中找到自身的意义。马克思吸收了黑格尔关于整体—部分的辩证法，这种对立面的统一成为马克思解释科学的轴心。

（3）追随黑格尔，马克思将社会理解为有机的系统。以总体性概念为基础，基于整体和部分的辩证法，马克思将社会规定为有机的系统。每个社会都是一种社会形态，都有由普遍本质支配的生产方式。资本主义的生产方式是由利润的持续稳定的本质规定的。社会形态必然被理解为由本质推动的有机的系统。

（4）马克思只有运用黑格尔的辩证法，才能说明有机的系统的图景。只有黑格尔主义的逻辑学体系提供了把握有机的普遍性的内在功能的逻辑。

对马克思社会研究范式的这个简要的概述是新黑格尔主义的马克思主义或系统辩证法的一个例子。它是由黑格尔主义逻辑范畴的内在联结构成的。一个有机的系统的内在机制是通过辩证的方法论范畴得到理解的，或者说资本主义社会形态的运动只有通过运用辩证的逻辑，才能得到最好的把握。辩证法不是力量之源，它不是生产方式的力量，而是解释总体性的力量。系统辩证法理解的社会形态使我们认识到社会总体性的真实本性。

基于上述四个原理，我提出对马克思主义进行重新分类。马克思是社会科学的逻辑学家，这是阅读马克思的《资本论》以及马克思对黑格尔的第二次借用的主要路径。马克思引发了关于社会科学诊断原则的哥白尼式革命。

【阶级和意识形态的
　　当代阐释】

资本逻辑的嬗变与重审"阶级话语"

孙 亮

（北京师范大学价值与文化研究中心）

内容提要：在传统阐释中，阶级成为了暴力欢呼的"纯粹政治"同义语，直接导致阶级话语的退场。在谈阶级色变的同时，阶级能否重新审读，是关系马克思主义的核心议题。西方马克思主义的阶级理论直接将"去阶级化"作为对马克思资本论第三章的续写，但仅仅是一种错误的谱系。如何理解阶级的先在性条件的变化，从资本形态的变化把握到资本逻辑硬核恒定性，是一种可靠的理解路径。阶级在人类解放的意义上，区别于一切政治解放意义上的其他分析方式。

关键词：资本逻辑 阶级话语 人类解放

"阶级话语"在传统的阐释定向中，单向度地将其推向一种"为暴力而欢呼"的"纯粹政治"语境，这一切凡是客观面对马克思主义"世界化"的人们都必须坦诚地承认，"阶级话语"在一定意义上，"没有它，就没有马克思主义"①。正像在工业革命早期，"阶级"概念被自由的政治经济学家和保守的社会评论家"径直"使用，并无争议。但是，决定这一问题真正意义上改变的是，苏联和东欧共产主义的崩溃，集权政治、侵犯人权、环境恶化被"全景"曝光，加上西方国家采取相应的政治纲领，挑战社会主义论著中所谓的资本主义剥削的必然性和充满阶级抗争的恐惧并未疯狂而扎堆性地展示。这些"事实"，令福山之流狂妄断言资本主义已经是既存唯一正当性的世界经济制度，历史终结于此。②

毫不奇怪的是，所谓"阶级"的一整套理论得以存在的社会和政治环境已经发生了变化，这是一种理解与反思"阶级"的先在性条件的变革。难道"阶级"只是一个19世纪到20世纪的概念，在21世纪甚或未来已经完全消失了吗？作为一种抽象的"理论姿态"在现有的马克思主义理论研究中似乎呈现"退场"之嫌，但是作为经验性的事实存在已经完全消失了吗？或者如当今"阶级消亡论"、"阶级挑战论"、"去阶级化"等与"无阶级神话"内在勾连，使得马克思阶级论说无法维系。那么，是否真如其所示？回

---

① 《列宁全集》第41卷，人民出版社1986年版，第92页。
② 关于历史终结论，参见福山：《历史的终结及最后之人》，中国社会科学出版社2003年版。

应这些问题,即从传统的阐释思维定势中解脱出来,又能够历史性地重审这一"未竟的事业",是马克思主义研究中的一个迫切任务。

一、"中断手稿"的"续写谱系"与"反思"

马克思在《资本论》第三卷的第五十二章,对阶级的概念进行了详细阐述,并把标题定为"阶级"。一共 5 小段共 800 余字的文字稿,随之是{手稿到此中断}。① 这是1894 年由汉堡奥托迈斯纳出版社整理出版的。在仅仅一页篇幅的文字后面是恩格斯悲伤的评注:"手稿到此中断。"对于那些企图在文本中操练马克思的人来讲,这无疑又是一个致命的学术裂缝。

其实,排除上述的"历史编撰学"意义上文本痴迷而植入马克思思想整体性中,并通过马克思谈论阶级的地方,去内在勾连出"中断手稿"具有时代意义的续写篇章,这已经成为了学术事实。但是,在我看来,严肃的马克思主义的续写并未在一定意义上展开。首先,我们一起看下面马克思谈论阶级的一个经典表述:

> 我的新贡献就是证明了下列几点。(1)阶级的存在仅仅同生产发展的一定历史阶段相联系;(2)阶级斗争必然要导致无产阶级专政;(3)这个专政不过是达到消灭一切阶级和进入无阶级社会的过渡。②

上述马克思于 1852 年 3 月 5 日写给魏德迈的信可以作为一个阶级的"总纲",毋庸讳言,已经在传统阐释中被高度重视。但是一个更为关键的学术史料却在传统的视野中被完全"主观化",从而尤显模糊和混乱。这一问题,要严肃"回到马克思"的话,我们将共同面对下面一段文字:

> 首先要解答的一个问题是:什么事情形成阶级? 这个问题自然会由另外一个问题的解答而得到解答:什么事情使雇佣工人、资本家、土地所有者成为社会三大阶级?

按照格伦斯基在《社会分层》一书中的说法,《资本论》中的"阶级"论述,马克思似乎正准备对这一概念进行正式定义时转换了话题,正是缘此,产生了几十年的争论。③ 众所周知,西方马克思主义正是在"什么事情形成阶级?"的首要问题上继续马克思的

---

① 参见《马克思恩格斯选集》第 1 卷,人民出版社 1995 年版,第 587—588 页。
② 《马克思恩格斯全集》第 28 卷,人民出版社 1973 年版,第 509 页。
③ 参见[美]格伦斯基:《社会分层》,华夏出版社 2005 年版,第 13 页。

未竟的事业,可惜的是,在"名左实右"中并未能挽救开篇所述的"阶级"受到质疑的窘境;反而使"去阶级化"成为了一种主流。

首先,在激进主义者拉克劳和墨菲看来,他们认为,"只有拒绝优先化的普遍阶级本体论立场基础上的任何认识论特权,才可能真正讨论马克思主义范畴的现实有效性程度。"从而指认,"现在我们正处于后马克思主义领域,不再可能去主张马克思主义阐述的主体性和阶级概念,也不可能继续那种关于资本主义发展历史过程的幻象,当然也不能再继续没有对抗的共产主义透明社会这个概念。"①他们的意图是,马克思当初设计的以阶级范畴为基础的政治理论越来越不适合当代的新情况和新问题。深层的原因在于,在拉克劳看来,资本家—工人之间的关系根本不存在任何矛盾。② 这样一来,原先的传统阐释中所谓的工人阶级的普遍贫困化,以及因此"工人阶级联合起来"并未呈现。相反,客观的社会现实表现为"社会主义的根本利益不可能从经济过程中的决定性地位逻辑地推导出来"。他们依次作出了这样的结论,"不存在可以被固定的根本阶级核心之上的社会代表原则,更不存在历史利益定位的阶级立场……从考茨基以来,马克思主义认识到工人阶级对社会主义的决定作用没有自发地产生,而是依赖知识分子这一中介。"③直白地说,就是工人阶级在反对资本的斗争中并不比其他阶级更革命。为了明证"拒绝被赋予特权的分裂点和把斗争会聚到一个统一政治空间,相反,接受社会的多元性和非决定性,对我们来说是两个基本论点。在此基础上,一种新的政治学说才可能建立起来"。他们回到马克思运用阶级斗争的原初语境中去,即"只有'人民'的这种不定性土崩瓦解,……然而,这种虚构的转变走上社会成熟的更高阶段,产生了工业化;同时也走上了更高水平的政治控制"。正因如此,"马克思试图根据新的原理——阶级对立——来思考社会分化的首要事实"。但是,缺憾很明显,"阶级对立不能使社会分化为两个相互对立的阵营"④。

其次,一批依据现实的经验意义在社会学领域严肃质疑"阶级分析"。法国的雷蒙·阿隆(Raymond Aron)便是一个代表性人物。《阶级斗争》一书开篇追问"生产力的发展在什么程度上会诱发越来越激烈的阶级斗争?"⑤之后,便指认马克思关于阶级的学说具有两个方面:一个方面是实际的,几乎是经验性的,即关于阶级斗争,特别是关于资本主义社会中阶级斗争的经验分析;其第二个方面是,即以阶级概念为中心的历史哲

① [英]恩斯特·拉克劳、查特尔·墨菲:《领导权与社会主义的策略》,黑龙江人民出版社2003年版,第4页。
② 参见[英]拉克劳:《我们时代革命的新反思》,黑龙江人民出版社2006年版,第9页。
③ [英]恩斯特·拉克劳、查特尔·墨菲:《领导权与社会主义的策略》,黑龙江人民出版社2003年版,第95页。
④ [英]恩斯特·拉克劳、查特尔·墨菲:《领导权与社会主义的策略》,黑龙江人民出版社2003年版,第166—169页。
⑤ [法]阿隆:《阶级斗争》,译林出版社2003年版,第3页。

学,以阶级斗争原理为基础而进行的革命鼓动。但是,"如果你们为阶级下定义时参照生产资料私有制,那么最简单莫过于,通过消灭生产资料私有制就可使阶级消亡。相反,如果你们以个人才能的不均等和家庭的兴衰来解释阶级,那么同样明显的是,你们将确认阶级这个现象将永远存在下去"。① 问题在于,"越是靠近工业化初期,越有可能出现贫困化现象",而到目前,"为什么不平等没有加剧? 按照我们大家都熟悉的现象,富人变得更富比穷人不再穷更容易,但事实不像人们试图从逻辑上认为的那样。"② 而且,"随着经济的增长,群众,包括工人群众更加趋向于采取请愿的方式,而非造反的举动,这几乎不再成为疑问"③。所以,"假如马克思没有构想过社会阶级(也许当时尚未存在阶级),那么,人们永远不会像今天那样去构想他们。最后,他回答了开篇的问题,"随着生产力的发展,工人越来越不革命"④。

面对上述对马克思阶级观点的挑战引发我们必须深思两个问题:(1)马克思的阶级学说先在性根基发生了哪些变化? (2)马克思的政治规划是否依据这一变化而彻底放弃?

二、社会冲突"场域化"与资本形态的"多元化"

上述研究借鉴意义在于,它提醒我们,必须根据已经变化的时代条件来重新发掘和认知马克思阶级观点。现实的根基在于对与阶级高度相关的资本逻辑的变化。

对于下述判断大家并不陌生,"大体说来,亚细亚的、古代的、封建的和现代资产阶级的生产方式可以看做是社会经济形态演进的几个时代。资产阶级的生产关系是社会生产过程的最后一个对抗形式,这里所说的对抗,不是指个人的对抗,而是指从个人的社会生活条件中生长出来的对抗;但是,在资产阶级社会的胎胞里发展的生产力,同时又创造着解决这种对抗的物质条件。因此,人类社会的史前时期就以这种社会形态而告终。"⑤

但是,在当代,有谁能成为新的"无产阶级",而这个阶级代表了扬弃资本的抽象劳动原则的新的感性意识? 这就是马克思主义在今天的一个最基本的理论课题。这样的追问如果不想陷入流俗的卖弄的话,则必须还原到资本形态流变的逻辑的分析中去,否则,一切都是"白搭"。

不可否认,在生产关系相对简单的资本主义早期阶段,社会资本结构由各个相互竞争的独立资本所组成,这是最简单的资本形态。这些独立资本通过自由竞争追求扩张,

---

① [法]阿隆:《阶级斗争》,译林出版社 2003 年版,第 31 页。
② [法]阿隆:《阶级斗争》,译林出版社 2003 年版,第 140 页。
③ [法]阿隆:《阶级斗争》,译林出版社 2003 年版,第 4 页。
④ [法]阿隆:《阶级斗争》,译林出版社 2003 年版,第 238 页。
⑤ 《马克思恩格斯选集》第 2 卷,人民出版社 1995 年版,第 33 页。

使越来越多的小生产者沦为失去生产资料的无产者,于是形成了资本家与无产者之间的对立。资本扩张过程不断将一切其他社会力量都归并到这两大阶级的社会经济政治版图中,生成一个以阶级斗争为社会结构主轴的时代。这应该是对于马克思身处时代的状况形成"共识"的印象。并进而到后来,我们所见到的帝国主义结构,即独立资本之间的自由竞争,导致失败的中、小资本家和小资产者不断沦为失去生产资料的无产者,生产资料越来越集中到少数垄断资本家手里。随着生产力的发展,出现了铁路、电力等高度社会化巨型生产系统,它们超过了单个垄断资本的投资能力和承担经营风险的能力。于是单个资本逐渐向联合的股份资本转变,由此形成了控制全社会的垄断资本。这种垄断资本形态是简单资本形态的高级阶段,它产生了20世纪上半叶的社会冲突结构。掌握着大工业生产力体系的垄断资本家集团与无产者之间的对立。资本主义国家内的社会冲突归并为板块结构。① 客观地讲,"使阶级对立简单化了。整个社会日益分裂为两大敌对的阵营,分裂为两大相互直接对立的阶级:资产阶级和无产阶级。"②正是对简单资本形态所产生的社会结构的最高概括。

如果将资本真正从马克思的历史性存在论的意义上看,它自身的形态其实也是表现为历史性的,并且日趋多元化,上述的社会结构的状态可能不再是表面上呈现的"两极对立"。

"资本不是物,而是一定的、社会的、属于一定历史社会形态的生产关系,它体现在一个物上,并赋予这个物以特有的社会性质。"③这就是说,资本必须能够付诸"生产要素"。有三种存在能够完成这一使命,那就是,一是劳动力,即人类生命体的"自然力";二是自然界的"自然力",如水力、矿藏、土地肥力等自然资源;三是"社会劳动的自然力"。由此,分别形成:首先是,"大众资本",产生了由垄断资本所操控的资本市场结构。通过上述路径,资本与劳动之间的冲突能量被投放到另一种冲突——资本市场中垄断资本与小额股份的冲突之中。通过这种冲突能量的转化,由赤贫的无产阶级与垄断资产阶级构成的板块式冲突结构被消解了:劳动者既被卷入资本与劳动之间的冲突,也被卷入资本市场中的冲突,而后者构成对前者的制约——因为劳动者不仅要追求劳动工资利益,而且要追求与垄断资本利益捆绑在一起的小额资本的股市利益。其次是,公共资本,从经济上说,公共产品的生产可以消化过剩资本而缓解经济危机。从社会结构上说,它建立社会的公共领域:不仅凝聚着全社会资本的共同利益,也凝聚着全体劳动者的共同利益,从而成为社会成员的共同资产、社会冲突的缓解地带。再次是,人力资本,巨大的就业竞争压力迫使劳动者不得不省吃俭用,用所分配的少量剩余劳动来培育自己以及子女,使这些剩余劳动转化为新形态的资本——人力资本,而人力资本一旦

① 参见鲁品越:《资本逻辑与当代中国社会结构趋向》,《哲学研究》2006年第12期。
② 《马克思恩格斯选集》第1卷,人民出版社1995年版,第273页。
③ 《马克思恩格斯全集》第25卷,人民出版社1974年版,第920页。

加入到资本运行体系中，便会要求分配剩余价值，否则这种资本形态就不会被生产出来。于是资本与劳动之间的冲突部分地被消解，转化为物质资本与人力资本之间的冲突。① 林林总总，各色资本的出现实质上形成了一种将原先社会结构"软化"从而资本自身的逻辑对阶级本身的形成造成了致命的威胁，真是成也是它，败也是它。既然如此，耻谈"阶级"似乎是共鸣到了时代的命脉。

正在西方学者奔走相告"阶级比喻的死亡"的时候，现实却一而再、再而三地摧毁这种"弱智"。恩格斯曾指出，"只要劳动还占去社会大多数成员的全部或几乎全部时间，这个社会就必然划分为阶级。在这被迫专门从事劳动的大多数人之旁，形成了一个脱离直接生产劳动的阶级，它掌管社会的共同事务：劳动管理、国家事务、司法、科学、艺术，等等。因此，分工的规律就是阶级划分的基础。但是，这并不妨碍阶级的这种划分曾经通过暴力和掠夺、欺诈和蒙骗来实现，这也不妨碍统治阶级一旦掌握政权就牺牲劳动阶级来巩固自己的统治，并把对社会的领导变成对群众的加紧剥削。"②

从剩余价值理论的深度上把握马克思的阶级学说，是一个核心原则。将此放在资本的变化形态中，我们发现，对于剥削的秘密依然存在一个最低的规律，"工人生产的财富越多，他的产品的力量和数量越大，他就越贫穷。"③"可见，即使我们停留在资本和雇佣劳动的范围内，也可以知道资本的利益和雇佣劳动的利益是截然对立的。"④无论是人力资本、公共资本，还是其他诸种资本形态，无非是最基本的生产资本的延伸品，眼下金融危机的爆发就是一个鲜明的注脚。就是不管工人阶级自身的能力发展，或者得到多少实际的生活提高，一个事实依然存在："吃穿好一些，待遇高一些，特有财产多一些，不会消除奴隶的从属关系和对他们的剥削，同样，也不会消除雇佣工人的从属关系和对他们的剥削。由于资本积累而提高的劳动价格，实际不过表明，雇佣工人为自己铸造的金锁链已经够长够重，容许把它略微放松一点。"⑤客观地讲，社会结构的变化直接使得必须重新认识"阶级"问题，但是，对于生产资本的"一元性"并没有改变，这是资本逻辑的"硬核"。

三、人类解放与重返"阶级话语"

实质上，对阶级话语提出反对意见，"部分是由于以下可以理解的感觉所激发，即阶级分析的批评者被一种强烈的政治愿望所驱动，企图掩盖广泛存在的经济不平等研

---

① 参见鲁品越：《资本逻辑与当代中国社会结构趋向》，《哲学研究》2006 年第 12 期。
② 《马克思恩格斯选集》第 3 卷，人民出版社 1995 年版，第 756 页。
③ 《马克思恩格斯全集》第 42 卷，人民出版社 1972 年版，第 90 页。
④ 《马克思恩格斯选集》第 1 卷，人民出版社 1995 年版，第 354 页。
⑤ 《马克思恩格斯全集》第 23 卷，人民出版社 1975 年版，第 678 页。

究证据,因为这不符合他们的意图,而经济不平等却一直存在并确实在不断扩大。"①如今在学术界的理论著述中,人们往往以"阶层"二字替代"阶级"二字,这一转换,其实暗含了一种"去阶级化"的弱化马克思主义的危险。理论吊诡性在于,常常非此即彼。自马克思·韦伯以及同时代的涂尔干的著作被广泛使用时,他们所试图声明阶级逐渐消亡的观点也流行开来。"分层"(Schichtung)与"地位"(Stand)成为了对马克思主义进行批判的核心关键词,目的在于从马克思主义的纯粹政治纲领中分离出来。随着自由主义社会学家的认可,"分层"表示的是"连续上点与点之间的层级次序,而不是两分的断裂"。

从语言来看,"阶级"一词在德文原文里马恩用的是 Klassen,而"阶层"一词在德文原文里马恩用的是 Abstufungen,区别非常清楚。同样,在《资本论》里,马克思对于"阶级"和"阶层"也是清楚地加以区别的。在《资本论》第三卷第 10 章,马克思曾不止一次地提到"阶级和阶层",其德文原文为 Klassen und Klassenabteilungen。这两个词,Klassen 为"阶级",而 Klassenabteilungen 由 Klassen 和 Abteilungen 两词复合而成,意为"阶级组成部分",也就是"阶层"。可见"阶级"和"阶层"是两个既不能等同、更不能替代的概念,将二者混同起来显然是不正确的。②

关于"阶级"与"阶层"的区分虽然是本文的一个后台工作,但是,我想从马克思的本体论的议题上深化这一区别,试图去"接招"西方马克思主义在"后马克思·韦伯"意义上极端"去阶级化"的挑战。这就是,将二者植根于政治解放与人类解放的叙事结构中重审。因为,阶级分析的研究议题主要包括两个方面,一个是生产方式和上层建筑,这是分析的解释性要素;另一个是集体抗争,即社会运动和革命,这是实践性层面的要素。在对生产方式和上层建筑的考察中,隐藏着阶级压迫的秘密在资本与劳动的偶联中被撕裂出来。而集体抗争则是被统治阶级彻底摆脱被压迫命运的根本途径,这是一种最终在人类解放意义上的话题。现实的人类解放似乎远未来临,政治解放的要求在现实的世界却实际已经出场而成为时代的一种声音,如何历史性地看待这样的问题,如何在两者之间作一个"桥梁"成为了一个重要的考察路径。

如果说,西方马克思主义的"阶级"理论在整体上趋向于一种"地位"身份的文化政治意义上的解放,那么,马克思的经济政治意义上的"阶级"就一直被否认。不过两者之间"谁之正义,何种合理性"?我们看到当代的批判理论家企图"焊接"这一断裂,即在泰勒、金里卡等主流政治哲学家相继提出承认政治理论的时候,原先的马克思的"阶级"经济政治意义上的"分配"如何不二元对立?

法兰克福的第三代代表人物霍耐特与南希·弗雷泽(Nancy Fraser)之间的争论可

①　戴维·李、特纳:《关于阶级的冲突》,重庆出版社 2005 年版,第 11 页。
②　该词源考证,可参见奚兆永:《关于目前我国的阶级和阶级斗争问题》,http://www.wyzxsx.com/Article/Class17/200505/2201.html。

以看成是这种路径的积极探索。对于南希·弗雷泽来讲,再分配还是承认? 阶级政治还是身份政治? 这是虚假的对立,今天的争议需要再分配和承认,孤立两者都是不充分的。① 对于再分配问题与马克思的阶级理论是否一致,正如弗雷泽所说,"让我们把马克思主义的这一解释是否适当的那个问题放在一边","这一概念中,阶级差别起源于资本主义社会的经济结构",其核心是剥削的分配不公形式。由于无产阶级自身的活力转变成与这一剥削形式相敌对,那种形式侵犯了对一个有益于他人的制度的支撑。固然,无产阶级也遭受严重的文化不公正,那种"潜藏的阶级侮辱"。而在另一个方面,"任何附着于它的结构性不公正,都将溯源于该社会的制度化的文化价值模式,不公正的核心是错误承认(misrecognition)","前一种是马克思的视野",后一种是"通过韦伯主义的身份概念的棱镜所理解的性别差异"。② 关键性的问题在于,"一旦我们离开这些极端,问题就变得更加黯淡不明","植根于社会的经济结构和身份制度,它们立即陷入可溯源于两者的不公正,二维服从的全体遭受分配不公和错误承认的双重痛苦,在形式上这些不公正在哪里皆不是另一种不公正的间接结果,但是两种不公正在哪里都是原生的和同源的"。③ 为此,在批判简单化二元对立的基础上提出整合分配与承认两者批判话语,这是一个"我们将怎么样构建全球化世界中的正义问题"④。

不管南希·弗雷泽将两者结合的具体路径能否成功,至少我们看到一个结合解决并通达解放的企图,这已经是一个大胆的尝试了。它给我们的启示在于,种种对"阶级"挑战的"消解论"者无视事实,不值得一驳,而真正成为问题的是,"阶级"还能怎么去谈,而不是该不该谈的问题了。

"社会从私有财产等解放出来、从奴役制解放出来,是通过工人解放这种政治形式来表现的,这并不是因为这里涉及的仅仅是工人的解放,而是因为工人的解放还包含普遍的人的解放;之所以如此,是因为整个的人类奴役制就包含在工人对生产的关系中,而一切奴役关系只不过是这种关系的变形和后果罢了。"⑤这句话的意旨在于指出,从经济和财产权角度介入政治问题是马克思阶级理论的关键问题,把握马克思的阶级理论不能回避经济压迫带来的政治反抗。这是人类解放的根本原则,因为资本逻辑的转换并没有将其生产资料所有权的"硬核"消解掉,而是在一定意义上以掩盖的方式在表现形式上更加隐秘化了。这一点与自由主义根本不同,后者只关注个人的自由权,反对专制者或专制国家对个人自由的威胁与压制,但却从不关注资产阶级财产权对个人的压迫与统治,它把压迫和对抗性问题严格限制在国家与法等政治领域,而对经济领域的压迫与统治问题不予考虑。

---

① 参见南希·弗雷泽:《再分配还是承认?》,上海人民出版社 2009 年版,第 6 页。
② 南希·弗雷泽:《再分配还是承认?》,上海人民出版社 2009 年版,第 13 页。
③ 南希·弗雷泽:《再分配还是承认?》,上海人民出版社 2009 年版,第 15 页。
④ 南希·弗雷泽:《正义的尺度?》,上海人民出版社 2009 年版,第 52 页。
⑤ 《马克思恩格斯全集》,第 3 卷,人民出版社 1956 年版,第 278 页。

　　因而,能否秉受一种"经济政治性"的马克思式的社会分化分析范式的意义,更多的是呈现社会不公,从而在经济所有制这一根源中,彻底地解决这一人类性问题,成为一种对西方马克思主义"阶级"理论者的"纠偏",但是,如果将这一问题无限泛化,可能漠视所谓的"承认政治"也将有碍人类解放的实现,这正像政治解放虽然限度重重,但谁能漠视政治解放的巨大意义? 因而,"无论是在资本主义条件下还是在社会主义条件下,工人阶级始终是推动社会前进的最基本的动力,是革命和建设的主体"①。

---

　　① 黄旭东:《马克思主义经典作家的工人阶级理论与当代中国工人阶级的新变化》,《江汉论坛》2009年第 1 期。

阶级的起源与概念问题

杨伟清

（中国人民大学哲学院）

内容提要：就阶级的起源问题来说，最通行的解释模式是生产力—分工模式，但这一解释模式是不充分的。本文指出，只有结合另外两个解释因素，即天赋—技能解释模式以及一种人性理论才有可能对阶级的起源作出较好的解释。就阶级的概念问题来说，本文主要批判性地分析了几种通行的对阶级的界定方式，分析了阶级意识与阶级概念的关系问题，考察了阶级与等级和阶层这两个概念的关系，最后指出了对阶级概念的两种不同的运用。

关键词：生产力—分工模式　天赋—技能模式　人性理论　阶级意识　阶层

在《共产党宣言》中，马克思和恩格斯指出，迄今为止的一切社会的历史都是阶级斗争的历史。这是一个宏大的有关历史进程的论断，其有效性是建立在一系列前提之上的。这些前提主要有二：其一，迄今为止的一切社会都存在阶级，而且不止是一个阶级，至少有两个阶级；其二，这些阶级之间必然呈现出对抗和斗争的关系，而非和谐共处。要检验这两个前提的真确性，就需要我们进一步追问这样一些问题：为何迄今为止的一切社会都必然存在阶级，阶级到底是如何起源的，究竟什么是阶级呢？

我们的分析框架如下：我们首先讨论阶级的起源问题，检讨与该问题相关的一些解释和看法；然后讨论阶级的概念问题，即划分阶级的标准是什么，如何断定一个社会成员从属于这个阶级而非那个阶级；第三则讨论与阶级的概念密切相关的阶级意识问题，即阶级意识是否是阶级形成的前提条件。第四则讨论阶级与等级和阶层概念之间的关联。可以看出，阶级的概念是本文讨论的主要问题。事实上，阶级的起源问题与这一问题也密切相关。在讨论阶级的起源问题时，我们尝试着给出一个可能的答案，但在讨论阶级的概念问题时，则着重于批判性地分析既有的一些见解和看法，澄清人们对阶级概念的不同运用。

一、阶级的起源

假定迄今为止的一切社会都存在阶级，接下来的问题就是为什么会出现阶级呢？

阶级的历史源泉有哪些呢？人们通常是如何解释阶级的发生过程的？

根据对阶级的不同界定，人们给出了关于阶级起源的不同看法。按照马克思主义的解释，阶级是同生产力发展的一定阶段相联系的，只有当生产力的发展达到一定程度时，阶级才会出现。更具体地说，在那些以狩猎和采集为主要活动的原始社会里，由于因生产工具的落后所导致的生产力的低下，所有的人们都必须参加相应的劳作才能勉强维持自己的生存，人与人之间居于平等的地位，不存在等级和差别。在这样一种平等主义或原始共产主义的社会里，人与人之间的阶级分化是绝不会出现的。

但随着生产工具的革新，人们的劳动能力和技能的增强，生产力相应地提高，人们的劳动所得不仅可以维持自己的存活，还出现了盈余，即出现了剩余产品，这就为人与人之间的分化，为一部分占有另一部分的劳动创造了条件。一些学者认为，战俘很可能是最早的被压迫的阶级。在生产力低下的时候，因为没有足够的生活资料，战俘通常都被杀掉，但当生产力提高后，人们就可以把战俘作为劳动工具来使用，自己则可以从事其他的活动。考虑到战俘和其他人在生活状态上的显著差异，我们似乎可以说出现了两大阶级，即从事劳动的被压迫的战俘和占有战俘劳动成果的其他人。可将此看做是阶级的经济起源。

这一结论存在两个问题，其一，被压迫的人员构成只包括战俘吗，还是包括其他一些人员？这些其他人员的阶级地位是如何产生的？其二，占有战俘劳动成果的人真的是铁板一块的阶级呢，还是由层次不同、等级不同的人员所构成？

为了解释这些疑问，我们必须引入新的解释因素，即分工。任何由一定数量的人们构成的团体或社会都会存在一定的分工，这些分工或者是暂时的或者是永久的。以原始社会为例，为了掌管有限的资源，如水资源或生活资料的分配，就需要一定的权威，这些权威开始可能是临时性的，专为应付特定的状况的，但随着生产力的发展和剩余产品的出现，他们（她们）可能就会变为常设性的。随着社会的进一步扩大，以及所面临的事情的复杂化，如应付战争和其他社会挑战的需要等，这些权威的数量可能会进一步增加，并形成一个特殊的群体。这一特殊的群体由于掌握了特殊的政治权力，被看做是与其他人员相对的一个特殊的社会集团或阶级。可将此看做是阶级的政治起源。

生产力—分工解释模式解答了之前的提出的第二个问题，它告诉我们，占有战俘劳动成果的人由于政治权力的差异也可分为不同的等级，并非浑然一体。但它并没有解答第一个问题，即除了战俘之外，是否还包括其他被压迫人员，如何解释这些人的阶级地位。显然，战俘并非唯一一类被压迫人员，被压迫阶级的人员构成和起因要复杂得多。或许有人会说，战俘之外的其他被压迫人员可以从阶级的政治起源得到解释。按照这种解释，其他的被压迫人员就是那些不掌握政治权力的人。但问题在于，那些不掌握政治权力的人是否就与战俘同属一个阶级呢？这些人在政治上尽管处于较低的等级，但很可能是占有战俘劳动成果的人，故而与战俘不属于一个等级。问题的关键在于，政治起源的阶级划分与经济起源的阶级划分并非必然重叠。因而，我们还需要找寻其他的解释性因素。

生产力—分工解释模式的最大问题是它过于粗糙,如果不引入其他解释项,自身不足以有效地解释阶级的起源问题。考虑到阶级是一个关系性概念,即如果没有剥削阶级,就不存在被剥削阶级,生产力—分工解释模式需要解释为何会出现剥削和压迫这种现象,为何生产力的发展和社会分工的出现就必然产生一个阶级占有另外一个阶级劳动的事情,为何社会的成员不能共享其劳动果实,平均地分配社会产品?据一些人类学家的考察,当今的一些族群和部落就仍然维持着这种平等主义的文化。一个猎手收获的猎物要在整个社团中进行平均分配。有些社群维持着一种所谓的礼物经济(Gift Economy),即要求社群的成员把自己拥有的资源给那些需要或缺乏这些资源的人。在这些社群中,等级、地位、阶级等概念很少被想起。或许有人会说,平等主义的社会模式只适用于这些以血缘关系为基础的且规模不大的族群和部落,而不适用于其他复杂庞大的社会。姑且假定这些族群和部落的确是建立在血缘基础上的且规模较小,但我们的问题仍然存在,即为何庞杂的社会就必然会分化为不同的阶级,且一些阶级要占有另一些阶级的劳动成果。

为了解决这个问题,我们必须引入某种人性理论。显然,假如所有的人都充满了仁慈和慷慨的美德,能极端温情地对待每一个人,像关心自己的利益一样关爱他人的利益,把他人看做是另一个自我,那么,人与人之间就会没有隔阂,不分彼此,整个社会就是一个和谐的大家庭。这时,不仅没有你的我的之类的正义观念,也不会存在欺诈、控制、压迫等现象,阶级和等级的区分也不会出现。但人们的胸怀远没有如此广阔,其感情的扩展也不会如此完美,大多数人都是关爱自己的利益胜过关爱他人,关心自己欲望的满足胜过关注他人欲望的达成。有些人甚至还有一种控制他人摆布他人的权势欲望,不惜牺牲他人的利益来实现或扩充自己的利益。人类的这种自利倾向在特定的条件下很容易滋长,并走向极端。借助这一关于人性的解说,再辅之以生产力—分工解释,我们就可以部分地说明为何社会会出现阶级分化,以及相伴随的阶级压迫和剥削现象。

即便辅之以特定的人性理论,生产力—分工解释模式仍然存在很大的缺陷,它的解释力仍旧是有限的。它可以很好地解释由政治起源的阶级,即掌握政治权力的人为何容易蜕变为一个特殊的社会集团,并与那些未掌握政治权力的人相对立。但它却无法有效地说明由经济起源的阶级,即那些占有他人劳动成果的社会集团是如何出现的。可能会有人指出,掌握政治权力的社会集团与那些占有他人劳动成果的集团是同一个集团。的确,我们不否认,部分掌权者可能也正是不劳而获的人,但能否说所有不劳而获的人都是掌权的人呢?这一看法预设了政治领域对经济领域的严格决定关系,以及政治领域的强势集团和经济领域的强势集团的同一性。我们有理由对这一预设表示怀疑。常识和历史告诉我们,政治和经济的关系不可能如此严丝合缝,经济上的强势集团未必是政治上的掌权者。因而,我们需要对由经济起源的社会集团或阶级给出合理的解释。

这就要求我们在生产力—分工解释模式之外引入新的解释因素。有时,这些解释因素被认为具有极端的重要性,足以被看做是一种新的解释模式。我们可以将其称做是天赋—技能解释模式。这一解释模式对阶级的起源给出了另一番解说。这一解释模式把阶级的起源建基于人们的天赋、技能以及其他一些生产性因素的差异所导致的后果。我们知道,人与人之间在天赋、技能上存在很大的差异。有些人天赋异禀,可以很轻易地就掌握很多知识和技能;有些人则天资鲁钝,迟钝麻木。天赋上的差异很自然地就传递到人们技能上的差异。比如,同样是耕种一块土地,有些人因为对气象知识的把握和耕种技能的高强,就可以种出很好的庄稼来;有些人却可能弄得颗粒无收,食不果腹。天赋、技能上的差异,再加上个人的勤勉、机遇等因素,很容易造成人们生活状态的巨大反差。一些人过着相对优裕舒适的生活,另一些人则过着凄惨、苦痛的生活。久而久之,一些人可能就必须要依赖于他人而生活,靠出卖自己的劳动力甚至卖身为生。这样,作为劳动工具的社会集团和占有他人劳动成果的社会集团的雏形就出现了。由经济上起源的阶级分化就可以得到解释。

看上去似乎如此。但天赋—技能模式自身不足以解释经济上起源的阶级分化。因为,为什么当因天赋和技能的差异所导致的人身依附关系出现时,那些被依赖者就必然要占据依赖者的劳动成果,而不能在彼此之间维系一种兄弟般的友爱关系,并共享劳动成果呢?为了回答这一疑问,我们就必须引入之前给出的人性理论,即人的自利倾向和宰制他人的倾向。只有把天赋—技能解释和这种人性理论结合起来时,由经济起源的阶级才可以得到充分解释。

天赋—技能模式是一个具有很强解释力的模式,它还可以部分地说明由政治起源的阶级分化。那些掌握政治权力的人并不都是出于偶然和机遇才占据这些位置的,政治天赋和政治才能也是很重要的因素。那些具有非凡政治头脑和能力的人们很容易凸显出来,占据领导者职位,其他人则成为被领导和被统治者。

天赋—技能模式与生产力—分工模式之间是一种什么样的关系呢?对阶级的起源来说,哪种模式是主导性的呢,还是两者是平行的关系?初看起来,天赋—技能模式似乎要以生产力—分工解释模式为前提,因为,如果没有生产力的发展和分工的出现,人们的天赋和技能也无从发挥作用。在生产力极其低下的时候,人们的天赋和技能的差异并不足以造成分化,因为,一个高强的猎手所获取的猎物可能也仅够自己果腹。但问题在于,生产力的发展和分工是如何实现呢?似乎还是要依赖于人们的天赋和技能。如此一来,天赋和技能又成为阶级分化的更根本的因素。

如果不严格地考辨天赋—技能模式和生产力—分工模式哪个是更主导性的解释,我们就可以得出这样的结论:要合理地解释阶级的起源问题,我们就必须结合三方面的因素,其一是宏观的社会因素,即生产力和分工状况;其二是微观的个体性因素,即个体的天赋、技能等生产性因素的状况;其三是某种人性理论,即人的自利倾向和控制他人

哲学家

的倾向。当然,在阶级的起源问题上,也不可否认偶然性、机遇以及习惯的作用。

我们这里所讨论的阶级的起源主要指的是历史性的起源,即如果有阶级存在的话,它们在历史上是如何出现的,影响它们出现的可能因素有哪些? 阶级的历史性起源必须区分于阶级的其他时段的起源,如阶级的当代起源。固然,影响阶级历史性起源的因素,如个体的天赋和技能仍然对解释阶级的当代起源有效力,但阶级的当代分化可能有其他一些独特的生成因素,如个体的出身和家世,所隶属的族群,所从事的职业,甚至可以包括所居住的区域等。

当我们在这里讨论阶级的起源问题时,有一个不言自明的假定,即阶级的存在已经确定了,需要考察的是它们是如何起源的。但如何判断阶级是否存在呢? 这就要求我们必须进一步追问什么是阶级,即阶级的界定问题。

二、阶级的概念

阶级这个概念最初是罗马的普查人员为了军队义务服役的目的,在以健康为基础划分人口时所引入的,但可能直到 19 世纪才获得了比较广泛的运用,尤其是在马克思以及受马克思影响的人的著作中体现得尤为明显。但不同的学者并没有就阶级的含义达成一致的理解,而是经常在不同的意义上使用阶级这个概念。马克思对阶级的理解就不同于韦伯的理解。甚至很多学者并没有对阶级给出一个严格的界定,他们或者在非常松散的意义上使用这一概念,或者是仅仅给出一些具体的阶级划分,而没有说明阶级划分的标准是什么。这是由两方面的原因所造成的:其一,如一位日本的社会学家在谈到马克思等人的阶级概念时所指出的那样,那时像贵族、资产阶级、无产阶级等,大都属于"看得见的阶级",各阶级的分野很清楚,因此无须为阶级的标准问题大伤脑筋,无须对人人皆知的概念重新界定。① 其二,理论的严格性和一致性还没有被提升到很高的程度,经验和直觉经常代替了严格的分析。在我们为找到一条普遍有效的阶级标准伤透脑筋时,之前的很多学者可能却毫不知觉地同时使用了多条划分阶级的标准,而丝毫未感到什么不妥。

鉴于阶级概念使用的多样性,我们只能从那些比较经典的运用开始。为此,我们选取马克思和列宁的阶级概念为代表,通过考查他们对阶级的规定,逐步引入其他的阶级概念,在区分这些不同的阶级概念,在辨析阶级及其相似概念的过程中,实现对阶级概念的透彻把握。

我们的问题是:阶级区分的标准是什么? 如何判断一个社会成员从属于这个阶级而非那个阶级?

---

① 参见李金:《马克思的阶级理论与韦伯的社会分层理论》,《社会学研究》1993 年第 2 期。

非常可惜的是,马克思没有完成《资本论》中对阶级问题的说明。但我们从马克思对阶级的使用上,从他所给出的不同社会的具体阶级中,还是可以窥探出他的某些意见。单以资本主义社会为例,马克思至少区分了五个不同的阶级,即工人阶级、地主、农民、小资产阶级、资产阶级。他有时在资产阶级中又区分出金融资产阶级和工业资产阶级。在其他一些社会形态中还有一些不同的阶级。马克思是否有一个区分阶级的统一标准? 正如埃尔斯特(Jon Elster)所指出的,问题难就难在需要给出一个阶级的标准,它既要适用于自由市场经济,又要适用于非市场经济,既适合生产资料公有制社会,还适合私有制社会。①

我们先来看马克思从否定的角度对阶级的说明。李嘉图认为,我们可以从收入的源泉如工资、利润、地租来区分无产阶级、资产阶级和地主。马克思反对这种阶级划分的标准,因为,这种区分阶级的标准会导致荒谬的结果。在马克思看来,按照这个观点,"医生和官吏似乎也形成两个阶级,因为他们属于两个不同的社会集团,其中每个社会集团的成员的收入都来自同一源泉。"②也就是说,在社会分工中处于不同地位和状态的人们似乎都有各自不同的收入来源。如土地所有者中的葡萄园所有者,耕地所有者,森林所有者,矿山所有者,渔场所有者的收入来源就是不同的。如果按照收入的来源来区分阶级的话,这些不同土地的所有者就要被划分为不同的阶级,甚至有多少种不同的社会分工就会有多少个不同的阶级。这就会造成遍地都是阶级的结果,这显然不是马克思所要的。

马克思也反对仅仅根据收入的多寡来区分阶级。毕竟,钱包的大小只是一个数量的区别,拥有同样数量收入的人们并不必然形成一个稳固团结的阶级。此外,根据收入来区分阶级,同样有可能造成阶级无限区分的结果,因为阶级的数量与收入层次的数量是等同的。这是马克思所不愿接受的一种结果。

马克思之所以反对以上的一些阶级划分标准是与他对阶级的特殊作用的理解有关。在马克思那里,真正的阶级必须至少能够成为某种潜在的公共行为的行动者。当然,这又与马克思对阶级斗争作用的理解有关。阶级斗争在马克思那里是历史发展的杠杆和驱动力量,是历史发展的动力机制。阶级斗争如果要发挥如此大的作用,就必须以能够参加公共行为的阶级的存在为前提。但问题是,并不是按照任意一种标准划分的阶级都能够成为公共行为的行动者,以某些标准为基础的阶级很可能只是一种松散的随意的组合而已,根本不具有任何历史驱动作用。如此一来,要解释马克思的阶级理论,就必须同时照顾到两个方面:其一,要找到一个有效的阶级区分的标准,这个标准能够对马克思所给出的具体的阶级作出合理的说明;其二,按照这个标准区分的阶级必须

---

① See Jon Elster, *Making Sense of Marx*, Cambridge: Cambridge University Press, 1985, p. 322.

② 《资本论》第三卷,人民出版社 2004 年版,第 1002 页。

能够成为某种公共行为的潜在行动者。① 两个方面缺其一就不足以充分理解马克思的阶级理论。

我们先来考察几种阶级区分的标准,这些标准通常被认为是马克思本人所特有的,或者是一些自称的马克思主义者所提出的。

很多人从生产资料占有关系的角度划分阶级,认为可以根据是否占有生产资料来判别社会的不同阶级。如资本家占有厂房和机器等生产资料,而工人则除了拥有自己的劳动力之外别无他有,因此,我们可以区分出资产阶级和无产阶级。但这一标准看似合理,实则蕴涵很多问题。首先,这一标准有简化阶级区分的倾向,它似乎意味着整个社会只存在两个阶级,即有生产资料的阶级和无生产资料的阶级。这显然不符合马克思对阶级数量的说明。其次,就资本主义社会来说,这一标准无法将地主阶级和资产阶级区分开来,因为两个阶级都拥有生产资料,尽管生产资料的类型不同。如果试图根据生产资料的不同类型来区分的话,那是否也要根据地主拥有的生产资料类型,如土地的差别,再进一步把地主区分为不同的阶级呢? 第三,这一标准无法解释现代社会的某些现象。随着企业中经营权和所有权的分离,现代社会出现了一个数量庞大的中产阶级,他们(她们)尽管不拥有生产资料,但却在企业中发挥着举足轻重的作用。单单根据是否拥有生产资料这个标准无法合理地解释这个社会集团的阶级地位。

列宁给出了更为综合的标准来区分不同的阶级。在列宁看来,"所谓阶级,就是这样一些集团,这些集团在历史上一定生产体系中所处的地位不同,对生产资料的关系(这些关系大部分是在法律上明文规定了的)不同,在社会劳动组织中所起的作用不同,因而领得自己所支配的那份财富的方式和多寡也不同。再简单地说,所谓阶级,就是这样一些社会集团,由于它们在一定社会经济结构中所处的地位不同,其中一个集团能够占有另一个集团的劳动。"② 由于这一界定侧重于从经济结构的角度区分阶级,故又被称做是阶级的结构性定义(Structural Definition)。③ 列宁的这个界定看上去解释力要强一些,它似乎可以解决之前单纯依赖生产资料为标准所遇到的问题。如,根据在社会劳动组织中所起的作用的不同,或根据在一定生产体系中所处的地位的不同,或根据所支配的财富的方式和多寡的不同,我们似乎可以将中产阶级与工人阶级区分开来,也可以将资产阶级与地主阶级区分开来。

但严格地考察列宁给出的定义还是会产生很多问题。其一,列宁似乎给出了区分阶级的四个标准,即生产体系中的地位,生产资料的占有关系,社会劳动组织中的作用,获取和支配财富的方式和多寡。在这四个标准中,前三个标准似乎和第四个标准存在因果关系,即第四个标准区分的阶级取决于之前三个标准划定的阶级,它只是对已经区

---

① See Jon Elster, *Making Sense of Marx*, Cambridge:Cambrige University Press,p. 321.

② 《列宁选集》第 4 卷,人民出版社 1972 年版,第 10 页。

③ See G. A. Cohen,*Karl Marx's Theory of History*:*A Defense*,Princeton,N. J.:Princeton University Press,2001,p. 73.

分好的阶级所作的进一步说明,自身并非区分阶级的实质性标准,故而,我们可以把这一标准搁置一旁,专注于另外三个真正起作用的标准。就这三个标准来说,它们之间显然并非严格的因果决定关系。如若生产资料的占有关系决定了人们在生产体系中的地位和社会劳动组织中的作用,那就没必要再在这三者之间作出区分,因为生产资料的占有关系会成为唯一的标准,而这就会遇到我们之前提到的那些问题。同样,生产体系中的地位或社会劳动组织中的作用看上去也并非决定性的标准。如此一来,这三个标准就成为彼此独立的标准。这三个标准中的每一个似乎都提供了一个划分阶级的标准,而且每个标准区分的阶级显然不会完全重叠。如果阶级的作用在于成为公共行为的行动者,成为历史发展的动力,那我们就必须要在这三个标准之间作出取舍,因为按照不同标准界定的阶级的特征和作用也是不同的。此外,鉴于"生产体系中的地位"、"社会劳动组织中的作用"这些词语的模糊性,我们似乎既可以作出细密的区分,从而区分出无数个阶级来,似乎又可以进行粗疏的区分,进而只产生几个阶级。其二,列宁似乎又认为,社会中只存在两个不同的阶级,其中一个阶级能够占有另外一个阶级的劳动成果。如果列宁的阶级划分标准只能产生两个阶级,那这种标准显然存在缺陷,无法解释资本主义社会存在的多阶级现象。

也有一些人根据剥削关系来区分不同的阶级。如,奴隶主作为剥削者构成奴隶主阶级,奴隶作为被剥削者则构成奴隶阶级,地主作为剥削者构成地主阶级,农奴作为被剥削者构成农奴阶级,依据同样的逻辑,资本家构成资产阶级,工人构成无产阶级。但如果根据剥削者和被剥削者来划分阶级,整个社会必然只存在两个阶级,即剥削阶级和被剥削阶级,这就无法对社会的多阶级现象给出合理的解释。根据剥削的程度来区分阶级可以对社会的多阶级现象作出解释,但似乎又会产生有无限多阶级的危险。

除去以上所讨论的标准外,很多学者还提出了其他标准,我们在此不再一一讨论。我们只想指出,大概主要有两个原因使我们很难发现一个通用的区分阶级的标准。其一,之前的人们,包括马克思,在运用阶级概念和讨论阶级问题时,似乎主要是在两个阶级的框架中进行的,他们(她们)所提出的阶级区分标准最初也只是适用于区分两个阶级,这时就不会产生我们以上所提到的各种问题。但当他们(她们)跨越两个阶级的范围,引入第三个或第四个阶级时,之前适用的标准就遇到了麻烦,但由于当时阶级的自明性,对阶级标准的讨论自然就被搁置了。当我们现在重新讨论阶级区分的标准时,之前被遮蔽的问题当然就会浮现出来。其二,也许的确不存在一个普适的区分阶级的标准,也许不同阶级的区分是依据两个或多个标准而来的。理论的逻辑和现实的逻辑总是有偏差,并非想说清楚的都能说清楚。

与阶级的概念问题密切相关的一个问题是阶级意识问题。阶级意识的出现是否是阶级形成的必要条件呢?阶级意识是否是阶级概念的一个不可或缺的维度呢?

143

三、阶级意识

什么是阶级意识呢？我们首先从马克思在《路易·波拿巴的雾月十八日》中对法国小农生活状况的分析开始。在马克思看来，法国"小农人数众多，他们的生活条件相同，但是彼此之间并没有发生多种多样的联系。他们的生产方式不是使他们互相交往，而是使他们相互隔离……法国国民的广大民众，便是由一些同名数相加形成的，好像一袋马铃薯是由袋中的一个个马铃薯所集成的那样。既然数百万家庭的经济条件使他们的生活方式、利益和教育程度与其他阶级的生活方式、利益和教育程度各不相同并相互敌对，所以他们就形成一个阶级。由于各个小农彼此间只存在有地域的联系，由于他们利益的同一性并不使他们彼此间形成任何的共同关系，形成任何全国性的联系，形成任何一种政治组织，所以他们就没有形成一个阶级。"①马克思在这里似乎意识到了阶级意识的重要作用，把阶级意识的形成看做是阶级形成的先决条件，尽管他没有使用"阶级意识"这个语词。在他看来，共同的生活条件和境遇并不足以构成为一个阶级，真正的阶级必须是一个共同体，彼此之间能形成紧密的纽带关系，甚至还要有自己的政治组织。而共同体和纽带关系的形成及政治组织的形成是以阶级成员之间的共同命运感和同属一体感为前提的，也就是以阶级意识的出现为条件的。

但马克思在《哲学的贫困》中又区分了自在的阶级和自为的阶级。这一区分似乎表明，阶级意识并非阶级形成的必要条件。所谓自在的阶级，就是潜在的阶级，就是那些生活状况和共同利益相同的人们，但这些人们并没有意识到他们（她们）的共同利益，没有产生归属感，就如同马克思所说的一袋马铃薯里的每个马铃薯一样，彼此之间没有产生化学反应，更谈不上形成政治组织去伸张自己的共同利益了。自为的阶级则是现实的阶级，阶级成员之间不仅有共同利益的感觉，而且相互表示这种共同利益的感觉，甚至成立相应的政党和组织，确立一定的纲领和文件，发动特定的社会运动去阐明和追求这些共同利益。马克思之所以把自为的阶级和自在的阶级都看做是阶级，而没有强调阶级意识作为阶级形成的前提条件，一个可能的原因是：在他看来，所有自为的阶级都会转化为自在的阶级，或者至少转化的可能性非常高，所以没有必要再突出强调阶级意识的作用。问题在于，考之以历史史实，有多少自在的阶级转化为自为的阶级呢？无论如何，我们认为，马克思是倾向于承认阶级意识是阶级形成的必要条件，毕竟马克思的阶级担负着重要的历史使命，是集体行为的潜在行动者，是推动历史发展和生产关系变革的动力。很难想象自在的阶级如何能够担负如此重要的角色，也很难想象没有阶级意识的自在阶级能完成这样的任务。

---

① 《马克思恩格斯选集》第 1 卷，人民出版社 1995 年版，第 693 页。

历史学家汤普森(E. P. Thompson)特别强调阶级意识之于阶级形成的重要意义。他的名著《英国工人阶级的形成》就特别申明阶级意识的形成是阶级出现的一个重要标志。在他看来,现在的很多马克思主义者都犯了一个很大的错误,那就是把阶级看做是静态的物(thing),看做是在特定经济结构中与生产资料处于特定关系并可以被量化的人群。汤普森特别反对这种阶级的结构性定义。在他看来,阶级是一种发生(happening),一种过程(process),有自我生成的进程,不是一个单纯的结构和范畴。他的著作取名为《英国工人阶级的形成》所欲传达的正是工人阶级从无到有的动态进程。他认为,"工人阶级并不像太阳那样在预定的时间升起,它出现在自己的形成中。"在他看来,"只有当一批人从共同的经历中得出结论(不管这种经历是从前辈那里得来还是亲身体验),感到并明确说出他们之间有共同利益,他们的利益与其他人不同(而且常常对立)时,阶级就产生了。阶级经历主要由生产关系所决定,人们在出生时就进入某种生产关系,或在以后被迫进入。阶级意识是把阶级经历用文化的方式加以处理,它体现在传统习惯、价值体系、思想观念和组织形式中。"①从这段话可以看出,汤普森明确区分了阶级经历和阶级意识。阶级经历主要取决于人们所处的生产关系,或者说是人们在经济结构中的地位和处境,但共同的阶级经历并不意味着一个阶级就形成了。阶级经历只是阶级形成的一个前提条件。只有当人们以文化的方式对阶级经历进行处理,形成阶级意识时,阶级才可以说是形成了。阶级意识在汤普森这里指的是阶级成员的共同利益感和与他者利益的差异与对抗感,对这种共同感觉的明确表述,以及与之相伴的一些价值体系、思想观念和组织形式。

以上对马克思和汤普森文本的分析已经触及到了阶级意识的概念、阶级意识形成的标志以及阶级意识的形态等问题,我们在此再给出一个总结性的讨论。

阶级意识形成的标志以及阶级意识的形态问题与阶级意识的概念问题是密切相关的。就阶级意识来说,我们可以将其界定为阶级成员对自己所隶属的社会集团的感知和认同,以及对这种感知和认同的明确表达。这是一个相对形式化的定义,没有对阶级意识的具体内容作出说明。阶级意识的内容有多种表现方式,可作多层次的区分。如,我们可以区分成熟的阶级意识与不成熟的阶级意识,消极的阶级意识与积极的阶级意识,这些区分有助于说明阶级意识动态发展的进程。

我们可以把最低层次的阶级意识看做是消极的阶级意识。所谓消极的阶级意识指的为他人而存在的阶级(Class for Others)所具有的意识。"为他人而存在的阶级"指的是那些因他人的某些看法和行为而获得存在的阶级,也就是说,它首先是被他人建构起来的,然后才被相应的阶级成员所察知,而非主动建构的结果。个体的自我认知在很大程度上也是被他人建构起来的,我们往往透过他人眼睛中的自我来审视和感知自我。

---

① E. P. 汤普森:《英国工人阶级的形成》,钱乘旦等译,译林出版社 2001 年版,第 1—2 页,译文略有改动。

与此相类,一些社会成员可能原初并没有共同利益和共属一体的感觉,但当看到某些群体把他们(她们)作为一体来对待时,尤其在涉及暴力和冲突的情形下,这些社会成员就有可能意识到他们(她们)的共同处境和共同利益,并进而团结起来。① 考虑到这一阶级意识形成的方式及其脆弱和不稳定性,人们把它称做消极的阶级意识。

与消极的阶级意识相对的是积极的阶级意识。消极的阶级意识是脆弱、不稳定的,经常随敌对阶级状况的变化而变化。而积极的阶级意识则稳定有力,对阶级的未来发展有着明确的规划,对阶级所担负的使命有清楚的认知,不会因敌对阶级的某些改良和变革措施而动摇不定。

我们还可以根据对阶级利益的认知程度来区分成熟的阶级意识和不成熟的阶级意识。我们知道,阶级利益有当前的利益和长远的利益,也有中期的利益,有虚假的利益和真正的利益。阶级意识不成熟的阶级就会仅仅盯住眼前的利益,而忽略和未能认识到整个阶级的长远利益。马克思就曾经批评过那些政治盲动主义者,说他们(她们)只顾利用当前的政治可能性去夺取政权,而未能意识到无产阶级事实上需要相当长的斗争时间去改变现状,同时也改进自身的状况,从而使自己适合成为统治者。与之相对,阶级意识成熟的阶级则能够辨别自己的真正利益和长远利益,知道何时要等待和潜伏,何时需要奋起和战斗。

阶级意识的内容可以从最初的共同利益的感觉,阶级成员的归属感,对敌对阶级的认知和感受,到对这些共同感的明确表达,甚至可以包括政党、政治组织、领袖人物的确立,以及社会运动的发起和阶级斗争的投入。

四、阶级与等级和阶层

阶级的概念与等级和阶层这两个概念也是密切相关的,通过讨论阶级概念与这两个概念之间的关系,也有助于我们进一步认识阶级概念的含义,以及人们对阶级概念的不同运用。

在《共产党宣言》中,马克思指出,"在过去的各个历史时代,我们几乎到处都可以看到社会完全划分为各个不同的等级,看到社会地位分成多种多样的层次。在古罗马,有贵族,骑士,平民,奴隶,在中世纪,有封建主、臣仆、行会师傅,帮工,农奴,而且几乎在每一个阶级内部又有一些特殊的阶层。"②从这段话中可以看出,马克思似乎并没有在阶级和等级之间作出严格的区分,阶级就是等级。但马克思同时意识到资本主义社会与之前社会的巨大差异。他在称赞资产阶级的历史作用时说道,"资产阶级在它已经取得了统治的地方把一切封建的、宗法的和田园诗般的关系都破坏了。它无情地斩断

---

① See Jon Elster, *Making Sense of Marx*, Cambridge: Cambrige University Press, 1985, p. 346.

② 马克思:《共产党宣言》,人民出版社 1997 年版,第 27—28 页。

了把人们束缚于天然尊长的形形色色的封建羁绊,它使人和人之间除了赤裸裸的利害关系,除了冷酷无情的现金交易,就再没有任何别的联系了。"①他同时又指出,资本主义社会并没有消除对立和压迫,而是以新的对立和压迫代替了旧的。进一步解释的话,可以说,虽然资本主义社会和之前的社会都存在对立和压迫现象,但马克思意识到了两者之间的差异。资本主义之前的社会的对立和压迫主要是建立在宗法、信仰、血缘等关系之上的,而资本主义社会的对立和压迫则主要以金钱关系为基础。考虑到这一差异,我们似乎可以以等级和阶级来分别指称由这两种不同的关系所划分的社会集团,把资本主义社会的社会集团关系称做阶级关系,而把之前社会的社会集团关系视做等级关系。马克思有时候似乎也倾向于区分阶级社会和等级社会,并比较两种社会的不同特征。② 但多数时候,他是把资本主义社会和之前的社会同看做阶级社会,而不作区分。其中的一个可能原因是:如果区分了阶级社会和等级社会,他所断言的阶级和阶级斗争的普遍性以及阶级斗争的历史作用就会失效。为了给历史的发展找到一个普遍的动力机制,他可能把本来只是适用于西欧资本主义社会的驱动力量,即阶级和阶级斗争,推而广之到其他社会形式了。

有些学者则要求我们区分等级和阶级概念,认为阶级概念直到19世纪才获得了广泛的运用,而且是用来取代等级概念作为对社会主要分层集团的描述。概念的转换反映了18世纪晚期工业和政治革命之后西欧社会结构的重大变化,即传统的等级区分已经失去了重要性,新的社会集团正在形成。故而,我们最好把阶级的概念限定在现代社会,尤其是工业社会,而非把它广泛地运用于其他社会。③ 作这样一种限定的确会削弱阶级和阶级斗争的普遍性,但对于我们把握阶级的内涵和特征却不无助益。

在一些学者看来,韦伯所谈论的阶级也主要局限在现代资本主义的市场经济条件下。在韦伯那里,阶级地位主要是由市场地位所决定的。韦伯是这样界定阶级的:阶级并非共同体,而仅仅代表社会行动的可能的和经常的基础。只有在下列情况下,我们才能谈论阶级,即(1)一定数量的其生活机遇的特殊因果构成相同的人,而且是在这样的限度内,(2)这种构成只是在占有财产和占有收入机会的利益中表现出来的,同时,(3)这种构成出现于商品市场或劳动市场的条件之下。④ 按照韦伯的看法,阶级并非必然是一个实体,它更多意义上是一个描述性概念,用于指称一些生活境遇相同的人的。特定的人们由于在一定的经济秩序(主要为市场条件)中对财产和技术的控制能力以及创造收入能力的差异,他们(她们)所能获取的物品、生活地位和达成的内在满足的可能性就相差很大。阶级取决于个体在市场中的行动和相应的市场机遇。这种意义上界

---

① 马克思:《共产党宣言》,人民出版社 1997 年版,第 30 页。

② See Jon Elster, *Making Sense of Marx*, pp. 331 - 335.

③ See http://www.britannica.com/EBchecked/topic/550940/social_class.

④ 参见刘欣:《阶级地位与市场机遇:韦伯的阶级理论》,《社会学研究》1993 年第 5 期。

定的阶级只能是公共行动可能的基础,这就与马克思对阶级作用的理解大相径庭。

此外,在韦伯那里,阶级只是社会分层的一种模式,而且并不一定是主导性的分层模式。韦伯还提到了另外两种分层标准,即地位和政党。政党分层通常被理解为权力分层。因此,韦伯给出了三种分层标准,即阶级、地位和权力。地位分层主要指的是根据人们的社会声望、荣誉、出身以及与之相伴随的生活方式等来区分不同的地位群体。在韦伯看来,这三种分层标准是彼此独立的,尽管地位群体和特定的阶级或权力阶层有可能重叠,但我们也经常看到,具有崇高社会声望的人并不一定占有巨大的物质财富或强有力的政治权力,而经济上富足的阶级也不一定大权在握。因此,我们需要把这三者区分开来,将之视做社会分层的不同标准和看待社会结构的不同视角。

韦伯的多元分层标准被看做是现代的社会分层理论(Social Stratification Theory)的先驱。现代的很多社会学家不太愿意使用阶级概念来分析社会的结构,而倾向于运用阶层(Strata)概念。这种转变的主要原因在于,阶级概念带有很深的马克思主义的烙印,人们通常也是根据马克思主义的话语体系去理解阶级的含义,这就使得阶级总是与斗争、冲突、剥削、压迫等概念相关联。而现代某些拒斥马克思主义分析模式或秉承价值中立的社会学家则不愿意接受或预设特定的价值观念,他们(她们)的目的仅仅在于对社会的结构给出一种描述性的说明,并依据某种分层结构来解释人们的个体性行为和思想方式的差异。为此,他们(她们)提出阶层的概念来取代阶级。依据不同的目的,社会分层理论提出了各种不同的分层标准,如收入、财富、教育水平、社会声望、职业、年龄等。当然也可以把这些标准结合起来进行分析,而且很多学者认为职业是最重要的社会分层标准。依据某种社会分层标准,我们就可以考察不同层次的人们在思想观念、生活方式、消费模式、价值追求上的差异,甚至可以考察一些更为精细的差异,如人们在疾病、犯罪、寿命等问题上的差异。社会分层研究对于认识社会的结构,了解不同层次的人们的思想和观念,制定有效的国家政策是不可或缺的。

但无论是阶级分析法还是阶层分析法都是一种社会分层的方法。如果我们不按照马克思主义的话语体系去理解阶级概念,那么,阶级和阶层的区分就只是语词的区分,毫无实质意义。现代的很多学者仍然在使用阶级这个概念去分析和描述社会的结构,但这时的阶级概念已经失去了马克思所赋予它的某些特殊含义,如阶级必须是某种公共行为的潜在行动者,而与上面所说的阶层概念相似了。划分阶级的标准与划分阶层的标准也大致雷同。如,一些社会学家认为,人们的阶级地位取决于个人的收入或财富、职业、教育、家庭背景、政治地位、社会声望、语言,以及一些更细微的生活方式差异。显然,依照这些标准划分出来的阶级并不必然具有共同的思想和意识,并不一定就是一个紧密的共同体。

这就涉及对阶级概念的两种不同的界定,即唯名论和唯实论的界定。唯名论界定关注的是阶级成员共享的一些特征,正是这些共同的特征使他们(她们)从属于同一个阶级,至于阶级的成员是否存在互动,是否认同所在的社会集团则无关紧要。可以说,唯名论界定专注于成员个体以及个体之间的某些相似性。唯实论定义则与此不同,它强调的是阶级的分野、阶级成员对特定阶级的认同以及阶级成员之间的密切互动。可以说,唯实论界定申明的是阶级作为一个共同体存在的真实性。再进一步解释的话,唯名论与唯实论界定的差异主要体现在对于阶级形成的客观因素和主观因素评判上的差异。按照唯名论者的看法,社会成员共同的经济处境这个客观因素已经可以使我们判断这些社会成员共属一个阶级,但唯实论论者则不为所动,他们(她们)认为,只有当成熟的阶级意识出现时,我们才可以说一个阶级形成了。

以上的论述已经揭示出我们对阶级概念的两种不同的运用。一种是在马克思的意义上对阶级概念的运用,一种是在非马克思的意义上对阶级概念的运用。就马克思的阶级概念来说,我们不仅要找到一组标准将隶属不同阶级的成员区分开来,而且还要满足以下两个条件:其一,这组标准区分出来的阶级数量决不能是无限多的;其二,按照这些标准区分出来的阶级必须能够成为某种公共行为的潜在行动者,必须能够成为历史发展的推动力量。而就非马克思意义的阶级概念来说,问题要容易得多了。这时,阶级的概念与阶层的概念没有多大区别,它只具有描述性的意义,它的数量可以是相当多的,它也无须成为某种公共行为的潜在行动者,无须与历史发展的动力机制相关。因此,我们面临的真正问题是如何界定马克思意义上的阶级概念。

意识形态概念的基本问题域及其阐释传统

——乔治·拉瑞恩整合论视野下的马克思意识形态观解读

张秀琴

（中国政法大学人文学院哲学系）

内容提要：乔治·拉瑞恩作为英国伯明翰学派的主要代表人物，他对马克思意识形态概念的解读，在英语世界具有一定的影响力和典型性。其中最突出的表现就是他提供了一个整合论的视野，在这个视野下，意识形态概念被划分为四个基本问题领域，即特征、起源、范围和关系问题。围绕这四大基本问题领域，拉瑞恩对马克思的意识形态概念的源起与流变进行了系统梳理。其基本观点是：马克思的意识形态概念是一个在语义上具有否定性、功能上具有批判性、范围上具有有限性和存在状态具有历史性的前后一致的或一贯的理论体系。这构成了马克思和其他所有各种阐释传统（包括实证主义传统、历史主义传统和马克思主义传统）之间的最主要的区别。明确这一区别，将有助于我们根据当代思想与实践背景对马克思意识形态概念进行新的符合时代精神的阐释。

关键词：意识形态　乔治·拉瑞恩　马克思　整合论　问题域

乔治·拉瑞恩①（Jorge Larrain），英国著名文化社会学家，伯明翰学派②后期主要代

---

① 拉瑞恩1942年生于智利圣地亚哥，毕业于智利天主教大学社会学专业，后在该校任教。1973年受英国文化协会和福特基金会资助在英国苏塞克斯大学攻读硕士和博士学位（其间因智利发生军事政变而不得不留在英国继续读书）。1977年通过公开竞聘获取英国伯明翰大学社会学讲师资格，后来又因其在意识形态理论特别是马克思主义意识形态史研究领域中的卓越成就而获取该校个人教席、社会学教授、伯明翰社会学与文化研究中心（改组后的当代文化研究中心）主任。1996年以名誉教授退休后回到祖国智利（但在2002年前一直坚持每年回英国讲授春季课程），现任智利鲁汶大学副校长，并积极投身四卷本意识形态论专题著作的出版工作（该资料系根据拉瑞恩于2009年8月10日提供给笔者的个人简历整理而成）。

② 英国的伯明翰学派（Birmingham School）由成立于1964年的伯明翰大学当代文化研究中心（The Center for Contemporary Cultural Studies，简称为CCCS）衍生而来，该学派主要以从事跨学科文化（如大众文化、亚文化和媒体文化和文艺批评等）研究而著称。拉瑞恩系该中心第四任主任——前三任主任分别是：查德·霍加特（Richard Hogart）、斯图亚特·霍尔（Stuart Hall）和理查德·约翰逊（Richard Johnson）。该学派继承雷蒙·威廉斯、理查德·霍加特和E. P.汤普逊开创的研究路径和学术传统，在马克思主义的框架中，对以往被贬低的大众文化、工人阶级文化从理论上进行积极的评价和阐释。就拉瑞恩本人来说，因其理论资源背景中多包含有西方马克思主义，而其研究方法中又多关注文本研究，因此，可以把他列入西方马克思学者行列。

表人物。20 世纪 70 年代末,拉瑞恩因其博士论文《意识形态概念》而成为英语世界知名的意识形态理论(特别是马克思意识形态概念)研究专家。接着又于 1983 年初版了另一部研究马克思意识形态概念的力作《马克思主义与意识形态》,此后,这两部"优秀"①的、"从温和的马克思主义角度"②对意识形态概念进行的"敏锐而不武断的"③解读性专著,就成了 20 世纪 80、90 年代以来几乎所有关于马克思意识形态概念解读的英语论著所无法回避的话题。④ 拉瑞恩也因此成就了自己的"拉瑞恩式的马克思主义(Larrain's Marxism)"⑤意识形态论。

当然,拉瑞恩式的马克思意识形态概念解读并非仅限于上述两本专题性论著(尽管如下文所示,它们无疑具有奠基性意义),而是通过他至今为止的所有论著逐步形成的(这一形成过程也因拉瑞恩目前正拟推出的四卷本意识形态概念专著而处于未完待续的状态)。可大体将这一过程划分为二个阶段:第一阶段,20 世纪 70 年代末至 80 年代中后期,这是拉瑞恩意识形态思想的形成期(在某种意义上是通过对马克思以及马克思主义意识形态概念解读和批判分析而完成的),其思想贡献以《意识形态概念》和《马克思主义与意识形态》为主体内容,以《重构历史唯物主义》为其意识形态论系统完成;第二阶段,20 世纪 80 年代末至今,这是拉瑞恩继形成意识形态一般理论之后,将之具体运用到分析时代主题(如发展理论特别是智利等拉美国家相关的文化身份问题等)的过程。这一时期的代表性论著有《发展理论:资本主义、殖民主义与依附》(1989)、《意识形态与文化身份:现代性与第三世界的在场》(1994)、《拉美的身份与现代性》(2000)以及论文《智利身份的变迁》(2006)等。

本文认为,拉瑞恩的意识形态论(也即他对马克思意识形态概念的解读)坚持的是一种整合论⑥的视阈,即强调:第一,马克思意识形态概念在整体上的内在一致性(既不是结构主义式的范式断裂,也不是知识社会学式的认知弥散,更不是后现代主义式的多元话语,而是凸现意识形态概念在语义上的否定性、功能上批判性、范围上的有限性和发展中的历史性);第二,马克思及其后继者对于马克思意识形态概念解读的历史情境

---

① [英]戴维·麦克莱伦:《意识形态》,孔兆政等译,吉林人民出版社 2005 年版,第 125 页。其实,无论从范畴使用还是从基本观点乃至论述方法上来看,拉瑞恩的意识形态学说对于麦克莱伦的影响都是很大的。

② Terry Eagleton edt, *Ideology*, London and New York, Longman Group, 1994, p. 303.

③ David Hawkes, *Ideology*, London, Routledge, 1996, 2003, *Further Reading*.

④ 20 世纪 80、90 年代以来,英语世界几乎所有知名的意识形态论专题性论著中都会以不同的方式(正文引述、注释性评论、列入参考文献或进一步阅读书目等)论及拉瑞恩的这两部著作。除了这里已列举出的戴维·麦克莱伦、T. 伊格尔顿、D. 豪克斯以外,还有 I. 梅萨罗斯(《意识形态力》)、派因斯(《意识形态与虚假意识》)、孔德—科斯塔斯(《马克思的意识形态理论》)、约翰·特伦斯(《马克思的观念论》)、约翰·B. 汤姆森(《意识形态与现代文化》)、J. 肖特豪斯(《意识形态的不同层级:马克思主义的意识形态批判的认识论问题》)和拉肖·夏普(《反思意识形态:一个马克思主义者之争》)等。

⑤ David Lazar, "Book Review: The Concept of Ideology", *Sociology*, 1980, 14, p. 319.

⑥ 即拉瑞恩在自己的著作所经常使用的"integration",尽管这很容易使人想起 K. 曼海姆的"总体的"(total)意识形态论,但后者却是拉瑞恩所反对的一种非否定性、泛化的意识形态概念。

性(既非完全不同于马克思恩格斯,也非因其不同而成为彻底予以否定的所谓"虚假"意识,更非存在主义式的纯心理学原因所致,而是特定时代所面临的政治实践和人类认知发展的结果,特别是前者中的社会实践矛盾在后者中的思想体现)。正是在这整合论视角之下,拉瑞恩对马克思意识形态所涉及的四个基本问题领域(特征、起源、范围和关系)进行了系统研究,并围绕这些基本问题域,对马克思之前和之后的各种意识形态论阐释传统进行了批判分析①。

一、意识形态概念的基本问题领域:
特征、起源、范围和关系

　　早在让其蜚声英语②世界的博士论文《意识形态概念》中,拉瑞恩就提出了一种解读马克思意识形态概念的四个基本问题领域,即"意识形态概念的特征、起源、范围和关系"③。正是这四个问题领域的区分,"为拉瑞恩组织自己的材料提供了框架"④,也成为其日后关于意识形态概念的一般理论探讨和具体问题分析的基本线索。

　　首先,关于意识形态概念的起源⑤,拉瑞恩认为,尽管现代意义上的意识形态概念起源于启蒙运动,但"意识形态并非人类历史上的新现象"⑥,可以说,从古希腊以来,人们就已开始在两个维度上来探讨意识形态概念,即政治实践层面和(哲学)认识论层面。前者认为意识形态诞生于一定社会主导思想的合法性领域,后者则认为意识形态起源于人类认知现实过程中的思想歪曲性。只不过,在意识形态这一术语正式出现之后(特别是马克思奠定了意识形态概念的一个重要模式以后),人们围绕着这两个起源所作的现代意义上的分析和探讨更加"系统"了⑦,可以说,"后来与意识形态概念相关的系列问题的出现,都与资产阶级摆脱封建统治的解放斗争相关,也与对现代思维的新

---

　　① 非常值得一提的是,这些分析和探索同时关照了当代学界的不同声音,所以,是一种难得的"严肃对待其他学者观点"的研究(David Lazar,"Book Review:The Concept of Ideology",*Sociology*,1980,14,p. 316)。

　　② 拉瑞恩的母语是西班牙语,1996 年回智利后,他的许多著作特别是关于拉美发展、文化和身份问题的论著又开始以西班牙语为写作语言。

　　③ Jorge Larrain,*The Concept of Ideology*,Hutchinson of London,1979,Introduction. 拉瑞恩在这里指出,尽管这四个问题之间有所交叉,但由于各自延伸出来的具体问题的独特性而值得我们进行这样的区分。

　　④ David Lazar,"Book Review:The Concept of Ideology",*Sociology*,1980,14,p. 316.

　　⑤ 需要说明的是,这里所说的"概念"(concept),既包括概念本身即"术语"(term),也包括与这一术语相关的系统理论(theory)和观点(ideas)。因此,这里所探讨的"意识形态概念的起源",既包括意识形态这一术语本身在公共话语领域(特别是文献材料中)的实际使用,更包括人们对意识形态问题和现象诞生或出现条件和领域的探索。

　　⑥ Jorge Larrain,*The Concept of Ideology*,Hutchinson of London,1979,p. 17. 规范术语的使用总是会晚于问题甚至相关思想的出现,这是历史常识。

　　⑦ 正是在这个意义上,拉瑞恩把 19 世纪视为意识形态概念意义完全诞生的世纪(See Jorge Larrain,*The Concept of Ideology*,Hutchinson of London,1979,p. 28)。

的批判态度相关"①。前者正是一种政治实践(先是反对封建主义的资本主义政治实践,后是反对资本主义的社会主义政治实践)的诉求,而后者(先是以启蒙运动为代表的理性主义思维方式,后是以反对启蒙为代表的批判理论对理性的进一步反思,直至这种反思在后现代主义那里带有非理性主义的极端色彩)则构成了认识论意义上的深入探索。总之,对于意识形态概念的探索,一直没能(也不可能)回避政治实践和(哲学)认识论问题这两个基本层面或维度的起源式考察。而且这两个层面几乎一直是交叉在一起发生的。也就是说,坚持政治实践起源论的意识形态论者未必就闭口不谈或回避(哲学)认识论起源说,尽管他们的探讨总是会表现出程度不同的倾向性②。

正是立足于此,拉瑞恩指出,马克思的意识形态概念就是试图超越上述两种起源论之间的对立及由此呈现出来的各自局限性,即"马克思整合了这两种思想,同时力图克服它们的局限性"③。当然,这一整合工作是历经三个阶段④来完成的。即 1844 年前的以"哲学批判"为主要特色的马克思意识形态论形成前的准备阶段(以《黑格尔法哲学批判》等为主要文本依据)、1844—1857 年的以唯物史观为最终成果的意识形态一般理论正式形成阶段(以《德意志意识形态》⑤为主要文本研究依据),以及 1858 年以后的"对资本主义社会关系进行详细分析"的具体意识形态现象批判研究阶段(以《政治经济学批判大纲》和《资本论》为主要文本依据)⑥。拉瑞恩的基本观点是,正是通过第一阶段的哲学认识论批判,马克思收获了后来一直在双重(即意识和实践⑦)意义上使用的"颠倒"原则——这是马克思探讨意识形态起源的重要原则;而在第二阶段,马克思则为其意识形态概念分析奠定了新历史观也即唯物史观的一般理论框架;在第三阶段,马克思借助于先前两个阶段中得出的关于意识形态一般理论观点,具体分析资本主

---

① Jorge Larrain, *The Concept of Ideology*, Hutchinson of London, 1979, p. 17.

② 这种倾向性往往以极端的形式表现出来,因而使得人们可以对其作出划分,如倚重政治实践论的法国实证主义或唯物主义和倚重哲学认识论的德国唯心主义或观念论。在拉瑞恩看来,这些虽然都还是在没有和意识形态概念正式联结的名下的意识形态起源论探讨,但它们(以孔德、黑格尔和费尔巴哈等青年黑格尔派为代表)对于宗教和形而上学的批判,都为马克思否定意义上的意识形态概念的"开创"性提出奠定了重要的思想背景(Jorge Larrain, *The Concept of Ideology*, Hutchinson of London, 1979, ch. 1)。

③ Jorge Larrain, *The Concept of Ideology*, Hutchinson of London, 1979, p. 35.

④ 在《意识形态概念》中,拉瑞恩最先提出的是马克思意识形态概念发展的两阶段说,即以 1858 年(《证治经济学批判大纲》为界标性文献)为界划分为两个阶段(前一阶段主要致力于在哲学认识论层面解决主客体对立问题,后一阶段则主要致力于在政治实践层面具体分析资本主义社会的本质与表象的对立问题)(See Jorge Larrain, *The Concept of Ideology*, Hutchinson of London, 1979, ch. 2)。以后,拉瑞恩又在《马克思主义与意识形态》中提出了三阶段论,即继而把 1858 年前再细分为 1844 年前的第一阶段和 1845—1857 年的第二阶段,1858 年以后为第三阶段。

⑤ 但拉瑞恩却错误地认为马克思只是在第二阶段也即《德意志意识形态》中才首次使用意识形态概念,实际上,早在 1839 年博士论文期间(也即拉瑞恩所谓的第一阶段),马克思就已正式使用了德语意识形态一词,相关论述请参见拙作《马克思意识形态概念发展的三个阶段》,《马克思主义与现实》2008 年第 5 期。

⑥ See Jorge Larrain, *Marxism and Ideology*, London and Basingstore, The MaCmillan Press Ltd, 1983, ch. 1.

⑦ 也即(哲学)认识论和政治实践。

义社会中的意识形态诸现象。总之,通过上述三个阶段的分析,马克思的意识形态起源论可展示为下图所示:

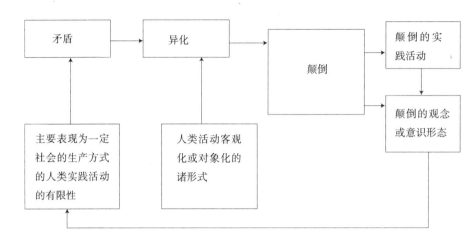

可见,在拉瑞恩的解读中,马克思至少是在三个层次上来探讨意识形态概念的起源的:首先,意识形态是一种歪曲的意识;其次,意识形态是一种掩饰社会矛盾的歪曲的意识;第三,意识形态还是一种因统治阶级的利益而掩饰社会矛盾的歪曲的意识。一句话,意识形态就是颠倒的实践在思想中的颠倒的表达。这是两种意义的颠倒即现实中的颠倒(也即实践颠倒,特别是政治实践颠倒)和逻辑上的颠倒(也即意识颠倒,特别是哲学认识论颠倒)。"阶级利益"、"社会矛盾"和"歪曲意识"是拉瑞恩用来理解马克思意识形态概念起源论的关键词(其基本含义就在于:意识形态在马克思那里,是表现为主观心理或意识的客观现象)。正是从这些关键词出发,拉瑞恩提出了自己关于马克思意识形态概念的特征说。

其次,关于意识形态概念的特征,拉瑞恩认为,从整体上说,在马克思那里存在一个内在一致的意识形态概念,尽管在马克思意识形态论发展的三个阶段中,马克思的思想不是一直固定不变的,相反,往往会因为主题的更改,而研究视角也会相应发生变化,并因材料的更新而不断添加新的内容和话题,但"意识形态概念的基本核心(nucleus)在马克思整个思想发展过程中没有任何戏剧性的突变(dramatic rupture)"①。这一具有内在一致性或前后连贯性的基本核心就是:马克思的意识形态概念是一个拥有否定性内涵的概念,正是这种语义上的否定性,决定了它在范围上的有限性、功能上的批判性和发展中的历史性。可以说,正是从上述四个方面的互动关系中,拉瑞恩解读了马克思的意识形态概念特征否定论。也就是说,根据拉瑞恩的解读,意识形态概念否定论在马克思那里至少包含四个方面含义:(一)意识形态"包含着一种对矛盾的歪曲和误传"②,是一

---

① Jorge Larrain, *The Concept of Ideology*, Hutchinson of London, 1979, p. 36.

② Jorge Larrain, *Marxism and Ideology*, London and Basingstore, The MaCmillan Press Ltd, 1983, p. 29.

种歪曲的、颠倒的意识形式;(二)意识形态并"不包含所有的谬误和歪曲"①,更不等同于一般意识形式;(三)意识形态是一种强有力的揭示社会矛盾和阶级利益问题的社会科学批判工具,而不只是纯粹的"观念的上层建筑"②;(四)意识形态并不涉及所有有利于维护统治利益的意识,或者说,并非所有与统治阶级利益有关的意识就一定是意识形态的;同时,统治阶级的意识形态也并非就一定出自统治阶级自身(也就是说,意识形态的生产者和使用者有可能是分离的,甚至是对立的)。因此,由阶级利益所导致的社会矛盾得以解决的历史决定了意识形态存在的社会空间和历史时限。

可见,一方面,否定论认为,"意识形态与非意识形态之间的区分并不等同于一般的真/假关系"③;另一方面,否定论强调,"意识形态可以解释成与科学不同的东西,但绝不是对立",尽管它们之间有别,但不可能互相取代,以一方战胜另一方,因为"意识形态是植根于社会矛盾之中的",而不是一个仅仅依靠正确的认知就可以克服的认知错误。而这样的立场,"就是马克思的立场"④。"意识形态概念的否定性和批判性内涵也是贯穿马克思思想发展始终的"⑤,但同时,由于批判和否定性总是在一定范围内和一定历史条件下来具体分析和讨论的,因此意识形态的有限性和历史性特征也是贯穿始终的。可见,马克思意识形态概念的特征包括:否定性和批判性、有限性和历史性。否定性则是最突出、可用来解释其他三个特征的主要特征。也就是说,否定性的总特征,在某种意义上决定了意识形态概念的范围问题。

再次,关于意识形态概念的范围,拉瑞恩谨慎地把意识形态纳入有限的社会空间和历史时间之中。在他看来,这也是马克思本人的意识形态观。从拉瑞恩给出的关于马克思意识形态概念的上述界定来看,他显然毫不质疑意识形态肯定隶属于人类意识的领域,尽管无论其来源还是最终解决(拉瑞恩认为需要借助于革命实践也即政治实践)都离不开物质实践活动,但可以肯定的是,意识形态的表现形式是意识范围内的事,或从属于人类意识领域。作为人类意识形式,它还是一种特殊的、具体的意识形态形式,即一种歪曲的意识,同样,意识形态依然属于歪曲意识的一个子集,也即并非所有的歪曲意识都是意识形态的。作为一种歪曲的意识形式,意识形态一定是为了统治阶级的利益而对现实的一种掩饰。因此,拉瑞恩反对把马克思的意识形态概念范围解读为"意识形态的上层建筑"(恩格斯用语),甚至"观念的上层建筑"(马克思用语),当然更反对把意识形态解读为一般意识或虚假意识。在他看来,这都与马克思的否定论的意

① Jorge Larrain, *Marxism and Ideology*, London and Basingstore, The MaCmillan Press Ltd, 1983, p. 30.
② 尽管,由于意识形态承载者的更换,意识形态既可以成为一定政治性政党的利益维护工具、一定人群(特别是从事社会科学活动的知识分子)的批判工具,也可以成为社会大众的常识并因此成为社会水泥。但拉瑞恩认为这样的一种做法,却是一种意识形态内涵肯定论,乃至中立论或泛化论,其结果只能导致取消意识形态概念的宝贵的批判性维度。
③ Jorge Larrain, *Marxism and Ideology*, London and Basingstore, The MaCmillan Press Ltd, 1983, p. 30.
④ Jorge Larrain, *The Concept of Ideology*, Hutchinson of London, 1979, p. 173.
⑤ Jorge Larrain, *Marxism and Ideology*, London and Basingstore, The MaCmillan Press Ltd, 1983, p. 42.

155

识形态概念相违背①。理由是：把马克思的意识形态概念视为"意识形态的上层建筑"甚或"观念的上层建筑"很容易让人误以为意识形态涵盖了整个上层建筑，而实际上，意识形态却只是上层建筑的构成要素之一，而非全部内容。因此，坚持这样一种不恰当的称谓，必然会导致把意识形态概念等同为虚假意识甚至一般意识。后者正是拉瑞恩一贯反对的肯定论意识形态概念，甚至更糟糕的貌似中立的泛化论。对于意识形态概念的范围的谨慎界定，必然会带来更为敏感的与意识形态有关的一系列关系范畴。

最后，关于意识形态概念的关系问题，拉瑞恩认为，无论是哲学认识论领域（也即意识领域），还是在政治实践领域，当人们从这两个角度（有可能是交叉使用这两个角度，如马克思）来探讨意识形态的起源时，不管他们采取的是肯定还是否定的意识形态特征论，也不论他们是把意识形态视为上层建筑的构成要素之一还是整个上层建筑乃至所有的意识形式或整个社会文化领域（拉瑞恩把这描述为意识形态上层建筑论，并认为这都是基础—上层建筑这一空间比喻所带来的弊端，也即最终会把意识形态概念中立化乃至泛化，从而削弱否定、揭示和批判的力度），所有这些论者都需要面对和解决意识形态与科学的关系问题。当然，我们在处理意识形态起源、特征和范围时，也会面临一系列关系范畴如主客观关系（或意识/实践关系、本质/表现关系）、肯定/否定关系以及基础/上层建筑关系等，但这些都与意识形态问题域中的最后一个也即意识形态概念关系领域中的意识形态与科学的关系紧密相关，或可以说，取决于最后一个关系的界定而获得相应的内容，尽管这样的界定往往即便在同一阐释传统中也表现出不一致（参见下文）。但无论如何，这是一个所有探讨意识形态概念的论者所无法规避的话题，而这一话题在某种程度上又表现出具体的讨论方式，如意识形态与虚假意识的关系、意识形态与真理的关系、意识形态与上层建筑的关系、意识形态与政治阶级利益或权力的关系等，所有这些具体的关系范畴其实都是意识形态/科学这一总关系的框架下对四个基本问题领域中的相关论点所进行的有倾向性的具体关照。其实，对于这些问题的探讨，有时也会以专题的形式而非关系范畴的形式出现，如分别以意识形态的主体问题、物质性问题、真理问题、上层建筑问题、阶级利益问题以及文化问题等名义出现。当然这多出现在专业理论著述之中，而大多数综合性探讨即以一个具有代表性的社会现象（可能是某个地区的特有社会发展问题或跨国界的全球危机，它们常常又表现为新社会运动或思潮如女权主义、新殖民主义、生态主义等）的名下来开展涉及多领域问题和跨关系范畴的交叉研究和整体探讨（后现代主义思潮和各种后马克思主义的意识

① 尽管正如拉瑞恩所指出的，对于马克思意识形态概念的解读特别是他自己的解读，并不局限于马克思本人的所有具体言论，尽管其基本思想是一致的（参见乔治·拉瑞恩：《意识形态与文化身份》，戴从容译，上海教育出版社2005年版），更何况，在他看来，马克思的关于意识形态概念的诸多论述大多充满了含混性，甚至自相矛盾之处（参见拉瑞恩在《意识形态概念》和《马克思主义与意识形态》以及《意识形态与文化身份》以及《论意识形态的特征：马克思和当代发生在英国的争论》等论著中的相关论述）。

形态论就是其中的典型代表）。

拉瑞恩指出，尽管由于这"意识形态"和"科学"两个概念本身都分别拥有多样化的界定，而导致了"意识形态和科学的关系很难澄清"①，所以"对马克思来说，科学与意识形态之间的关系是十分复杂的。科学既不是可以借助于纯粹的思想批判而克服意识形态的极端对立面；它与意识形态之间的区别也不是真/假对立"，"科学本身也不是一个能幸免于意识形态现象之外的特殊领域"，科学在一定的条件下也可以发挥意识形态的作用，但无论如何，"并非所有的科学谬误都是意识形态的，只有那些为了统治阶级的利益而掩盖社会矛盾的科学谬误才可以被认为是意识形态的谬误"，因此，必须历史地对待科学的意识形态性问题。② 而这一历史地对待的态度，就是拉瑞恩理解并力图重构的马克思的历史唯物主义。拉瑞恩认为"重构历史唯物主义的主要原则"，是"相互关联的四个方面"，也即"关于社会、意识、历史和个人等问题"③。在作为重构原则之一的"意识问题"中，拉氏提出了自己重构的历史唯物主义框架下的意识形态论的基本原则思想，他一共列举了8条，其中的第3、4、5条直接论及意识形态概念："历史唯物主义承认被歪曲了的意识的特定形式，这一形式掩盖矛盾并被称为意识形态。意识形态不能和统治思想相混淆。不是一切统治思想都必须掩盖矛盾"；"虽然一切意识形态都服务于统治阶级的利益（因为通过掩盖矛盾，有助于再生产统治阶级的利益），但并不是只有统治阶级才生产意识形态。包括无产阶级在内的一切阶级都能生产意识形态，因为他们也投身于'有限的物质活动方式'"；"所有思想都是社会决定的，但是，并不是一切思想都是意识形态"④。这些原则或思想，都是拉氏在前期著作中认真而详细地阐述过的基本意识形态观。只不过在这里被纳入一个更为广阔的、更一般性的理论框架之中，以便确认自身理论的"文化身份"。

二、意识形态概念四大基本问题域的 不同阐释传统及其当代意义

拉瑞恩并没有孤立地来探讨马克思的意识形态概念，实际上，他所设计的马克思意识形态概念的四大基本问题领域，也是对所有马克思之前或之后所有的意识形态阐释传统敞开的。从某种意义上说，这四大问题域构成他梳理意识形态概念史的一个基本线索和框架。或者，在他看来，马克思之前⑤和之后（特别是之后，当然也包括同时代）

---

① Jorge Larrain, *The Concept of Ideology*, Hutchinson of London, 1979, p. 172.
② See Jorge Larrain, *The Concept of Ideology*, Hutchinson of London, 1979, p. 188.
③ ［英］乔治·拉瑞恩：《重构历史唯物主义》，姜兴红等译，中国社会科学出版社1991年版，第143页。
④ ［英］乔治·拉瑞恩：《重构历史唯物主义》，姜兴红等译，中国社会科学出版社1991年版，第145页。
⑤ 正如《意识形态概念》一书（特别是第一章）中所显示的，拉瑞恩对于前马克思意识形态概念史的梳理详细（而非简单提及）延伸到16—19世纪。

各种意识形态论,都是围绕着这四大问题领域来展开的,都是因在这几个领域中的侧重点的不同和所采取的视角以及最终结论性观点的不同而分别成就了各自的学派或阐释传统。今天的我们,就是在这些阐释传统中来对意识形态进行再阐释,并借助于一种时代性解读来凸现意识形态概念的当代意义。而拉瑞恩本人对于第三世界特别是拉美地区(尤其是智利)的发展问题,特别是发展中的文化身份问题的具体关注,或许就是这种当代意义的理论表现。就像他评价马克思意识形态思想发展中的阶段性特征那样,他自己的意识形态论也经历了一个从一般理论到具体问题的转换历程。当然,就像他主张的在马克思的意识形态概念中不存在截然断裂一样,他自己的意识形态论的这一转换过程,也不是突然发生的,是通过不断阐释马克思以来的各种意识形态论传统的基础上,逐渐过渡到的对各家阐释传统所关注的核心问题的转移而逐步发生的转换过程。当然,这一过程也离不开拉瑞恩所设立的四大基本问题领域。

拉瑞恩的主要观点是:就意识形态的起源问题来说,马克思以来(或可追溯到这一术语的最初发明者托拉西那里)的意识形态概念的阐释传统可分为科学的意识形态论传统和批判的意识形态论传统①;关于意识形态的特征问题,不同的阐释传统则可大体划分为肯定论和否定论(此外出现的中立论乃至泛化论,在拉瑞恩看来,因其批判性的丧失,都可划归肯定论);关于意识形态的范围,拉瑞恩区分了有限论和无限论(或要素说与整体说);就意识形态的关系问题,拉瑞恩划分了三大阐释传统,即实证主义、历史主义和马克思主义三大阐释传统。它们分别在意识形态与科学的关系问题上采取了非此即彼的对立说和/或同一说。

拉瑞恩把马克思本人的意识形态观纳入了批判的意识形态阐释传统。而这又与马克思所坚持的否定论有关。这种否定论必然会使马克思的意识形态概念是一个有限性的概念,即在一定范围内存在的历史现象。然而,马克思是否属于三大阐释传统中的马克思主义传统呢?拉瑞恩在这个问题上,似乎犹豫不决,他有时把马克思和马克思主义等同,反对截然割裂他们之间的关联性;有时又十分强调他们之间的差异。但从总体来看,拉瑞恩还是认为马克思恩格斯(尽管他也承认他们之间存在一些不同,但他同时认为这样的区分很难具有文本依据和说服力)不同于作为"第一代马克思主义"(即以考茨基等为代表的第二国际理论家)、列宁②等苏联马克思主义、西方马

---

① 拉瑞恩有时也把科学的意识形态论传统称为理性主义传统、实证主义传统甚至普适性理论(参见乔治·拉瑞恩:《意识形态与文化身份》,戴从容译,上海教育出版社2005年版)。从拉瑞恩对这一传统的反对来看,它基本上等同于科学主义传统。而拉瑞恩这里所说的批判的意识形态论传统,也是也被他指称为历史主义传统。拉瑞恩本人对后者(特别是其后期以及在当代的极端非理性主义表现——拉瑞恩称其为一种新的意识形态形式)也不甚满意,尽管他把马克思也纳入这一传统之中。

② 拉瑞恩认为,是列宁开创了马克思主义传统意识形态论(within Marxist theory)新阶段,即把"否定的意识形态概念转变为肯定的意识形态概念"(Jorge Larrain, *The Concept of Ideology*, Hutchinson of London, 1979, p. 15)。

克思主义(卢卡奇①等为代表,包括法兰克福学派)和当代欧美马克思主义(如柯亨、拉克劳和墨菲等)等具体派别的"马克思主义"。其最大理由就是,所有这些马克思之后的马克思主义者都程度不同的坚持了肯定论意识形态观,进而有把意识形态泛化为一切社会意识形式的中立论嫌疑,在拉瑞恩看来,这与非马克思主义阐释传统中的知识社会学派(以卡尔·曼海姆的总体的意识形态论为代表)没有本质之别,而这种泛化论却在后现代主义思思潮(如鲍德理亚等人)那里达到了极致。因此,尽管这些"马克思主义"派别内部关于意识形态与科学的关系问题会采取不同的态度——如列宁的中立论、阿尔都塞的对立说和法兰克福学派(特别是早期代表人物霍克海默和阿多尔诺等)的同一说——但他们的最大缺陷是,往往把在马克思那里综合在一起的两个阐释维度也即政治实践的维度和(哲学)认识论的维度割裂开来探讨意识形态与科学的关系,这就造成了要么单纯从基础—上层建筑的框架来探讨意识形态概念,要么仅仅从意识与实践关系来探讨意识形态问题。

通过对上述围绕着意识形态概念的四个基本领域而展开的不同阐释传统的区分及其内部各学派和论点的历史发展线索的梳理,拉瑞恩力图得出的结论是:第一,马克思开创了一种与法国实证主义和德国唯心主义(或历史主义)不同的新的意识形态阐释传统②,这就是后来在其后继者也即"马克思主义"者那里被"改变"③了的"马克思主

---

① 拉瑞恩明确在《意识形态概念》中指出卢卡奇、葛兰西开创的是历史主义方法(a historicist approach),而恩格斯开创的则是更为实证主义的传统(a more positivist understanding)。但到了《马克思主义与意识形态》中,他似乎更倾向于把包括卢卡奇和葛兰西在内的所有西方马克思主义者(包括法兰克福学派,当然哈贝马斯似乎是一个例外)都纳入了肯定论意识形态概念阐释传统。尽管如本文所述,历史主义的阐释传统与肯定论意识形态观之间并非截然对立,似乎也可以有交叉,但毕竟,拉瑞恩更多地把肯定论纳入非历史主义的传统,而把否定论纳入历史主义的传统(尽管对于历史主义的满意程度远远不如像对批判性传统和否定论意识形态观那么一贯的予以提倡)。总之,拉瑞恩的基本看法是:尽管马克思主义是一种不同于实证主义和历史主义的第三种阐释传统,但在这一传统内部,也还存在着实证主义和历史主义之分,尽管这一区分并不总是很明显,即便是在某一个代表人物自己的思想发展中也是如此(多表现为在这二者之间的一种游离或摇摆),甚至马克思本人也不能例外。

② 正如拉瑞恩所指出的,"在马克思那里,意识形态被赋予了一种批判传统(critical tradition),意识形态这个词也开始具备一种新含义"(Jorge Larrain, *The Concept of Ideology*, Hutchinson of London, 1979, p. 15),这种新含义指的就是与托拉西不同的批判的和否定性语义。更重要的是,这种新传统还意味"从马基雅维里到培根,经由赫尔巴赫、爱尔维修、特拉西和拿破仑,到孔德和费尔巴哈,在假相、偏见、宗教或意识形态之名下开展的现象分析,几乎都把意识形态看做是一种心理歪曲、一个认知层面的问题",而"没有发现心理歪曲与人的社会关系的历史发展之间的关联性"。在这一维度中,"意识形态的歪曲被视为被解释为激情、迷信、个人兴趣、宗教偏见或人的必然的自我异化,而从没有和具有历史必然性的社会矛盾联系起来"。而成功完成这一连接任务的正是马克思。正是在马克思这里,"意识形态概念获得了一个新的有力形式,摒弃了所有的心理学成分",据此可以认为,马克思的意识形态"开创了新世纪"(Jorge Larrain, *The Concept of Ideology*, Hutchinson of London, 1979, pp. 33 - 34)。

③ 正如拉瑞恩在许多著作中都或明或暗地指出的,这样的改变并不意味着马克思和马克思主义之间的截然断裂,也不意味着因此马克思之后的马克思主义意识形态论就是彻底歪曲的观念或思想,相反,它们都是根据哲学认识论的新进展以及政治实践的新变化而作出的新的具有时代特征的理论表达(参见乔治·拉瑞恩:《重构历史唯物主义》,姜兴红等译,中国社会科学出版社1991年版)。

义传统"；第二，意识形态概念在马克思（和恩格斯）那里是一个以一贯之地具有语义上的否定性（即一种歪曲的意识）、功能上的批判性（即批判颠倒的意识和颠倒的现实或实践）、范围上的有限性（只是人类意识、特别是歪曲意识的形式之一；上层建筑的构成要素之一），以及存续的历史性（由于它是出于统治阶级的利益需要而对社会矛盾的一种掩饰在思想上的表达，因此产生了阶级利益、社会矛盾和双重颠倒状况的历史，就是意识形态的历史）；第三，意识形态概念在马克思和恩格斯那里所具有的上述优良品质，当然也是我们生活的这个时代依然所需要的特征、起源、范围和关系界定，在后来的"马克思主义者"那里由于种种主观和客观的原因、（哲学）认识论的和政治实践的原因，被程度不同地更改了，尽管这些更改因其所处思想背景和时代背景的差异，而不能当做彻底的歪曲或错误的观念，但对于当代的我们（同样是马克思遗产的继承人）来说，特别对于身处第三世界国家或边缘国家，依然处于马克思当年所描述的资本主义体系的整体控制下的我们来说，有必要认真梳理这一"更改"史，以便根据时代的需要澄清被"马克思主义"者们（未必就是有意的）误改了的宝贵遗产①，从而在创新的意义上提取其精髓以指导当代生活和政治实践②。

因为在拉瑞恩看来，马克思的历史唯物主义就是一种发展理论，一种"贯穿在资本主义生产方式历史之中的"的发展理论，它"不仅是对孤立的资本主义国家的阶级斗争和社会矛盾的反应，也是对世界资本主义体系中出现的矛盾和冲突的应答，特别是对非殖民化进程、社会主义国家的兴起与挑战以及边缘与核心国家日益扩大的分离等问题的研究"③。稍后，在《意识形态与文化身份》中，拉瑞恩又继续指出，"本书努力使研究不仅仅局限于欧洲思想，而且也与第三世界的现实进

---

① 如历史唯物主义这一意识形态概念的框架结构，在拉瑞恩看来，就被马克思之后的马克思主义们特别是正统马克思主义错解为"辩证唯物主义"了，因而拉瑞恩才提出了要"重构历史唯物主义"，因此拉瑞恩的这种重构与其说是针对马克思本人的（尽管他也的确说过，这种重构不意味着原样照搬马克思本人的所有相关言论，实际上，他也的确对马克思的"观念的上层建筑"等提法不满），毋宁说是针对正统马克思主义者们的。

② 这或许就是拉瑞恩在自己思想发展的第二阶段写《发展理论》的原因所在。正如他自己所说的，"我已在英国伯明翰大学讲授'社会发展课程'多年，但我的研究和著述却一直是与意识形态和历史唯物主义有关的更为一般的理论性问题"，"我知道，总有一天我会根据先前自己所取得的理论研究成果来批判性地考察发展理论的演化"，"毕竟，可以认为历史唯物主义本身（在很多方面）就是一种发展理论"（Jorge Larrain, *Theories of Development, Capitalism, Colonialism and Dependency*, Polity Press, 1989, p. Vii）。一句话，历史唯物主义和发展理论（包括后来的文化身份认同问题，这也是具体的发展问题），都是可以承载意识形态概念的更大、更一般性的理论背景和现实问题。

③ Jorge Larrain, *Theories of Development, Capitalism, Colonialism and Dependency*, Polity Press, 1989, p. 3. 拉氏还把资本主义的发展划分为三个时代，"竞争资本主义时代（1700—1860）"、"帝国主义时代（1860—1945）"和"晚期资本主义时代（1945年至今）"（Jorge Larrain, *Theories of Development, Capitalism, Colonialism and Dependency*, Polity Press, 1989, p.3）。

行对话。"① 可见,《重构历史唯物主义》中提出超越民族国家的要求,在《意识形态与文化身份》中就表现得更加明显了。只不过,前者只是一种理论一般的号召以及在理论上澄清马克思意识形态论的一般问题领域和基本指导原则或框架(即历史唯物主义),而在后者这里却表现出对意识形概念所包含的探讨对象的扩展和深化即关注全球资本主义体系内的各种(包括种族主义、殖民主义和性别问题在内的)非典型性阶级冲突问题。这样的探讨,在拉瑞恩看来,并非对意识形态理论的偏离,因为"意识形态概念本身是随着现代性的出现和工具理性的胜利而出现的。因此,影响最大的意识形态理论由那些相信理性和进步的重要的发展理论或隐或显地建立起来的。比如马克思主义、古典政治经济学和韦伯的现代化理论"②。这种关于意识形态理论(特别是影响重大的)是由发展理论所建立起来③的观点,实际上不仅是拉瑞恩在有意将自己的学术研究贯穿起来,以达到前后思想一致的目的,也说明了他实际上把意识形态理论视为不仅隶属于历史唯物主义这一理论框架,也隶属于发展理论这一更具有实践倾向的大框架之中。并在这一框架下来探讨第三世界特别是拉美地区的文化身份问题。他认为,"文化身份不仅是在历史上形成的,而且也是由不同的文化机构根据社会中某一阶级或群体的利益及世界观构建起来的"④,"文化身份并不是居住在某一地区、文化背景相同的人天生就有的明显特征","文化身份总是在可能的实践、关系及现有的符号和观念中被塑造和重新塑造着"⑤。因此,文化身份具有"内在的矛盾性":"一方面它会尽力遮掩差异;另一方面会充当对抗的手段"⑥,统治者和被统治者、社会公众和个人自身都会分别根据彼此有交叉的标准来界定各自的和他人的文化身份,这其间也有一个互

---

① [英]乔治·拉瑞恩:《意识形态与文化身份:现代性和第三世界的在场》,戴从容译,上海教育出版社 2005 年版,第 1 页。他在《发展理论》中曾说过类似的话,即"对于发展理论的研究不能仅仅研究相关概念本身如何、代表人物如何以及其相关学术流派如何,而是要把它视为资本主义发展特殊时期的产物,并拥有具体的特征"(Jorge Larrain, *Theories of Development*, *Capitalism*, *Colonialism and Dependency*, Polity Press, 1989,p.3)。可见赋予思想特别是学术研究以深刻的时代背景(当然包括政治实践背景——从另一个角度来说),是拉氏一贯的做派或特色,或许也是他所提出的"哲学认识论"和"政治实践"这两个阐释维度的结合的一个例证或运用吧。

② [英]乔治·拉瑞恩:《意识形态与文化身份:现代性和第三世界的在场》,戴从容译,上海教育出版社 2005 年版,第 1 页。

③ 拉瑞恩指出:"所有具有突出现代性传统的发展理论都坚持一种特定的理性观,从某些力量的运作和逐步取得成功这一视角看待历史,而这又突出反映了理性的进步。从这种历史理性观出发,有可能揭示出错误的行为方式和歪曲的观念,它们代表着理性进程中的障碍。特定的意识形态批评由此发展起来。发展理论需要历史理性论和意识形态论的存在"(参见乔治·拉瑞恩:《意识形态与文化身份:现代性和第三世界的在场》,戴从容译,上海教育出版社 2005 年版,第 9 页)。

④ [英]乔治·拉瑞恩:《意识形态与文化身份:现代性和第三世界的在场》,戴从容译,上海教育出版社 2005 年版,第 222 页。

⑤ [英]乔治·拉瑞恩:《意识形态与文化身份:现代性和第三世界的在场》,戴从容译,上海教育出版社 2005 年版,第 221 页。

⑥ [英]乔治·拉瑞恩:《意识形态与文化身份:现代性和第三世界的在场》,戴从容译,上海教育出版社 2005 年版,第 224 页。

相影响的历史建构过程。这显然是一种他在分析马克思意识形态观时一直倾向于接受的具有历史理性论特点的整合论。

综上所述,拉瑞恩对于马克思意识形态概念的解读,不仅提出了一种具有内在一致性的整合论意识形态观,即把意识形态视为一种歪曲的意识,一种由于统治阶级利益所需而对现实实践中的矛盾进行掩饰的意识中的投射或表达。即意识形态是一种政治实践颠倒和认知(哲学认识论)颠倒的共同作用的结果。这就是意味着意识形态是一个具有否定性内涵、批判性功能、有限性范围的历史性存在。拉瑞恩通过对马克思意识形态概念形成与演化的历史梳理,通过对历史上存在的各种意识形态阐释传统的区别分析,获得了自己的上述观点,并据而对当代社会中的一个具有明显意识形态属性的社会现象也即身份问题进行具体研究。

尽管他的许多观点和看法存在着错漏或矛盾之处,但无疑给我们今天的意识形态专题研究带来了如下方法论上的启示:第一,以编年史的方式①,或者说以时间为线索来梳理马克思意识形态概念的源起与流变(如《意识形态概念》中就是从16—19世纪、19—20世纪这两个时间线索来进行意识形态概念史梳理的)。这种方式可以让我们很清晰地看到思想史的变迁对于意识形态概念形成与演变的直接影响。第二,"在马克思思想发展背景中来探讨马克思的意识形态概念"②,这一思想发展"背景"既包括马克思本人的思想发展历程(如上文中所论述的三阶段论),也包括关注与马克思同时代或近时代的各种学说及其代表人物的相关思想对于马克思意识形态观形成的影响(如法国孔德等法国实证主义和费尔巴哈③等德国历史主义)。同时,这一关注也不仅仅局限显然由马克思所开创的(尽管未必严格沿着马克思本人的路径)"马克思主义传统"(如本文中列举的各流派),而是扩展至"非马克思主义传统"(如《意识形态概念》中对

---

① 他之所以会采取这一方式,是因为在他看来,"对于马克思意识形态概念的大多数讨论忽视了这个概念的历史性诞生,特别是它与资本主义社会形成过程中的阶级斗争的关系",他们大多认为"只要对马克思本人或其后继者的著作不考虑历史演进的(synchronic)进行考察,就足以对意识形态问题进行解释了","但这却忽视了马克思思想形成的学术传统"。"这种主要是非历史主义的路径(unhistorical approach)会带来两个问题":"第一,意识形态概念(作为一种批判的范畴)与新兴的资本主义生产模式的关系被彻底低估了。第二,考察的主要对象被抬高为意识形态一般,一个可以同样的方式适用于一切历史时代的概念"(Jorge Larrain, *Marxism and Ideology*, London and Basingstore, The MaCmillan Press Ltd, 1983, p. 6)。

② Jorge Larrain, *The Concept of Ideology*, Hutchinson of London, 1979, p. 15.

③ 拉瑞恩似乎对费尔巴哈的影响评价很高,认为"费尔巴哈的方法可视为从传统宗教批判过渡到意识形态概念的最后连接点(last mediating link of)"(Jorge Larrain, *The Concept of Ideology*, Hutchinson of London, 1979, p. 32)。这可能主要指的是费尔巴哈在批判宗教时所使用的"投射"(projection),因为拉瑞恩直接在《意识形态概念》中把双重颠倒也即实践颠倒在思维或意识中的颠倒的再现称为"投射"。根据埃尔斯特在《理解马克思》中更详细的解释,"初始的颠倒乃是意识形态形成的一种机制。尽管马克思不很清楚这一点,但它似乎有两个主要的亚范畴:抽象和投射……抽象取决于认知谬误,而投射似乎具有一种动机的基础","抽象的原型哲学是黑格尔"(尽管与黑格尔和黑格尔派不同);"投射的思想来源于费尔巴哈",这样,"综合这些思想,便形成了一种关于异化的社会理论"([美]乔恩·埃尔斯特:《理解马克思》,何怀远等译,人民大学出版社2008年版,第450、451、452、455页)。

于帕累托、涂尔干、曼海姆、戈德曼等人对意识形态概念的贡献——尽管他们很多人都是在意识形态这一术语本身多半是缺场的情况下进行的相关探讨）。这样的探讨，丰富了意识形态概念研究的领域。第三，十分关注当代特别是与作者同时代的学者们（如 H. 巴特、麦弗姆和塞利格等）的各种不同的见解和观点。拉瑞恩因此分析了马克思意识形态论之争的众生相，他指出，有论者"仅仅出于自己具体分析社会现实所需来使用马克思的意识形态概念"（其中原因或许是因为他们无法在马克思那里找到系统的揭示，所以只能借用别人的现成论点；部分原因则是因为对马克思本人的意识形态概念进行分析是很困难的工作），因此他们会不加分析地把一些观点归结为马克思本人的观点，甚至更糟糕的是，把一些缺陷也归结为马克思本人。这必然导致对马克思意识形态观的误解和不公平评价。① 因此，拉氏说，他在这里的任务就是要"重估马克思的贡献"并提供一种新的可有力抵挡极端性挑战的"阐释模式"，把马克思的意识形态观从这种非此即彼的"片面立场中拯救出来"②，同时扩展和深化马克思意识形态论所包含的问题域和时代性。

---

① See Jorge Larrain, *Marxism and Ideology*, London and Basingstore, The MaCmillan Press Ltd, 1983, Introduction. p. 2.

② Jorge Larrain, *Marxism and Ideology*, London and Basingstore, The MaCmillan Press Ltd, 1983, Introduction. p. 2.

【西方哲学研究】

我　　们

[荷兰]雅克·凡·柏拉克/文* 　马琳　潘兆云/译

内容提要:人们可以区别出各种各样多少具有涵括性的"我们":作为科学家的我们,作为中国人的我们,作为宇宙之中存在的我们,作为哲学家的我们,处于全球化世界中的我们,如此等等。本文一开始批评了伯纳德·威廉斯对"科学与逻辑式的我们"与"本土观念的我们"(例如,当代工业社会之成员)之区分,他认为前者具有涵括性,而后者则是对比性的;尔后,笔者评估威廉斯所谓的"先验式的我们",兹涉及维特根斯坦哲学的先验性问题;接着,笔者提出不同于所有这些以及其他种类的"我们"的更为基本、更为原初的、植根于生活形式之中的"我们",即"你我式的我们",尤其是跨文化相遇中的你与我所构成的我们。

关键词:生活形式　你我式的我们　科学与逻辑式的我们　先验式的我们　本土观念的我们

在对托马斯·内格尔(Thomas Nagel)的《定论》(*Last Word*)所作的书评中,伯纳德·威廉斯(Bernard Williams)写道:

> 我们道德的某些部分,或是我们更为远程的历史叙述,或是我们个人自我理解的模式,与我们的科学或逻辑相比,更易于被质疑、被描绘为依赖于一种本土观念(parochial)的狭义的"我们"概念,这样的情况令人不安(⋯⋯)。当我们反思"我们"的信念时,尤其是涉及文化与伦理事务的信念,我们通常(像相对主义者一样)把自己视为现代工业社会的成员,或是相对于其他时间与空间中的人们而言某种范围更小的群体之成员。这样的一种"我们",引用语言学家的术语,是"对比性的"(contrastive)——它所指称的"我们"是相对于其余的人而择选出来的。不过"我们"亦可涵括性地(inclusively)加以理解,

---

* 雅克·凡·柏拉克(Jaap van Brakel),比利时鲁汶大学(Katholieke Universiteit Leuven)哲学院教授,主要研究领域:分析哲学、语言哲学、科学哲学、技术哲学。译者工作单位:中国人民大学哲学院。

哲学家

以将那些正在或可能共同探究这个世界的任何人包括进来。①

威廉斯的书评提出了笔者所要讨论的问题:"我们"(we's)究竟有哪些种类?② "科学与逻辑式的我们"(we of science and logic)所预设的前提、所可能导致的后果是什么? "本土观念的我们"(parochial us)所预设的前提、所可能导致的后果又是什么? 威廉斯似乎把"本土观念的我们"视为"对比性的",而把"科学与逻辑式的我们"视为"涵括性的"。在"维特根斯坦与理念主义"这个演讲中,他提出了另一种"我们"③,这种"'我们'根本不是世界当中的某个群体,而是从理念论的'我'(idealist I)——这个'我'不是世界当中的某个现存者——所衍生而来的复数形式",即,先验式的我们(the/a transcendental we)。在本文中笔者将要提出并探讨我们的另外一种类型:复数的你(yous)与复数的我(mes)相互遭遇的我们,这种我们共享某项研究事业或是具有其他交流的动机,笔者称之为"你我式的我们"(you-and-me we)。

人们可以添加更多的"我们",例如,可能会有"与我们处于同一宇宙中的群体,'如果'我们能够理解这一事实,那他们也是我们的一部分",即,全处于宇宙之中的我们(the all-in-the universe we);"比能够共享科学的群体可能更为宽广的"道德意义上的我们,即,康德的道德式的我们(Kant's moral we)。这两种我们都曾出现在威廉斯的著作之中,此外还有"全球化世界中的我们"(globalized world we),"理想语言语境中的我们"(ideal speech situation we),如此等等。在本文中,笔者将专注于探讨"先验式的我们"与"你我式的我们",并且追问它们与威廉斯的"科学与逻辑式的(涵括性的)我们"及"本土观念的(对比性的)我们"之关系。笔者所要提出的论辩可以在各种背景中运用不同术语得到进一步发展,本文中它是在维特根斯坦的"生活形式"(form(s) of life)概念的背景之中得到展开的。

在第一部分,笔者回顾不同学者关于维特根斯坦生活形式概念的评论,以此对这个概念作出初步的阐释。在本文中,"生活形式"(form(s) of life)皆是作为"人类的生活形式"(human form(s) of life)的缩写语而加以使用。在第二部分,笔者首先表明,科学与逻辑式的我们植根于关联于"本土观念的我们"而非有关"科学与逻辑式的我们"的种种直觉之中。之后,笔者探求其他类型的"我们"所可能提供的"具有涵括性"的普遍性与客观性。第三部分关注于先验式的我们,参与有关"正在消失的我们"(the

① Bernard Williams,"对 T. 内格尔(Thomas Nagel)《定论》(*The Last Word*)的书评",载 *New York Review of Books*,1998 年 11 月 19 日。

② 此处,"wes"是名词"we"的复数。

③ 见 B. Williams,"对 T. 内格尔《定论》的书评"。及 B. Williams,"Wittgenstein and Idealism",载 G. Vesey 编,*Uunderstanding Wittgenstein*(Royal Institute of Philosophy lecture,7,1972—1973),New York,St. Martin's Press,1974;后重印为《道德运气》第十二章: B. Williams,*Moral Luck*,Cambridge,Cambridge University Press,1981。

disappearing we)的讨论——一个相关于维特根斯坦哲学(所谓的)先验性的讨论。① 第四部分探讨第一次接触的我们(the first contact we),第五部分探讨跨文化交流与客观性问题,这两部分都在讨论“你我式的我们”。在第六部分即结论中,笔者认为,真正具有涵括性的我们唯有复数的你(yous)与复数的我(mes)相互遭遇的我们;所有其他的我们都是本土观念的(对比性的)我们(超级)大写之后的各种变体。生活形式应该同时作为单数与复数、经验的与先验的、本土的与普遍的来加以理解。

一、背景:生活形式(form(s) of life)②

人们之所以能够相互理解与自我理解,这是因为他们共享某种生活的形式(form),模式(pattern),模态(mode),方式(way)或者世界(world),成长就是融入(grow into)某种生活形式。生活形式使得意义成为可能,它指涉的是为语言、思想以及对世界任何特定的理解所预设的自然环境与社会环境的复杂勾连,某种生活形式是道德、社会、历史、交往、宗教、神话之全体,以及为上述这些秩序奠基而自身不以任何别的东西为基础的个人辨别力(discernments)。严格地说,试图解释生活形式是没有意义的。生活形式是由人类的各种行为模式所构成的,它不能简单地由一种或另一种理论得以说明,因为构成生活形式的那些行为模式本身即是任何解释或理据(justification)所依赖的根基。它既提供了可获得的意义的语境,也提供了理据的标准,只有从这两者出发,任何东西才能被说成是对的或是错的。换言之,生活形式指涉的是最终不可被体系化的实际社会生活的偶然性的复杂体,任何可诉诸话语的临时性的行为规律或规则都建立在这样的社会生活基础之上。生活形式包含着所谓的前概念因素、语言、概念图式等所有东西,它们处于同一层面,经验的各种类型与独立的物理或物质的领域仅仅是作为“后起的”抽象化才能够被加以区分。

各种问题,无论是科学的还是其他类型的问题,可以就任何事情发问,然而,这些问题唯有从某种生活形式的确定因素(certainties)内部出发才能被提出。从确定因素出发,我们可以给出用诸解释的理由,但任何理由都会有其终点,终点就是那所予的东西

① See B. Williams,“对 T. 内格尔《定论》的书评”,注 2;Jonathan Lear,“Transcendental Anthropology”,载 Philip Pettit,John McDowell 编,*Subject,Thought and Content*,Oxford,Clarendon Press,1986,pp. 267 – 298;D. D. Hutto,“Was the Later Wittgenstein a Transcendental Idealist?”,载 P. Coates,D. D. Hutto 编,*Current Issues in Idealism*,Bristol,Thoemes,1996,pp. 121 – 153。

② H. R. Fischer,*Spache und Lebensform*,Frankfurt,Athenaeum,1987;G. P. Baker,P. M. S. Hacker,*Wittgenstein:Rules,Grammar and Necessity*,Basil Blackwell,1985,pp. 229 – 251;J. Margolis,“Wittgenstein's 'Forms of Life'”,载 M. Chapman,R. A. Dixon 编,*Meaning and the Growth of Understanding*,Berlin,Springer,1987,pp. 129 – 150;G. D. Conway,*Wittgenstein on Foundations*,Atlantic Highlands NJ,Humanities Press International,1989。

(what is just given);它是我的/你的/我们的/他们的铁锹所被翻转的地方①。这种观点很容易被误解,正如伦理学家哈勒(Hare)发表下述言论之时②:"普特南(Putnam)对维特根斯坦'基底'(bedrock)隐喻的运用令我想到,他像法尔威尔(Falwell)一样是一个基础主义者(fundamentalist),甚至有可能像希特勒一样,他想以他的血来思考,然而与他们不同的是,他是在其他方面这样做的。"认识到我们的铁锹会在某处被翻转,这并不意味着某些东西注定永远是"基底",或者某种特定的信念永远不会遭受质疑。③

生活形式与语言游戏是一回事吗?它是否意味着某种类似"人类本性"的东西?它是否应该被视为"文化"的同义词,无论文化是何种意思?或许这个问题的答案是答案的阙如:相似性冒出来,却又消失了。不过,我们可以区分出两组因素:一、与语言相关的因素:语言——语言游戏——生活形式;二、与生活相关的因素:文化,背景,世界图景,生活标本(Lebensmuster),生存的事实。二者构成家族相似的可识别的群体,它们密切相关,但并不一致。与语言相关的群体和生活相关的群体之间的密切关联可以通过考量跨文化交流而得到清晰的显示(参见第五部分和第六部分)。

我们可以想象无数的生活形式,但是没有能够预先阐明什么是可以描绘出所有可能的生活形式的标准。不同的生活形式不像不同的种或属那样相互关联与相互区别,它们不是相互离散与相互分离的现存者,而是可能相切似的彼此碰撞而非完全重合。正是出于这种理由,笔者将同时在单复数意义上使用"生活形式"(form(s) of life)或是"显达的生活形式"(manifest forms of life)。

二、"科学与逻辑式的我们"之崩解

威廉斯对科学与逻辑式的我们和本土观念的我们之二分代表着笔者称为终极二分(ultimate dichotomy)。这种二分众所周知的表述包括康德对"理智的法则"(laws of the intellect)与"我们行为的法则"(the laws of our actions)的区分④,内格尔对客观性与主观性的区分⑤,以及塞拉斯(Sellars)对显达的与科学的形象的对立⑥。塞拉斯的"科学的形象"类似于爱丁顿(Eddington)的"无特定之人的视角"(viewpoint of no one in parti-

---

① 译注:最后一语原文为:it's where my/your/our/their spade is turned。"铁锹被翻转"一语原出自维特根斯坦《论确定性》,它的基本含义是:我们的解释与理据总有一个尽头,总会在某处地方,我们寻根掘底的铁锹再也不可能掘下去了。

② R. M. Hare, "How to Decide Moral Questions Rationally?",载 Critica (Mexico) 18(1986), pp. 63 – 81。

③ H. Putnam, The Many Faces of Realism, La Salle, Open Court, 1987, p. 85.

④ 当代对此二分的引用参见 L. Krueger, "Hilary Putnam: Objectivity and the Science-Ethics Distinction",载 M. Nussbaum, A. Sen 编, The Quality of Life, Oxford, Claredon Press, 1993, pp. 158 – 164。

⑤ See T. Nagel, The View from Nowhere, New York, Oxford University Press, 1993.

⑥ See W. Sellars, Science, Perception and Reality, London, Routledge & Kegan Paul, 1963, pp. 1 – 40.

cular)①、内格尔的无处所之见（view from nowhere），以及威廉斯关于宇宙的绝对观念，根据这个观念，世界如其所是地独立于我们的探究或经验②。同样的客观性概念也在"非科学的"语境里出现，例如文学叙事风格中"无所不知的叙述者"（omniscient narrator），或是罗尔斯（Rawls）发生在无知之幕背后的判断这个概念。③

抨击终极二分有许多方式，正如后现代批评、批判理论，以及女性主义所表明。或者我们也可以像普特南那样抨击事实与价值之二分所谓的自明性。④ 在此处笔者选择一条不同寻常的路径，即，所有的一切——包括科学与逻辑——皆奠基于显达的生活表现形式之中。以下笔者列举出一些典型的关联于科学与逻辑式的"我们"的关键概念、理论或论题。在每种情况中，我们都可以表明，那些论题的理论的最终理据依赖于并非科学与逻辑组成部分的基础。

尝试把科学描绘统一于同一种方法之下的做法已经失败了；尝试指定同一种还原法将科学的所有领域都整合入同一幅世界图景的做法已经失败了；修正过的伴随性概念（supervenience）亦是同样的情况。⑤ 诉诸"理想的物理学"，或"对世界最大量的因果描述"，或者"全面的、总体的科学语言"的做法或是空洞的，或是依赖于自身不是该理想理论之组成部分的某种价值判断。与此对照，显达的生活形式之统一性和复多性永不会崩溃，因为它/它们支撑着一切。

在断言科学的形象（相对于显达的形象）之优先性时，当代的科学实在论者与自然主义者诉诸自然种类（natural kinds），严格的规律，以及世界的因果性结构。然而，预设存在着自然种类是极为聚讼纷纭的。不同的分类法服务于不同的功能或利益，不仅仅是科学或是常识的不同的利益，而且不同的分类法服务于常识之内及科学之内不同的利益。⑥ 科学的进步建立在可预见的谓词、可预见的后果之基础上。但在最为基础之层面上的进步有赖于植于占主导地位的显达的生活形式之中的诸多范畴。

"特殊科学"（special sciences）（例如心理学）中没有严格的法则，这一观点常常为人们所提出。然而，所有的法则都是在同等条件下所界定的（ceteris paribus）。水的沸点是 100 摄氏度，然于海水则非也，在珠穆朗玛峰峰顶沸腾或者装在毛细管中沸腾的水

① See A. Eddington, *Space, Time and Gravitation*, Cambridge, Cambridge University Press, 1921.

② See B. Williams, *Descartes: The Project of Pure Enquiry*, Harmondsworth, Penguin Books, 1978, pp. 236 – 249; *Ethics and the Limits of Philosophy*, Cambridge MA, Harvard University Press, 1985, pp. 136 – 139.

③ See J. Rawls, *A Theory of Justice*, Cambridge MA, Harvard University Press, 1971.

④ See H. Putnam, *Reason, Turth and History*, Cambridge, Cambridge University Press, 1981, pp. 127 – 216; *Realism with a Human Face*, Cambridge MA, Harvard University Press, 1990, pp. 135 – 192.

⑤ See Jaap van Brakel, "Interdiscourse or Supervenience Relations: the Priority of the Manifest Image", 载 *Synthese*, 1996 年第 106 期, pp. 253 – 297。

⑥ See Jaap van Brakel, "Natural Kinds and Manifest Forms of Life", 载 *Dialectica*, 1992 年第 46 期; J. Dupré, *The Disorder of Things: Metaphysical Foundations of the Disunity of Science*, Cambridge MA, Harvard University Press, 1993。

亦非其沸点是 100 摄氏度,如此等等。水的分子结构是 H_2O,这个法则是同样地不精确,同样地在同等条件下所界定的(ceteris paribus)的。① 物理学提出严格的法则应用于诸种闭合之体系的理论模式,然而,在真正的"物理世界"中根本没有闭合的体系,并且,在将这些模式应用于具体环境之时,除了额外假设之外,会产生各种各样的整体性的不精确性(holistic indeterminacies),例如在将量子力学应用于分子化学之时,这正如当经济学模式应用到现实中的人之时所发生的情况一样。我们无法把同等条件(ceteris paribus)或附加条件(proviso)完全地解释透彻,正如海姆佩尔(Hempel)所指出。② 况且,任何理论的应用都要求用前理论的语言确定我们的具体场所。对具体场所(处境)的理解不仅包括物理事件,而且包括最终发源于显达的生活形式的非科学形象的关切和兴趣。③

讨论物理学因果性是晚近对原因、性能与"力量"的日常谈论的精致化。有人曾提出量子力学削弱了不可见的物体构成了世界之因果性结构的科学实在论。量子力学迫使我们认识到,偶然事件潜伏于一切事情之后。然而,关于一个具有"真正的"或"绝对的"偶然性的世界的观念则产生于显达的生活形式。④ 进言之,量子力学所描述的偶然事件只是相对于一个更高层次对偶然性之局限的信念才存在,而后者植根于显达的生活形式之中。⑤

内在于人的东西和进入知觉的东西不能决定(underdetermine)所有的知识(科学的或其他的),不存在认知上的普遍因素(universals)。⑥ 没有一整套认知德性(epistemic virtue)标志着"好的知识",同样也没有一整套认知德性标志着科学。内格尔和威廉斯尽力规划的客观性是一种大杂烩,而不是一种自然种类。⑦ 不同的哲学家提出了不同的认知德性,然而对选择哪种德性,以及一般性原理如何应用到具体事例中却没有任何共识。⑧ 既没有普遍规则,也没有相对于特定领域的规则以在不同的德性发生冲突时指导如何作出权衡,就更不要说由某位哲学家所赞成的次类别之德性了。无论一个人

① See Jaap van Brakel,"Chemistry as the Science of the Transformation of Substances",载 Synthese,1997 年第 111 期,pp. 253 - 282。

② See C. G. Hempel,Provisos:A Problem Concerning the Inferential Function of Scientific Theories,载 A. Grünbaum,W. C. Salmon 编,The Limitations of Deductivism,Berkeley,University of California Press,1988。

③ See B. C. Van Fraassen,"From Vicious Circle to Infinite Regress,and Back Again",载 PSA (Proceedings Philosophy of Science Association),1992 年第 2 期,pp. 6 - 29。

④ See Jaap van Brakel,"Some Remarks on the Prehistory of the Concept of Statistical Probability",载 Archive for History of Exact Sciences,1976 年第 16 期,pp. 119 - 136。

⑤ See Jaap van Brakel,"The Limited Belief in Chance",载 Studies in History and Philosophy of Science,1991 年第 22 期,pp. 499 - 513。

⑥ See Jaap van Brakel,"Meaning,Prototypes and the Future of Cognitive Science",载 Minds and Machines,1991 年第 1 期,pp. 233 - 257。

⑦ See A. Fine,"The Viewpoint of No-One in Particular",载 Proceedings American Philosophical Association,1998 年第 72 期第 2 卷,pp. 9 - 20。

⑧ See Jaap van Brakel,"Epistemische deugden en hun verantwoording",载 Tijdschrift voor Filosofie(《鲁汶哲学杂志》),1998 年第 60 期,pp. 243 - 268。

在认知德性与实践德性之间如何划分界线,把真理或经验的精确性,或者个人感觉输入的有效利用,或是其他什么东西当做科学的目标,这样的目标都是一种价值,而非科学事实。

当理性概念和客观性概念处于威胁之中时,人们常常诉诸最后的解决办法:逻辑。正如哈曼在一篇对普特南的《理性,真理与历史》的书评中所述:"存在着道德相对主义(moral relativism),这意味着不存在'理性相对主义'(rationality relativism)"(此处的'理性'指逻辑),威廉斯也会同意这点。① 但是关于替代性逻辑的诸多分歧、关于演绎逻辑之理据的诸多分歧以及关于人种学的诸多分歧揭示了缺乏充足的理由使得古典逻辑成为关于下列事务的普遍的规范性约束,即什么是拥有语言、什么是人、什么是"受到关注"。②

没有能够毫无疑问地摒弃肯定前件式假言三段论(modus ponens)的"被展示的理性"(displayed rationality),但是同样也没有一种论证可以"从理智上"强迫某人接受一个逻辑上有效的论证(或是拒斥一个形式矛盾),正如刘易斯·卡罗尔(Lewis Carroll)关于阿基里斯(Achilles)与乌龟的第二次相遇的讨论已经表明的那样。③ 理性不过是被束缚住了的非理性而已,它超越了我们关于它所能够谈论的。④

当然,在20世纪,显达的生活形式在科学发展的影响下不断地被修改,但那丝毫没有减少前者的首要性。当代西方世界日常生活的轴心大多源自于科学的发展及其视觉中心主义的认识论(ocularcentric epistemology),但这并没有改变如下事实,即当他们的奠基性地位遭受怀疑的时候,裁决将由并非科学之产物的标准来控制。这并不是一个判断我们是否应该给予其中的一个或另一个以优先性的事情。除了从显达的生活形式出发并返回于其中,我们根本没有任何选择。这并不是说科学没有产生各种有用的探究事物的标准,而是说认为这些标准是好的这个判断自身并不是一个科学判断。

本着进化心理学或自然化的哲学(naturalized philosophy)的精神,我们可能说:"科学能够解释诸如人们之间的诠释、交往和规范如何可能这些问题"——参见威廉斯的话:"近代科学的一个重要特征……即是它对解释科学自身是如何可能的作出了某些贡献。"⑤但是对于这样的一种诠释的要求最终究竟如何获得正当性呢? 毕竟,总是其

---

① See G. Harman,《对 H. 普特南的〈理性,真理与历史〉的书评》,载 *The Journal of Philosophy*,1982 年第 79 期,pp. 569 - 575。

② See Jaap van Brakel, *De Wetenschappen. Filosofische kanttekeningen*(《论科学:哲学评论》), Leuven, Leuven University Press,1998 年,第三章,注释 1—3,33—36。

③ See L. Carroll, "What the Tortoise said to Achilles", 载 *Mind*,1895 年第 4 期,pp. 278 - 280;重印于 *Mind*,1995 年第 104 期,pp. 691 - 994。译注:阿基里斯与乌龟的辩论是一个著名的悖论,逻辑学家卡罗尔的这篇文章虚构了阿基里斯与乌龟的第二次相遇,其宗旨在于说明演绎逻辑是没有根据的。

④ See B. C. Van Fraassen, *Laws and Symmetry*, Oxford, Clarendon Press,1989,pp. 170 - 176; H. Putnam, *Representation and Reality*,Cambridge MA,The MIT Press,1988.

⑤ B. Williams, "对 R. 罗蒂(R. Rorty)《实用主义的诸种后果》(*Consequences of Pragmatism*)的书评",载 *New York Review of Books*,1983 年 4 月 28 日。

他种类的"科学"来为被认为是相关的无论什么东西提供诠释。为了就那些其他种类科学的选项作出某种判断,人们必须就如下论题作出判断:"决定哪种特征是最有价值的","正确","对环境的适当性",如此等等。

由于不存在一个外在的世界,包括应当如其所是地描述的认知德性,诸如什么起作用以及什么是一个好的解释这样的判断总是植根于显达的生活形式之中并且不能被从中解离出去。即使在解离(bootstrapping)作为一个技术性概念之时①,它总是部分地依赖着植根于显达的生活形式之中的假设。② 解离可能局部性地起作用,但是仅仅是当有一种——在其他许多东西之中——关于什么被算做"资料"(data)的前理论判断,那些前理论判断若是完全错误的,解离将会无力修复此种状况③,因此,不存在可以借助于永恒之光有步骤地接近于正确的东西的先验的或是可以自我更正的归纳方法。脱离这种困境唯一的方法是诉诸能够提供答案的最好的研究方法和最好的探究目的,然而,这样的东西仅仅在《美丽新世界》(*Brave New World*)及其同一种类的世界中才能够实现。④

三、先验式的我们(The Transcendental We)

在将科学与逻辑式的我们还原到有关狭义的我们的诸种直觉之后,所得到的结论并不是威廉斯式的⑤:"关于相对主义者和主体主义者……十分困扰的东西是……他们坚持以如此一种非常地方性与狭义的方式来理解'我们'。"关于涵括性的我们可能有其他的候选项,可能有比通过对照性的/涵括性的二分法更好的方式来通达那些论题。笔者首先将考察先验式的我们能够提供什么。

介绍先验式的我们的一种方法是通过对维特根斯坦晚期哲学的先验式解读来通达。⑥

---

① See C. N. Glymour, *Theory and Evidence*, Princeton, Princeton University Press, 1980。译注:解离(bootstrapping)这个术语常用于有关知识理论的文献中,在其字面意义上,它与穿着靴子的牛仔有关,正如一位陷入泥沼的牛仔不能通过试图脱去靴子而摆脱困境一样,人们不能揪着自己的头发离开地球。

② 译注:解离(bootstrapping)这个术语常用于有关知识理论的文献中,在其字面意义上,它与穿着靴子的牛仔有关,正如一位陷入泥沼的牛仔不能通过试图脱去靴子而摆脱困境一样,人们不能揪着自己的头发离开地球。

③ See G. Bealer, The Incoherence of Empiricism, 载 *Proceedings American Philosophical Association*, (增刊),1992 年第 66 卷, pp. 99 - 138。译注:《美丽新世界》是英国小说家、剧作家、诗人赫胥黎(Aldous Huxley, 1884—1963)的一部幻想小说,它描绘了这样一个虚拟的世界,其中一切事物,包括人的思想,都处于集权的控制之下。

④ 译注:《美丽新世界》是英国小说家、剧作家、诗人赫胥黎(Aldous Huxley, 1884-1963)的一部幻想小说,它描绘了这样一个虚拟的世界,其中一切事物,包括人的思想,都处于集权的控制之下。

⑤ 威廉斯:《对 T. 内格尔〈定论〉的书评》,第 40 页。

⑥ 关于最近对不同种类的先验哲学的概览,参见 S. G. Crowell, "The Project of Ultimate Grounding and the Appeal to Intersubjectivity in Recent Transcendental Philosophy", 载 *International Journal of Philosophical Studies*,1999 年第 7 期, pp. 31 - 54。

在 1962 年,卡维尔(Cavell)①已经把康德的"作为涉及知识的先天可能性,或这种知识的先天式应用"比拟于维特根斯坦的"我们的研究并不导向现象,而是指向现象的'可能性'"。② 威廉斯曾论辩,"对先验理念论的放弃并不是明确地伴随着从'我'(I)到'我们'(We)的(即从《逻辑哲学论》到《哲学研究》)的转向……从'我'到'我们'的转向是在先验理念自身之中发生。"③人们的任何言说都出自于某种生活形式内部:"我们语言的界限意味着我们世界的界限。"④谈论生活形式要求预设一个外在的有利点——但这是不可能的。因此,生活形式被看做对任何人(对成其为人)的先验条件或限制,它们是所有人类作为人类共同体的成员而共同分享的(撇开无关的生物学本性)。从这种观点出发,维特根斯坦对遵循规则的研究被认为是一种旨在为"我们如何行动"⑤提供洞见的先验研究。

有人认为先验的唯一意义在于作为一个界限概念(Limitbegriff),因为我们只能运用可资利用的概念从经验出发探究先验的边界。这样的探究可能提示边界所在的方向,但是此处的"方向"并不是一个很容易兑现的隐喻。无论经验研究多么广泛,我们都到达不了边界,就更不要说边界的另一边了。倘若经验研究能够确定为什么人类生活形式是这样的而不是那样的,它的意义绝不在于:我的生活形式的界限是我的世界的界限。⑥ 然而,如果可以说我们语言的界限就是我们世界的界限,"界限"这个概念本身的意义却并不清楚。

在对这些论题的讨论之中,威廉斯提及"先验事实"(transcendental facts)⑦,然而,谈论"事实"本身就已经使边界和边界的另外一边比能被谈论的更具体了。或许塞克斯(Sacks)的建议有更多的真理,即,并非某些先验实在规定着任何一,而是"这种规定性仿佛走相反的方向——从经验到先验"⑧。替换掉了先验约束(transcendental constraints),他引入了先验特征(transcendental features)的概念,它表示对可设想性的本地性限制,这种限制并不转译为对可能性的限制。这些先验特征可以随着时间的流逝

---

① S. Cavell,"The Availability of Wittgenstein's Later Philosophy",载 Philosophical Review,1962 年第 71 期,pp. 67 - 93。

② I. 康德(I. Kant),《纯粹理性批判》,康普—斯密译,第 96 页,B81/A56:"这就是:并非任何一种先天知识,而是唯有使我们认识到某些表象(直观或者概念)仅仅先天地被应用或者仅仅先天地可能以及何以如此的知识,才必须被称为先验的(即知识的先天可能性或者知识的先天应用)。"L. 维特根斯坦(L. Wittgenstein),《哲学研究》,第 90 节:"我们的研究不是指向现象,而是,就像人们所说的那样,指向现象的'可能性'。"

③ 威廉斯:《维特根斯坦与理念主义》,第 147 页。

④ 威廉斯:《维特根斯坦与理念主义》,第 150—152、第 144 页;参见 L. 维特根斯坦,《逻辑哲学论》第 5.6 节。

⑤ 威廉斯:《维特根斯坦与理念主义》,第 153 页;另见 145f。

⑥ 参见威廉斯:《维特根斯坦与理念主义》,第 146 页。

⑦ 参见威廉斯:《维特根斯坦与理念主义》,第 152 页。

⑧ M. Sacks,"Transcendental Constraints and Transcendental Features",载 International Journal of Philosophical Studies,第 5 期(1997 年),pp. 164 - 186。

产生变化,这种变化不服从于任何先天约束(a priori constraints)。①

具有偶然性的先验特征是否可以被视为具有真正意义的先验性,这当然是需要讨论的事情。可能有人认为,如果没有先验性约束制约着可能的变体,我们根本没有理由相信在所有不同的本地之间存在着任何重要的共同基础,无论它是否先验的。然而,除非那些约束不能用语词传达出来,并且它们没有同一性条件,我们毋须否认共同基础的存在。此处的问题不是从"先验的"到"历史的"的"危险的"还原。真正的危险是,偶然的东西很容易被看做是真正先验的东西。问题不在于如何给予关于一般意义上的局限或先验事实的谈论以具体内容,而在于表明,关于它们我们可以说些什么,于是可以明了,经验的(或自然的)与先验的(或概念的)特征不能被严格地区分开来。

在经验与先验、地方性或本土性与普遍性之间划定鲜明界限,这种做法所存在的问题为许多学者所不经意地论及,在有关生活形式的二手文献中也有这方面的讨论。在梅洛—庞蒂和伽达默尔批评胡塞尔的著述中亦有关于经验的或自然的无法与先验的区分开来的说法。② 在有关生活文学的二手文献中,里尔(Lear)建议我们在"(太)经验的(并且可能是错的)〔与〕先验的与空洞的"之间取一种中间立场③,但是他像威廉斯一样假定逻辑提供了实际生活中被普遍遵守(如果我们的活动要成为思考的表达)的诸种规则的一种抽象形式。他假设,尽管地方性实践可能彼此迥异,但我们不会遭遇拒绝我们的逻辑原理的他者。④ 然而笔者建议,这是达米特(Dummett)在与戴维森(Davidson)就古典逻辑的地位所做的讨论中提及的"沙文主义"(chauvinism)的一个例子。⑤

四、"你我式的我们"——第一部分：
第一次接触的我们

先验性问题出现的另一种方式相关于维特根斯坦对"人类的共同行为"的讨论。⑥

---

① See J. Margolis, *Science Without Unity*, Oxford, Oxford University Press, 1987, pp. 46 – 50.

② See M. Merleau-Ponty, *Signs*, Evanston IL, Northwestern University Press, 1964, pp. 106 – 107; H. G. Gadamer, The Science of the Life-World, 载 H. G. Gadamer, *Philosophical Hermeneutics*, Berkeley, University of California Press, 1976, pp. 182 – 197。

③ 参见里尔(Lear):《先验人类学》,第 293 页。

④ 参见里尔(Lear):《先验人类学》,第 297 页;参见塞克斯(Sacks):《先验约束与先验特征》,176f。

⑤ 在记录"In Conversation: Donald Davidson-The Dummett Discussion"的录像中,伦敦,国际哲学(伦敦经济学派)。

⑥ See E. von Savigny, "'Common Behaviour of Many a Kind' in *Philosophical Investigations* Section 206", 载 R. L. Arrington, H. -J. Glock 编, *Wittgenstein's Philosophical Investigations*), London, Routledge, 1991, pp. 105 – 119; R. Haller, "Die gemeinsame menschliche Handlungsweise", 载 R. Haller, *Sprache und Erkenntnis als soziale Tatsache*, Wenen, Hoelder-Pichler-Tempsky, 1981, pp. 57 – 69; N. Malcolm, "The Relation of Language to Instinctive Behaviour", 载 J. Hyman 编, *Investigating Psychology: Sciences of the Mind after Wittgenstein*, London and New York, Routledge, 1991, pp. 27 – 47; E. Wolgast, "Primitive Reactions", 载 *Philosophical Investigation*, 1994 年第 17 期, pp. 586 – 603。

与它表面上所暗示的相反,它的意思不是说"意义"或者语言行为形式在所有的语言中得以实现,或者说相应的行为规则性存在于所有的人类之中或者说只存在于人类之中。认为人类的通约行为形成了一种我们,这种"我们"或是先验的或是生物学的普遍因素,并在原则上能够被描述,可以运用于所有人类,这种看法都是退回到先验观察者(不管它是先天还是后天的)的观念上去。

语言以及人类通约行为的局限这两个问题在两个或以上的人相互遭遇中被带到一起,尤其在被称为第一次接触(First Contact)的情况之中:当有不同背景的人们第一次彼此遭遇的时候,对于对方的背景几乎一无所知(尤其是他们不会说彼此的语言并且没有翻译者)。下面就是这样一个事例:它发生在1773年4月7日的新西兰,引文摘自库克(Cook)和福斯特(Forster)的日记①:

> ……如果这个男子没有向我们低吼的话,我们本来不会看到他们(即一个男人和两个女人)就走过去了,他手里拿着一根木棒,站在一块岩石的尖角上……当我们划船接近这块岩石的时候,这名男子看起来相当恐惧,然而他仍然站着不动……然后船长手里拿了一些白纸,没带武装登上了岩石,把白纸递给这个土著人。这名男子现在明显地在哆嗦,脸上流露出强烈的恐惧感,接过了白纸。库克船长顺势走向他,握住了他的手,并且拥抱他,用自己的鼻子蹭他的鼻子,这是他们致意的方式。

> ……那两个女人加入了我们之后不久,与我和一些海员在一起的那个男人与我们聊了大约半个小时,彼此都没有明白对方多少,两个女人中年轻的那位到目前为止交谈得最多。我们把船里的鱼和野鸡送给他们,而接下来这个年轻的女人一样一样地拿起来,把它们再次扔进船里,从而使我们明白,他们不需要这样的东西……

尽管我们只有来自单方面的陈述,从经验上来说,这或许是我们对于人类交流之本质所能达到的最切近之处。发生的事情有很多。尽管库克及其同伴在这次遭遇中领会到的东西不多(并且基本上证实了冒险的、人文主义的、家长式作风的与殖民主义的历史),"每件事情"都牵扯进来:远在一句话被言说或被理解之前,人们已对他者作出了无数的诠释和判断。

诸如主观/客观或者事实/价值的二分法对于理解这样的事情之中发生着什么的相关性是什么呢? 这次遭遇中的相互交流如何展示了:一方面,"归根到底每个人以同样

---

① See J. C. Beaglehole, *The Voyage of the Resolution and Adventure 1772 – 1775*, Cambridge, Cambridge University Press, 1969, p. 116.

哲学家

的方式进行推理";而另一方面,根本没有"适用于所有正常人的道德原则"呢?①

第一次接触的叙述如何由于主导性的生活形式——在其中事件被原始地记录与讨论(这样的记录永远都不会是对称性的)——而被扭曲,关于这种情形,可以讨论的很多。然而,有关文献倾向聚焦于权力关系或是被记录下来的事件与殖民主义传播这样的宏观过程的相关性等问题②,至多不过借用第一次接触作为具有异邦情调的例子来说明欧洲中心后殖民主义中的最为新奇的东西。③ 然而,第一次接触的生活形式可以以某种方式充当一种"生活"启发式构造(heuristics),想象的事实(imagined cases)(依照维特根斯坦)、思想实验(thought experiments)(依照奎因、戴维森)、理想语言境况(ideal speech situations)(依照哈贝马斯、本哈比(Benhabib))或是共有的视阈(shared horizons)(依照伽达默尔、泰勒)等都未能达到这种进路所传达的东西。这些哲学家的启发法式构造很容易被提升为先验的确定性,具有倾向于种族中心主义或沙文主义的更大风险。

笔者认为,库克及其同伴以及他们遇到的那个男人和两个女人,双方都把对方看做和自己相似,虽然并不完全一样。于是他们把各种(根据诠释者)而有意义的特性(即我们称为情绪、信念、欲望、意图、道德判断等的东西)归于他们。每一个特定的诠释取决于其他无数的诠释,其中的任何一个都可能是错的,因此,不存在有关任何特定诠释的事实问题。例如,库克和福斯特把站在岩石上的男人诠释为处于恐惧之中,这或许是真的,或许不是,或许他对他们的入侵感到愤怒;那恰恰是他"低吼"的原因:"走开!"那正是这个男人和两个女人在半个小时的谈话中试图礼貌而严肃地告诉库克及其同伴的东西,并且那就是他们通过拒绝接受鱼和野鸡所想表达的意思(库克及其同伴本可以把最后一个姿势看做一种侮辱,但他们没有这样做)。但是,或许这个男子既不害怕也不愤怒,或许他是因为激动而哆嗦,并且他的"低吼"是上岸的邀请,或许他很激动或愤怒,但他的哆嗦与此无关,因为他有某种哆嗦病。真实的情况是什么? 它有什么关系吗?

第一次接触表明在没有分享同一种语言的情况下,人际间交流是可能的。非言语的反应(根据诠释者)可以被诠释为理性的、有意义的、不道德的,如此等等。在人们能够自如地诠释具体话语之前很久,把特定的信念及其他态度归诸对方就已经开始了。这并不是说语言不重要(或者仅仅是一种有效的工具),而是说理解远远在语言翻译之前就发生了。

---

① 转引自 G. Harman:《对 H. 普特南的〈理性,真理与历史〉的书评》。

② See K. Neumann, "In Order to Win their Friendship: Renegotiating First Contact", 载 *Contemporary Pacific*, 1994 年第 6 期, pp. 111 – 145; M. T. Bravo, "The Anti-Anthropology of Highlanders and Islanders", 载 *Studies in History and Philosophy of Science*, 1998 年第 29 卷, pp. 369 – 389; D. Thomas, *Transcultural Space and Transcultural Beings*, Boulder, Westview Press, 1996。

③ See G. Moore-Gilbert, *Postcolonial Theory*, London, Verso, 1997.

五、"你我式的我们"——第二部分：
跨文化交流与客观性

在本文的语境中，跨文化交流与促进目前全球化经济背景下都在竭力地使用英语的不同民族之间的交流这个目标无关。毋宁说跨文化交流的原型例子是第一次接触的境况。根本翻译（radical translation）先于使用语言的跨文化交流，根本翻译指的是这样的具体境况：说话者尝试在仅懂该语言的说话者的帮助下（正如历史上实际所发生的那样）为这种外语编写一份"翻译手册"。非言语的交流先于根本翻译。唯有不同的生活形式部分地相似或至少从另一方来看部分地可想象，即通过移情式的理解是可通达的，非言语的跨文化交流才有可能。笔者以为"移情"（empathy）并不是指将一个人自己的思想状态投射到别的东西上或就是感觉他人之感觉的能力，而是指参与另一个人所说的、所写的、所感觉的、所要求的、所想的、所做的如此等等的内容、精神、感觉、愿望、观念、活动如此等等的能力与情感，并且这种能力与情感由此而增强。

参与一种生活形式是使用语言的一个必要条件，因而也是翻译与诠释的必要条件。如果诸种生活形式不是至少在某些方面相似，根本翻译或诠释就永远不能启动。然而，认为在跨文化交流中我们至少部分地分有生活形式的看法是从某种生活形式内部出发而来的看法，因此，我们不能得出这样的结论：由于存在相似性，一定有一个普遍的核心。所出现的相似性出现而后消失（至少所表现出来的情境）。跨文化交流是可能的，这是无可争议的，因为它是"通常的"人际交流的一种自然的扩展，无论何种论辩都预设了人际交流。我们没有"实际的"（相对于理论的）理由担忧在完全不可通约的世界中如何生存。但是从这种具有极好支持的经验事实中并不能得出结论认为必然有一种人类行为共有的核心或本质，或是威廉斯所谓的"需要用以诠释我们自己以及他人的行为的基本心理学与社会学概念"[1]，或是一种共有的思维语言（lingua mentis），或是其他任何前概念的、认知的、情感的或者动觉的普遍性结构，这种结构概念式地或指称式地确定基本情感、基本色彩、基本方向或其他东西。[2]

对言语的诠释、对信念及其他态度的归属、对行为的诠释、对活动的合理化、信念与

[1] B. Williams，"Saint-Just's Illusion"，载 *Making Sense of Humanity and Other Philosophical Papers* 1982 - 1993，Cambridge，Cambridge University Press，p. 142。

[2] See Jaap van Brakel，"Meaning，Prototypes and the Future of Cognitive Science"；载 *Minds and Machines*，1991 年第 1 期，pp. 233 - 257；Jaap van Brakel，"Emotions as the Fabric of Forms of Life：A Cross-Cultural Perspective"，载 W. M. Wentworth，J. Ryan 编，*Social Perspectives on Emotion*，第二卷。Greenwich USA，JAI Press，1994，pp. 179 - 237；Jaap van Brakel，"Are there Non-Trivial Constraints on Colour Categorization?"，载 *Behavioral and Brain Sciences*，1997 年第 20 卷，pp. 167 - 228。

世界的关联等,都是相互依赖的。意义、信念、欲望、逻辑结构等必须同时被归属于一个讲话者的行为、言论、思想内容、倾向等。例如,她,一位诠释者,如果不能确定他,一位说话者(说话时)的信念及其他态度,就无法明了他的话语究竟表示什么意思。然而,她拥有的唯一通达说话者态度的方法是通过把意义赋予其话语(及其他行为)。因此她似乎陷入了恶性循环。当她试图将他的信念从他的愿望中——或者无论何种她所偏爱的态度分类中——清理出来的时候,她会遭遇同样的困难。

诠释的过程需要某种结构性的原则,关于这一点学者们已经提出各种各样的建议。戴维森的良善原则(principle of charity)或许是其中最为著名的。这个原则认为,诠释者必须假定任何说话者的言论都是融贯的,都相信真理,在大多数情况下都热爱善①——但他们没有必要说同一种语言。② 在二手文献中,良善原则几乎完全与真理相关联——从而话语被限制为描述性陈述。这种进路具有根本性的缺陷。一个人归属于另一个人的绝大多数(至少许多)信念必须为真,但这不仅仅适用于关于事实或正确的逻辑推理的信念,而且也适用于特定环境中(就道德而言)应当怎么做的信念。③ 这既适用于在第一次接触的境况中根本诠释的极端例子,也适用于与说话者的知己最有效地传达信息或情感的交谈。

良善原则的正确性在于,除非人们放弃关于诠释正确性的断言,某种组织性原则是必需的。不过,这种组织性原则就像理性或者语言的概念一样,是转瞬即逝的,因为诸如信念这样的东西不可计量,它们也不体现人们共有的一种独特内在(思想)状态。④ 尽管交流的发生需要某种相互调谐⑤,但并没有具有认识论或是形上学优先性的"稳靠的调谐"(secure attunement)——调谐是短暂的、充满争议的,随时可以被修正。稳靠的调谐(人们必须遵从它,否则会被认为失心)常常是被读入他人的语言及其他行为的东西,除非有某事向诠释者暗示这样做可能是个错误。被归属于彼此的话语的无论何种意义都是来自对彼此的诠释(在其起作用的过程中)进行调整、论争与修订。因而,对意义的斟酌是社会、政治与道德力量的产物,这一点在同等程度上适用于对熟悉的他者与对陌生的他者的诠释。

这并不意味着"所有的因素"都是有争议、都是转瞬即逝的。交流的发生总是具有

---

① See D. Davidson, *Inquiries into Truth and Interpretation*, Oxford, Clarendon Press, 1984.

② See D. Davidson, "A Nice Derangement of Epitaphs", 载 E. Lepore 编, *Truth and Interpretation*, Oxford, Basil Blackwell, 1986, pp. 433 - 446; H. G. Callaway, Jaap van Brakel, "No Need to Speak the Same Language", 载 *Dialectica*, 1996 年第 50 卷, pp. 63 - 72。

③ See D. Davidson, Expressing Evaluation, 林德莱讲座(The Lindley Lecture), University of Kansas, 1982 年; S. J anssens, Jaap van Brakel, Davidson's Omniscient Interpreter, *Communication and Cognition*, 1990 年第 23 期, pp. 93 - 99; B. Williams, "Saint-Just's Illusion", pp. 140 - 144。

④ See R. Needham, *Belief*, *Language*, *and Experience*, Oxford, Blackwell, 1972 年。

⑤ 在下文中首次被引入。B. A. C. Saunders, J. Van Brakel, "*Translating the World Color Survey*", 载 K. Geuijen, D. Raven, J. De Wolf 编, *Post-Modernism and Anthropology*, Assen, Van Gorcum, 1995, pp. 161 - 178。

一个分享的世界或者中间立场,它尽可能地是客观的。① 然而,问题在于:不是人们去"发现"或者"形成"独立于心灵的本体论层面的现实②,而是必须遵从地方性的现实以及使得意义与客观性通过社会存在者与当地的地形学之间的相互作用而实现的种种方式。进言之,吁求反映在上文提到的人类行为共有核心这样的观念中的基本性突出特征(basic saliences)作为交流与客观性的前提条件是没有必要的。③

运作于你与我的遭遇之中的突出特征如何被描述,这与归属于谈话伙伴的言语或其他行为的诠释是同样短暂的(或是在师生境况之中,这与这位老师恰好拥有的稳靠调谐一般独特)。除了大部分人的分辨能力或多或少相似之外,享有对事物进行组织分类共同的"自然"方式是没有必要的。

因此,使得交流展开,人们不必分享某种先在的语言或者世界,此处的"语言"和"世界"两个概念是在许多哲学家所预设的意义上使用。④ 人们真正共有的是对多种多样的生活形式大致上相似的反应。人类生活形式的界限是为那些相似的东西所给定的,但是什么是相似的东西不应当被理解为首先是某些全人类在生物学层面、心理学层面或是先验地共有的东西。相似的东西就是人类在第一次接触或其他接触中就能认出是相似的东西——这种相似性的基础在某种方式上是先验的,而这种基础的客观内容拴系于复数的你与复数的我之间(极可能是真实的)遭遇的本土境况。

六、结 论

"你我式的我们"是第一次接触的我们的一般化,它植根于生活形式之中。人类生活形式同时是单一与多种的。只是谈论多种的人类生活形式是不对的,因为所有的人分享着(植根于你和我之遭遇的我们之中的)共同的人性。谈论单一的人类生活形式也是不对的,因为存在着没有一个共同内核的多种变体。生活形式应该同时作为单数与复数、本土的与普遍的、经验的与先验的加以理解。

特别是,生活形式的概念不应该以那种常见的对待文化概念的方式而被本质化。先验地说,"如何明白或是了解一种不同于自己的文化"这个常见的问题是没有意义的,因为它缺乏批判地预设了"理解自己的文化"肯定有意义。⑤ 我们亦可以从经验上

① See D. Davidson,"The Problem of Objectivity",载《鲁汶哲学杂志》(*Tijdschrift voor Filosofie*),1995 年第 57 期,pp. 203 - 220。
② See D. Davidson,"The Problem of Objectivity",载《鲁汶哲学杂志》(*Tijdschrift voor Filosofie*),1995 年第 57 期,pp. 183 - 198。
③ See Jaap van Brakel, "Quine and Innate Similarity Spaces", pp. 81 - 99,载 *Poznan Studies in the Philosophy of the Sciences and the Humanities*,第 XX 卷,Amsterdam,Rodopi,2000 年。
④ See Jaap van Brakel,"Multiculturalising Davidson's triangulation",即出。
⑤ See P. Winch,"Can We Understand Ourselves?",载 *Philosophical Investigation*,1997 年第 20 卷,pp. 193 - 204。

观察到,"'我们的'文化中的许多方面可能对'我们'中的某一位而言十分陌生;事实上,其中某些部分可能比地理上或历史上遥远的文化表象更为陌生。"①

第一次接触表明,生活形式的先验性方面与经验性方面同时具有普遍与本土的因素。要成为一个人,人们必须知道特定生活形式的确定因素,而且能够辨识数量众多的其他生活形式,并在某种程度上与它们打交道,这是一种同时是经验的与先验的前提。通过想象其他共同体,或是(这样更好)通过与真实的共同体打交道,人们能够学会更好地理解"自然的"人类生活形式是什么——单数的生活形式与复数的生活形式之间再也没有区别了。

不同的生活形式表现出相似性,不能依据这个事实而预设它们必然享有共同的核心、本质、理性、原型、DNA 结构或是先验主体。确实,人类共有各种各样使其成为人的东西,然而这一断言总是从某一特定的生活形式内部出发而得出的经验性陈述。从某一语言或生活形式的视野来看,诸种生活形式总是展现出相似性,若非如此,交流将不可能开展。交流(或曰翻译)发生的必然条件是那些相似性呈现出来,然而我们没有独立于语言的方式来谈论此点或是给它提供保证。那些相似性如何加以理解,这取决于我们所接触的生活世界,尤其是取决于用来表述那些相似性的语言。对什么是相似的理解总是具体的,而非天赋的、恒定不变的(无论是柏拉图式的、康德式的、社会生物学的、还是什么其他意义上的天赋)。什么是相似的东西必须在第一次接触之中,更严格地说,在人类每一次的交流之中不断地被称道②。

---

① N. Scheman, "Forms of life: Mapping the rough ground", pp. 383 - 410,载 H. Sluga, D. G. Stern 编,*The Cambridge Companion to Wittgenstein*, Cambridge, Cambridge University Press, 1996 年。

② 此处的"称道"(claim)之义是 S. 卡维尔(S. Cavell)式的意思。S. Cavell, *The Claim of Reason*, Oxford, Clarendon Press, 1979 年。

修辞与哲学

——论柏拉图《理想国》汉译本和原文文体的一些重要差别

王 扬

（美国普林斯顿大学）

内容摘要：本文讨论和分析了柏拉图《理想国》的汉译本和希腊原文文体之间存在的一些重要差别。进行苏格拉底式的交谈意味着争论、推理、探索和发现真理。柏拉图作品中的文体倾向主要体现在他使用一系列不同的修辞手段来转换和丰富对话的模式、力度、调性和气氛。这些做法显然能有效地使哲学文字跃然纸上，达到取悦、教育和震撼读者的目的。以充分的古希腊原文和汉译文对比为例，本文作者希望展示，修辞在柏拉图的创作中起着一种很重要的作用；在把柏拉图的著作翻译成汉语的努力中，我们必须尽量恪守原文的文体。

关键词：柏拉图 《理想国》 修辞 文体 翻译

自 20 世纪 80 年代起，柏拉图的《理想国》一书开始引起我国读者的兴趣和重视。在此后 20 余年中，书市上陆续出现了好些出自不同译者的中文版本，甚至还包括了英、中文对照本。① 对于出版界、知识界来说，能够如此普及推广此书，的确是一件值得赞颂、值得庆幸的事情。我国现有的一些《理想国》译本多半以 19 世纪末英国牛津大学教授卓维特（B. Jowett）的英译本为底本，其中个别版本参考或部分采用了美国哈佛大学出版的洛厄布古典丛书（Loeb）中邵瑞（P. Shorey）的希腊文—英文对照本。其实，这

---

① 现将从 20 世纪初至今陆续出版的柏拉图《理想国》主要汉译本按年份排列如下：(1)《柏拉图之理想国》，吴献书译，商务印书馆 1929 年版。(2)《柏拉图理想国》，张雄俊译，（三重市），正文书局 1970 年版。(3)《柏拉图之理想国》，吴献书译，（台北），台湾商务 1977 年版。(4)《柏拉图理想国》，侯健译，（台北），联经出版事业公司 1980 年版。(5)《理想国》(节选本)，郭斌和、张竹明译；勒希平选编，商务印书馆 1986 年版。(6)《理想国》，刘勉、郭永刚译，华龄出版社 1996 年版。(7)《柏拉图全集·第二卷（国家篇）》，王晓朝译，人民出版社 2003 年版。(8)《理想国》，〔无名〕，吉林大学出版社 2005 年版。(9)《理想国》，张子菁译，光明日报出版社 2006 年版。(10)《理想国》(英汉对照)，侯皓元、程岚编译，陕西人民出版社 2007 年版。(11)《理想国》(英汉对照)，庞燨春译，九州出版社 2007 年版。(12)《国家篇》，王晓朝译，（台北县新店市），左岸文化出版社 2007 年版。

两个英文译本本身都已比较陈旧①，在语言和文体方面和原文都有较大的差距。在卓维特的版本盛行的 19 世纪末，某些学者对此就已提出过含蓄而中肯的批评②，尽管他的译本在英美国长期以来一直被奉做经典③。即使是直接从希腊文翻译过来的两个发行量不很大的汉译本在很大程度上也都参考利用了以上提到的两个英文译本，以致其词义、语法、修辞、直到标点符号等方面都更接近英文，都有偏离希腊原文的倾向。

有些读者也许会认为，只要能把柏拉图的哲学思想翻译过来，译文能基本转达原文的意思，文体上有些差别无关紧要，因为《理想国》是一部哲学著作，不是文学作品，读者似乎没有必要从文体或修辞的角度来评价该书。有些读者也许会问：只要能把每句话的意思清楚地翻译出来，这就相当不错了，何必要一丝不苟地恪守原文的形式？难道柏拉图所用的文体、他的修辞能更直接、更有效地把读者引入他的哲学王国？

这样的问题的确问得有理，令人深思。我们不妨这么设想，当我们向柏拉图本人提出这样的问题，问他为什么要采用对话的形式来阐述和宣扬自己的哲学，为什么苏格拉底在和人谈话时一会儿盘问，一会儿表彰，一会儿讽刺，一会儿哀叹，一会儿恳求，一会儿发誓，一会儿命令，一会儿开玩笑，一会儿说理，一会儿颁布法令，一会儿引经据典，一会儿吟诵诗歌，一会儿讲述故事，柏拉图本人会给我们什么样的具体答复呢？难道他会回答，苏格拉底在参加蓬蒂丝女神节的那天晚上就是这么说、作为作者的他就是如此根据别人的回忆而报道的吗？当然不会。然而，尽管我们无法直接从他口中听到任何解答，至少，我们能从《理想国》全书的艺术构思中找出一个比较简明、比较令人可信的答案。那就是他这么写的目的是为了"劝说"读者。可以说，《理想国》始终贯穿了这一"劝说"动机。从第 1 卷开始，当苏格拉底首次用"说服"一词（πείσωμεν，327c），请波勒马尔克斯放他和格劳孔上路回城，到第 10 卷结尾，当苏格拉底对在座的所有人说，"如果我们能被[厄尔的故事]说服"（ἄν πειθώμεθα αὐτῷ，621c），以及"如果我们能被

---

① 从 20 世纪初开始，西方学术界普遍采用英国学者布尔奈特（J. Burnet）编撰的希腊文版《柏拉图全集》5 卷本（英国，牛津出版社，1900—1915）。此后相继出现了由法沃勒尔（H. N. Fowler）主编的希腊文—英文双语版（12 卷，Loeb，1914—1935）、克罗伊塞特（M. Croiset）主编的希腊文—法文双语版（14 卷，Budé，1920—1989）以及根据施雷尔马赫尔（F. Schleiermacher）翻译（1804—1810）修订整理的希腊文—德文双语版（8 卷，Darmstadt，1970—1981）。1995 年起，牛津出版社开始推出由杜克（E. A. Duke）等人主编的"新版"，取代布尔奈特的版本。这项工作仍在进行之中；其中，由斯林格斯负责（S. R. Slings）编撰的《理想国》一卷（*Platonis respublica*）已于 2003 年出版。

② W. W. Goodwin，"Jowett's 'Dialogues of Plato'"，*The Classical Review*，v. 7，no. 4（1893），pp. 161 – 163。为了让读者感觉到"等同或类似原著所给的印象"，卓维特认为，"感觉"要比精确的词语更重要，以致（如卓维特自己在"前言"中所称）他会改写原文，按原作者（柏拉图）"不在打瞌睡时"写出的那样，并且会毫不犹豫地加入原文中"被省略的东西"，以利于英语读者"清楚地"阅读和理解。Goodwin 指出，卓维特的译本不适合两种读者看：1）讲究精确的学者，如果他们想在此追求原文的精确含义，想澄清原文中文字上比较令人困惑的地方；2）那些想借助卓维特的译文"补习"希腊文的人。

③ 卓维特的《柏拉图对话集》（*The dialogues of Plato*，四卷本）共出过四版：第一版，1871 年，第二版，1875 年，第三版，1892 年，第四版，1953 年；其中，第二、三版由译者本人修订，第四版由后人再度修订，为最终版。

我说服"(ἂν πειθώμεθα ἐμοι,621c),我们能清楚地看到,柏拉图如此工笔神妙地力图把读者引向哲学。其实,这是古典文学的一个重大特征。根据西方古典演说理论,修辞的目的就是为"劝说",它和文学创作有千丝万缕的关系。罗马政治家、演说家西塞罗说过,Π"说服"人的艺术包括三个方面:其一,用引人入胜的言词取悦于人,如动听的诗歌、刺激感官的叙述、令人心情舒畅的赞美等;其二,用理性引导人,如逻辑推理,由浅入深的抽象思维;其三,打动人的感情、震撼人的灵魂①。在苏格拉底生活的时代,演说艺术是教育的主要内容之一。活跃在公元前5世纪的雅典的许多智慧派教育家和哲学家,如普罗塔哥拉斯(Πρωταγόρας)、戈尔吉阿斯(Γοργίας)、希毕亚斯(Τππίας)等人都是口若悬河的演说家。在《理想国》这本书中,和苏格拉底展开激烈争论的忒拉叙马科斯就是一个著名的智慧派代表人物,并且是修辞学专家②;克法洛斯的第三个儿子吕西亚斯③当时也在座,也许因为他还很年轻,只是旁听,没有插话,历史上他以雄辩艺术著称于世,名气甚至胜过忒拉叙马科斯。在柏拉图笔下,苏格拉底式的对话在许多方面展现出这一以"劝说"为目的的修辞倾向。人物的谈话情调变化多端,文体色彩变幻无穷,内容引人入胜,这些都是柏拉图写作风格的重要特征。

由于英美语言和文化的局限,Jowett 的牛津英文版和 Shorey 的"洛厄布"英文版都无法充分"复制"希腊原文的文体和风格。有趣的是,有时翻译者不但不承认自己语言和思想的局限性,反而猜测柏拉图写作时偶尔思路不清,写出来的东西令人"打盹",以致,如 Jowett 自称,每当他"发现"这种情况,他会主动酌情增添或改写柏拉图的原文,使其原意"更加通顺"。这样的做法在 19 世纪也许能得到不懂希腊文、只想大致了解柏拉图哲学思想的一般读者谅解。在 21 世纪,在柏拉图学术研究工作进入到如此之深、之广的今天,恐怕没有一个翻译者胆敢说出这种话来,尽管擅自改动原文的现象仍在暗中进行。在译自英文的中译文中,受英语词义、句型和语气的影响而偏离希腊原文的地方比较多。现将两个发行量比较大、比较有影响的《理想国》汉译本④和希腊文本之间在文体上存在的差距简要地归纳如下。

(1)《理想国》是一篇哲学对话录,以辩论为主,叙述为辅,人物的对话充满了戏剧式的"对抗"和"竞争"(ἀγών)。其中最显著的特征是这些对话者,尤其是苏格拉底,使用了大量的疑问句、反诘和不用对方回答的修辞性疑问句。例如,在把城邦比做人的躯

---

① Cicero,*De or.*,2.28.121.

② 忒拉叙马科斯:原籍卡尔基斯,公元前5世纪下半叶希腊演说家、智慧派思想家和教育家,有修辞学和政治学论著,现已失传。

③ 吕西亚斯(约前458—约前380):克法洛斯的第三个儿子,雅典最著名的演说家之一。三十僭主统治时期流亡他乡,民主制恢复后,他回到雅典,开始为人写诉讼稿,从此闻名。

④ 参见《理想国》(节选本)与《柏拉图全集·第二卷(国家篇)》。按照译者在前言中所说,全书根据原希腊文本译出,在翻译的过程中参考利用了某些英文版本,特别提到了卓维特的"牛津版"和邵瑞的"洛厄布版",给一般读者的印象是,这两个版本比其他一些从英文转译的版本更接近原文,译文比较可靠。

体时,苏格拉底这么说道(462c—d):

> Καὶ ἥτις δὴ ἐγγύτατα ἑνὸς ἀνθρώπου ἔχει; οἷον ὅταν που ἡμῶν δάκτυλός του πληγῇ, πᾶσα ἡ κοινωνία ἡ κατὰ τὸ σῶμα πρὸς τὴν ψυχὴν τεταμένη εἰς μίαν σύνταξιν τὴν τοῦ ἄρχοντος ἐν αὐτῇ ᾔσθετό τε καὶ πᾶσα ἅμα συνήλγησεν μέρους πονήσαντος ὅλη, καὶ οὕτω δὴ λέγομεν ὅτι ὁ ἄνθρωπος τὸν δάκτυλον ἀλγεῖ· καὶ περὶ ἄλλου ὁτουοῦν τῶν τοῦ ἀνθρώπου ὁ αὐτὸς λόγος, περί τε λύπης πονοῦντος μέρους καὶ περὶ ἡδονῆς ῥαΐζοντος;

["是不是一个城邦的本质和一个人的本质非常相似? 比如,当我们中某人的手指受了伤,他的整个生理系统都会感觉到这点,从手指延伸到灵魂,直至那一拥有统一治理能力的中枢,并且,只要受伤的部分仍在疼痛,整个系统也都在忍受痛苦,因此,我们说,这人为手指而感到痛苦;同样,对于这人身上的其他任何部分,这是同样的道理,每当某一部分因受伤而感到疼痛,或因缓解而觉得舒服?"]

苏格拉底常常用这种问话形式来激发对方思考,要求对方或是表示赞同、或是提出异议,不断向对方挑战,迫使对方和他交锋。这么做显然活跃了对话的气氛,为由各方参与的"思想竞争"增添了很大戏剧性。在翻译中,如果我们把这种疑问句改为陈述句①,那么,以上这番话听起来就好像是"讲课",和原文的风格和语气不符。

苏格拉底也经常使用充满谐谑和幽默的反问句来逗引对方。例如,在阐述城邦的本性来自人的本性这一论点时,他故意盘问格劳孔(544d—e):

> Οἶσθ' οὖν, ἦν δ' ἐγώ, ὅτι καὶ ἀνθρώπων εἴδη τοσαῦτα ἀνάγκη τρόπων εἶναι, ὅσαπερ καὶ πολιτειῶν; ἢ οἴει ἐκ δρυός ποθεν ἢ ἐκ πέτρας τὰς πολιτείας γίγνεσθαι, ἀλλ' οὐχὶ ἐκ τῶν ἠθῶν τῶν ἐν ταῖς πόλεσιν, ἃ ἂν ὥσπερ ῥέψαντα τἆλλα ἐφελκύσηται;

---

① 参见:"当一个国家最像一个人的时候,它是管理的最好的国家。比如像我们中间某一个人的手指受伤了,整个身心作为一个人的有机体,在统一指挥下,对一部分所感受的痛苦,浑身都感觉到了,这就是我们说这个人在手指部分有痛苦了。这个道理同样可应用到一个人的其他部分,说一个人感到痛苦或感到快乐"(商务版)。又见:"城邦的状态与个人的状态非常相似。比如,我们中间某个人的手指受了伤,在支配整个人的灵魂的作用下,尽管受伤的只是身体的某个部分,但身体的每个部分都能感到痛苦,这就是我们所说的那个人的手指受了伤。对人体的其他部分也可以这样说,无论它的哪个部分受到伤痛或是感到快乐"(人民版)。

　　［“那么，你有没有想到，我说，世人中有多少形式不同的性格，世上就必然会有多少形式不同的政治体制？或你认为，这些政治体制是‘榆树’或‘岩石’的产儿①，而并非来自于在城邦中那些人的性格，就如同在天平秤上，当它们下沉，其余的东西都向它们倾斜？”］

　　在《理想国》一书中，苏格拉底用了很大篇幅批判了以荷马为首的传统诗人。此处，他引经据典地质问格劳孔，显然有旁敲侧击、含沙射影之意。而格劳孔也肯定领会和欣赏对方话中的幽默。如果苏格拉底向格劳孔直接陈述他的观点，不用问句，那么这段话就会缺乏某种“活力”或“气氛”，使本来开放式的、充满风趣的交谈变成苏格拉底的一言堂②。

　　《理想国》原文中一共有 1785 个问句；卓维特的英文版本有 1620 个问句，比原文少了十分之一；国内有几个根据英文转译或根据洛厄布（Loeb）希腊文—英文翻译的中文本略减更大，一般只有 1050 个问句左右，比原文少了近五分之二。和原文对照一下，读者可以发现省略的原因：其一，苏格拉底使用的大量反诘句（«Οὐκοῦν … ;» ＝“难道不是这样……?”）大部分被翻译成了陈述句。其二，当说话者把话头转向和上文有递进或对比关系的新的内容时，常用选择问句（«Τίδέ;» ＝“［你看］这又如何呢?”）打头，以招呼对方注意，这一修辞手法显然有承上启下的作用，不能随便省略，而一般英文版本通常有弃之不译的做法，汉语转译本当然也就无能为力③。其三，作为苏格拉底的搭档，格劳孔和阿德曼托斯也不总是充当“应声虫”，一口一个“是”或“对”，而是通常采用了“反问”形式对苏格拉底的疑问、反诘或陈述表示肯定（«Πῶς γὰρ οὔ;» ＝“怎么不是?”），而这样的句子通常都被译成了“当然!”，或被省略。这类删减或改动多少改变了对话的戏剧性情调和气氛。

　　（2）另一个和原作的语气和文体密切相关、但经常被忽视的领域是如何准确地译

————————————————

　　① “‘橡树’或‘岩石’的产儿”：近似俗语，说话者不认为对方有什么古老神奇、无法说清的出生背景。在荷马的《奥德赛》中（19.162—163），佩涅洛佩曾对化装成乞丐的丈夫奥德修斯这么说道：

　　　不管怎样，告诉我，你来自哪个氏族？

　　　你当然不会来自橡树或传说中的岩石。

这一表达法又见于荷马《伊利亚特》，22.126；赫西奥德《神谱》，35；柏拉图《辩护篇》，34d。

　　② 参见：“那么，你一定知道，有多少种不同类型的政制就有多少种不同类型的人们性格。你不要以为政治制度是从木头里或石头里产生出来的。不是的，政治制度是从城邦公民的习惯里产生出来的；习惯的倾向决定其他一切的方向”（商务版）。

　　③ 这似乎是英文译本的通病；相比之下，德文版本一般倾向于保留原文的修辞形式，例如弗里德里奇·施莱尔马赫尔（Friedrich Schleiermacher）的译本无论内容和形式都和原文极其接近——这也许和 18—19 世纪德国“新人文主义运动”有密切的关系，参见 20 世纪一批德国学者根据他所翻译的《柏拉图全集》编排、修改、增订、注释的希腊文—德文双语版（Platon, *Werke*, herausgegeben von Gunther Eigler, Darmstadt, 1971）。

出原文中的大量虚词。古希腊语中的虚词远比现代英语、法语、德语、意大利语或现代希腊语多,甚至比拉丁文都多。一般现代西文译者都无法把它们完全准确地翻译出来,以致省略的现象比较频繁。其中,被语法家们称做的"小品词"(particles),如ἀλλά(另外,那么,但是,然而,除了)、ἄρα(那么,正是,毕竟)、ἆρα(难道说,真是)、ἀτάρ(然而,况且)、γάρ(因为,既然,何况)、γε(的确,至少,甚至)、δέ(另一方面,再者,此外)、δή(的确,真的,实在是)、εἴτε(或是,或者)、ἤ(或,还是)、ἦ(确实地,一定,毫无疑问,难道,莫非)、καί(和,与,同样,甚至)、μέν(从一方面看,一则,当然)、οὖν(的确,其实,于是,因而)、οὔτε(既非,也不)、περ(很,非常,纵使,尽管,不管怎样)、που(某处,也许,大约)、τε(和,以及,和……二者)、τοι(因此,所以,显然,你当然知道),以及它们之间的各种的组合,如ἀλλά γε("但至少……")、ἀλλὰ μὲν δή("然而,真正的结果当然是……")、ἀλλ' οὖν("无论如何")等在句子中占有特别的地位,它们多半起着副词、连词、介词、语气词、助词、叹词等作用,语气活跃,意思丰富,逻辑鲜明。如以下这段文字(382e):

Κομιδῇ ἄρα ὁ θεὸς ἁπλοῦν καὶ ἀληθὲς ἔν τε ἔργῳ καὶ λόγῳ, καὶ οὔτε αὐτὸς μεθίσταται οὔτε ἄλλους ἐξαπατᾷ, οὔτε κατὰ φαντασίας οὔτε κατὰ λόγους οὔτε κατὰ σημείων πομπάς, οὔθ' ὕπαρ οὐδ' ὄναρ.

["那么,毫无疑义,天神本质单一,无论言论上或行动上都真实可靠,他并不改变自己,也不欺骗别人,既不通过假象,也不通过语言,也不通过递送征兆,不管对方醒着或是在做梦。"]

论字数,这一连串的"小品词"或说"虚词"几乎占了整句话的三分之一。从修辞角度看,以"排比"的形式连续出现的否定虚词"οὔτε...οὔτε"("既不……又不")不仅加强了说话者的语气,而且加强了被罗列之物的含义对比,增强了整个句子的逻辑性。此外,反复出现的双元音"οὔ"又增强了句子中的"内韵",尤其是当它和另一个反复出现的元音"α"交织在一起,整句话便充满了诗歌般的韵律。如果我们在翻译中忽视了这些虚词,原来的文体无疑就会发生改变①。

正确地翻译出"小品词"的含义能帮助读者分辨句子中不同成分的逻辑关系,从而使读者正确理解原文的意思。有时候,本来一个逻辑分明、含义清楚的句子在某些译文

---

① 参见:"因此,神在言行方面都是单一的、真实的,他是不会改变自己,也不会白日送兆,夜间入梦,玩这些把戏来欺骗世人的"(商务版)。又见:"因此神是单一的,在言行方面是真实的,他不会改变自己,不会用幻觉、言辞、征兆、托梦来欺骗世人"(人民版)。

中变得很含糊,甚至可以说是"歪曲了"原文。如以下这句话(389e):

Σωφροσύνης δὲ ὡς πλήθει οὐ τὰ τοιάδε μέγιστα, ἀρχόν των μὲν ὑπηκόους εἶναι, αὐτοὺς δὲ ἄρχοντας τῶν περὶ πότους καὶ ἀφροδίσια καὶ περὶ ἐδωδὰς ἡδονῶν;

["然而,对绝大多数人来说,自我克制的最大特征难道不就是这些,<u>一方面</u>充当好顺从统治的臣民,<u>另一方面</u>,在喝酒、性爱、吃饭这些乐趣上,充当好自己的统治者?"]

希腊原文中的一对"小品词"μέν...δέ...(一方面……,另一方面……)明确地区分了"自我克制精神"应该体现在两个领域。这句话是针对绝大多数人说的,显然不包括极少数统治者,因为统治者不用顺从任何人。相反,如果说"自我克制精神"只须体现在"臣民顺从统治"和"统治者克制好自己的欲望"这两个方面,正如读者在某些汉译本中看到的那样①,整个句子的逻辑性就会被打乱,意思被曲解,苏格拉底给人们的忠告也相应地显得平淡庸俗、缺乏哲理。

西方学术界对这些小品词的研究以有较长的历史,其工作也颇为全面而细致②。从某种程度上看,它们相当于汉语中的虚词。应该说,汉语中的副词显然比较丰富③,这有助于从古希腊文直接翻译成中文的工作。相反,如果从现代西语转译,中文译者通常会在这方面受对方语汇的限定和束缚,不能充分表达出原文的含义和语气。

(3)《理想国》中的呼唤语比较多。这些以"呼格"(vocative)出现、在谈话中直接呼唤对方的形式是人物对话中一个重要的文体特征。这样的呼吁基本可分为两种:人名,如,«ὦ Σώκρατες»("苏格拉底"),«ὦ Σοφόκλεις»("索福克勒斯"),«ὦ Ἀδείμαντος»("阿德曼托斯");普通名词,如,«ὦ φίλε»,("朋友"),«ὦ ἄρφιστε»("最高贵的人"),«ὦ εὔδαιμον»("幸福的人")。苏格拉底经常喜欢在呼语上"做文章",根据谈话的内容,有时忽然在句子中插入一个呼语,在对方的名称前添加一个特征形容词,以示讽刺

---

① 比如:"对于一般人来讲,最重要的自我克制是服从统治者;对于统治者来讲,最重要的自我克制是控制饮食等肉体上快乐的欲望"(商务版);又见:"对于民众来说,最主要的自我克制就是服从统治者,而对统治者来说,最主要的自我克制就是控制身体的欲望和饮食快乐吗?"(人民版)。

② 见 J. D. 德尼斯顿的专著《希腊语小品词》(= J. D. Denniston, *The Greek Particles*, Oxford, 2ⁿᵈ ed. , 1934)前言(第[xxxvii]-lxxxii 页)以及参考书目(第 588—597 页)。

③ 试比较:朱景松主编的《现代汉语虚词词典》(语文出版社 2007 年版)收词 1600 余条;德尼斯顿的《希腊语小品词》一书收词 350 余条。

（«ὦ μακάριε Θρασύμαχε»，"充满神福的忒拉叙马科斯"，354a）、或故作惊讶（«ὦ θαυμάσιε»，"令人惊叹的［先生］"，420d）、或器重（«ὦ ἀγαθὲ 'Αδείμαντε»，"高贵的阿德曼托斯"，423d）、或亲昵（«ὦ φίλε ἑτατρε»，"亲密的伙伴"，459b）、或羡慕（«ὦ μακάριοι»，"你们这些有福的人啊"，506d）、或赞美（«ὦ δαιμόνιε»，"神灵般的朋友"，573c），这一般都和谈话内容的情调有密切的关系。

"洛厄布"英文版在处理这类词语上做法有时笼统、有时蹊跷，并且常常偏离希腊原文的含义，以致影响或改变了说话者的语气。比如以上提到的«ὦ μακάριε Θρασύμαχε»（"充满神福的忒拉叙马科斯"，354a），将其译成"most worshipful Thrasymachus"（"最受人崇拜的忒拉叙马科斯")"。其实，"μακάριε"一词的原意为"幸福如神"、"受神赐福"或"无比幸福"。根据上下文的意思（353e—354b），苏格拉底在辩论中正逐渐把对方逼入死角，成功地向忒拉叙马科斯证明，非正义在任何时候都绝不可能比正义更有利、绝不可能给人带来更大的幸福，而一向主张"非正义者的生活最幸福"的忒拉叙马科斯此时也不得不接受这一结论。此时此刻，苏格拉底称对方"充满神福"，这当然是对对方的莫大讽刺。因此，把"μακάριε"译成"most worshipful"明显偏离了原文的含义。根据"洛厄布"版翻译的汉译本很难扭转这类倾向①。

另外还有一些和呼唤语相关的习惯表达法，如发誓语"以宙斯的名义"或"宙斯在上"。这么说的目的主要是为了加强语气，因为宙斯是主管正义、真理和誓言的天神。"宙斯在上"这一表达形式在《理想国》中共出现了53次。在 B. Jowett 的英译本（1954[4]）中，直接提到宙斯名字的发誓语只有1处（453d），间接翻译出的地方只有5处（"O heavens!" = "天哪!"），其余的地方，除了偶尔被翻译成"当然"、"的确"之类的副词外，多半都被省略。P. Shorey 的"洛厄布"版本（1938）处理方法前后不一，真正被直接译出的地方（By Zeus!）有23处，其中绝大部分出现在第7—9卷；译成"苍天在上"（By heavens!）或偶然"以上苍的名义"（In heaven's name!）的地方有15处，其余或被译成"的确"（"indeed"，407b、423b）、"相信我的话"（"on my word"，452b）、"千真万确"（"in faith"，400a），或省略（11处）。基本根据或主要参考以上两个版本翻译的中文译

---

① 试比较"洛厄布"英文版和以其为底本的商务版（2002）和人民版（2003）对以上各例的处理方法：ὦ μακάριε Θρασύμαχε(354a)，英译"most worshipful Thrasymachus"，汉译"高明的色拉叙马霍斯啊"（商务版）和"可敬可佩的塞拉西马科啊"（人民版）；ὦ θαυμάσιε(420a)，英译 "quaint friend"，汉译［漏译］（商务版）和"好朋友"（人民版）；ὦἀγαθὲ 'Αδείμαντε(423d)，英译"my good Adimantus"，汉译"我的好阿得曼托斯"（商务版）和"我的好阿得曼图"（人民版）；ὦ φίλε ἑτατρε(459b)，英译"dear friend"，汉译"我亲爱的朋友"（商务版）和"我亲爱的朋友"（人民版）；ὦ μακάριοι(506d)，英译"my beloved"，汉译"我亲爱的朋友们"（商务版）和"我亲爱的朋友"（人民版）；ὦ δαιμόνιε(573c)，英译"my friend"，汉译"我的朋友"（商务版）和"我的朋友啊"（人民版）。

本都有同样的倾向①。"宙斯在上"几乎是古希腊人的口头禅②,是反映其文化习俗的一个鲜明的语言标志,在翻译中的确值得我们全部保留。

(4)《理想国》通篇以对话为主,其文体的"口语性"特别强,句型非常灵活。其中最简短、最活跃的是"命令式"语句。使用这类句型不仅给人物对话的语气带来了很大的变化,而且给柏拉图的文体增添了很大的色彩。在第 1 卷开始,波勒马尔克斯见苏格拉底和格老孔两人急着想走,便开玩笑地威胁对方说:"῍Η τοίνυν τούτων, ἔφη, κρείττους γένεσθε ἠμένετ᾽ αὐτοῦ"("你俩要么硬比我们这些人强,要么就留在这里",327c)。波勒马尔克斯的意思是,他和他的同伴们恳求对方留下,甚至可以不惜动用"武力"。苏格拉底说:"Οὐκοῦν, ἦν δ᾽ ἐγώ, ἔτι ἐν λείπεται, τὸ ἢν πείσωμεν ὑμᾶς ὡς χρὴ ἡμᾶς ἀφεῖναι"("除此",我说,"不是还有一条出路,那就是,如果我们能说服你们,你们就必须让我们走?"327c)。波勒马尔克斯回答说,不管他俩怎么说,没人听,有什么用! 这一段生动而有趣的对话初听起来好像没有什么多大意思。然而,在看完了《理想国》全书后,细心的读者就会发现,"说服"(πείθω)这一动词又出现在全书的结尾:"如果我们能被[厄尔的故事]说服"(ἄν πειθώμεθα αὐτῷ,621c),"如果我们能被我[苏格拉底]说服"(ἄν πειθώμεθα ἐμοι,621c)。一字值"千金",从开卷提到的"一日之游"到第 10 卷结尾提到的"千年之旅",如此构思的"环形"文体不能不引起读者的惊叹和深思。

除了上述"威胁"外,还有些"命令句"属于"告诫",如克法洛斯对苏格拉底说,"如此好好记住,事情就是这样,对本人来说,那些涉及躯体的快乐凋谢多少,和人交谈的这些欲望和快乐便增加多少"(328d);有些属于"催促",如苏格拉底对忒拉叙马科斯说,"来吧,忒拉叙马科斯,从头回答我们"(348b);或表示"建议",如格劳孔对苏格拉底说,"就请探索吧"(ἀλλα σκόπει,435d);有些属于"使唤",如苏格拉底对格劳孔说,"请你到某处弄盏明亮的灯来,进去作个探索,你自己一个,再约你的哥哥和波勒马尔科斯以及其他几个人一起同行"(427d);有时属于"抱怨",如格劳孔见苏格拉底躲躲闪闪,故意不直接回答问题,便不耐烦地说道,"你这种话说得越多",他说,"意在避免谈论这一城邦体系能凭什么方法实现,你被我们释放的机会就越少。说吧,别磨蹭了!"(472b)。

还有些"命令句"属于戏剧性"对抗",语气充满了讽刺,更引人发笑。比如,在第 1 卷结尾,当忒拉叙马科斯感到自己的论点被苏格拉底一连串的盘问弄得面目全非,见苏

---

① 商务版(2002)基本参照了 Jowett 的翻译法;人民版(2003)根据 Shorey 的做法,前后并不统一,在前 7 卷中比较自由,倾向意译("凭天发誓",399e;"凭天起誓",402b;"我可以发誓",426b 等),时而省略(345e,350e,386b,462a),在最后 3 卷书中则更倾向直译。

② 除了"宙斯在上"的表达法外,在《理想国》中的人物还用了"凭狗发誓"(399e),"以天神们的名义"(402b),"以众神的名义"(425c)等誓语来加强肯定或否定的语气。

格拉底仍在一个劲儿地往下说,他对苏格拉底进行反击,和对方有这么一段对话:

Εὐωχοῦ τοῦ λόγου, ἔφη, θαρρῶν · οὐ γὰρ ἔγωγέ σοι ἐναντιώσομαι, ἵνα μὴ τοῖσδε ἀπέχθωμαι. (352b)

["把这话当美餐享受吧!"他说,"尽管放心,我可不和你作对,免得激起满屋人的仇恨。"]

Ἴθι δή, ἦν δ᾽ ἐγώ, καὶ τὰ λοιπά μοι τῆς ἑστιάσεως ἀποπλήρωσον ἀποκρινόμενος ὥσπερ καὶ νῦν. (352b)

["来吧,"我说,"用宴会上其余的东西来满足我,正如你一直在做的那样,继续回答我的问题。"]

把言论(λόγος)当做美餐来享受,以满足某种"食欲",忒拉叙马科斯这么比喻当然有特定的背景。其一,当天是蓬蒂丝女神的节日,人们欢聚在一起,同饮共食,苏格拉底被邀请来到富翁克法洛斯家里做客,受到了热情的款待,这相当于"赴宴"。其二,克发洛斯早先谈到自己进入老年的切身体会,曾要苏格拉底"好好记住",人老了,躯体上的欲望和快乐"凋谢"多少,和人谈话的欲望便会增加多少(328d)。忒拉叙马科斯显然还记得克法洛斯当时给苏格拉底的"忠告",此时故意借那句话来"刺"苏格拉底。苏格拉底将计就计,毫不客气地要对方再给他"添饭、加菜、斟酒",让他尽情享受一番。

这类"命令句"在以上提到的两个英文版中通常都没有得到直接、忠实的翻译,措辞、句型和语气多半都变了样。根据这两个版本翻译过来的汉译本也就无法避免这类偏离原文的倾向①。

(5)古希腊文学中有两种颂扬文体,一种主要用于颂扬神明,称做"颂歌"或"神颂"(ὕμνος),另一种用于颂扬人间的名人、英雄、领袖等,称做"赞歌"或"颂词"(ἐγκώμιον)。在柏拉图的《理想国》中,这类文体得到了十分灵活的运用。

在描述以最基本的生活需要为基础的"初级城邦"时,苏格拉底热情地赞美了普通人的"富足、美好、和谐"的生活方式。柏拉图用细腻的笔法和充满诗意的文体,将苏格拉底的"颂词"如此转化为一幅动人的"风俗画"(372a—c):

---

① 本来是第二人称单数的"命令式"句子,经常变成(第一人称复数)的"祈使式"句子。比如,如变成了"让我们继续研究下去"或"让我们继续探讨"。

καὶ οἰκοδομησάμενοι οἰκίας, θέρους μὲν τὰ πολλὰ γυμνοί τε καὶ
ἀνυπόδητοι ἐργάσονται, τοῦ δὲ χειμῶνος ἠμφιεσμένοι τε καὶ ὑποδεδεμένοι
ἱκανῶς · θρέψονται δὲ ἐκ μὲν τῶν κριθῶν ἄλφιτα σκευαζόμενοι, ἐκ δὲ τῶν
πυρῶν ἄλευρα, τὰ μὲν πέψαντες, τὰ δὲ μάξαντες, μάζας γενναίας καὶ
ἄρτους ἐπὶ κάλαμόν τινα παραβαλλόμενοι ἢ φύλλα καθαρά, κατακλινέντες
ἐπὶ στιβάδων ἐστρωμένων μίλακί τε καὶ μυρρίναις, εὐωχήσονται αὐτοί
τε καὶ τὰ παιδία, ἐπιπίνοντες τοῦ οἴνου, ἐστεφανωμένοι καὶ ὑμνοῦντες
τοὺς θεούς, ἡδέως συνόντες ἀλλήλοις, οὐχ ὑπὲρ τὴν οὐσίαν ποιούμενοι
τοὺς παῖδας, εὐλαβούμενοι πενίαν ἢ πόλεμον.

["为自己盖好住房后,他们将投入工作,夏日里,大部分时间光着身子、
赤着脚,到了冬天,穿上足以抵寒的衣服,穿上鞋子;他们为自己准备食物,将
大麦压成麦片,把小麦磨成面粉,前者用水煮,后者捏成面团,之后,把做好的
糕点和面包放在麦秆和干净的树叶上,搁在一边,自己斜躺在用紫杉和桃金娘
花枝编织的草垫上,和孩子们一起共享餐食,饭后喝起葡萄酒,头戴花冠,唱起
颂扬天神的歌曲,并彼此甜蜜地交融①,但不会不顾经济能力去生育孩子,因
为他们害怕贫困或战争。"]

从"光着身子劳动"开始到做饭、用餐、喝酒、唱歌、"做爱",这些处于城邦的初级阶段的
"公民"过的是最基本、最朴素、最单纯、最虔诚、最快活的生活。从本质上说,这个"朴
质的城邦"是苏格拉底所设想的"理想国"的原始形态。在赞扬这种生活时,也许读者
可以想象,苏格拉底脸上带着淳朴而轻松的微笑,语气中没有任何批评或讽刺的成分。
然而,当这个城邦逐渐发展成了一个必须要靠卫士阶级来保护和治理的"高级城邦"时,
苏格拉底的观点明显有了转变,他半认真、半开玩笑地称之为"奢华的城邦"(τρύφωσαν
πόλιν, 372e)②,语气中显然带有轻蔑。

以讽刺的语气报道别人如何赞扬某人,这属于"赞美式"文体的一种"变奏"。苏格
拉底特别善于运用这一手法来刻画人物的性格和心态。如在以下一例中,苏格拉底将
人的灵魂比做"城邦",把灵魂中的各种势力比做"城民",将一个年轻人的一系列心理
活动拟人化、戏剧化(560e—561a):

Τούτων δέ γέ που κενώσαντες καὶ καθήραντες τὴν τοῦ κατεχομένου τε
ὑπ᾽ αὐτῶν καὶ τελουμένου ψυχὴν μεγάλοισι τέλεσι, τὸ μετὰ τοῦτο ἤδη ὕβριν

---

① 彼此甜蜜地交融:指性爱活动。
② 希腊原文 τρύφωσαν πόλιν("奢华的城邦")含贬义,有豪华、奢侈、浪费、堕落等层意思。

καὶ ἀναρχίαν καὶ ἀσωτίαν καὶ ἀναίδειαν λαμπρὰς μετὰ πολλοῦ χοροῦ κατάγουσιν ἐστεφανωμένας, ἐγκωμιάζοντες καὶ ὑποκοριζόμενοι, ὕβριν μὲν εὐπαιδευσίαν καλοῦντες, ἀναρχίαν δὲ ἐλευθερίαν, ἀσωτίαν δὲ μεγαλοπρέπειαν, ἀναίδειαν δὲ ἀνδρείαν.

["当它们(指欲望)把这些东西(指美好的品德)从受它们控制、经历过它们隆重入教仪式的人的灵魂中驱逐、清洗了出去,它们就迫不及待带着一支庞大的合唱队伍,将红光满面、头戴花冠的狂妄、混乱、挥霍和无耻从流放中招回城中,它们大肆赞美对方,彼此用亲密的称呼相唤,它们称狂妄为高尚,称混乱为自由,称挥霍为阔气,称无耻为豪迈。"]

其中ἐγκωμιάζοντες("大肆赞扬")显然是这段文字中的一个关键词,它象征性地标志着文体的变化,跟在它后面的一连串宾语都属于"颂词",如同人们在公共场合中听到的一篇篇"歌功颂德"的演说。当然,其混淆是非、颠倒黑白的内容不能不使人听了觉得特别荒唐可笑,而这也正是苏格拉底使用"颂词"文体的灵活性,有效地借此来讽刺和批判非理性的、堕落灵魂本质的欲望势力。

(6)人物刻画在《理想国》中占有很大的篇幅。这是因为苏格拉底始终把城邦性质看做是个人性格的缩影。在评述不同城邦的形式及其本质时,苏格拉底明确地向格劳孔解释了这一观点(544d—e)。

根据这么一种观点,苏格拉底在分析城邦的本质时总把人物刻画当做论证的一个重要组成部分。也就是说,通过具体描述和分析人的言行和心态,他能令人信服地展示各种城邦的性质,划分城邦的等级,展示不同城邦的演变过程,甚至能以个人命运的好坏为参数衡量出一个城邦的幸福程度。

生活在荣誉政体中的公民,如斯巴达人,缺乏音乐修养,在思维和演说方面都比较差,尽管他们注重体育和武艺,勇猛顽强,把荣誉看做是至高无上的东西。在分析这类人的生活方式时,苏格拉底作了如下的刻画(548b—c):

Οὐκοῦν καὶ φειδωλοὶ χρημάτων, ἅτε τιμῶντες καὶ οὐφανερῶς κτώμενοι, φιλαναλωταὶ δὲ ἀλλοτρίων δι' ἐπιθυμίαν, καὶ λάθρα τὰς ἡδονὰς καρπούμενοι, ὥσπερ παῖδες πατέρα τὸν νόμον ἀποδιδράσκοντες, οὐχ ὑπ ὀπειθοῦς ἀλλ' ὑπὸ βίας πεπαιδευμένοι διὰ τὸ τῆς ἀληθινῆς Μούσης τῆς μετὰ λόγων τε καὶ φιλοσοφίας ἠμεληκέναι καὶ πρεσβυτέρως γυμναστικὴν μουσικῆς τετιμηκέναι.

［"他们对金钱又非常吝啬，因为他们崇拜它，但不能公开地拥有它，然而，他们却一心想花费属于别人的钱，暗中偷享种种欢乐，就像孩子躲避父亲一样躲避法律，能说服其意志的东西不是语言、而是武力，因为在接受教育的过程中，他们忽视了那位掌管演讲和哲学的真正的缪斯，过分地重视了体育，超过了音乐。"］

值得注意的是，原文只是一句话，它所表达的意思却具有许多层次、许多对比，结构严谨，逻辑鲜明，哲理丰富。"他们对金钱非常吝啬"是主句，接着是一个原因从句"因为他们崇拜金钱"，其中带一个转折"但不能公开拥有它"；"然而"引导的是并列主句，表达全句的第二层意思，"他们一心想花费别人的钱"，目的是为了"暗中偷享种种欢乐"（λάθρα τὰς ἡδονὰς καρπούμενοι）；"就像"（ὥσπερ）引导是一个状语从句，表示方式，强调这些人的心态如同"一群孩子"（παῖδες）；"能说服其意志的东西不是语言、而是武力"（οὐχ ὑπὸπειθῶς ἀλλ᾽ ὑπὸ βίας）在原文中是分词短语，相当于一个表达人物特征的定语从句，修饰先行词"这些如同孩子的人"；"过分重视体育"而缺乏音乐教育是这些人"智力不成熟"的根本原因。其实，历史上的斯巴达人尤其以热爱音乐舞蹈著称，但他们不善于辩论，不"崇拜"理性，苏格拉底称他们"忽视了那位掌管演讲和哲学的真正的缪斯"①，其原因也正在于此。在某些汉译本中，这样的句子在结构上一般和原文有较大的差距，句子成分之间的关系经常被打乱②。

一般来说，在刻画人物时，柏拉图总倾向于用如此一边叙述、一边评论的句子，而且这类句子都比较长。一句话常常就是一幅完整的生活画面，或宛如一尊经过精心设计和雕凿的塑像。如，在评论一般下民的生活方式时，苏格拉底如此辛辣地说道（586a—b）：

Οἱ ἄρα φρονήσεως καὶ ἀρετῆς ἄπειροι, εὐωχίαις δὲ καὶ τοῖς τοιούτοις ἀεὶ συνόντες, κάτω, ὡς ἔοικεν, καὶ μέχρι πάλιν πρὸς τὸ μεταξὺ φέρονταί τε καὶ ταύτῃ πλανῶνται διὰ βίου, ὑπερβάντες δὲ τοῦτο πρὸς τὸ ἀληθῶς ἄνω οὔτε ἀνέβλεψαν πώποτε οὔτε ἠνέχθησαν, οὐδὲ τοῦ ὄντος τῷ ὄντι

---

① 真正的缪斯：此处指理性。

② 试比较："他们一方面爱钱，另一方面又不被许可公开捞钱，所以他们花钱也会是吝啬的，但是他们很高兴花别人的钱来满足自己的欲望。他们由于轻视了真正的文艺女神，这些哲学和理论之友，由于重视了体育而放弃了音乐教育，因而受的不是说服教育而是强制教育。所以他们秘密地寻欢作乐，避开法律的监督，像孩子逃避父亲的监督一样"（商务版）；又见："他们热爱金钱，但由于不能公开捞钱，因此只能偷偷地寻欢作乐，逃避法律的监督，就像孩子逃避父亲的监督一样。他们也很吝啬，乐意花别人的钱来满足自己的欲望。之所以如此，乃是由于他们轻视讨论和哲学之友，亦即轻视真正的缪斯女神，他们所接受的教育不是说服而是强制，他们重视体育甚于重视音乐。对吗？"（人社版）。

ἐπληρώθησαν, οὐδὲ βεβαίου τε καὶ καθαρᾶς ἡδονῆς ἐγεύσαντο, ἀλλὰ βοσκημάτων δίκην κάτω ἀεὶ βλέποντες καὶ κεκυφότες εἰς γῆν καὶ εἰς τραπέζας βόσκονται χορταζόμενοι καὶ ὀχεύοντες, καὶ ἕνεκα τῆς τούτων πλεονεξίας λακτίζοντες καὶ κυρίττοντες ἀλλήλους σιδηροῖς κέρασί τε καὶ ὁπλαῖς ἀποκτεινύασι δι᾽ἀπληστίαν, ἅτε οὐχὶ τοῖς οὖσιν οὐδὲ τὸ ὂν οὐδὲ τὸ στέγον ἑαυτῶν πιμπλάντες.

[“因此，那些对于智慧和美德没有经验的人，他们总为了吃喝以及诸如此类的活动凑集在一起，一同往下涌，如我们所见，然后又返回到中间，一生就在这条路上来回游荡，从未能超越这一地段走向真正的高地，从没有抬头望过它，也没有被人向那里指引过，既没有被这种拥有本质的实体充实过，也没有品尝过既可靠、又纯洁的快乐，相反，如同牛羊，他们总是往下看，埋头对着地面，冲着餐桌大吃大喝，忙着填饱肚子，忙着进行交配，为了在这些方面比别人得到更多的利益，他们之间你踢我、我踢你，用铁角和铁蹄进行相互攻击，为了不可满足的欲望而残杀对方，因为他们用来做充实的那些东西以及他们不断对其进行充实的器皿本身都不是真正的实体。”]

听苏格拉底这么说，见到这么一幅完整的风俗画，格劳孔情不自禁地发出感叹：

Παντελῶς, ἔφη ὁ Γλαύκων, τὸν τῶν πολλῶν, ὦ Σώκρατες, χρησμῳδεῖς βίον.

“非常逼真，”格劳孔说道；“苏格拉底，你用神谕般的语言描述了绝大多数人的生活本质。”

格劳孔的这句话高度评价了苏格拉底的智慧以及语言艺术。希腊原文中的χρησμῳδεῖς（“你用神谕般的语言描述了”）本身包含了丰富的意义。“神谕”通常来自阿波罗，由德尔菲阿波罗神殿的女祭司皮提娅转达给来此祈求阿波罗帮助和指导的世人，历来被世人看做是颠而不破的真理。把苏格拉底看做是“神谕”，这当然属于艺术夸张。然而，从格劳孔的角度来看，苏格拉底的话如此逼真、如此合乎逻辑、如此富有理性、如此充满权威，它仿佛就是“神谕”，这至少可以被当时在座的听众理解。从句子结构来看，苏格拉底的这段话基本属于“罗列式组合句”（παράταξις），组成部分由大量的连词（καί, τε καί, οὔτε, οὐδέ）衔接，通过它们构成肯定式（“总为了”）、否定式（“从未”）、肯定式（“总是”）三股排比。整段话语气强烈、含义丰富、层次分明。如果我们在翻译这段话时把句子拆开,改变文体结构,那么,原句的意思就必然会受到很大的影响。

(7)柏拉图在原文中引用了大量的诗歌片断、戏剧台词、前苏格拉底哲学家的语录。在布尔奈特以及斯林格斯的希腊文本中,这些带格律的引文绝大部分都分行列出,使读者看了一目了然。然而,对译者来说,这个"一目了然"的东西却牵涉到一连串"难以看清"的问题。首先,诗歌的语言本身非常简要、精辟,要找到比较接近原义的对等词比较困难。其次,因为柏拉图引用的都是片断,在不知道原诗的情况下,译者通常很难准确地翻译出既符合"原诗"精神、又符合被引用者用意的诗句来。况且,有些引文,如荷马史诗中片断,又并不完全符合我们今日使用的"标准"希腊文版本①,或是词汇上有改动,或是句法上有改动,甚至有"跳行衔接"的现象。对这些问题,译者除了翻译外,还应该另加简注,指出引文与原文的差异。此外,译者还应该考虑用什么样的形式来翻译古希腊诗歌,用古文律诗,还是用现代散文,还是用白话文诗体,尽可能地模仿或"复制"希腊文原诗的音步和韵律。

例如,在《理想国》第1卷中,克法洛斯引用了品达罗斯的一段诗歌。他对苏格拉底如此说道(331a):

χαριέντως γάρ τοι, ὦ Σώκρατες, τοῦτ' ἐκεῖνος εἶπεν, ὅτι ὃς ἂν δικαίως
καὶ ὁσίως τὸν βίον διαγάγῃ,

    γλυκετά οἱ καρδίαν
    ἀτάλλοισα γηροτρόφος συναορεῖ
    ἐλπὶς, ἃ μάλιστα θνατῶν πολύστροφον
    γνώμαν κυβεριᾷ.

["因为你知道,苏格拉底,他将此说得很动人,当他说到某人正直地、虔诚地度过一生,

    (她)甜蜜地滋润着他的
    心灵,成为他老年的伴侣,
    希望,她特别善于为凡人变幻多端的
    思想导航。"]

---

① Th. W. Allen, *Homeri opera*, 5 vols., Oxford, 1946.

如此逐字翻译,或说直译,不仅是为了充分再现原诗的词汇、句法和思路,同时也是为了尽量临摹出希腊原诗的音步和格律,让读者清楚地察觉到希腊古诗的某些特征,看到它在形式上如何不同于中国古诗①。原文中的"希望"(ἐλπίς,名词,单数、阴性,在句中作主语)是拟人化的女性("成为伴侣"),其本质几乎接近"不朽的神灵"([如大地滋育万物一样]"滋育他的心灵"),她青春常驻,永远伴随着人类,因而在此处被诗人品达罗斯誉为是人类思想的"舵手"。在人生的沧海中,"希望"总是在为人导航:这是诗人对"潘朵拉"神话故事中有关"希望"被留在"坛子"中、永远和人类同在的一个艺术加工。在这句诗中,希腊原文中的谓语动词是κυβερνᾷ("掌舵"或"导航"),它使人联想到大海,美丽的、神秘的、苦涩的、惊涛骇浪的、恐怖的、风平浪静的、"紫色的"、"红酒般的"、"大理石纹般的"、迷人的大海,凡是荷马以及古代希腊诗人用来描绘大海的一系列特征形容词都被"扣"在这最后一个字上,这也正是这段诗歌的"美妙"之处(χαριέντως)。从词义上说,"统治"或"指向光明"都很难以给读者带来丰富的、复杂的、"开闸般"的联想。

在《理想国》第 3 卷的开头部分,苏格拉底列举了一连串和"死亡"和"冥间"有关、应该从荷马史诗中删去的诗句。因为这些是用六音步史诗体创作的诗句,如何尽量按照其形式来翻译出原诗的内容、情感和精神,这当然是一件比较费劲的工作。首先,我们应该看清楚古希腊史诗体的基本形式。简要地说,一个音步可有两种形式:或是一个长音加两个短音(– U U),或是两个长音(– –);按音长单位计算,一个长音(–)等于两个短音(U U)。史诗体诗歌每行有六个音步:–U U|–U U|–U U|–U U|– U U|– U̲,其中,U̲ U̲ 代表这个音(节)可以由两个短音或一个长音组成,U̲ 代表这个音(节)可以是一个长音,也可以是一个短音。我们来看苏格拉底引用荷马的这段诗句(386c):

βουλοίμην κ̓ἐπάρουρος ἐὼν θητευέμεν ἄλλω
– –|– U U|– U U|– –|–U U| – –

ἀνδρὶ παρ᾿ ἀκλήρῳ ᾧ μὴ βίοτος πολὺς εἴη,

---

① 当然,假如我们要按照传统的汉语律诗来翻译这段文字,使本来不押韵的诗歌押韵、字数不等诗行相等,上述这段文字大体上就会被如此处理(商务版):

但一个问心无愧的人,正像品达所说的:

晚年的侣伴心贴着心,

永恒的希望指向光明。

由于译者过于"提炼"原文的意思,对原诗的词汇、句型、音律和格式作了全面的"汉化",原诗的一些重要细节却被埋没了。相反,为了尽量翻译出原文的细节,译者可将原诗翻译成散文(人民版):

这位诗人说得好极了,按正义和虔诚生活的人"有希望做他甜蜜的伴侣,会使他的心灵快乐,会照料他的晚年,这种陪伴着人的希望统治着凡人多变的心灵"。

这么译显然能保留许多细节,使含义更充实、更接近原文。然而,散文毕竟不是诗歌,不仅形式上有差距,在措辞、比喻、联想方面也如此。

                – U U| – – –|– –|– U U|– U U|– –

ἦ πᾶσιν νεκύεσσι καταφθιμένοισιν ἀνάσσειν.

    – –|– U U|– U U|–   U U| – U U|–   –

[我宁可身为农夫,在另一个贫苦人

  – U U|– –|– –|– –|– U U|– –

身边当雇工,尽管他生活也并不富裕,

  – –|– U U   – U U|– –|– U U|– –

也不愿在所有无生命的人们中当统帅①。]

  – U U|– U U|– –|– U U|– U U|– –

利用汉译单音词的特点,模仿六音步史诗规格进行翻译,这也许是再现古希腊史诗形式的最好途径。很明显,这样的诗句和传统的汉语律诗不同。首先,史诗的诗行不押韵,偶尔有"头韵"(alliteration),那也不过是"即兴"的现象,并非属于诗体的规定。其次,从语法上看,每一行诗不必要是一个完整的句子单元;在绝大多数情况下,一句完整句子总要占至少两三行、多至十几行诗句。因此,这样的诗歌前趋性,或说"流畅性",比较强,其运动就像波浪,总是在不断向前奔流。此外,人物对话在史诗中占有很大的篇幅,可以说,这是史诗的一个重要特征。在人物对话中,句子成分层次清楚,说话的"逻辑性"显得非常突出。例如,在上面引用的三行诗中,主句的结构是"宁可……也不……",中间插了一个表示人物特征的定语从句ᾧ μὴ βίοτος πολὺς εἴη("他生活也并不富裕"),修饰主句中ἄλλῳ ἀνδρὶ("另一个人"),其作用当于让步从句("尽管……"),这样一来,全句的思路便显得格外分明。如果将这段话翻译成"散文"或"律诗",原文的形式和含义都不免会受到较大的改变②。

    也许,采用现代汉语的白话文诗体、尽量按原诗的音步和格式来翻译希腊诗歌是最有效的翻译方法。具体地说,译者应该尽量地保持原文的格式,如史诗体、挽歌体、抒情琴歌体、扬格体等,目的在于尽可能地模拟原作,让我国读者了解古希腊的诗歌形式。此外,尽管《理想国》中出现的某些诗歌已有现成的汉译本,如荷马史诗《伊利亚特》和《奥德赛》,鉴于柏拉图引用的文字有时和流传至今的原文版本有些出入,为了谨慎起

––––––––––––––––

① 阿基琉斯在冥间对从人间"到此祭魂"的奥德修斯的哀叹,引自荷马《奥德赛》,9.489—491。

② 试比较:"纵然他无祖传地产,家财微薄难以度日,我宁愿受雇于他,为他耕种田地,也不想做大王去统治所有亡故的灵魂"(人民版)。又见:

宁愿活在人世做奴隶啊

跟着一个不算富裕的主人,

不愿在黄泉之下啊

统帅鬼魂。(商务版)

见,译者应该对引文和"原文"进行仔细的校对,对其进行部分或全部重译。所有的引文都应有脚注,标明原文的出处,以便读者进一步查阅。当然,如果从英文或其他现代西方语言来转译这些诗歌,无论形式和内容都会和希腊原文有较大的差异。

　　流传至今的柏拉图著作主要来自 8 部出于不同时代的传统手抄稿①,包括莎草纸文稿(papyri),对希腊文正文的"定型"是一件十分漫长而艰辛的学术工作。20 世纪初由布尔奈特编辑、牛津大学出版的《柏拉图全集》②,从整体上说,在学术界至今仍被公认为是最好的版本。然而,在过去的一个世纪中,根据许多新发现的莎草纸文稿残片以及柏拉图研究工作的深入,学者们逐渐收集了新的"证据",对布尔奈特的版本提出一系列修正建议③,以致《柏拉图全集》希腊文新版已在 20 世纪末被列入牛津出版社的出版计划,以取代布尔奈特的版本。由荷兰学者斯菱斯编辑的新版《理想国》一书便是最早的成果之一④。

　　应该说,对《理想国》原文版的整理和更新是一项不断进展、不断改善的学术性工作,这在西方已有 500 多年的历史⑤,并且显然仍将长期继续下去。较好的版本,在资料采集和分析方面,工作做得比较全面、比较细致、整体感比较强,尽管在少数"异文"(varia lectio)、"讹误"(contaminatio)、"空缺"(lacuna)等地方所作的"判断"和"贡献"仍免不了有不足之处,仍会招引某些学者的质疑、反驳或改正,而学术研究也正是在这种取长补短、精益求精的过程中得以不断向前。

　　在西方,柏拉图的《理想国》是一部声誉极高、影响极大的哲学名著。它在西方文学史上,特别是古希腊文学史上,占有非常重要的地位,几乎所有受过高等教育的人都知道或熟悉这一作品。自古以来,成千上万的学者一直在细读柏拉图的原文,琢磨它们的含义,并且通过撰文、著书和其他各种形式进行学术交流,以不断加深对柏拉图的思想的理解。对柏拉图作品的翻译工作也随之不断提高,最初是拉丁文译本⑥,然后是各

---

　　① See Cod. Parisinus 1807（在各版本校勘引注中简称 A）,Cod. Vindobonensis 55（F）,Cod. Venetus App. C. 4,1(T),Papyrus Oxyrhynchu 1,2,3,4（Pap. 1,2,3,4）, Cod. Vindobonensis 55（W）,Cod. Venetus 185（D）,Cod. Malatestianus-Caesenas XXVIII,4（Mon.）,Cod. Monacensis 237(M)。

　　② See *Platonis Opera*,recognovit brevique adnotatione critica instruxit Ioannes Burnet,Oxonii,e Typographeo Clarendoniano,1902.

　　③ 其中,包括 20 世纪 30 年代由哈佛大学出版的"洛尔布版"和以上提到的、出现在 60 年代后期的"布德"版 。

　　④ *Platonis Rempublicam*, recognovit brevi adnotatione critica instruxit S. R. Slings, Oxonii, e Typographeo Clarendoniano,2003.

　　⑤ See Gerard Boter, *The textual tradition of Plato's Republic*, Leiden, E. J. Brill, 1989（ = *Mnemosyne*, Suppl. 107）.

　　⑥ 将柏拉图作品译成拉丁文的译者中,最初有 Leonardo Bruni(约 1369—1444),最有影响的有 Marsilio Ficino（1433—1499）和 August Immanuel Bekker (1785—1871)。

大西语版本,其中,《理想国》一书的重译、重版的次数最多,其趋势至今似乎仍有增无减①。相比之下,应该说,柏拉图作品的汉译工作在我国仍处于初级阶段,因为绝大部分版本仍属于转译,对原文的诠注仍过分简单,对某些重要的哲学范畴的注解方面仍存在一定的偏差和成见,和近百年来西方在研究柏拉图作品和思想方面达到的学术水平和深度差距很大。只有当我们认识到了这一差距,我们才能以科学的态度、脚踏实地地向前迈进,如歌德所说②,通过循序渐进的翻译过程,真正地从"本土文学"走向"世界文学"。

---

① 例如,美国国会图书馆所收藏的英译柏拉图《理想国》一书就有 35 个不同的版本,出版年代从 19 世纪到 21 世纪,其中 2000 年以来的"新版"或"增订版"就有 12 种。

② 歌德(Johann Wolfgang Goethe)曾把翻译分成三种类型,并把它们看做是代表三个"时代"的翻译进程:第一,"简单的散文体",译者完全按本国文化条件和文学审美观将外国文学翻译成最容易被人接受的"大众文学",马丁·路德(Martin Luther)翻译的德文版《圣经》便是一个很好的例子;第二,"临摹体",译者力图把自己安置在"异邦土壤"中,但从那里只汲取"异邦思想",然后用自己的方式推出,维兰德(Christoph Martin Wieland)翻译的莎士比亚戏剧就属于这种类型;第三,这是最终和最高阶段,同时也是最困难、最初受人抵制最强的阶段,当翻译的目标是"争取和原文等同";当译者如此深刻地精通了"原作",以至他基本放弃了"本土文学"的特殊性,创造出了一个大众审美观必须经过很长时间的发展才能接受的"第三文本",佛斯(Johann Heinrich Voss)用扬抑抑格、六音步诗体翻译的荷马史诗《伊里亚特》和《奥德赛》便是最光辉的典范(Johann Wolfgang Goethe, *Noten und Abhandlungen zum bessern Verständnis des westöstlichen Divans*,"Übersetzungen",Stuttgart,1819)。

【宗教学研究】

凤潭与中国天台宗[*]

张文良

（中国人民大学佛教与宗教学理论研究所）

内容提要：凤潭虽为日本江户时代的华严宗思想家，但他能够超越宗派的局限，力图在"圆教"的基础上会同华严思想与天台思想。在判教方面，凤潭主张"华天一致"，反对知礼判华严为"别教"；在法性、佛性问题上，主张法藏的立场与天台的立场殊途同归，反对湛然将澄观的立场混同于法藏的立场；在"唯心"观问题上，吸收知礼的"唯色"说重新诠释华严的性起思想。凤潭否定澄观、宗密，主张回到法藏，进而借天台性具思想改造华严性起思想的立场体现了其理论上的独创性和批判精神，对我们理解中国华严和天台的思想特征和相互关系有一定启发。

关键词：凤潭 湛然 知礼 《匡真钞》《金刚錍逆流批》

凤潭是日本江户时代的华严宗思想家，但其华严思想家的身份主要来源于他的师承，实际上他一生广学多闻，其学问涵盖华严、天台、禅宗、律宗、真言宗、法相宗、净土宗等诸多宗派，从其多方面的成就来看，凤潭可以说是江户时代佛教界的百科全书式的人物①。

而且难能可贵的是，他对这些宗派的思想皆非泛泛涉猎，而是能够入乎其内、出乎其外，在坚实的学养基础上跳出宗派之见，对各宗派思想进行批判性考察。正因为如此，其立论往往富有卓见、迥异时流。除了华严思想之外，凤潭对中国天台思想用力最深，年轻时代曾研读《法华玄义》《法华文句》《摩诃止观》等天台宗的各种著作，并著《法华文句会抄》（50卷），出版梁代光宅寺法云的《法华经义记》（88卷）。作为一个富有批判精神的思想家，凤潭对于种种既成的学说，能够大胆怀疑，毫不留情地批判。即使对于他自己所属的华严宗，他也曾著《匡真钞》，对列为华严四祖澄观、五祖宗密的思

＊ 本研究为日本学术振兴会 2009 年度科学研究费补助金资助项目研究成果的一部分。

① 关于凤潭的生平，参见镜岛元隆《华严凤潭与禅》（《日本佛教学会年报》16 号，第 24—28 页）。关于凤潭与天台宗的关系，参见秋田兆光的《华严凤潭的天台义——以性具、性起同一论为中心》（《天台学报》26 号，第 158—161 页）。另参见小岛岱山的《凤潭对法藏的如来林偈的见解》（《南都佛教》61 号，第 84—89 页）、《〈大乘起信论〉与凤潭》（平川彰编：《如来藏与大乘起信论》，春秋社 1990 年版，第 639—661 页）。

想进行批判。对于天台宗,他曾著《金刚錍逆流批》①等,对湛然及其之后的所谓山家、山外派的天台思想进行批判。虽然这种批判不排除有宗派之争的要素,但在这一过程中,凤潭对天台宗与华严宗的关系、天台宗的山家山外之争、佛性法性之争等重大问题做了阐述,为我们重新审视中国的华严思想史和天台思想史提供了新的视角。由于凤潭属于日本的华严学者,其生活的年代又距离天台宗的论争数百年,这种时空距离使得凤潭能够比较超然地看待中国华严与天台的论争,加之他本身具有很高的佛学素养,使得他的论述具有相当的理论深度,可以给我们以思想的启发。

以下以《匡真钞》和《金刚錍逆流批》为中心,对凤潭的天台观做一考察,并对其思想史意义略做评价。

一、凤潭与江户时代的天台宗

凤潭(1654—1738),本名僧濬,字凤潭,又号华岭道人、幻虎道人、浪花子等。江户中期的学僧,出生于越中国(今富山县,一说出生于今大阪市)。16岁在黄檗宗高僧慧极道明禅师座下出家。他曾经准备到中国、印度学习佛教,但因为当时的出国限制而没能如愿,于是留在京都、大阪一带广泛研读大小乘、显密教的经典。他最初在比叡山学习天台教理和观法,后到日本华严宗的根本道场东大寺研究华严宗的经论,从而打下了坚实的佛教教理方面的基础。1704年,北上江户,在大圣道场讲授华严,同时提出了自己对华严宗的独特见解,与诸宗学僧进行了广泛、深入的交流。1723年,于京都的松尾山建立大华严寺(现为临济宗寺院,又名铃虫寺)。晚年,与净土宗、净土真宗、日莲宗、禅宗、真言宗等宗派的学者展开激烈的争论,给当时的日本佛教界带来很大的思想冲击。

在凤潭的一生中,在思想上对他影响最大的是华严宗僧人铁眼道光(1630—1682)和天台宗僧人灵空光谦(1652—1739)。铁眼道光在江户时代是一位无论在佛教界还是在社会上皆有影响力的高僧。在佛学方面,他一生推崇《大乘起信论》和《楞严经》,致力于弘扬华严宗教义。同时,他与从中国来到日本的黄檗隐元禅师②过从甚密,对禅宗的思想和实践也用力颇深。其遗偈云,"五十三年,妄谈般若,罪犯弥天。优游华藏海,踏破水中天",从中也可以窥见其兼弘禅教的佛学倾向。在佛教事业方面,他得到黄檗禅师的帮助,出版流通黄檗版一切经,也就是后世所说的铁眼版大藏经。他还曾在大饥荒的年代,用流通大藏经的善款救济灾民,使上万饥民免于死亡。

凤潭在出家不久就投奔铁眼门下,1680年,即凤潭20岁的时候,铁眼道光发现凤

---

① 本论文所依据《金刚錍逆流批》为日本驹泽大学图书馆所藏本。
② 黄檗隐元(1592—1673),名隆琦,俗姓林,福建福清人。是临济宗明末清初黄檗山万福寺高僧。在清顺治十一年(1654)东渡,开创日本黄檗宗。

潭宿根深厚、沉静好学,预言凤潭"渠以华严,成一代之业"。并谆谆嘱托凤潭应该以复兴华严宗为己任。"天下十宗,今欠其一,贤首宗教,不振久矣,吾恒悼之。潚既好教,愿汝以复兴华严教宗为己任。"凤潭一生服膺华严思想,同时对禅宗抱有强烈的兴趣,应该说与铁眼的影响分不开。

当然,凤潭的华严信仰与铁眼又有所不同。凤潭对中国的华严宗思想史有自己的独特看法,在凤潭看来,在中国华严宗的历史上,只有二祖智俨和三祖法藏的思想才是华严的正统思想,而四祖澄观和五祖宗密的思想都已经背离了华严圆教的宗旨,是华严的异端。凤潭之所以得出这样的结论,自然主要是因为他本身对华严思想的特质有自己独到的理解,而他之所以有这样的认识又与其求学经历分不开。他在东大寺遍阅华严经论时,在书库中发现了法藏的《大乘起信论义记》的写本。通常在日本流通的法藏的《义记》都是宗密的《大乘起信论疏》。宗密的《疏》是摘录法藏的《义见》又掺杂己见而成。凤潭将法藏《义记》和宗密的《疏》进行比对之后,发现宗密的解释与法藏的原意有很大出入,甚至可以说宗密篡改了法藏的华严思想。法藏的《大乘起信论义记》写本的发现,成为凤潭重新思考中国华严思想、进而确立自己的华严宗观的重要契机。

另一位对凤潭的思想产生较大影响的人物是灵空光谦(1652—1739)。光谦出生于筑前国(今福冈县),年轻时,师事天台宗的妙立慈山(1637—1690)法师。在光谦生活的年代,日本天台宗流行基于本觉思想的口传法门。此法门对所谓"烦恼即菩提、生死即涅槃"的本觉思想做了庸俗化理解,否定一切戒律和修行,走向了堕落和颓废。而追本溯源,天台宗的这种戒律松弛,与天台宗的创立者最澄[①]所倡导的大乘戒有渊源关系。本来,在佛教传统中,佛教信徒只有受《四分律》中所说的具足戒,才能成为出家比丘。而最澄则认为四分律等是小乘佛教的戒律,既然日本所传是大乘佛教,自然应该受持大乘独自的菩萨戒。并主张只要受菩萨戒就可以成为出家的菩萨比丘[②]。这种认为受持菩萨戒就可成为出家的菩萨比丘的主张,实质上使得出家者与在家者的区别变得暧昧。因为一般认为,菩萨戒是决定菩萨性的决定因素,而出家七众的决定因素则是《律藏》所说的五戒、十戒、具足戒等七众戒,菩萨戒绝不能决定七众之性。问题是经过最澄的多年努力,在他去世一周之后,日本天皇就批准在比叡山建立大乘戒坛。之后,许多佛教宗派的僧侣在入门礼仪上只授三聚净戒和梵网戒。在最澄之前,日本僧侣所受的是鉴真传到日本的、以《四分律》为依据的具足戒。但在最澄之后,基于《梵网经》

---

① 最澄(767—822),804年到唐朝留学,从天台九祖湛然门人道邃、行满受天台教义,又从天台山倏然受牛头禅法,后从顺晓受持灌顶密法。805年归国,创日本天台宗。最澄回国后,曾掀起两场影响深远的争论,一是与法相宗德一之间的"三乘一乘论争";二是与南都奈良诸宗围绕大乘戒坛的论争。最澄开山的天台宗与空海所创立的真言宗并驾齐驱,成为平安时代日本佛教界最有影响力的两大派别。

② 根据《授菩萨戒仪》,所授菩萨戒为三聚净戒,具体的戒条即《梵网经》所说的梵网戒。此戒由不杀生、不偷盗、不邪淫、不妄语、不酤酒、不说四众过、不自赞毁他、不悭惜加毁、不嗔心不受、不诽谤三宝等十重四十八轻戒构成,本来是通用于出家和在家的戒律。

的大乘菩萨戒流行开来,而小乘戒律被敬而远之。

妙立和光谦目睹天台戒律的颓废,提出要复兴佛教的定、慧二学,必须首先从重振戒学开始。在戒学方面,他们重新导入四分律,主张大乘戒和小乘戒兼学,由此入手,整顿宗风,重塑僧侣的僧格。他们的努力得到了官方的支持,1693 年,其所住的安乐院被指定为天台、四分律兼学的律院,其大小乘律兼学的宗风被称为"安乐律法流"。

凤潭跟从灵空光谦学习天台还留下了一则佳话。据说,光谦在为学员讲解天台三大部时,最初学员很多,但渐渐听讲者越来越少,最后只剩下凤潭一人。光谦看到这种情况有些心灰意懒,不想继续讲下去。有一天,光谦上课时发现讲堂里除了凤潭本人,还有许多泥人。凤潭解释说,原来的听讲者都像这些泥人一样,有形而无心。老师如果嫌听讲者少的话,就把这些泥人当成听讲者吧。光谦感于凤潭的诚心,坚持给他上课。

凤潭虽然在光谦那里打下了关于天台宗的知识基础,但从凤潭后来的著述中所表达的立场来看,凤潭对天台的理解与光谦并不一致。光谦是日本近古天台①的代表性思想家。从其思想的谱系看,他提倡戒律的复兴,反对圆顿戒,承袭了四明知礼的天台思想。但凤潭除了对智者大师的天台圆教表示尊重外,对知礼的天台思想也持批判的态度。

二、华、天一致的判教说

判教即将佛所说的各种经典体系化的理论尝试,在南北朝时期就已经非常盛行。当时南北各地的论师从不同立场出发、依据不同的标准竞相判教,形成所谓"南三北七"的判教体系。而将这些判教思想综合起来并提供了特定判教模式的是天台智者大师。但智者大师的判教思想散见于其各种著作中,只是到了六祖湛然那里,才被整理为五时八教说,进而成为天台宗判教理论的定型化表述。

天台宗发展到湛然生活的时代,面临其他佛教宗派巨大的挑战,这种挑战主要来自于声势正隆的法相宗、华严宗、禅宗等。为了使天台宗在佛教各派思想的竞争中不被埋没,凸显天台宗的独特思想魅力,强调天台宗根本经典《法华经》的殊胜性就成为当时天台思想家的重要使命。湛然的天台思想再构筑正是在这样的时代背景下完成的。而他复兴天台思想的重要契机就是其判教说。

在湛然的判教说中,强调天台与华严宗之间的区隔、强调《法华经》优于《华严经》,是湛然凸显天台宗和《法华经》在大乘佛教中优越地位时采取的重要论述策略。这一方面说明当时的华严宗的教势强盛,不在理论上说明天台相对于华严的优越性,就不能

---

① 上古天台指活跃于 8 世纪到 9 世纪最澄——圆珍——安然等的天台思想,属于台密的形成期;中古天台指活跃于 10 世纪后半叶到 17 世纪前半叶良源——源信、觉运——日宽等的天台思想,属于天台本觉思想的最盛期;妙立——光谦等的天台思想的出现,标志着中古天台的终结。

使天台摆脱华严宗的巨大阴影;另一方面也是为了反驳华严宗思想家对天台宗和《法华经》的贬抑。

本来,在法藏的判教思想中,《法华经》与《华严经》虽然分属"同教一乘"和"别教一乘",但同时认为《法华经》与《华严经》一样,在华严宗的五判教中属于最高的"圆教"。可以说在法藏那里,并没有《华严经》至上主义,也没有明显的与天台宗相对抗的宗派意识。但到澄观那里,情况发生了很大变化。澄观将天台的化仪四教"渐、顿、秘密、不定"和化法四教"藏、通、别、圆"糅在一起,将"圆教"分为"渐圆"和"顿圆"。并认为《法华经》和《华严经》虽然都属"圆教",但分别为"渐圆"和"顿圆"。这里的"渐"主要指说法的方式,即如《法华经》那样先说空、无常再说不空、常则为渐教;而如《华严经》那样同时说空不空、常无常则为顿教。在这里,"渐"、"顿"具有了强烈的价值倾向性,即"渐"是不究竟、不圆满的,只有"顿"才是究竟圆满的①。这种倾向在澄观对智者大师的"摩诃止观"的评价方面表现得更为明显。因为天台宗所说的"圆教"不是"顿圆"而是"渐圆",所以"摩诃止观"不是"圆顿止观"而是"渐顿止观"。在澄观看来,智者大师在《法华玄义》卷一中所云《法华经》为渐圆、渐顿,实际上就暗示在《法华经》之外还存在着"圆顿"或"渐顿"。澄观认为存在于《法华经》之外的"圆顿"就是《华严经》。

湛然对澄观的天台宗观和《法华经》观大不以为然,在多种著作中进行了针锋相对的反驳和批判。如在《止观义例》卷下中,举出七难反驳澄观的观点,认为澄观的判教混淆了化法和化仪、教和部的区别,澄观对智者大师的"渐圆"、"渐顿"的解读更是一种误读。实际上,只有强调绝对开、会精神的《法华经》才既是"部圆"也是"教圆"②。关于《法华经》与《华严经》的高下优劣,湛然在《止观义例》卷下"喻疑显正例章"中云,"华严经众,虽不游渐,有二义故,不及法华。一带别,二覆本"③,即《华严经》兼具别教之义、遮蔽圆教之根本,所以比不上开权显实之《法华经》。湛然还在《法华文句记》卷七下,从十个方面比较了《法华经》与《华严经》。如《华严经》不开会小教、不带合渐教,即使有开合也不彻底。在《华严经》中,佛说《华严经》时部分人如聋如哑,而在《法华经》中,佛则为一切听众授记等。④

湛然的《法华经》至上主义的立场在后代天台思想家中得到继承。以天台宗正统派自居的山家派,就坚决反对山外派吸收华严思想、从华严性起的立场出发解释天台的性具思想。如四明知礼提出"别理随缘说",认为华严宗所主张的真如随缘说并不是圆

---

① 《演义钞》卷七:"是故以化仪取法,华严之圆,是顿中之圆。法华之圆,是渐中之圆。渐顿之仪,二经则异。圆教化法,二经不殊。大师本意,判教如是。又名圆教,亦名为顿,故云圆顿止观。由此,亦谓华严,名为顿顿,法华名为渐顿。以是顿仪中圆顿,渐仪中圆顿故。"(大正 36,50 a)

② 大正 46,454a—b。

③ 大正 46,454c。

④ 参见大正 34,325a—326b。

教所独有之说,在别教中也可以成立。法藏的《大乘起信论疏》就是完全站在别教的立场对《大乘起信论》所做的解释。知礼提出"别理随缘"的目的,就是以天台的判教标准,将华严的性起思想判为"别教",从而彰显天台性具思想作为"圆教"的至上地位。从这里可以明显看出知礼与华严宗相抗拮的意识。如果说湛然在《金刚錍》中只是以"野客"这一假设人物来代指批判对象,并没有明确指出所批判的是华严宗的话,那么,知礼则明确地把华严宗视为理论对手,其批判锋芒直指华严宗在理论上的集大成者法藏。可以说,到知礼这里,天台宗与华严宗的对立达到顶峰。

凤潭认为,无论《法华经》还是《华严经》都是佛所说的究竟之理,无论在华严宗的判教体系中,还是在天台宗的判教体系中都处于最高的"圆教"的位置。从这个意义上说,以这两部经典为依据的天台宗与华严宗从根本上说是相通的,这就是凤潭的"华天一致"说。凤潭特别指出,这并不是他本人别出心裁,而是在华严宗的法藏和天台宗的智者大师那里就已经存在的立场。

法藏在《五教章》中云:"四名圆教。为法界自在,具足一切无尽法门。一即一切。一切即一等。亦华严等经是也。"[1]凤潭对《五教章》的"亦华严等是也"解释云:"亦字等字,亦于法华,等取法华等也。故《四教义》云,诸大乘经论,说佛境界,不共三乘位次,总属此教。"[2]即在凤潭看来,无论从法藏的《五教章》还是从智者大师的《四教义》看,他们都没有对《法华经》和《华严经》进行高下优劣之判,而是一同视为圆教。所谓《华严经》至上或《法华经》至上等认识,都是随着宗派意识的产生和强化而出现的。凤潭对《五教章》和《四教义》的解释是否符合文本原意值得怀疑,因为法藏与智者大师的上述说法未必是针对《法华经》与《华严经》的关系而发。从这个意义上说,凤潭的说法有过度解释之嫌。但可以确定的是,在法藏和智者大师的阶段,无论华严宗还是天台宗都还没有强烈的、排他性的宗派意识,因而也不存在《华严经》至上主义或《法华经》至上主义。

从这一立场出发,凤潭对后来天台宗人与华严宗人从宗派的立场出发的相互攻讦进行了激烈的批判。如上所述,澄观对天台宗的批判,主要集中在天台属于"渐顿"而非"圆顿"。而澄观之所以得出这一结论,又与澄观对"顿教"的重新解释分不开。在法藏那里,"顿教"指在《华严经》中菩萨所说法不经过小乘而直接进入大乘,主要是指一种言说方式。但澄观将禅宗纳入"顿教"的范畴,认为"顿教"是为具有"离念"顿根者所说之法,即"顿教"不仅是一种言说方式而且是"顿悟"法门。而天台宗的"化仪四教"中虽然出现了"顿教",但它是指佛初成道时"顿"(直接地)说华严大部,并没有针对顿根众生说法的含义。正是在这个意义上,澄观提出虽然华严与法华在"化法"上都是圆教,但在"化仪"上,一为"渐圆"、一为"顿圆"。

---

① 大正45,480a。
② 《匡真钞》卷3,大正73,370b。

凤潭认为澄观（包括后来的宗密）对"顿教"的再解释混淆了"禅"与"教"的界限，如果禅宗的理念和修法也是"教"的一种，那么禅宗的革命性变革又体现在哪里？凤潭从强调"禅"与"教"的分际和区隔的立场出发，否定了澄观的"顿教"概念，从而也间接地否定了澄观判法华为"渐圆"的立场。

对于湛然、知礼等在判教说中对华严宗的贬抑，凤潭同样不以为然。在凤潭看来，湛然、知礼的盲点在于没有将法藏与澄观、宗密区别开来。如果说湛然、知礼的批判是指向澄观和宗密，那么还有一些妥当性，因为他们确实有扬《华严》而抑《法华》的倾向。但如果这种批判是指向整个华严宗，则不能成立。凤潭举出《探玄记》卷一"同教一乘，如法华等"、"别教一乘，如华严说"①，认为在法藏那里，无论《法华经》还是《华严经》都是"华严海印一乘"的构成要素，在价值上并没有高下优劣之分。只有到澄观和宗密那里，这种立场才发生了变化。湛然、知礼昧于华严宗内部复杂的思想构图，误把澄观和宗密的立场看做华严宗的正统立场进行批判，显然是无的放矢。

凤潭还进一步认为分析了湛然、知礼等天台宗人何以会判法藏的华严思想为别教的原因。凤潭在《匡真钞》中云：

> 他师昧当宗旨，荆溪只乘清凉之弊，四明错啜圭山遗涎，安肯伏鹿，不能面敌于香象乎。他师才认草堂所改削起信玄谈，误谓贤首。不知别有义记，但约终教分齐而解。况孔目探玄，未闻其名，岂知奥义。②

即知礼等根本不知道法藏的《大乘起信论义记》的内容，误把宗密的《大乘起信论疏》看成了法藏的著作。而法藏在《义记》中只是从"终教"的立场出发解释其内容而非就"圆教"而立论。也就是说，法藏原本就没有把《大乘起信论》中的真如随缘等教理视为最究竟的圆满之教，只有在宗密那里，才发生了这种混淆。在凤潭看来，只要认真读过《孔目章》和《探玄记》，终教与圆教的区别就一目了然，根本不存在湛然、知礼等所批判的视"别教"为"圆教"的情况。

三、《金刚錍》批判

《金刚錍》是湛然的一部重要著作，在此书中，湛然借"野客"之口，对当时流行的佛性、法性各别说（即有情众生皆具佛性，而非情之草木瓦砾但具法性不具佛性）进行了批判，从天台性具的立场出发论证无情之物同样具有佛性，佛性法性各别说不能成立。

---

① 大正 35,116a。
② 大正 73,305a—b。

《金刚錍》自问世之后,在天台宗内外影响很大,唐宋时代,曾先后出现诸多注释性著作①,从不同立场对湛然的理论做了进一步发挥。无情有性几乎成为天台性具思想的关键词之一。

凤潭在《金刚錍逆流批》中,对湛然的观点做了全面批驳。首先,"金刚錍"这一标题就不成立。智圆在《显性录》中解释"金刚錍"云,"金"喻圆理;"刚"喻圆行;"錍"喻圆教,似乎"金刚錍"三字有深意在②。但凤潭指出,《涅槃经》中只有"金錍"而无"金刚錍","金錍"从梵文原意看就是"金中精刚为錍","金刚錍"是同语重复。湛然曾解释,之所以在"金錍"之间加"刚"字,是取《涅槃经》中出现的"金刚三昧"之义。此金刚三昧无坚不摧而其本身无所折损。凤潭认为,"金錍"在《涅槃经》中有其特定含义,是指剔抉眼病的金箸。在《涅槃经》中,一切众生心中本有佛之知见,只是有无明膜翳故不得显现,菩萨如良医,以金錍除去众生眼病,诸法实相得以现前。而金刚三昧泛指以自身的智慧之力摧坏一切烦恼之障。可见,金錍与所谓金刚三昧没有任何关系③。

在思想层面,凤潭主要从法性和佛性的关系出发对湛然在《金刚錍》中的立场做了反驳。关于佛性,《涅槃经》提出的一切众生悉有佛性成为中国佛教的主流观点,但《涅槃经》同时又说"非佛性者,所谓一切墙壁瓦石无情之物"④,否定墙壁瓦砾等无情之物具有佛性。法藏在《起信论义记》中,以"论云"的方式云"在众生数中,名为佛性。在非众生数中,名为法性",首次将"佛性"与"法性"区别开来。⑤ 澄观在《华严经疏》中,继承了法藏的说法云,"智论云,在有情数中,名为佛性。在非情数中,名为法性"⑥。也就是说,佛性作为成佛的潜质和可能性普遍存在于一切众生之中,但那些没有情感意识的无情之物只具有空性而不具备佛性。关于无情之物是否具有佛性的问题,不仅在华严宗和天台宗中成为一个话题,而且在当时的禅宗中也屡屡被提起。对此,湛然在《金刚錍》中指出,佛性、法性、真如等名异义同,从别教的立场看,法性为所觉、佛性为能觉,或者法性为本有、佛性为修生,但从圆教的立场看,能所相即、修性不二,法性与佛性是一而二、二而一的关系。湛然继承了智者大师"一色一香无非中道"的观点,从天台宗的能所不二、依正不二、性修不二、正因缘因了因相即不二的立场出发,论证了法性即佛性,认为判法性与佛性为两端的思想违背佛教的最高真理。知礼更把批判的矛头指向华严思想的集大成者法藏。在《教行录》中,知礼评论法藏《起信论义记》中的真如"随

① 如《金刚錍论私记》(二卷,唐明旷记)、《金刚錍科》(一卷,宋仁岳撰)、《金刚錍科》(一卷,宋智圆集)、《金刚錍显性录》(四卷,宋智圆集)、《金刚錍论义》(一卷,宋可观述)、《金刚錍论义解》(中卷,宋善月述)、《金刚錍论释文》(三卷,宋时举释,海眼会)、《评金刚錍》(一卷,宋善熹述)等。

② 《金刚錍显性录》卷1:"离释者,谓离三字对教行理也。金喻圆理,刚喻圆行,錍喻圆教。"(大正56,516b)

③ 《金刚錍逆流批》卷上,第3—6页。

④ 《涅槃经》卷37,大正12,581a。

⑤ 参见《起信论义记》卷1,大正44,247c。

⑥ 《华严经疏》卷10,大正35、569c。

缘不变"说时云,如果说真如在有情中名佛性、在非情中名法性,真如已经"变"为两个概念,所谓真如"不变"已经不成立。所以知礼批评法藏是借"圆教"之名,行别教之实①。

凤潭对湛然、知礼的批评大不以为然。在凤潭看来,法藏原本就是站在终教的立场而非圆教的立场来判别"法性"与"佛性"的。在法藏那里,终极圆满的境界是因陀罗网门所代表的重重无尽的世界。从华严的正统教义看,对法性与佛性的区分只是鼓励众生修行成佛的一种方便,而非究竟的教义,在究竟的意义上,法性与佛性是不可分的。即使在澄观那里,法性与佛性的关系也是复杂的。在澄观看来,从"性"、"相"对立的关系看,法性、佛性不同;但从"性"、"相"一体的立场看,法性即是佛性,佛性遍于一切有情、无情②。只是到宗密的《圆觉大疏》那里,才把"终教"之法性、佛性分别论直接视为"圆教"之说。③

所以,凤潭认为,即使在华严宗中,从其事事无碍的教理出发,同样可以得出法性等于佛性的结论,而且事实上在澄观那里已经有类似的表述。法藏在《起信论义记》中对法性、佛性的判别,是就《起信论》的立场即"终教"的立场立论,并非就"圆教"而言。湛然、知礼的批评,如果说是针对澄观、宗密而言还有几分道理的话,那么针对法藏或者说华严圆教就完全不能成立。因为他们的批评是建立在错误的认知基础之上。凤潭感叹道:"又复不顾宝性、智论,佛性法性,抢情非情,皆属三乘终教分齐。自谬认取他宗之圆者,抑且诬之甚欤。"④

四、关于山家派与山外派

山家派与山外派的区别,很重要的一个方面即如何看待华严宗的性起思想。实际上天台宗与华严宗思想之间的相互渗透在澄观和湛然那里就存在。澄观吸收了天台的性具善恶的思想,力图借鉴天台的性具思想说明烦恼的存在原理。而湛然也吸收了华严的真如缘起思想,虽然他并没有把真如缘起视为最究竟的圆教的思想。但到知礼那里,随着天台宗的宗派意识的强化,抗拒华严思想的影响、维护天台宗的思想纯洁似乎成为知礼主要的思想目标之一。知礼提出的主要命题就是别理随缘说,即《大乘起信论》等所说的真如随缘说,只是在别教的范畴内才是成立的,在位阶上低于天台圆教。虽然知礼批判的直接对象是《大乘起信论》,但由于当时的山外派纷纷吸收《大乘起信

---

① 《教行录》卷2:"藏师虽用圆名,而成别义。何者? 彼云,真如随缘,作一切法,而真如体性常不变。却谬引释论云,无情唯有法性而无佛性。此则名虽在圆而义成别。"(大正46,871b)

② 《演义钞》卷37:"若以性从相,则唯众生得有佛性,有智慧故。墙壁瓦砾,无有智慧,故无佛性。若以相从性,第一义空无所不在,则墙壁等皆是第一义空,云何非性。"(大正36,280a)

③ 参见《圆觉大疏》上卷之四,卍新纂续藏第9册351b。

④ 《金刚錍逆流批》卷上,第17页。

论》的思想、并把它等同于华严性起思想，所以知礼的批判实际上是指向整个华严思想和天台宗的山外派的。

按照知礼在《指要钞》和《教行录》的说法，华严宗的问题在于不理解"无住为本"的原理，而立真如为生法之本。《华严经》虽然讲到"心佛众生，是三无差别"，但从后来华严思想家的解释看，实际上是将"心"视为诸法之源。如澄观在论述此三法的关系时云，"心是总相，悟之名佛，成净缘起。迷作众生，成染缘起。缘起虽有染净，心体不殊"①。本来"心佛众生三无差别"是海印三昧所炳现的后得智的境界，所谓现象世界的诸法无尽缘起，举一全收。如果从"心"的立场看，一切众生、一切佛无不在于"心"中；而站在"众生"的立场看，则一切心、一切佛无不在"众生"中；同样，如果站在"佛"的立场看，则一切心、一切众生无不在"佛"中。心佛众生三法在位阶上是平等的，并没有何为根本、何为枝末的问题。《华严经》虽然说"唯心"，但这只是一种方便说法，并不意味着"心"比"佛"、比"众生"更根本。从圆融无碍的原理出发，同样可以说"唯佛"、"唯众生"。但澄观的解释显然是把"心"看做高于"佛"、"众生"的根源性存在。

知礼在《指要钞》中针对澄观等华严宗的说法反驳云，"据他所释，心法是理，唯论能具、能造。生佛是事，唯有所具、所造。则心造之义尚缺，无差之文永失矣"②。即在知礼看来，澄观等把"心"与"佛"、"众生"分别看成"理"与"事"。进而在"心造万法"的理论框架下，把"心"与"佛"、"众生"的关系看成了能具与所具、能造与所造的关系。知礼认为这不仅违背"唯心"的原意，而且也不符合"三无差别"的宗旨。

凤潭认为知礼对澄观等的批判是正确的。但问题是知礼的批判不仅限于澄观等，而且是针对整个华严宗的性起思想的批判。而华严宗的性起思想，在凤潭看来，并不能直接归结于澄观等人的思想。如关于"心佛众生，三无差别"的命题，法藏就按照《华严经》的原意，解释为三法相互融摄、无尽缘起，并没有把"心"法视为更根本的存在。从这个意义上说，知礼的批判如果仅仅针对澄观等人的理论是有效的，但如果扩大到对整个华严思想的批判则是无效的。

与"唯心"问题相关的另一个问题是"唯色"的问题。华严的性起说，建立在真如随缘、诸法无性的基础上。根据这一原理，具有能动性的"心"被设定为根本性的"真如心"、"一心"，成为万法相即相入、重重无尽的基础原理。从依正不二的立场看，诸色与心无异，但由于"色"不具备"心"的能动性，所以在华严宗中，它不能如"心"一样成为基础原理。因为可以设想"心"生万法，不能设想"色"生万法，所以在华严宗思想中只有"唯心"说，而无"唯色"说。

知礼认为天台的圆教区别于华严等别教、权教之说的根本之处就在于天台的"唯色"说。如《妙宗钞》卷四云，"须知万法唯心，尚兼权教，他师皆说。一切唯色，但在圆

---

① 《华严经疏》卷21，大正35，655a。
② 《指要钞》卷上，大正46，第708页。

宗,独以吾祖以变义兼别,具唯属圆故"①。又如《观音玄义记》卷二云:"唯心之说,有实有权。唯色之言,非权唯实。是故大师为立圆宗,特宣唯色,乃是吾祖独拔之谈。"②即唯心之说可以同时出现在权教与实教中,而天台的"唯色"说则是圆教、实教所独有的思想。在"心"与"色"的关系方面,知礼认为华严的性起说只是强调"心"为能造能具,而不说"色"为能造能具,而天台的性具说的优越之处恰恰在于承认"色"不仅仅是所造所具,同时也是能造能具。

凤潭认同知礼的观点,认为作为圆教,仅仅强调"唯心"是不究竟的,必须同时讲"唯色"。不过凤潭同时认为在《华严经》和法藏的思想中实际上包含了"唯色"的教理。"如华严云,一一尘中见法界,不待心具。融三世间,不云由心。芥纳须弥,毛吞巨海,不必籍心。……法尔法界,事事无碍。既是法尔本具,讵云由心造义哉?"③正是从"唯心"不异"唯色"的立场出发,凤潭对山外派强调"唯心"说的立场不以为然。"实是心遍不隔瓦砾,色遍根尘,识合中道。双是双非,体一相即。岂止偏执有情心性遍哉?不可滞情而昧圆旨。噫,山外之失究也。"④

五、华严与天台之间——凤潭的天台观的思想意义

综上所述,凤潭关于天台宗的立场可以概括为以下几个方面:(1)在天台与华严的关系问题上,凤潭秉持"华天一致"的立场,认为天台宗和华严宗都属于圆教,其所依持的经典《法华经》与《华严经》都是圆教经典。虽然澄观、宗密的华严寺思想有混淆"终教"与"圆教"的倾向,但华严思想的原点即法藏所揭示的重重无尽的因陀罗网境界,与天台的当相即真的实相论是相通的;(2)在法性与佛性关系问题上,天台宗的湛然与知礼对华严宗的批判是不能成立的。因为无论是法藏还是澄观,都是在"终教"的意义上区别法性与佛性,在"圆教"的意义上,同样肯定两者的同一性;(3)在"心、佛、众生"的关系问题上,澄观、宗密确实有将"心"与"佛"、"众生"分别判为"总"与"别"、"理"与"事"的倾向。知礼的批判如果是针对澄观、宗密则可以成立,但如果扩大到对整个华严思想的批判则不能成立;(4)凤潭赞同知礼不仅从"唯心"而且从"唯色"的立场出发阐释"圆教",并认为澄观、宗密以及山外派在理论上的缺陷就在于只是从"唯心"出发论证性起与性具,而没有同时从"唯色"的立场进行论证。凤潭还认为,"唯色"并不是如知礼所说,只是天台宗特有的学说,实际上华严宗也有同样的思想,虽然在表述上与天台宗不同。

凤潭本身虽然是华严宗僧人,但他力图超越宗派的界限,从所谓"圆教"的立场去

---

① 《妙宗钞》卷1,大正37,219b。
② 《观音玄义记》卷2,大正34,907c。
③ 《金刚錍逆流批》卷上,第29页。
④ 《金刚錍逆流批》卷上,第29页。

哲学家

会同华严与天台,这显示出其宏大的思想格局、开阔的学术视野。在华严的祖统说成立之后,三祖法藏与四祖澄观、五祖宗密之间似乎存在着只是思想的连续性。但实际上他们之间在思想上既有连续性又有非连续性。对它们之间的非连续性的一面,不仅天台宗思想家没有明确的认识,即使华严宗内部的思想家也鲜有论及。凤潭以反驳天台宗对华严的批判为契机,判析了法藏与澄观、宗密之间的差异,把研究对象还原为个体,重视其作为思想家的思想个性,而不是作为某宗某派思想的共性。这对我们重新审视华严思想史、重新看待华严与天台的关系史都有方法论的启示。

但凤潭否定澄观、宗密,主张回到法藏,带有强烈的华严原教旨主义的思想倾向。澄观、宗密的思想确实与法藏不同,澄观、宗密等吸收了当时大行其道的禅宗特别是荷泽宗的"灵知"说,对华严的"唯心"说做了根本改造。这是澄观、宗密走上与法藏不同的思想路径的重要岔道口。对这种不同,如果只是因为他们背离了法藏的学说就大加鞭挞,那么这是在另一种意义上肯定祖统说,即祖师是无谬的,背离师说就是错误。实际上,正如澄观吸收天台的性具善恶说一样,澄观吸收禅宗的思想也有着时代的必然性。无视这种历史的必然性而作出任何价值性判断,都是一种观念论。

借助天台的"唯心"、"唯佛"、"唯众生"、"唯色"等思想重新诠释华严的性起思想,显示出凤潭自己的思想特色。但华严的性起与思想和天台的性具思想毕竟代表不同的精神境界和思维趋向。按照日本学者安藤俊雄的说法,性起是基于佛的后得智的审美的世界观,而天台是基于现实存在的当相即实相的世界观。[①] 或者说一是从佛的境界反观众生的世界,一是从众生的境界看佛的世界。凤潭提出的"华天一致"的理想固然美好,但宗派之所以为宗派就在各宗派在思想上的独特性和在组织上的排他性。在华严宗与天台宗已经作为既成的宗派存在了数百年的江户时代,提出打破宗派的界限、走向融合,实际上很难被人认同。凤潭受到当时日本佛教界的猛烈攻击不是偶然的。

---

① 参见安藤俊雄:《天台性具思想论》,法藏馆 1973 年版,第 268—269 页。

禅者之"手"与海德格尔之"手"

刘　益

（西华师范大学数学与信息学院）

内容提要：本文依据禅宗典籍，对禅宗中禅者以"手"说法的现象进行了详细的讨论，指出禅者用以说法的"手"不管在其具体形态上有多大差异，实际述说的是一种浩大的不空之空，目的在于将习禅者引上超越的道路。并将这种现象与德国哲学家海德格尔在其相关著作中阐述的以"手"思空，以"手"说空的思想进行了对比分析，指出从结构和意蕴上看，二者是很相似的，提供出禅宗思想与海德格尔思想之间相互联系与相互印证的一种可能性。

关键词：禅　海德格尔　手　空

手是人体的一个部分，是人们日常劳作所使用的主要的器官。离开手，会给人的生活带来极大的不方便。古希腊哲学家阿那克萨戈拉（Anaxagoras，约前500—前428）认为，人类显而易见的优越性就在于他有一双手的事实。[①] 一个没有手的人，哪怕他所从事的工作是一件非常普通的工作，也可能会受到很大的尊敬，因为他必须克服常人所不能想象的困难。禅宗的修行活动从六祖慧能开始，就是提倡在世间中进行的，一句"离世求菩提，恰如求兔角"[②]可以很好地说明这一点。换句话说，禅宗的修行活动在很多时候是与人们的日常生活、日常事务联系在一起的，自然，也是与人的手联系在一起的。禅宗中有"拈花一笑"、"当头棒喝"等早已渗透世俗生活中的说法，使人很自然地想到手在禅修中的功用。但这时候所展示出的手的功用还是间接的。事实上，从禅宗的著述典籍来看，手在禅修中是以各种不同的方式和目的直接被使用的，手帮助禅者追求解脱，超越世俗。20世纪的德国哲学家海德格尔（Martin Heidegger，1889—1976）也注意到了手在人类生活中所担当的类似的"超越"的角色，在自己的著作中做了详细的阐述。本文拟就禅者的"手"与海德格尔的"手"所述说的东西加以对比讨论。

---

① 参见罗素：《西方哲学史》（上），何兆武译，商务印书馆1982年版，第95页。
② 《大正藏》，第48卷，第351页下。

一、以"手"表达禅修者的坚定的信心

在禅宗中,禅者有时候会不惜使自己的手致残,以表达自己对于禅修求法的执著的信心。据《五灯会元》记载,禅宗东土二祖慧可(487—593)原名神光,为了求法,于茫茫大雨雪中,在初祖菩提达摩面前坚定站立一夜,迟明时积雪过膝。① 达摩对他说:"诸佛无上妙道,旷劫精勤,难行能行,非忍而忍,岂以小德小智,轻心慢心欲冀真乘? 徒劳勤苦。"神光听了达摩的这番话语,也许认为达摩是在怀疑自己是否真有求法的决心,便去取了一把利刀,自断左臂,放在达摩面前。达摩这才认可神光是真心求法的人,对他说:"诸佛最初求道,为法忘形,,汝今断臂吾前,求亦可在。"开始对神光传法,神光也因此改名为慧可。去掉一只手臂,以换取能够听闻佛法,这对常人来说,恐怕是一件不可思议的事情。

同样载于《五灯会元》的另一个残手表信的故事,是有关禅宗五宗之一"沩仰宗"的创立者之一仰山慧寂②(814—890)的。仰山9岁出家,14岁时,父母把他领回,要为他娶妻子。仰山不愿意,断掉了自己的两只手指拇,跪在父母的面前说,誓要求得真正的佛法,以报答父母的养育之恩。父母无奈,只好遂其志愿。

还有近代佛教史上的有名的诗僧敬安③(1851—1912),少年失去双亲,孤苦无依,18岁时,"一日见篱间白桃花为风雨摧败,不觉失声大哭,因慨然萌生出尘之想",于是出家,法名寄禅,辗转全国各地参学佛法,同时也苦学吟诗,有诗句"洞庭波送一僧来"被人赞之为若有神助。27岁时,在宁波阿育王寺佛舍利塔前,为佛的精神所感动,慨然燃掉自己的两根手指拇供佛,从此自号"八指头陀"。敬安燃指供佛,与神光断臂、仰山去指的故事一样,表达的是一种对于佛法坚信不疑的态度,同时也隐含着自己的一种以身成佛的决心。这种决心推动着他们在禅修的道路上精进向前,修有所成,以至于后来成为佛教史上的名人。

但是,并不是有了残手表信的决心,禅修者就能够修成佛道,以身成佛,名闻史册。在《紫柏老人集》卷十三④中,记载了一个断手僧如林,为了能够践行阿密陀佛的四十八愿,精修净业,想要通过断手的方式,表达自己的决心,同时寻求一个信佛的富人,资助他完成自己的宏愿。紫柏尊者(1543—1693)对如林说:断手不难,舍财难,你没听说要众生舍财就如同割去身上的肉一样吗? 如果手断了,心却不真诚,你又怎样完成自己的愿望呢? 从紫柏的这一番话,我们可以感受到:明末四大高僧之一的紫柏并不把残手看

---

① 参见普济:《五灯会元》,苏渊雷点校本,中华书局1984年版,第44页。

② 参见普济:《五灯会元》,苏渊雷点校本,中华书局1984年版,第526页。

③ 参见李安定:《湖南佛门艺术家传略》,《船山学刊》2000年第1期。

④ 参见《续藏经》,第73卷,第255页(中、下)。

做是一件很大的事情,甚至比舍财还容易些。残手可以表达自己禅修的一种信心,但并不是残手以后就必定能够修成佛道。事实上,禅修需要很大的信心,也需要存在于修行活动中的机缘和耐心。

二、禅修中以"手"说法的例

禅者的修行活动往往是与说法活动联系在一起的。说法可以用语言,也可以用形体,无论是在禅者的语言说法或形体说法中,从禅宗的典籍文献的记录来看,手都是经常出现的。

1. 语言说法中的手

(1)傅大士(497—569)是一位禅宗史上的有名人物,据说以一种很奇特的方式为梁武帝(464—549)讲过《金刚经》,他有一首流传颇广的禅偈是这样的:"空手把锄头,步行骑水牛。人从桥上过,桥流水不流。"①

(2)曹山本寂(840—901)是禅宗曹洞宗的创始人之一。有僧对他说:"抱璞投师,请师雕琢。"曹山回答说:"不雕琢。"僧问:"为什么不雕琢?"曹山说:"须知曹山好手。"②

(3)金山昙颖(989—1060)禅师谒谷隐。一日普请,隐问:"今日运薪邪?"师曰:"然。"隐曰:"云门问:'僧人般柴柴般人?'如何会?"师无对。隐曰:"此事如人学书,点化可效者工,否者拙,盖未能忘法耳。当笔忘手,手忘心,乃可也。"师于是默契。③

2. 形体说法中的手

(1)禅宗法眼宗的创始人清凉文益(885—958)在行脚求法时与同伴过地藏院,地藏禅师与他们讨论东晋著名僧人僧肇(384—414)的《肇论》。至"天地与我同根"处,藏曰:"山河大地,与上座自己是同是别?"文益说:"别。"地藏竖起两根手指;文益又说:"同。"藏又竖起两指,便起去。④

(2)曾会(952—1033)居士,少时与明觉禅师同学,长大后曾会做官,明觉学佛,各走各的路。一日两人会于景德寺。曾会引《中庸》、《大学》与《楞严经》与明觉禅师谈禅。明觉说:"这个尚不与教乘合,况《中庸》、《大学》邪? 学士要径捷理会此事。"乃弹指一下曰:"但恁么荐取。"曾会于言下领旨。⑤

(3)中竺中仁禅师,一日谒圆悟(1063—1135)禅师。圆悟对他说:"依经解义,三世

---

① 普济:《五灯会元》,苏渊雷点校本,中华书局 1984 年版,第 119 页。

② 普济:《五灯会元》,苏渊雷点校本,中华书局 1984 年版,第 791 页。

③ 参见普济:《五灯会元》,苏渊雷点校本,中华书局 1984 年版,第 719 页。

④ 参见普济:《五灯会元》,苏渊雷点校本,中华书局 1984 年版,第 560 页。

⑤ 参见普济:《五灯会元》,苏渊雷点校本,中华书局 1984 年版,第 1020 页。

佛冤;离经一字,即同魔说。速道!速道!"中竺拟对,悟劈口击之,因坠一齿,即大悟。①

3. 语言与形体交相说法中的手

(1)黄龙慧南(1002—1069)是禅宗临济宗黄龙派的创始人,以其手段险峻的"黄龙三关"闻名于世。所谓"黄龙三关",是说黄龙于室中常问僧曰:"人人尽有生缘,上座生缘在何处?"正当问答交锋,却复伸手曰:"我手何似佛手?"又问:"诸方参请,宗师所得?"却复伸脚曰:"我脚何似驴脚?"丛林目之为"黄龙三关"。黄龙自己有偈记述:"我手佛手兼举,禅人直下荐取。不动干戈道出,当处超佛越祖。"②

(2)死心悟新(1044—1115)是黄龙慧南的二传弟子,他游方至黄龙,谒晦堂(?—1100)。堂举拳问曰:"唤作拳头则触,不唤作拳头则背。汝唤作什么?"死心罔措。经二年,方领解。③

(3)钦山文邃禅师,僧参,师竖起拳曰:"开即成掌,五指参差;如今为拳,必无高下。汝道钦山还通商量也无?"④

(4)育王怀琏禅师(1009—1090),上堂良久,举起拳头曰:"握拳则五岳倒卓,展手则五指参差。有时把定佛祖关,有时拓开千圣宅。今日这里相呈,且道何使用?"指禅床曰:"向下文长,付在来日。"⑤

从上面的引述中可以看出,以手说法的方式是多种多样的,悟解的方式也是多种多样的,既有"空手把锄头,步行骑水牛"这样的玄妙之语,也有"笔忘手,手忘心"这样的训教之言;既有只举手不说话的时候,也有一边伸手一边说"我手何似佛手"这样的难解难忘之际;既有在"手"语中当即默契的禅者,也有面对拳头当时罔措,苦参数载后方得解应的禅僧。但是,不管以手说法的方式是怎样的千变万化,有一点大概应是不能否认的:在所有的这些说法活动中,"手"都说出了那么一点什么,有了这一点"什么",求法的禅者才会因此而悟解。那么,一个紧接着的问题就会是:究竟,这些奇怪的"手"说的是什么呢?

三、禅者的"手"与"空"

南宋禅宗杨岐派名僧无门慧开(1183—1260)编了一本禅宗公案集《无门关》,用以教导学僧参究禅理,体证佛法。集中辟有"俱胝竖指"一案⑥:

俱胝和尚,凡有诘问,唯举一指。后有童子,因外人问:"和尚说何法要?"童子亦竖

---

① 参见普济:《五灯会元》,苏渊雷点校本,中华书局1984年版,第1290页。
② 普济:《五灯会元》,苏渊雷点校本,中华书局1984年版,第1108页。
③ 参见普济:《五灯会元》,苏渊雷点校本,中华书局1984年版,第1131页。
④ 普济:《五灯会元》,苏渊雷点校本,中华书局1984年版,第814页。
⑤ 普济:《五灯会元》,苏渊雷点校本,中华书局1984年版,第1008页。
⑥ 参见《大正藏》,第48卷,第293页(中)。

指头。胝闻,遂以刃断其指。童子负痛号哭而去。胝复召之,童子回首,胝却竖起指头,童子忽然顿悟。胝将顺世,谓众曰:"吾得天龙一指头禅,一生受用不尽!"言讫示灭。

无门曰:俱胝并童子悟处不在指头上,若向这里见得,天龙同俱胝并童子与自己一串穿却。

颂曰:

> 俱胝钝置老天龙,利刃单提勘小童。
>
> 巨灵抬手无多子,分破华山千万重。

公案中提到的天龙和尚,是通过举一指而点悟俱胝和尚的禅师。俱胝因指头而悟,童子也因指头而悟,那么,俱胝和童子在指头上悟得了什么? 无门禅师说得很明白:"俱胝并童子悟处不在指头上。"这句话的最好的注脚就是童子没有指头可举的时候,却悟了。悟处不在指头上,也可以被理解为:举指头时说出的东西不在我们通常对于指头的认识上面。一个这样的思考同样也适用于在通过语言说法中的那些"手"上:说法者要想学法者明白的东西并不在于"手"在通常意义上的指称。这就暗示我们:禅者的"手",不管是语言中的或是形体中的,存在着与人类的另外一种关联,这种关联可能把人类带向另外一种与其通常所处的完全不同的境地。当然,一个这样的猜测首先需要来自禅者方面的证实。

关于俱胝和尚的"一指头禅",禅林中有许多大德宗匠都给了评唱阐扬,如《大慧普觉禅师语录》[①]、《万松老人评唱天童觉和尚拈古请益录》[②]等。《碧岩录》是临济宗佛果圆悟禅师(1063—1135)于宋徽宗政和年间(1111—1117)住持湖南澧州夹山灵泉禅院的时候,根据雪窦重显(980—1052)的《颂古百则》,加以评唱,又经过他的门人编辑而成的,其中也收录有"俱胝和尚"一则[③]:"俱胝和尚,凡有所问(有什么消息,钝根阿师?),只竖一指(这老汉也要坐断天下人舌头。热则普天普地热,寒则普天普地寒。换却天下人舌头)。若向指头上会,则辜负俱胝;若不向指头上会,则生铁铸就相似。会也怎么去,不会也怎么去;高也怎么去,低也怎么去;是也怎么去,非也怎么去。"从圆悟的评语来看,有两点值得我们注意:他也持着与无门慧开同样的意见,"俱胝并童子悟处不在指头上",如果仅从指头上去领会,那就是辜负俱胝;二是,如果不从指头上领会,"则生铁铸就相似":"生铁铸就"在这里可用圆悟自己在《碧岩录》第34则中的说法阐释,表达的是"不受人处分,直是把得定"[④]的意思。但是,把定什么呢? 前面说过,

---

① 参见《大正藏》,第47卷。
② 参见《续藏经》,第67卷。
③ 参见《大正藏》,第48卷,第159页(上)。
④ 《大正藏》,第48卷,第173页(中)。

《碧岩录》是围绕着雪窦重显《颂古百则》成书的,雪窦和尚关于俱胝"一指头禅"的颂云:"对扬深爱老俱胝,宇宙空来更有谁。曾向沧溟下浮木,夜涛相共接盲龟。"①其中的"宇宙空来更有谁"一句可能已经点出了问题的所在:需要把定的那东西应就是"空"。

如果一个这样的判断成立,接下来的问题就会是:一根普普通通的手指头,它如何能够指示这样的"空"呢? 这里的"空",所要表达的又是什么意思呢?

四、禅者之"空"的特性

还是透过禅者的论述来看待这个问题。紫柏尊者在其《示支檀拳手偈》中,从物之自性的角度探讨了手与"空"的联系,肯定了"手"是能够表达一种"空"的,并给出了这种"空"的一个重要的特征。偈云:"众生无明识,执身招生死。圣人愍其愚,教以观一四。见四了不昧,一身不可得。此涤凡夫垢,非是二乘执。又以一遣四,四亦不可得。一四俱不有,直下无生智。不可以数求,不可以情会。情数两坐断,肉块金刚体。譬如手作拳,或者作拳想。或以拳作手,或者作手想。拳若有拳性,作手不可得。手若有手性,作拳不可得。拳手两无性,执者宁非惑。虽无拳手性,拳手宛然尔。我此拳手偈,相逢谁荐取。自信合佛心,龙神谨护持。凡愿见闻者,俱悟无生理。"②偈的前半部分讨论的是如何通过观想坐断情缘,肉身成佛的问题。后半部分通过手与拳描述的是肉块金刚体的体性。其中,"拳手两无性"是说拳与手都无自性,无自性,表达的就是一种"空"的意思,这可以通过渤潭文准(1061—1115)禅师的一段话加以佐证:"政和五年夏,师(指文准——引者注)卧病,进药者令忌毒物,师不从。有问其故,师曰:'病有自性乎?'曰:'病无自性。'师曰:'既无自性,则毒物宁有心哉? 以空纳空,吾未尝颠倒,汝辈一何昏迷?'"③但是这种"空"又并不是空无一物的意思,虽说拳与手都无自性,都是"空",但是拳与手却就在我们的面前,"拳手宛然尔",就像沧溟中的幽幽之木载沉载浮。这种"空",可以说描述的是一种"空而不空"的状态。这种思想,与圆悟在"俱胝和尚"这则评唱中表达出来的思想是一致的。圆悟说:"唯是俱胝老,只用一指头,直至老死。时人多邪解道:山河大地也空,人也空,法也空,直饶宇宙一时空来,只是俱胝老一个。且得没交涉。"④圆悟这段关于"空"的论谈,实际是要破除掉人们从通常知解的角度对于"空"的理解,从否定的方面确认"空"不是意指"空无一物"的"空",而是叫人悟入的"空",是一种在人的某种"思"中呈现出来的"空"。

"手"所道出的"空"还有另外一个容易为人从直观上加以肯定的重要特征,那就是

---

① 《大正藏》,第 48 卷,第 159 页(下)。
② 《续藏经》,第 73 卷,第 414 页(上)。
③ 普济:《五灯会元》,苏渊雷点校本,中华书局 1984 年版,第 1153 页。
④ 《大正藏》,第 48 卷,第 160 页(上)。

"大"。雪窦和尚的颂云:"宇宙空来更有谁。"圆悟的评语也说得很明白:"会也怎么去,不会也怎么去;高也怎么去,低也怎么去;是也怎么去,非也怎么去。"向何处去呢? 向"手"所昭示出来的"空"中去。一切尽在这个浩大的"空"中,一切都与这个"空"发生着不能割断的联系,"手"只是这浩大"空"中的一朵浪花而已。

五、海德格尔的"手"与"思"

如上所述,中国的禅者们以"手"向习禅者说法,用"手"讲述着一种浩渺的不空之"空",引导习禅者去达到一种超越常人的境界。无独有偶,在西方,德国哲学家海德格尔在他的思想中,也试图在"手"与一种他所描述的"空"之间建立一种联系。如果说,禅者的"手"就像一道道神秘莫测的闪电,期望出其不意地点燃习禅者的性灵之思的话,在随后的论述中我们可以感受到,海德格尔的"手"更像一条穿山过岭的小溪流,溅起一路晶莹的水花,昭示出一些期望人们加以注意的东西。

"手"是什么? 它是如何与一种"空"联系在一起的呢? 在海德格尔看来,"手"与"空"的关系与"手"与"思"的关系有关。在其1952年所作的一个题为《什么召唤思?》的演讲中,他将人的"手"与他在其许多著作中表达出来的一种"思"联系在一起,从他的独特的"思"的角度去探讨人的"手"的本质:"在常识看来,手是我们有机肉体的一部分。然而,手的本质却绝对不能界说或解释为肉体的抓握器官。类人猿也有能抓握的器官,但它们却没有手。手必定不同于所有能抓握的器官—猫和狗的爪、螃蟹的钳、野禽的脚爪,手与它们在本质上有天壤之别。手所能具有的本质是一会言说、会思的本质,并能在活动中把它体现在手的劳作上。"①从这段话来看,海德格尔给予人的"手"的本质解释是"会言说、会思",这与人们通常对于"手"的看法是不太一致的。"手"会言说,这一点也许人们不会怀疑:在我们的生活中,本来就充满着形形色色、表达着千奇百怪愿望的手势;但是,说"手"会思,我们就得问:如何思,思什么呢?

为了回答这个问题,我们先得明白海德格尔对于"思"的看法。海德格尔心中的"思"是与人们一般对于"思"的看法有很大的不同的,从总体上说来,他的"思"不是立足于现存于我们这个世界中的存在者的"思",所"思"的不是存在者之间的关系,而是一种力图超越所有存在者的"思"。这种"思"有一个海德格尔在几处地方都加以强调过的特征:"当人言说时,他才思。"②一种这样的"思",在其另一本主要著作《哲学追问录》(《contributions to philosophy》)中,干脆就直接与言说联系在一起,被称做为"思—说"(thinking-saying):"这思—说是一个不得不接受的指示,它指示着在众多存在之中的存在之真的解蔽的必然性。"(This thinking-saying is a directive. It indicates the free

---

① [德]海德格尔:《海德格尔选集》(下),孙周兴编,上海三联书店1996年版,第1218页。
② [德]海德格尔:《海德格尔选集》(下),孙周兴编,上海三联书店1996年版,第1218页。

sheltering of the truth of be-ing in beings as a necessity.)①由此看出:既然在海德格尔那里,"思"与"说"是具有某种同等意义的行为,"思"又非关存在者关系之"思",则与其相应的"说"也就不会是关于存在者的"说"了,从而,他的"手"所说出来的东西也不会是关于存在者的。

六、海德格尔的"手"与"空"

海德格尔的"手"在思,在言说,而又是非关存在者的,这自然就排除了听取这种言说的人从通常"手"所指称的器官方面去加以领会的可能性,用前面已陈述过的禅者的话来说,应该是"悟处不在指头上"。但是因此也就会引发一个相关的与对于禅者的"手"所作的同样的追问:在海德格尔那里,"手"所言说的东西究竟是什么?

为了搞清楚这个问题,也许我们必须跟随海德格尔的"手"势,走进他的《从一次关于语言的对话而来》。这篇文章,有一个副题:"在一位日本人与一位探问者之间"。德国学者莱因哈德·梅依(Reinhard May)在其那本广受注意的著作《海德格尔与东亚思想》(英译题名《Heidegger's Hidden Sources:East Asian Influences On His Work》)中,专门在第二章《"对话"》和第五章《自我表白》中对于该文进行了解读,所得结果除从史料上钩现出东亚思想对于海德格尔思想影响的痕迹外,还有一个结果值得引起我们的注意:那就是海德格尔的这篇文章表面上记述的是与一位日本人的对话,但实际的情况是,"这篇'对话'在很大程度上可以被当成独白来读"②,"它提供了一则不同寻常的自我解释"③。在下文中,我们将根据这一研究结果,把源自于《从一次关于语言的对话而来》的思想看做是海德格尔自己所要表达的思想,不管文中的发话者是日本人还是海德格尔自己。

在《从一次关于语言的对话而来》中,"手"的引入是从对于电影《罗生门》的评论开始的。这评论是:"日本人觉得这部电影的描写往往太现实主义了,譬如在格斗场面中。"

海德格尔接着说:"但不也有一些柔和的手势吗?"④

将"柔和的手势"放在一个与"太现实主义"相对立的位置上,这本身就是耐人寻味的,预示着一种可能的不太那么现实的东西的出现。需要注意的是紧接着的一些描写,把"手"放了一个更加远离通常理解的位置上:"这种不显眼的手势是丰富的,对欧洲观众来说几乎是不可察觉的,它贯穿在这部影片中。我想起一只停留在另一个人身上

① Martin Heidegger:*Contributions to philosophy*,Translated by Parvis Emad and Kenneth Maly,Bloomington,Indiana University Press,1999,p.6.

② 莱因哈德·梅依:《海德格尔与东亚思想》,张志强译,中国社会科学出版社 2003 年版,第 28 页。

③ 莱因哈德·梅依:《海德格尔与东亚思想》,张志强译,中国社会科学出版社 2003 年版,第 29 页。

④ [德]海德格尔:《在通向语言的途中》,孙周兴译,商务印书馆 2004 年版,第 102 页。

的手,在这只手中聚集着一些接触,这种接触远不是什么摸弄,甚至也不能再叫它手势了,不是我从中理解你的语言用法这个意义上的手势。因为这只手充满、包含着一种从远处而来又往远处而去召唤着的呼声,这是由于它已经从寂静中传送出来了。"①"在这里,手势多半不在于可见的手的运动,也不首先在身体姿势中。在您们的语言中被叫做'手势'的那个东西的本性,是难以道说的。"②在海德格尔那里,"手势"已经不是通常意义上的"手势",它不是身体的某种姿势,不是某种可见的运动,而是一种从寂静中传送出来的呼声,而这种呼声的本性,是难以道说的。

但是,难以道说,并不是不能道说,在海德格尔看来,如果要找到一种"手势"的本性的话,就必须投身"在一种本身不可见的关照中,这种关照是如此专心地向着空承受自身,以至于一座山就在这种空中,并且通过这种空显现出来"③。

至此,海德格尔就将他的"手"与一种"空"联系在一起了,"手"的本性,实际是在诉说着一种"空"。

那么,通过海德格尔的"手"述说出来的这种"空",它的特性又是什么呢?

七、海德格尔之"空"的特性

"无"在海德格尔的著作中是经常出现的一个术语。在《从一次关于语言的对话而来》一文中,在海德格尔看来,"空"实际是"无"的另一种表达:"那么,空(Leere)与无(Nichts)就是同一个东西了,也就是我们试图把它思为不同于一切在场者和不在场者的那个本质现身者(das Wesende)。"④需要注意的是,在这里,海德格尔强调了"空"与"思"的关联,强调了"空"是一种可以通过"思"去达到的"本质现身者",既然是一种"本质现身者",那么,这里的"空",就不可能是一种"空无一物"的"空";再者,按照海德格尔的说法,如果把"空"当做"空无一物"的"空"来看待,那就是把"空"当做了一种存在者,"但无恰恰是与存在者绝对不同的"⑤,存在者与海德格尔之"思"的关联绝不是一种本质性的关联。因此,海德格尔之"空"的一个重要的特征可以被归结为"空而不空"。

其次,关于海德格尔之"空",还有一句借日本人之口说出的话值得我们注意:"对我们来讲,空就是您想用'存在'(Sein)这个词来道说的东西的最高名称了……"⑥对于这句话的理解涉及对于海德格尔意义上的"存在"的理解。在《〈形而上学是什么?〉后

---

① ［德］海德格尔:《在通向语言的途中》,孙周兴译,商务印书馆 2004 年版,第 102 页。
② ［德］海德格尔:《在通向语言的途中》,孙周兴译,商务印书馆 2004 年版,第 104—105 页。
③ ［德］海德格尔:《在通向语言的途中》,孙周兴译,商务印书馆 2004 年版,第 105 页。
④ ［德］海德格尔:《在通向语言的途中》,孙周兴译,商务印书馆 2004 年版,第 106 页。
⑤ ［德］海德格尔:《路标》,孙周兴译,商务印书馆 2000 年版,第 123 页。
⑥ ［德］海德格尔:《在通向语言的途中》,孙周兴译,商务印书馆 2004 年版,第 106 页。

记》一文中,海德格尔对于"存在"与"无"从而与"空"的关系作了如下的阐释:"但是,这个无(Nichts)是作为存在而成其本质的。如果我们在蹩脚的说明中,把无假扮成纯然虚无(das bloβ Nichtige),并且把它与毫无实质的空无所有相提并论,那么我们就过于仓促地弃绝了思想。我们不想屈从于空洞的观察力的这种仓促,不想放弃无的神秘的多样性,相反,我们必须本着独一无二的期备心情做好准备,在无中去经验为每一存在者提供存在保证的那种东西的宽广性。那种东西就是存在本身。"①"在无中去经验为每一存在者提供存在保证的那种东西的宽广性",这句话实际上讲明的是,海德格尔意义上的"无"也是具有一种"大"的特性的。

八、结　语

综上所述,禅者之"手"诉说着一种"空",海德格尔之"手"也诉说着一种"空",两种通过"手"诉说出来的"空"都具有"浩大"、"空而不空"的特性。禅者之"手"诉说的"空"是需要悟入的,海德格尔之"手"诉说的"空"也是与一种"思"联系在一起的。那么,这两种"空"会不会就是表达的同一个意思呢? 有学者对于一般意义上的海德格尔之"空"与禅者之"空"作了分析,并将其与一种"自我"联系在一起,有如下的结论:"二者都表明这种'自我'不是一物,而是一种公开或者无,在其中,不断的现象游戏着,发生着。"(Both maintain that the "self" is not a thing, but rather the openness or nothingness in which the incessant play of phenomena can occur.)②从前面所述禅者之"手"与海德格尔之"手"所述的两种"空"都与某种"思"相关联这一点来看,这种看法是很有道理的。但是,看法始终都仅仅只是一种看法,也许更为重要的是:要想真正建立两种"空"之间的关系,我们就必须学会像禅者那样去"悟",像海德格尔那样走上一条"思"的道路。

①　[德]海德格尔:《路标》,孙周兴译,商务印书馆2000年版,第357页。

②　Michael E. Zimmenman: "Heidegger, Buddhism, and deep ecology", *The Cambridge Companion to Heidegger*, Edited by Charles B. Guignon, Cambridge University Press, 1993, p. 255.

方法论与比较哲学

——2009 年"比较哲学方法论"研讨会纪要

冯俊　楚艳红　温海明　整理

编者按:2009 年 7 月 25 日,中国人民大学中国哲学和比较哲学研究中心举办了"比较哲学方法论"研讨会,与会代表多为国内外知名学者。会议对比较哲学方法论等问题进行了深入探讨。本刊特将此次会议的发言内容整理刊出,以飨读者。

一

冯俊(**中国浦东干部学院常务副院长,中国人民大学原副校长兼哲学院院长、教授**):尊敬的各位学者、各位专家大家上午好! 感谢大家在非常忙的季节、非常热的日子里来参加今天中国人民大学中国哲学和比较哲学研究中心 2009 年"比较哲学方法论"研讨会。我首先简要地把会议的背景和内容大致给大家做一个介绍。今天这个会有三层意思,第一层是中国人民大学国际中国哲学和比较哲学研究中心的成立大会。中国人民大学成立研究中心,这是起源于 2007 年,当时我们向学校科研处申报成立国际中国哲学与比较哲学研究中心,由我和成中英先生两个人共同担任这个中心的主任,实行双主任制,中心主任助理就是温海明博士。这个中心的成立首先得感谢成中英教授,他提出这么一个建议,我当时在中国人民大学做副校长,同时兼任哲学院院长,我就采纳了他的建议,在哲学院成立了这个中心。2008 年 7 月,中国人民大学校方经研究论证批准成立了这个中心。

国际中国哲学,大家觉得有点绕口,到底是什么意思? 这里要提到国际中国学或者海外汉学,我个人理解,国际中国学里面包含国际中国文学、国际中国史学、国际中国哲学、国际中国藏学、国际中国蒙学、国际中国西域学,总而言之,是海外的人研究中国的学问,国际中国哲学是海外学者研究的中国哲学,即从外国人的角度或海外华人学者看中国哲学。这个里面有几层文化的折射或者说多重的诠释,中国哲学本身是中国人的哲学,但是外国人从外国哲学的背景来看中国哲学,有他们独特的文化视野、不同的文化视角,或者从诠释学的角度来说,以他们的文化视野来对中国哲学作出诠释。现在中国人反过来看外国人怎么看待我们中国哲学,这里面又多了一层文化含义,我们研究中国哲学的人也要看看外国同行是怎么研究中国哲学的,从这个角度来看,对哲学自身进行一种比较,所以我觉得有它的特殊含义。当初想成立这个研究中心,一方面是从事比较哲学的研究,另一方面要看一看海外是怎么研究中国哲学的。从文化的多重诠释的角度对哲学本身进行研究,我觉得这是一个特殊的角度。

第二是英文版《中国哲学季刊》翻译集结出版,形成的"国际中国哲学精译系列",第一辑《康德与中国哲学智慧》的首发式。成先生在美国主编了一本英文的《中国哲学季刊》,从成立至今已经 36 个年头,成为英美哲学主流圈子里面研究中国哲学的园地,现在全世界研究中国哲学的人都知道这个杂志,这个杂志在美国编的,在英国一个著名的 Blackwell 出版公司出版,由中国人编的英文版中国哲学杂志在海外连续发行 36 年不断,这也是一个文化奇迹。

我们要看看全世界哲学界是怎么看待中国哲学的,让中国的哲学界了解西方人是怎么来研究中国哲学,看待中国哲学的,这个杂志反映了国外的研究成果,如果把这个杂志的成果翻译成汉语,我觉得有一种文化诠释学的深层次的东西在里面。这个杂志一年出版四期,把其中主要论文译出来,做成一年一本专集,由中国人民大学出版社出版,取名叫"国际中国哲学精译系列",这里出版了 2009 年第一集,是《中国哲学季刊》2007 年卷的内容。马上下一集或者说第二集出版是这个杂志 2008 年卷的内容,把整个杂志汉化过来,成为一个系列,对于国内无论是研究中国哲学还是研究西方哲学的学者都很有帮助。

我对成先生评价有两点,一是在美国成立中国哲学学会,至今也有 32 年,把全世界研究中国哲学的人聚在这个学会的旗下,每年开展一些学术活动;二是,成先生创办《中国哲学季刊》杂志;建立这样两个学术平台,这对于中国哲学学科的发展可以说是功德无量的事情。

第三是以"比较哲学方法论"为题的学术研讨会。我觉得比较哲学的研究应该成为哲学学科当中很重要的部分。我们有中国哲学,西方哲学或者说东方哲学,比较哲学各自的文化特质、特点、发展规律也应该是哲学研究当中重要的方面。

比较哲学的方法论,其实也是进行比较哲学研究当中很重要的理论性问题。比较哲学到底怎么比,完全比一比共同点,不同点,东西哲学的差异,我觉得这个阶段已经过去了。进入 21 世纪,随着中国对自己哲学的自我意识的增强,对西方哲学研究的一种深入,我们想东西方哲学的比较也好,或者西方不同国别之间的比较也好,这种比较基础是什么,方法论是什么,这也是要进行研究的一个很重要的理论问题。

杨慧林(**中国人民大学副校长**):能来参加今天的会议,听各位同事和学界朋友畅谈比较哲学及其方法论的问题,我非常高兴。我自己不在哲学系工作,但曾经是哲学系的学生,我记得有一年在台湾开会,当时与会者全都来自哲学系,只有我是文学系的。后来冯俊副校长说虽然杨慧林不是哲学系的,但我们还是愿意带上他。其实以哲学"带上"整体的人文学术,不应该只是我个人的荣幸,也是哲学的正当使命。

比较作为一种研究方法,确实是非常重要的。我们曾经与北京大学比较文学研究所、旧金山大学利玛窦中西历史与文化研究所合作,举办过"比较文学的方法与中国基督教史研究"专题会议。文学与宗教的研究恰恰在这一点上显示出内在的关联。有如西方宗教学的创始者缪勒(Max Müller)所言:"He who knows one, knows none."(只知其一,便一无所知)——其中潜在的比较意识和对话精神,实际上成为比较文学与宗教学共同的立身依据。人大哲学院推动的国际中国哲学和比较哲学研究,我想也包含着同样的价值命意。

也许由于现行的学术体制和学科界限,我们总是各忙各的事,真正坐在一起认真讨论问题的时间不多。希望今天的会议能够成为一个契机,通过比较哲学研究凝聚比较文学、宗教学、汉学等相关领域的学者,搭建一个高水平的学术合作平台。

成中英(夏威夷大学哲学系教授,中国人民大学哲学院客座教授):我对中心的成立非常高兴,因为过去多年来跟国内哲学界的朋友交往,我跟大家建立了一些关系,人民大学发展得很快,尤其对中国哲学有所关注,我提议能够有一点比较系统的、长远的计划来研究成立一个研究中心。从学术观点来看这是很重要的工作方式,对我自己来说,37年前创办这个杂志,叫做《中国哲学季刊》。这个杂志研究中国哲学,是中国哲学的现代化和世界化。意思是,中国哲学是国际学问,是中国人的处世之道,也是成己成人之道,追求人的自我实现的学问。这一点在西方没有得到很深入的认识,所以这一点必须要加强,要发展,在37年以前这个杂志大家觉得不太可能,因为觉得在意识形态上没有什么中国哲学。所以开始建立这个杂志时,真的很辛苦,在20世纪60、70年代都是自己来制作这个杂志。杂志逐步发展,在80年后得到再进一步发展,那个发展就造成了六七年以前"Blackwell"要印制我们的成果。今天美国哲学会,欧洲的亚洲研究学会都肯定中国哲学的重要性,也很重视中国哲学的发展。甚至欧洲汉学系都非常的尊重中国哲学。

为什么有这样一个现象,我想从哲学来讲,一个是我们作为人,一定要和古今交流,怎么样了解和运用过去的经验、过去的思想很重要,这是纵向对人的了解,这个了解追求人的存在目的和价值,我完全同意康德的说法,人的最后文明还是实践的,还是伦理的,还是为我们有实践需要。

中国哲学的发展在海外就是在实践压力和空间压力之下形成的,中国哲学在西方逐渐成为一个显学。今年在台湾,在上一个月开第十六届中国哲学会,海内外、欧洲、美国来了很多人,有很多承办单位,当时超过了300多人,这是一个很重要的现象。

对于国际中国哲学会要说明一下,这个会是十六届,办了32年,第一届在美国开会,把中国哲学带入世界,在国内也开了三个会,一次是北大1993年开会,一次是社科院2001年开会,前年在武汉大学第三次开会,整个来说在全球开过十六次会议。这说明必须要重视中国哲学的发展,必须要重视中国人的发展,中国文化的发展,这是一个大趋势。

我们要了解和研究自己的国学,我们研究西方人的学问那叫西学,西方人研究中国的学问叫汉学。西方人要了解他们自己,他们自己的文化,他们自己的哲学发展。中国哲学跟历史有非常明确的关系,必须要和古人打交道,跟过去的发展关系接触,古今相互认识。另外要跟同时代人打交道,这是有横向平面的认识,人和人的交往,一个是时间的,一个是空间的,一个是纵向的,一个是横向的。这种纵向和横向的共同点都在说明人跟人怎么相互了解,人跟人怎么相互结合,人跟人怎么在相互了解情况之下再发展,再结合,实现人的更高的价值。从这个角度来看我们比较哲学是相互诠释,各自整合能够建立一种超融的理解,进行深化的人的实践。这样比较哲学的意义就比较重大,而不是单纯的比较,要拓宽、拓深对人的了解,中国哲学是对人的了解,所以具有深度和广度的体系。这样一个发展是今天所关注的,也是我们成立的中心所要关注的。

二

成中英:什么是方法学和中国哲学当中的方法意识?方法到底是什么样的概念?我们怎么去建立方法,怎么样去发展方法?

西方哲学的整个发展是方法学,中国哲学是非方法学,差异就在西方人从一开始就很关注方法。在希腊古代到苏格拉底开始很重视概念的界定,一种逻辑的思维。当然这个逻辑的意识,方法的"清楚明晰"不是空穴来风,希腊人对人的存在的认识,是一种反思而产生具有抽象性的规则。这种规则表现在人的语言之中,人的思维之中。整个希腊哲学也是围绕着这个 logos 展开,从苏格拉底到柏拉图的理念世界与现实世界形成对立的二元论。这就是一个方法论,方法就是一个程序,一个规则,一个具有指导意义的原理。方法论是相对于一个目标来说的,方法意识也有一个根源,这是基于对真实世界而产生的,它的根源是真实世界的一种经验理解和掌握。哲学家自觉到这种需要,因为他自己为了社会和人类发展进行一些探索,所以产生了规则,这个规则是基于真实经验的基础。

我们生存和发展就在于方法和理论之间的一种磨合,方法对完整的理论以及真理的认识有自觉意识,新的问题可能产生,所以要找一些方法,这些方法又导致新的理论,新的理论在真实经验上面经过考验又发生了问题。在真实方法和真理方面进行选择,希腊哲学到中世纪基于此建立一套神学。到笛卡儿有新的方法意识,就是传统的方法有问题他要重新来谈方法论,我觉得这个具有时代性,方法论要思想清楚。思想要清楚明晰,这是非常自然的一种要求,从头做起找一个基础,这个基础就是回到最简单的"清楚明晰",然后形成整体的序列,当然从部分到整体也有一些原则问题,怎么去注解,这需要一些基本原则,这些基本原则就是基本原理。基本原则怎么来,至少在早期整个西方理性主义,把理性看成具有规则之状的东西,然后在经验刺激之下产生思想创新认识,认识自我,认识上帝,认识世界,就是笛卡儿所说的。

　　我的描述就是方法带着理论,新的方法带着新的理论,新的理论诞生的时候要找新的方法。这是一个什么样的过程呢? 这中间有多元的意义在里面,分别从内在主义和外在主义进行所谓方法的探讨,一种理论的探讨又面临一种人类经验的考验。

　　中国哲学在这方面跟西方不太一样,它的不一样在于更重视整体,更重视方法和本体与真理的整体意识,这是强调经验、体会和认识产生的整体世界观,整体真实的认识,独立于真实的真理,而没有独立于真实体验、真实经验之外的方法。方法一定要基于本体整体的思考,包括人怎么样发展自己,这也是在本体论基础上形成的。这种工作在中国是非常清楚的,但是中国近代史出现一系列中国哲学理念,就是怎么分辨主客,怎么分辨理论跟实际,价值跟实践,这些本来是强调一个整体。这是由于西方哲学已经形成普遍的方法论的原因,我交代西方哲学发展,方法发展的时候应该提到但是没有提到,就是科学方法论,科学的发展涉及方法,这个方法是坚持方法来决定我们的成果,决定我们如何来达到普遍的真理。这种方法意识,重视普遍性、客观性、操作性,不做任何假设,而是在经验基础上面来建立假设,来用假设面对客观的观察事物过程,建立科学的方法,这应该说是从康德以来最重要的知识。

　　在这个情况之下科学论在西方也没有完全脱离本体意识,在中国来说缺少这样一种方法意识,独立于本体之外的方法意识,所以就造成后来对中国哲学的各种批评,甚至否定它的存在。现在面临的问题是如何在一种科学历史当中掌握人的存在意识。

　　现在讲方法论,论是一种论述。中国更强调学,我们先从经验学习,去观察,去感受,整合成一个具有经验意义的,具有观察意义的一个话语,即从自己内在体验当中来说具有内在意义的一种话语。这样一种认识,不是马上就讲论,而是以学为重,不以论为主,这是中国哲学基本的方法意识。西方更重视论,而在论之下学是对论的一种学习,这跟中国哲学不一样的出发点。但是哲学还是学,你说责任也可以,或者学而后讲论,中国理论说审问之、慎思之,然后笃行之,它直接达到生活本体。西方一开始认为要共同去掌握自然的一种状态,追求普遍性真理。我觉得方法意识在东西方有这样不同,方法学和方法论,讲本体学是以学为起点,学是开放的,学是一种学习的,是一种经验的,是一种允许自由发挥的,允许自然成长的过程。但是学不能离开论,你不能不讲论,论是一种开明的建议,是一种表明清楚明晰意义的建议。这涉及语言问题,一个是把经验中展现出来的东西,在思维当中逐渐形成的清楚明白的东西写出来,那种清楚明白的东西已经成为人和人可以沟通的基础,不是说有学术磨砺,而是作为学术符号体系,一种沟通经验(communicating experience)。

　　中国不是说不要论,而是作为语言本身就带着一种论的味道。但是学是非常重要的,学是表现经验的意识,是一种自我掌握。现在有了论,可以用论作为一个规则,一个规范来指导学,来规范学,来掌握一些经验基础,这也是需要的。学和论这中间是有差距的,但是也应该有相互的尊重。中国人重视学,西方人重视论,学跟论不能分开,这是我要讲的。

说到方法论问题的时候,我要提一本书,1975 年费伊尔阿本德的《反对方法》,费伊尔阿本德是加州大学教授,这本书之后就发表了,那时候我对它印象非常深刻。他认为,今天为什么大家还能够跳出相对论,而能够谈论量子论,是因为我们没有方法,我不讲究方法,方法不是最重要的考虑。最重要的考虑是怎么面对经验,面对现实去展示,直接去探索,然后在这当中找寻一些线索,然后探索形成一种清楚明晰。他叫做理论的无政府主义,意思就是说什么是最好方法,就是没有方法。他说明在 19 世纪后期到 20 世纪初期,量子论的发展就是这样一种模式,没有规则可以作为遵循。他很清楚假如有一个理论,假如这个思想和现有理论一致,他无法超越。你新的理论是不是一定跟旧的理论一致,没有矛盾,就没有新理论,他说这样新的理论和旧的理论是矛盾的。所有的方法已经形成一种形态的方法,它就变成一种限制和阻碍了,所以他反对方法。

这样一种思想强调几点:一个是理论跟经验的一致,理论跟经验的相互穿透,理论离不开经验,经验也离不开理论。理论是多元的,可以不断发展,不断开发。怎么说明理论是正确的呢?他的功能在于去让理论和假设更进一步说明经验的意义,更好地理解理论和经验,使新的经验具有有效性。新的经验开发出新的境界,这个意识事实上是真正的方法意识,方法意识一定是创新的,一定是脱离旧的窠臼而趋向于更大的空间,更深的一种理解。在长期发展当中望远镜世界看到宇宙、天体,他和现在经验还是可以进一步融合,要打破现有的一些成见。也就是说有新的思想,不是说一定要跟现有思想去一致,而是说在新的思想当中怎么样去融合,去掌握新的思想。我们需要在生活当中通过过去的一些思想进一步产生创新的思想,创新思想不是否定性的思想,而是变成融合性的思想,这帮助我们做新的哲学思考。

方法并不一定发现真理,但是方法避免一些不必要的错误。方法论最后的目的是要追求人的一种最高的价值,理论性的存在是为了实现人的存在的价值,而且是实现所有人存在的价值。这样一个方法经过批判,经过自我约束,经过规则性的说明,产生了一种整体性的理性描述,这就叫形上学。

形上学事实上就包括了数学、自然科学和作为人的存在必要的条件,形上学是方法论最好的追求。形上学是人的理性最完整的,最圆满的发展,它是以人类,所有人的幸福为目的。

方法论一定是在整体的思考当中扮演的角色,而不是独立于思维之外,方法论有一个目标,体现整体理性的发展的系统。这个能统一人实践的目标,能够为人们带来物质,带来幸福。

在这种情况下中国哲学的发展,中国方法意识最先体现在《周易》之中,大家说中国没有方法意识,但中国哲学是有方法意识的,这个方法意识包含在整体的经验的思维、思想当中。我们对中国周易体系来说,周易体系从《经》到《传》,《经》怎么会到《传》呢?孔子晚而好易,他 50 岁以后对《易》就很有研究了。早期中国人对宇宙的观察,到文王把周易成为第一个系统,中间经历了很长的过程。中国人对宇宙的观察是非常长期的成果,观察的易是变化,而观察到"生生之谓易"很不容易,这个观察又是内在生命的体验,涉及宇宙逻辑性、发展性,这个观察是长期的观察,观察之后形成宇宙观、生命观、人生观,这种情况下然后把学习到的东西形成一套符号。当它能够形成符号系统的时候已经有它的一套论述在后面。这个论述并不一定马上表现出来,这是非常丰富的经验逐渐开发出来的,从早期观察宇宙到形成周易的《经》,到哲学性的《传》,这是逐渐发展的过程。易传怎么形成,首先说是受孔子的启发。孔子自己对易有一套自己的感受。

孔子精神体现在周易观察系统,来审视到人存在的意义,以及宇宙发展的情况,这是一个重点。在这个重点之下会看到在易经里面,事实上已经有很深刻的宇宙观。我要说的在易传里面两个卦,这个方法论呈现在本体里面,一个是观卦,一个是咸(感)卦,"观"是对宇宙的观察,任何对世界的了解,对人的了解都要经过客观观察的过程。观就是直接去认识它,人之为人,就是在认识世界、认识宇宙的发展过程中形成自己,完成自己,甚至界定自己。另外观察了宇宙之后,形成整体的宇宙意识,我怎么去给它一种价值内涵,这是感的问题。我对它有什么样的感受,是好是坏,是快乐还是不满,用现在话来说从一般感情到高度感情,这种是对世界宇宙的经验形成的感觉。从小感到大感,从内感到外感,再细致一点说感情关系汇通,这是感其观,观其感,这就是中国哲学的方法论。只有在经验内外交错体验当中才能形成对世界的整体意识,这个整体意识才能了解人的一种作用,人的地位,人的价值,才能够掌握到我们的自主性,人的内在的自由,才能够形成人的规范,才能够基于规范进行行为,这是中国人的实践理性的形成,这种实践理性是在宇宙意识里面去形成的。这种情况之下就可以了解到中国哲学不是没有方法意识,也许没有一套方法论理论来论述,但是在本体学和本体的论述当中有一种论述。孔子的《论语》要观其行,听其言,就是教你怎么样具体了解世界,认识世界,叫你去表述世界。

从周易到宋明理学,其实到任何后期的发展,周易的方法论,方法学是没有被放弃的,一直到今天,一直到21世纪哲学家,包括我们现在讲马克思主义,中国社会主义,这是中国人在掌握自己的主体性、目的性,掌握自己的内在性、外在性,掌握自己的根源性所形成的,这五个性是中国人在周易已经开发出来的本体思想,这个本体就是一个根源,体是内外相通的经验的整合,体又包括上下相通,形上学和评价之学是一体的。这套哲学是今天跟西方交往很重要的基础,我认为中国哲学本身具有完整性的诠释,跟西方哲学追求完整性是一样的,人最根源上都是一样的,只是过程当中是多元的。今天人和人之间能够沟通是因为不需要矛盾和冲突,我们需要在多元当中找一元,在一元当中承认多元。人类哲学最后目标就是形下离不开形上,人存在,人就是本体存在,人不是知识的成果,人是本体成果,本体的意识是具有本原性所形成实体的过程。这样来讲哲学目的是道德的、美感的,也是理性的,这样一种追求是中国哲学必然要走的路,也是世界哲学要走的路。人类需要整合,人类相互的沟通也是需要的。

哲学家

方法论的应用说明的成果。中国方法论和西方哲学的方法论是一致的,关于先秦的研究,先秦古代研究通过经验的尊重和文本的重新解读,我们有一个更完整的先秦发展。

最后,我也思考到美学的问题,美在西方说是一种感觉,美也是真理,美是可以发现的真理。所以美的发现就是主跟客相互发生的基础,这个美的基础也是代表一种方法学。

黄裕生(清华大学哲学系教授):我有一个问题想请教一下成先生。刚才您在报告里更强调康德哲学与中国哲学的一致性,我想这里面有一个问题,也是我一直在思考的,就是,至少在道德的基础里,康德是非常反对情感的,他要把情感排除出道德的基础之外。而中国哲学,特别是儒家,是很讲究情感在道德里面的作用,甚至把情感当做道德的发端。我不知道您怎么看待这个问题?

还有一个问题,您刚才讲到《周易》时,认为《周易》体现了一种"整体意识",有这种"整体意识"才会产生出"自主意识"、"自由意识"。我对您这个观点非常感兴趣,您能做更具体的解释吗(也就说,为什么有了"整体意识"就会产生自主意识或自由意识)?

您刚才还提到,在海德格尔那里美学也是跟真理相联系的,是揭示真理的方式。但是在海德格尔那里,他更强调的是艺术,认为艺术作品具有真理性,而谨慎地避开了"美学"这个概念。为什么海德格尔会不用美学而是用艺术,在他那里,只是艺术而不是美学与真理相关。我没有想通他这是出于什么考虑,不知您怎么看待这个问题?

成中英:第一,康德在整个哲学发展当中,他追求终极的自由意志,用自由意志来规定自我行为的规则,或者是使你的行为具有规则性,我不认为他否定情感作用,甚至在后期也强调情感性,事实上不可能否定行为在情感之上产生的一种自我要求,而这个自我要求需要体现一种自我。人要脱离一般世俗的道德,而走向理性的道德,他在反思情感所产生的自我约束的需要与自律。

孔子说"克己复礼为仁",儒家也是强调情感的,人的道德感情,就是同情之心,我想康德给别人的印象好像否定了情感,事实上他没有完全否定。他只是说要规范,他更强调理性的自觉性,不然的话就是形式主义的做法,我比较愿意把康德看做更具有儒家的关怀。他后面讲的是自我约束,帮助他人。

第二,关于周易理论提到人的自主性问题,整个变化是受世界影响,但是所有的解释会说人在这种情况之下应该做什么,不应该做什么。你应该怎么做,这是我决定了,你为什么这样做,人的自主性。你能够掌握自主性才能解决问题,才能成为自我。生生之谓易,人的存在是帮助宇宙发展,人的作用可以凸显宇宙性。

第三,美学的概念就是感觉学,我们感觉带来什么东西,是带来感觉质料还是新的激发作用,新的感情,新的认识。感觉对外面的认识,我们看到外面的东西,我们感觉到快乐,我认为别人都会一样,这就是一种发现。美是一种发现,当然艺术是基于这种发现才有人的创造。这个意义上讲，我认为它们俩可以整合在一起。中国美学为什么这么发展，因为中国是从感觉学开始走向价值学的，这里面一个过程，我发现世界，世界发现我，我整合出一套现象，美是我界定的。什么叫作美？美是我界定出来的。

刘一虹（中国社会科学院哲学所教授）：您在发言中强调，中西方通过比较哲学的研究，可以促使双方的相互了解；在演讲的后半部分，您谈到《周易》和儒家的内在联系，是中西方可以沟通的共同基础。我想请教的是：您在演讲的上半部分谈到的东方重学，西方重论的文化差异，是否会影响东西方的沟通？如果有影响，如何超越？

成中英：西方是论，东方是学，我们缺少论述，西方人不学怎么了解呢？学习理论就是要学嘛。学和论，就孔子说的学和思，只有一个不行的。学是开放的过程，你认识人有经验作为基础，这一点是可以打通的，我的观点是这样。

王晓朝（清华大学哲学系副主任、教授）：成中英先生这些年在中西哲学比较方面付出了巨大的努力。我就成先生刚才的讲话，有三个小问题向成先生请教：第一，和刚才这位老师说的也有关，成先生在讲话中较为强调"学"和"论"不能分开，强调西方以"论"为主，中国人以"学"为主，我刚才会前还翻看了这本书中间成先生的文章，也是此意，但是以此来概括中西思维方式上的差异是否不够典型？成先生能否就此再做些说明。

第二，成先生在讲话中提到了一些很重要的概念，比如说真实、真理，真实，实在，等等，而这些概念无论是在中国人的理解中，还是在西方人的理解中都是混乱的、模糊的，在具体语境下各有不同含义，很难确定它们的一般意义。清华大学的王路教授十几年来一直反对有些学者谈论的"真理"，认为他们实际上讲的是"真"，是逻辑上具有真假值的判断，对此他有很多论述。我也感到成先生刚才的表述不太容易把握。我的问题是：real，truth，reality 这些词被中国人翻译过来以后，它们的确定性含义是什么？

第三，成先生刚才讲话中特别重点阐述了西方的"逻各斯"概念，讲到中国人思维的时候，又特别强调中国人思维中的"本体"意识。逻各斯这个概念非常复杂，与本原、本体、本质等西方核心概念联系在一起。请问成先生：在逻各斯的众多含义中间，你认为最核心、最重要的是什么含义？逻各斯的含义太多了，我想知道成先生对这个概念的理解，以便更好地理解你刚才所讲的本体或其他，到底是在哪个意义上使用的，谢谢。

成中英：从后面的问题回答，逻各斯在我理解当中就是最根本最后的原理，一个原则，一个可以统帅一切的 principle。我可以用它说一切，指导一切。当然逻各斯体现出抽象的思维的方式方法，思维的逻辑。逻辑到今天本身也是在开展，发现逻辑，模糊逻辑，整合逻辑。这些都是基于在最根本的本体体验当中，每个人再认识是开放的过程，我们必须要承认探索生命的有限性和思维的有限性还是在开展的，康德所说的想法是追求最后的统一的基础，这个逻各斯就是黑格尔所说的上帝，这个上帝怎么统一世界需要逻辑。

我翻译出来的真实、真理，真理和真实有差别，real 是真实，truth 是真理，西方人是追求真理性,而中国人追求的是真实值。因为真实是可以思考的,真理是促使我思维的。中国人就是真实,西方人说真理,真实跟真理一个更属于思维的,一个更属于经验体验。

我所学的一个是观,一个是感,学是从观察事物,观察的概念也不是空话,我用我的眼睛,用我的身体包括五官去感受,包括我身体的感受,整体的感受,感受的时候逐渐呈现一套印象,一种认识的现象。我经过感的过程,我来认识它,我来感受它,给它一种反映,给它一种价值的归属,给它一种规则的决定。中国强调学而后通,不一定要论,我通了人就非常开阔,我要包容,这是在人的关系层面上观察世界,我当然可以论,也可以不论,我说也可以,不说也可以,不论也可以。西方人一定要论,论是一个目标,我感受的东西能够有一定的形式,为什么呢?西方人强调人跟人生活的规范。从希腊到罗马强调法律,强调规则,所以不但要论而且要变成一套方法。

三

赵敦华(北京大学哲学系系主任、教授):第一,其实方法上我也不大喜欢讲,现在有一种说法,现在国内讲方法太多了,好像人人都在讲打井学,大家一口井都没有打出来,都讲创新论,但是一个创新都没有。在这种情况下确实要应用一下成先生提到的反对方法。其实反对方法就讲逆向思维,这其实也是方法。我觉得反对方法应该改一下,改成反对方法论,他是反对一个方法论,这个我是承认的。方法是一个具体的途径,方法论是一个教条主义。因为一个人摸索出来的途径,摸索出来的道路如果抽象,普遍,就成了一个教条。别人想模仿他的道路,模仿他的途径,实际上往往是走不通的,很多情况下都是东施效颦的。以上是对于这次研讨会的题目发表一下意见。

第二,作为具体途径的方法是必要的。但是这个方法不能和理论分开,方法是什么意思呢?方法就是说我从起点走到终点,不管是有意识的还是无意识的,走出一条路。我走完的时候,我得反思一下,我这条路是什么,我在路边看到了哪些风景。把走过的路,当然这路不是一个抽象的直线。你在旅途当中一定会有很多风景,把这些风景给收集在一起,像一个相集一样,然后给人家看这就是我的方法。方法往往是反思性的,也就是事后反思或者是别人对他的研究,觉得这个人是研究对象,他有一种什么样的方法。方法论往往是一个预设,在你还没有走路之前就在教你路应该怎么走,这个路已经摆在你的面前了,一定要规规矩矩的走完这条路,这是一个前设性的、反思性的。我们提到方法的反思性的其实更好一点。

第三,在比较哲学领域方法还是很重要的,比较哲学到现在为止是很不成熟的学科。现在国内有一些单位想把比较哲学变成二级学科点,不管是哲学,还是文学、史学,包括法学、社会科学都可以成立这个比较学,那个比较学,我觉得没有必要。从哲学的角度来讲,这个学科还是非常的不成熟,虽然文章非常多,其实层次性并不高。它的最大问题就是主观任意性太强,什么东西都可以比较,有人写过萨特和庄子,有人写过托马斯和朱熹,当然都可以比,因为哲学就是一个普遍的学科,哲学是无所不包的一个学问。在哲学里面任何一点都可以和另外哲学任何一点相比较,比较说同,比如说异,这肯定都有同有异,这个对我们有什么启发呢?比如说一个西方人是研究托马斯的,他想研究一下朱熹,但是朱熹要研究很困难,他就看看那个文章,原来中国哲学里面也有托马斯讲的这些东西。对西方人了解一些中国的知识,这样肯定有点用。但是这点对中国人没有什么用,中国人从大学里面系统地讲述西方哲学史,中国人要了解西方没有必要通过比较的角度,那反而是割裂的、间接的。但是对于西方人来说对中国哲学还是很无知的,他们也不开这个课,大学哲学系里面也不开,现在开不开我还不清楚,但是以前开得很少。他们想了解中国人的想法要通过比较文章得到一些非常片面,非常间接的结论。主观任意性,感到这种比较是一种任意抽取两个人,在这两个人当中任意抽取两点,而这两点为什么能够比较呢?可能是语言的翻译问题,比如说萨特讲自由,或者讲绝对自由。在庄子里面有一些术语用英文是可以翻译成自由的,你看萨特自由和庄子的自由好像是同一个概念,我们把这两个概念比较一下。

中国的道是不是英国的翻译 logos 的概念,这只是翻译的问题,你有没有照顾到语境,有没有照顾到前后传统当中的连续的意义,这些东西在没有经过考察就非常轻易的做比较,确实是一些皮毛之论。我讲的意思可以讲没有理论的比较,它没有深度。而没有理论的比较也可以说成是一种没有方法的比较,就是缺少中西比较的方法。现在在谈中西比较方法的时候要和理论结合起来,也就是说做成一个理论就是你的方法,你做不成这种理论,你再讲方法,再讲得天花乱坠都不过是我刚才讲的打井学,但是打不出一口井出来。

西方人谈方法,我们也讲西方人好像很注意方法。笛卡儿看起来好像是写过三个关于方法论的小册子,如果笛卡儿没有沉思,没有原理作为方法谈的规则,你不互相对应起来看,他的三个方法论小册子没有什么意义,只是一些非常抽象的空中条文,但是你要跟笛卡儿理论结合起来看,他的方法论的意义,特别是针对经验哲学的变革意义就凸显出来。

还有《真理与方法》,我们都说是解释学的方法,这个解释学方法是什么呢?就是解释学。他没有特意讲方法和真理,觉得真理与方法这个书名不对,这里面既没有真理也没有方法,只不过是把自己的解释学说一下,或者他对西方文本的传统理解写出来,这样的例子还是非常多的。我们觉得好像有个误区,一讲到哲学就是世界观或者方法论,现在加上人生观,世界观,方法论,以为方法论可以和世界观、人生观或者说价值观分开来谈的,实际上这个东西都是分开的,你有一种世界观就有相对应的方法论,你有价值观和人生观同样有对应的方法论。

我讲一个观点,这个观点可能跟我讲的方法好像有点联系。这个观点是什么呢?就是同源分离说,我一直有这么一个看法,我觉得中西的哲学或者讲得更广泛一点,中

哲学家

西的文明实际上是一个同源分离的过程,关键讲同源,你的上限在什么地方,它是在什么时候开始分离的,当然我们现在讲的是文化、思想,或者讲文化的时候是经过思想,被反思过的文化。有的人讲石器是猿人类的一些艺术和工具,这也是文化,但是这是没有文字记载的,我们不知道。我们讲中西文明和哲学,应该是一个严格的理解,这应该有一个共同的来源,一个源泉。现在的问题是关于史前文字材料知道太少,而且这个大多数在以后才被记录下来,以前是通过口传的方式在流传,流传几千年以后进入文明时代再用文字来记载。这些记录大多数都是记事不记言,如果只是记事的话,因为没有言很难知道远古时代人们的思想是怎么想的,我们大概可以知道做了哪些事情,这个对比是非常的困难,这样来追溯同源是非常的困难。但是我觉得有一种理论、方法可以帮助我们追根求源,这个理论就是轴心时代,雅斯贝尔斯发现了这个现象,描述了这个现象,认为在公元前800年到公元前200年,在人类的历史上相对来说是很短的时期,短短的六百年时期,但是在东西方都出现了思想传统的起源,都起源于中国、波斯、印度、希腊,为什么会有这个现象呢?他不好解释,他只讲了这种现象。

在方法上的应用给我们找到了,我们知道这时候如果要比较,当然这还不是共同的起源。但是起码从这个时候开始,已经开始分了,在印度文明、中国文明、波斯文明、希腊文明仍然对我们产生非常重大的影响,可以说流传几千年人类的精神文明,就是在这个时候开始,第一步基本上分化出来了。如果再往前追溯一下,在轴心时代之前是一个什么状况,虽然我们讲后轴心时代,后轴心时代也算轴心时代一个概念,就是进入了科技的时代,这是第二个轴心时代。实际上应该讲轴心时代之前有一个前轴心时代,前轴心时代可能隐含着一些不明起源的秘密。

关于这一点,现在人们不敢猜测,不敢往前猜测。因为往前猜测一个是资料很少,第二个是很多都是一种玄想,想象的成分太多。但是我觉得在西方文明里面有一个理论,是比较值得重视的,就是宗教学的创始人麦克斯·缪勒,他提出的观点是从宗教演化的观点来提的,他认为人类最早的时候,很可能人类都有一个共同的语言,并且那个时候人们都信仰一个无限者的东西,从我们现在分化出来的语言,他当时比较三大语系,中国的汉语所属的缅、藏语系是属于更大的图兰语大语系,他自己也是比较语言学的创始人,他觉得古语恰恰是文字刚刚产生的时候的痕迹。他比较了一下,在这三个语系当中都有一个指称"无限者"的词汇,但是这个词汇都不一样,很多都跟天、光、照耀的一些词根有关系。按照他的比较语言学,他讲英国语系讲的"无限者"后来说是天神,他有一个共同的词根就是照耀的意思,古希腊宙斯拉丁文的和古印度崇拜的天地词根其实都有一个共同的词语,就是一个"DIV",从这个词语里面演化出来。19世纪学术史上,一个最重大的发现或者说最重大的发现之一就是发现了这几个词汇有共同的词源。

他讲这应该是第一个阶段,就是语言刚刚分化出来的时候人们用不同的词语指称他们崇拜的"无限者",称之为天、地,但是他们的词源是相同的。

第一个阶段以后变成了每一个民族或者说每一个语言共同体用他们重要的词汇来指称他们的情况。当这些语言共同体,这些民族后来融合了,融合了以后大部落就要吃掉小部落,小部落也不能消灭,就放在低一点的位置,大部落就放在高一点的位置,这是多神论的体系是最高的神统治阶级的神,低一点的神是属于低一点阶级的神,这个阶级在这点上还是可以用得上了,这是第二阶段多神论的阶段。

因为人类一方面在分化,另一方面也在聚合,也在融合。特别是在中东地区,中东地区是民族文化融会的大火炉,这样神的名字越来越多,这时候大家不相信神了。所以这时候出现一些诚实无神论者,宗教从单一神论到多神论,然后到诚实的无神论,经过诚实无神论发展之后形成唯一神论。在唯一神论的时候就有唯一的上帝,他认为所有人都要崇拜它。

缪勒对诚实无神论者有个说法,他们不是否定有任何超越无限者存在,而是常常因为不愿意当时流行的神的传统观念,而追求一种比他们自己在孩子时代知道的神性概念更高超的概念。这些无神论为什么是诚实的,应该说他们的思路还是跟单一神论到多神论是一样的,他们也承认一个无限者,一个超越的存在者,但是他们不满意,以前因为乱七八糟的名称,杂乱无章的名称来称之为这个神,那个神,所以他要找到一个更高超的,但是又是能够解释神性,这种"无限者"神性的概念。

在我看来这些最早无神论者就是最早的哲学家,后来有人讲希腊文学为基督教讲的神论是相通的,希腊人讲的神就是唯一的神,他跟希腊神话里面的那些神是不一样的,亚里士多德都有这样的倾向。后来希腊文学和基督教之间冲突和对话提供了可能性。

我们看看中国,中国的哲学也是这么产生的。一开始中国殷商从甲骨文开始是帝,这个帝就是讲的天神的词根,我觉得起码在发音上是一样的。到了周代的时候,殷周之间有个转化变成了天。现在有一个基本的标准,如果你发现文献里面讲到帝就是指殷商时候的思想,如果讲的天比较多可能就是周代时候的文献。后来帝也包括在这里面,但是帝后来慢慢变成了皇帝的专有名次,这不是至高的。殷商时候的帝很有意思,王国维讲甲骨文里面的帝是商人的祖先,实际上这个解释后人已经给反驳了,这不是祖先。因为帝,我们知道孔子讲的帝祭,那是非常隆重也是非常稀少的,并且只是献给他祖先的,殷商人给他祖先有非常繁多的,三天一小祭,十天一大祭,祭非常多,他有一个标准,他是祭祖的时候用食物,但是对帝祭的时候不用食物,像帝跟殷人没有血缘关系,那些祖先死了以后到哪儿去了呢?是宾于帝,这个观念是最早的时候非常像的,后来和人没有血缘关系,也没有什么道德观念。到了天,中国人一般讲起源的时候都要讲天,都要从天开始讲起。天和人可以相通,天和人有共同的属性。我觉得要讲中国思想的起源可能还是要从甲骨文帝开始讲起,然后讲天,这个天还不是纯粹的哲学概念,然后到道,道在中国来讲从"帝、天",我想道这个词是中国第一批城市的无神论,包括老子,他们就想找到一个更高超的途径,要找到一个更高超的名称。

最聪明的人在智慧面前就像猴子一样,也就是说人和智慧的比就像猴子和人的比一样的。希腊神话以后才有智慧女神,这个智慧女神跟哲学的索非亚概念产生以后,同时出现的艺术现象。希腊最早神话里面都有各种各样的神,但是后来成了智慧女神的形象,智慧神亚里士多德讲得很清楚。哲学家通过理论的沉思接近了神的生活,这些都说明在希腊哲学当中智慧的概念是有神性的,是一个超越的概念。

我们生活日常用语真正的含义不一样,中国的道,后来天也是这样,这些概念都是从生活当中借鉴过来的,都赋予了他神圣的色彩,他和原来的单一神论或者是多神论联系。

我简单地总结一下,对印度哲学也是这样,讲到哲学起源的时候,在哲学时代只有三个是哲学,希腊的、印度的和中国的,但是这三个在大致差不多的时候起源都是和原来或者说以前的宗教的发展,在希腊是希腊的神话,在中国是"天、地"崇拜,在印度是跟他宗教改革从印度教到佛教的宗教改革都是联系在一起的。这样来看可以看到人类最古老的文化形态都是宗教,都是神话,但是怎么样从宗教、神话到哲学,这一步只有少数几个民族能够迈开。

乔清举:现在有一个假说是所有人都是从非洲人走出来的,语言同源是不是也是这样?

赵敦华:现在只有中国才认为假说成分很大,实际上在国际主流的人类学界,祖宗非洲模式已经是大部分科学家所接受的了。并且走出非洲是几批的,从最早智人一直到现在共同的走出,就是晚期智人或者现代智人。从 DNA 上分析是属于同一个祖宗,这个比考古的更加精确。不要看皮肤上差别很大,皮肤上只是两三代基因控制,人有三万多组基因,真正能够控制皮肤的肌肤是少数的,只是少数基因发生了变异。达尔文在人的由来这本书里面也提出假设,他说人类语言分化是和人的迁徙,人在迁徙当中的分化是同步的,如果你能画出早期人类的迁徙图,你就可以找出有多少种语言。有一个人类学家做过这个工作,他是根据 DNA 的不同以后做了一个图,看分支图,这个分支图和世界语言的分布、分支基本上是吻合的。这是处于非常初步的阶段,但是有很多语言现在已经消失了,并且也不知道最初是什么状态。比如说汉语,我们知道从古代殷商甚至更早就传下来,但是古代的语言只知道甲骨文,他的声音也没有,他的形象、文字的形象最早就是甲骨文,这个假说应该讲还是符合现在的科学上的依据。

成中英:从帝到天到道是什么过程?中西不同,帝是当人类成为可以控制他人的政治组织的时候,就是神圣的帝,帝是控制一切。西方人的帝没有经过生命化的过程,所以还是权力的象征。

赵敦华:其实道还是一个言的意思,但是言在《圣经》里面上帝不是说造出你,他说要有光就有光,他说有天就有天,言就是一种能力,不论光是一种能力还是一种力量,甚至他可以有实体性的意思在里面。这是一个传统,当讲太初有道的时候,希腊文的逻辑意思又接上了希伯来文的言。他在希伯来宗教发展过程中,把"言"翻译成"道"可能会有一些误解,中国人讲的"道"也在说话,但是中国哲学里面道不仅仅是说。你讲的中国人的天变成了伦理化以后,但是老子的道可没有什么,你看道是降落,道降落成德,德降落成仁,之后变成理了,这是一种堕落的过程。

不管希伯来文的言还是希腊文的逻辑,实际上也有一个生命化、伦理化的过程,他不完全是一个超越。包括他的伦理思想,他的生命意识,包括生命创造意识都是根据上帝之言分析出来的。

王晓朝:刚才赵敦华老师的报告内容很丰富,我做一点评价,再做一个推论,最后问赵老师一个问题。第一,赵老师刚才的"打井说"提到了很多现象,我也有同感,我也理解赵老师的用意可能是强调本体论、方法论、认识论的统一,而不是反对人们对方法论做研究。我们在大学可以看到,现在撰写研究生论文都形成了一个套路:要求在文章没写之前就要把方法说得一清二楚,可是一篇论文完成了,前面也说了要用什么方法,最后看完却根本看不出某种方法如何运用。康德说得很明白,方法和理论、原则,本是高度统一的,光知道一些游泳的规则不下水实践是永远学不会游泳的。我想,只谈方法论是谈不深的。我们看到最近几年有很多关于社会科学方法论的著作,他们做了很多有益的探索,但是读下来的基本调子像是工作总结——我这里说不带贬义。方法论值得探讨,但更应该强调观点、理论和方法的高度统一,这样才能够做得好。这是我对赵老师"打井说"的理解。

第二,"同源分流说"这种看法古已有之。很多研究基督教的人跟我说《圣经·创世记》里面有中国人的痕迹:古代的希伯来宗教的某位先知撰写的某本书弄丢了,后来被中国人拣来了——有些传教士认为中国的《易经》就是这么来的。我本人对于这种同源说的基本思路到现在为止还是很认同的。刚才赵老师也讲到了科学的发现、考古的发现,认为人类起源于非洲,后来走出非洲,皮肤变成各种颜色。我想,今后要想从根本上推翻"同源说"只有一种可能,那就是"外来说":外星人在人类发展的某个阶段切入地球文明,只有这方面的发现才可以从根本上推翻"同源说",否则以后各种各样的研究都是在强化"同源说"。同源说的基本思路运用于中外哲学比较很有意义。我的推论是:如果坚持或认同"同源说",那么我们对各种文化比较的结果,一定是同大于异,而绝不会异大于同。这是可以从前提中推论出来的东西:人类不管走出非洲后的遭遇有何不同,既然是同源,那么无论怎么强调差异,也推翻不了同大于异这个结论。实际上这么多年来的文化比较,尽管有许多学者强调差异的一面,但是我们看到相同的东西或趋同的东西却是越来越多。所以最终的前景,我认为也可以从这个前提中推断出来:无论今后世界怎么变,中华文化怎么发展、怎么创新,西方文化进一步怎么发展、怎么堕落、怎么毁灭,等等,我想世界文化的前景一定是多元文化的融合、和谐、共存,而且最终一定会归于赵老师您刚才提到的"无限者",不管这个词汇在各个民族中间叫什么名字。研究多元文化的和谐共存也有重点,我想当前需要特别研究秩序问题,西方人强调和谐,着重从次序的角度去讲;中国文化讲和谐,我感到也有这层内涵。所以今后谈文化发展更应落实到秩序问题上来。这是依据赵老师的"同源说"作的一点推论,不知道赵老师同意不同意。

赵敦华:中西比较一个在同中发现异,但是在异中要发现更大的同。我也是这个观点,我同源分流是在讲在轴心时代以后,在轴心时代可以分化,但是到了地理大发现以后,人基本上都处在一个一个独立的文化区,有独立的传统创造,影响很少。但是近代以后交流就非常多了,所以你看到现在这种融合或者说趋同的趋势越来越快。当然现在讲中国和西方有很大差异,但是你如果比较一下,如果是 2000 年以前中国和西方差别多大,现在再来看看中国和西方的差别其实并没有非常大,生活方式,经济方式甚至政治方式,从历史的角度来讲确实可以讲是非常微妙的,现在这种趋同的趋势非常明显。但是有一个感情的问题,你愿意不愿意承认,还是用事实,我想作为做研究的还是不要带着自己的感情去,还是要用一种追求真理的方法和实事求是的事实来说明,来看待世界上到底有没有普适价值,还是讲所谓主流价值都是西方人骗人的,这个世界上根本没有什么普适价值。如果这些马克思主义者说出这些话本身就抛弃了马克思主义,因为马克思主义就是同源真理,如果没有普遍性怎么看待马克思主义。

你讲的都是在多神教以后,你不能讲巫术,巫术不是中国萨满教,这本身就是世界性的概念,这是世界现象,并不能表明中西分化的论据。

那个帝一开始,最开始的发音,因为一开始形象肯定不一样,包括拼音字母也不一样。我举个例子,小孩刚刚生下来不管是哪个小孩都叫妈妈、爸爸,这个很奇怪,也没有人教他,为什么第一声都是爸爸、妈妈,这也是非常奇妙的现象。我只是用这个来说明,可能是同源的线索。当然后来帝的观念跟基督教上帝的观念有很大差异,在一开始的时候有一个起源,后来由于文化的差异慢慢发展,就像一根树一样,一开始可能是树干,后来一分枝差别非常大。

四

冯俊:在笛卡尔看来,方法一个是发现的方法,一个是教导的方法,发现的方法是一个科学家或者说一个哲学家研究一个问题,在发现问题的时候追求的思维路径,他发现的方法经常是不告诉人家,他告诉你的基本上都是教导的方法和教学的方法,这套理论体系教给别人或者展开演绎出来时的方法。所以说发现的方法和教导的方法是不同的方法。

在哲学史上专门讲自己的方法论的哲学家不多,倒是笛卡尔自己讲自己的方法有一个《方法谈》,还有一个《指导心灵的规则》。他是哲学家当中少有的几位专门讲方法论的。我要讲的题目是法国哲学中的理性主义和非理性主义的方法。

如果我们纵观历史,可以看到法国哲学可以追溯到蒙台涅,很多人认为他是法国哲学的第一人,他的散文《随笔集》,实际上最早提出方法即怀疑的方法,这也是受古希腊人的影响,但是他对法国哲学产生两个影响,一个是影响了笛卡尔,他首先怀疑一切,对经验、对现有知识进行怀疑,形成一种批判的自由的思维,笛卡尔成为敢于怀疑一切的哲学家是受到蒙台涅的影响。蒙台涅又影响了帕斯卡尔,他觉得人的理性是有限的,人的认识能力是有限的,很多东西是认识不了的,理性既不能解决自身的问题,也不能解决信仰的问题,于是蒙台涅的思想启发了帕斯卡尔,使他提出了非理性主义的一些思想。

我们说17世纪的法国哲学,笛卡尔创立了理性主义的方法,他在《方法谈》当中把自己方法论的原则概括为四条原则:

第一条原则就是绝不把任何没有明确认识为真的东西当做真的加以接受,也就是小心避免仓促和片面,只把十分清楚明白无法怀疑的东西放入判断之中。这成为他唯理论或者理性主义的真理的标准。笛卡尔怀疑一切的方法也是从这里开始的,一切可以怀疑的东西都要怀疑,最后找到真实可靠、坚实的基础。这个真正无法怀疑的东西就是我思故我在。笛卡尔第一条方法,就是普遍怀疑的方法或者是说追求清楚明白观念的方法,同时什么东西是清楚明白的,直观得到的东西是清楚明白的,所以在这里讲的是直观的方法,这是方法的第一条原则。

第二条原则就是把每一个难题尽可能分成细小部分,直到可以而且适于加以圆满解决的程度为止,这个方法概括为分析的方法,把一个对象尽量分析,把一个难题尽可能分成细小的部分,直到找到最简单的元素。笛卡尔自己说,最简单的那个东西才是最清楚、明白的。

第三条原则,按照次序引导我的思想,以便从最简单、最容易认识的对象开始,一点一点逐步上升到对复杂对象的认识,即使是那些彼此之间没有自然先后次序的对象,我也要给设立一个次序。有人将这个方法概括成为综合的方法,他要设计一个顺序,顺序是方法当中很重要的观念,这可能是客观的,如果客观找不到这样的顺序,我要假定一个顺序出来。让事情真正有顺序来进行,这就是笛卡尔的综合方法。

第四条原则就是把一切情形尽量完全地列举出来,尽量普遍地加以审视,使我确认毫无遗漏,这是归纳的方法,这跟培根的归纳方法不一样,这不是从个别得出一般,这个归纳是完全列举,是列举归纳法,把所有的情形列举出来。

这四条原则是笛卡尔方法的一个简要的表述,他在《指导心灵的规则》当中做了几十条分析,但是总体上来说,没有逃脱前面概括的四条方法论原则。在笛卡尔看来,方法是统一的,所有的科学,在方法论上是一致的,所以方法在他看来是适用于所有科学方法,同时也适用于哲学的方法,我们说这是理性主义方法论,大致从这几条原则体现出来。

在笛卡尔刚刚确立理性主义原则的情况下,帕斯卡尔已经确立了非理性主义的原则,指出了理性本身的局限性。帕斯卡尔在几何学的精神,在说服的技术,对于非理性主义的原则做了很全面的阐述。首先,他对于理性作了分析,他认为理性可以概括成为几何学的精神,这个特点要清楚、明白,要找到唯一确实的东西。笛卡尔所说的找出顺序,遵从一定的顺序,无论是分析还是综合,还是直观或者说演绎,这些都属于理性或者几何学精神的种种表现。这种逻辑思维或者说推理活动构成一个公理体系,对使用概念术语进行定义和逻辑推演,这是理性主义的方法表现。但是帕斯卡尔认为对于理性或者几何学的精神,我们不要过分抬高,不要过分夸大理性或者理智的作用,如果过分抬高就会走向独断。笛卡尔这种方法过分抬高之后就变成无用的、不可靠的。同时他也看到笛卡尔很注重科学的价值,但是他认为对科学也不能搞得太过,如果搞得太过,科学也不科学了。

第一,帕斯卡尔对理性进行批判,几何学精神不能够定义原始概念,不能够定义第一原则,第一原理是理性自己解决不了的,是不可能经过逻辑来论证的。你可以做一切逻辑推理,你的前提本身是不能够通过你的理性推论出来的。所以说首先理性不能解决原始的概念。几何学方法要建立公理体系,他用全部概念名词进行定义,进行演绎,但是最初原始概念是不能够用逻辑推论的方法推论出来的,这是理性本身的局限性。

第二,帕斯卡尔讲到了理性或者说几何学精神不能够建立起人的科学。说理性也好,几何学推论也好,无论综合、分析、演绎这些东西不能够对人自身的状况,人类的前途和命运,人类的痛苦和幸福,人类的伟大和渺小进行推理和演绎,理性的方法、几何学的精神,或者这一套推理方法是无法解决人自身的问题,真正人学,对人自身的关爱和人的道德,人的情感,人的终极关怀是理性所无法解决的。

第三,帕斯卡尔说人的信仰问题,宗教问题,也是理性所无能为力的。笛卡尔讲到,试图要用理性方法证明上帝存在,只有这样那些无神论或者不信仰基督教的人也会承认上帝的存在,这是笛卡尔最初的想法和目的。帕斯卡尔说不能通过理性证明上帝的存在,也不能通过理性让人信仰上帝。他觉得理性也解决不了人的信仰问题,理性的活动和宗教无关,与信仰无关。

在理性主义的原则经笛卡尔刚刚确立不久,帕斯卡尔从另外一个角度看到理性的局限性。因此帕斯卡尔觉得人除了理性之外还有很重要另外一面,就是非理性,只有非理性或者是在他看来出自人心,前者是几何学的精神,人的敏感性的精神,这种敏感性的精神是非常精微的精神,这与几何学的精神不同的特点就是:一、它和日常的生活有着密切的联系,是人们的一种良知的洞见性,敏感的精神是日常生活当中,人们的日常应用当中显示出来的。二、敏感的精神是人的一种感受,不是一种证明,是人对很多敏感性的事物的一种亲身的经历,亲身的感受。三、这种敏感性的精神是一种直觉,不是靠推论出来的,是人的一种直觉。前面讲到的对于人生问题,对于宗教问题,对于科学或者哲学的最初第一原理或者原理概念的问题,这个靠理性是发现不了的,需要靠人心,靠人的敏感性的精神。他把人心和人的灵魂区别开来,在这里如果翻译成英文人心是"heart",人的灵魂是"mind",人心是非理性的东西,人的灵魂是理性的东西。这里面实际上提出了和笛卡尔相对的非理性主义原则。当然并不是说他把两者完全对立起来,帕斯卡尔看来说理性和人心,或者说理性和非理性不是冲突的,不是矛盾的,或者二者必去其一的,实际上二者是互补的,是相互依赖缺一不可的。

17世纪法国是理性主义和非理性主义基本原则刚刚确立的一个时代。在18世纪的法国可以说理性主义占上风,占主导地位的时代。同时理性主义从哲学的理性变成一种现实的政治原则,整个18世纪可以说理性成了衡量一切事物的标准,以往一切放在理性法庭前面进行审判和考问,我们说18世纪是理性主义时代,法国启蒙主义的很多思想很多是在理性主义原则指导下进行的。19世纪的法国像新批判主义,实证主义继承了理性主义原则。19世纪到20世纪初法国另外还有三位人,他的名字都是以B开头的,一个是"Maine de Biran,"一个是"Bergson",一个是""Blondel,这3B传统继承了非理性的传统。我觉得在19世纪法国哲学是理性主义和非理性主义二者双峰对峙的时代。

孔德某种程度上和笛卡尔很像,他认为有一种普遍的方法论,这种方法是实证主义的方法,他也是对方法论原则进行了很多的研究,他有个归纳。孔德认为实证方法包含的第一个方法是观察的方法,观察的方法当然面对的是外部的对象或者说自然现象,可以做直接的观察,如果没有理论就没有观察,只有理论指导,观察才有意义。一开始看到理论对观察的先导作用或者指导性。第二个方法是实验的方法,这是在人造的理想环境下对现象进行或多或少的限制或者限定来考察它,思考它,从而看到在理想状态中探讨事物或者现象的规律。第三种方法是比较的方法,在自然的分配当中一方面比较种群的形成,不同种类之间的相似形,奇异性,共通性,另一方面考虑连续性和相互影响。最后社会学当中,我们应该运用的是历史的方法,觉得社会科学与自然科学或者生物科学最根本的区别,人们不同时代对后代必然影响,这有一种文化的传承和积累,这里面必须要运用历史的方法。在孔德看来这四个方法构成了整个实证方法的基本原则,而这个实证方法也是一种普遍方法论。

从柏格森和布隆代尔对孔德以及后来实证主义哲学家的方法、对理性方法进行了批判,从而进一步发挥了非理性主义方法。我们说从19世纪精神论运动(spiritualism),还有以布隆代尔为代表的宗教哲学,到以柏格森为代表的生命哲学都是对于人的非理性方面、对人的意志情感方面深入的挖掘。

到了20世纪,法国哲学理性主义方法和非理性主义方法对立和交替占上风更明显。可以说20世纪以巴什拉为代表的科学哲学,以后的结构主义都是理性方法在20世纪的具体体现。在20世纪下半叶后现代主义哲学,重新展示出来了对于理性主义的解构,对理性主义方法的批判。而且非理性主义对于理性主义方法的一些批判,很多方面让我们看到了帕斯卡尔对笛卡尔批判的痕迹。

第一,后现代主义批判了理性主义的或者说理性的总体性,我们说理性主义在17、18世纪诞生之时,在18世纪启蒙运动当中对于反对中世纪的蒙昧主义来说是一个思想解放,是人类认识的一大进步。但是理性主义经过近三四百年发展也成为制约人的极权主义。我们进入20世纪初理性渗透到人生活每一个方面,对人的社会全面的规训,理性无处不在,理性集权主义导致理性的暴力,所以后现代主义首先批判理性的总体性。因而想打破这种总体性要创造出一种不可同约性,差异性,零散性。

第二,后现代主义反对理性主义的思维方式,理性主义的思维方式在他们看来是一种二元对立的,是中心式的,等级体系式的,或者说是树状的。后现代主义要碎片化,要动态的,而不是静态的,要多样的,而不是单一的,是一种开放的游牧式的思维方式。

第三,后现代主义反对理性主义的话语方式。最重要是反对宏大叙事,另外反对启蒙的叙事,这些和前面的反对理性总体性联系在一起。

第四,后现代主义反对理性主义对科学的一些看法,理性主义可能是崇尚科学,但是又导致了科学至上,以为科学可以解决一切问题,实际上科学的发展走向了一种异化,科学使人走入了误区,科学也制造了灭绝人类的武器,科学技术发展和过度滥用导致环境污染,生态平衡破坏,使地球越来越不适合人类生存,因此科学不能解决人们物质的问题,同时科学也不能解决人类精神问题,人的道德、价值、理想信念、终极关怀也不是科学所能够解决的,因此在这里需要非理性主义因素。

我们回头看法国蒙台涅思想包括理性主义和非理性主义因素,在17世纪笛卡尔确定理性主义原则,同时帕斯卡尔提出非理性主义原则。18世纪理性主义占了上风,19世纪3B传统对理性主义进行反对。到20世纪尽管有科学哲学和结构主义的理性主义,但是到后现代主义,非理性主义思潮又重新占了上风。整个法国哲学来说理性主义和非理性主义两种方法的交错轮流交替,之后又融合在一起,不可分割。

理性主义和非理性主义和形而上学构成非常特殊和复杂的关系,17世纪理性主义和非理性主义都有形而上学体系,是和形而上学联系在一起的。到了18世纪唯物主义,反对和拒斥形而上学,孔德是理性主义,他也拒绝形而上学。19世纪试图恢复和重建形而上学,在20世纪上半叶萨特非理性主义也是构建形而上学或者本体论的哲学体系。到了20世纪下半叶后现代主义的非理性主义,则是要消解、解构形而上学,可见这两种方法和形而上学之间还有很复杂的特殊的关系。因此我们不能简单地说,好像理性主义要建立形而上学体系,非理性主义要反对形而上学体系,这当中是很复杂的关系。

我们通过分析法国哲学几百年发展,也看到法国哲学自身方法运用的交替,因而也可以看得出来法国哲学自身的一些特点。所以我们在进行比较的时候,我觉得首先要研究清楚一个哲学或者说一个国别的哲学或者一个时代的哲学自身的一些特点,自身的一些方法。同时我们比较才有可能有一定的依据,如果像上午教授说的什么东西都可以拿来比,什么东西都可以建立随意联系,那种比较就没有多大意义。在这里我是以法国哲学的方法为例讲一讲哲学的方法问题,我就讲这么多。

陈霞(中国社会科学院哲学所教授):我刚才听了冯老师介绍法国哲学,法国哲学从17世纪到20世纪一直存在理性主义和非理性主义两股思潮的交错。您刚才讲理性主义时说到笛卡尔,他的《方法论》的第一原则是清楚、明白,是直观呈现给我们的东西,而非理性主义强调真切的生命体验、情感。其实,这些也是我们直观到的东西。我感觉理性主义在设定最初的原则以后,我们按照这个原则列出来很多种方法,如分析的方法、综合的方法、归纳的方法、还原的方法等。在经直观最初设定之后继续按照抽象的理论思辨、严格的研究方法建构了一套理论。这些理论走到极致可能变成集权,导致理性的独断。这是非理性主义对理性主义局限的质疑。但是非理性主义在阐述自己的主张时遵循了理性主义的原则。因为任何判断,皆以基本逻辑原则为前提,包括后现代主义,如果不用这个原则,上句话与下句话互相否定,那他所说出的东西大家不会懂。从两者都需要直观和遵守基本逻辑原则这个角度讲,我感觉理性主义和非理性主义之间的分歧不是那么大,只是侧重点不同。

五

田辰山(北京外国语大学东西方关系中心主任):现在比较哲学方法基本上有两个:一个是西方比较法,一个是参照中国角度的比较方法。比较哲学方法其实业是思维方式和做学问的方式方法,是这个意思上有两种比较哲学的基本方法。也即,中国和西方各自是两套思维方式、两个传统、两套方法论。这里需要指出,其实"方法论"一词说中国有什么方法论,也不合适。但是今天我们没有别的语言,还得用这个词说问题。但已经不是西方那个方法论——methodology,而只是说明中国有一条路,西方是一条路。中国是互系性方法的道路,西方是二元对立的方法。是这样两种基本比较哲学方法。

今天讨论比较哲学方法这个题目之所以很重要,其实也是把中国和西方这两套思维方式搞清楚。这在今天是非常重要的。今年五月《文史哲》杂志召开了一个会,请了十几个学者专门讨论现代中国学术界使用的话语问题。这表明,现在到了中国学术界对我们一百年来使用的话语加以认识的时候了。我是持这种观点的,即一百年的话语是有问题的,这个话语是从西方来的,这个问题是什么,现在需要对这个问题有意识了。

今天上午赵敦华老师讲了同源分流问题。讲人类开始都是从非洲来。讲的是考古和基因分析。如果说这个说法是成立的,你如何把考古、基因分析与思维方式、哲学、文化联系起来,其中的必然学理关系是什么,这是需要找出来的、说清楚的。

我想提及的是中国传统与西方传统的思维方式差异。我举一个很平常的例子。比如说进行刑事破案的例子。通过破案做法联系到传统思维方法问题,引出中国是个"道",西方是个"上帝"方法。它必然联系着比较哲学方法问题。我觉得是比较能够说明问题的。

如何是一个破案的方法问题呢?比如说现在出了个人命案,谁是凶手,什么线索都找不到。怎么办?中国的方法是既然如此,就将侦查暂时搁置、等待。等到什么时候出了新情况、有了新线索再重新追查。我们是非常实用地办事的。但是西方遇到这种没线索的情况怎么办？没有线索也不成，心理上不踏实，也得要想象出什么来。于是，没有谁是凶手的线索是可以假设的，假设是某某干的，然后根据假设是这个人干的，去推理原因，去监视，去调查，就有一大堆事情可做了。这是一个很简单的例子。

这种情况其实是哲学问题。如果从哲学角度，方法论的问题是同一个。我在《中国辩证法》一书的前面章节讲到破案这种不同方法上的同样问题。刚才讲"同源"。其实"同源"的根本点是无论中国和西方大家都是人类。不能说一个是猴子，一个是人。都是人这点上毫无疑问是有共同之处的。这点比"同来自非洲"的说法要强有力得多。但是这否定不了人和人差别很大。不能用共同之处埋没了差别。用通变来说，没有差别就谈不到共同性，共同性就不存在意义。共同性是在差别相对之下产生意义的。买一斤黄豆，对一粒粒的黄豆的共同性的思考还有意义吗？这时看到一粒粒黄豆之间有差别反而很有意思。

我在书中讲的一个相同方法论的问题是，在原始人类阶段，远古时候，中西方可能都碰到同一个问题。什么问题？就是这个世界究竟是从哪里来的。读中国古代典籍，读西方古代思想家，都可以找到在回答这个问题的方式方法上的不同。这也可以说是今天这个比较哲学方法最开始的一个差别问题。西方的问题恰恰是一个假设性思维方式演变而成的方法。因为没有人搞得清楚这个世界是从哪里来的。到底是鸡生蛋还是蛋生鸡无法得出定论。所以对这个问题，中国人的态度是放在一边，不再去毫无根据地苦思冥想。我们关心的、演变为思想方法的是要看现在这个世界是怎么运行的，宇宙、自然是怎么运行的，人是怎么生活的，是怎么一回事？怎么办，就是通过观察总结出一些观念。这个观念还不能有什么语言来说清楚。所以《道德经》就有了"道可道非常道"。也就是说，知道有这样一种东西，但是这个东西远非我们言语所能表达。也可以说，你用任何语言来说它，就要出问题。老子说"道"这个字本身也是有问题的，也是强说的一个字。

中国人思维方式是解决一个什么问题呢？借助英文词汇说明一下。英文有个"what"（什么），还有个"how"（如何）。中国人不追求"什么"，不追求是谁、是什么创造了世界，因为是无头案，无用之功，而只是看这个世界是"如何"的。中国人是通过观察和思考的方法，看出道道来，总结出一套道理来。这就是成中英老师讲的观和感。西方人恰恰是一个假设的方法。上帝是假设出来的。世界是从哪里来的无从知道，需要假设一个实实在在有那么一个实体。假设之后在假设的前提之下进行论述、推理等。所以西方思想传统和学术始终围绕上帝这一假设实体的概念。上帝存在不存在，它是怎么开始制造世界的，定了什么法则，世界、历史怎么开始，人是什么，等等，有了一整套围绕上帝的说法。神学除外，整个哲学、社会科学、科学都是用上帝连在一起走的一条路。福田提人类历史终结，亨廷顿说还没终结，还有文明冲突。所以一切学问是围绕着这么一个东西在转。

也就是说，西方学术实际上整个是一套形而上学的方法。不过，这个形而上学的方法不是《易经》所说的形而上。我们用"形而上"作了西方"形而上学"（metaphysics）的一个翻译。但是中国《易经》的"形而上"不是西方的"形而上学"。西方的形而上学就是因为凭假设说话，先有一个前提假设，在它下面进行推理、找逻辑、论证，是这样一套方法构成的理论体系。这是非常抽象的工作过程，所以西方叫形而上学。这套形而上学，理论本身也好、方法也好，脱离不开一个上帝，整个的问题提出是上帝且围绕它展开。因此也就离不开思维方式上的二元对立。中国采取的是回答问题的"how"，是揭示这个世界现在"是怎么样"的、"如何"的。根据当下这个正在运行的"how"的方式方法得出了是一种道的方式，或是阴和阳方式，或是五行的方式，我们有很多说法。正因为现在看到是这种东西或者方式，宇宙、自然、人是什么及其它们是什么关系，无非是一种延续和变化，也即"通变"。原始的东西是什么样和什么关系，也无非如此。所以，在中国这里，没有开始，没有结尾；开始也是结尾，结尾也是开始。而西方有一个确定的历史的开始和历史的结尾，人类有上帝安排好的末日来临那天。中西方就思维方式来说，是这样两个。

是这样两个思维方式说明中国思想传统和西方思想传统在回答同一个问题上，采取了两个不同的路径，也即采取了两种不同的方法；一个是回答"how"，一个是回答"what"。一个是回答"怎么样"，世界是怎样动作的，怎样运行的。中国的这是什么方法论，还真的是不能够用西方的话语结构来判断。你如果用西方的话语结构判断，来做学问，你首先需要意识到，用的西方话语结构已经不是西方语言本来的词汇和概念原有的意义。比如说本体论，成老师用了很多次这个概念。此外，一百多年来很多中国有名的学问大家用本体论这个概念。我觉得这种用法本身没有问题，它已经变成中国词汇了。成老师用它的时候，刻意要讲清楚什么是本，什么是体。但是现在变得很重要的问题是，我们不能忘记的是中国人讲的本体是从英文翻译过来的，但是原来的"ontology"，翻译成中文，来到中国学者头脑当中的这个"本体"概念，已经不是西方原来"ontology"的意思了。因为西方本体所指的就是上帝，就是在把它作为前提假设思维之下的二元对立一套形而上学的思维方式和逻辑。如果忘记了或高估了这个情况，中国人讲的本体就跟西方的"ontology"混在一起了。西方人看到中国人用了的本体，以为在中国可以用，是一个东西。就把西方的"ontology"不自觉地、无意识地硬是强加在中国传统上了。也就是说，中国传统也是一套讲类似上帝的东西。所以，我们要讲中国思维方式，中国方法论是什么，西方的方法论是什么，是不能用西方的词汇和概念来回来去说的。这就是用西方话语讲中国事情出问题的地方。我还是同意安乐哲老师的观点，也是今天中国学术界的一个说法，"西话汉说"是有问题的，"汉话汉说"是势在必行的。也即，中国人是什么思维方式，什么方法论？是道的方法论，是易的方法论，是通变方法，即是中国思维也是中国方法论。。

谈比较哲学方法，可以说中西哲学过去一百多年来采用的比较方法，基本上是西方思维方式的方法。一百多年学术出的问题归于一点是采用了西方的话语结构而对它导致的问题不自觉、无意识。现在是要使用中国人思维方式的比较方法论。这是什么方法论呢？就是要有东西方比较角度,用东西比较话语来说中国的事情,说西方的事情。涉及一个西方概念,首先要在它所在的传统环境中去找到它本身原来的意思。中国的概念,要在中国传统环境中找到原来的意思。都找到了原来的意思之后,再把它们拿来比较,而不是不问其两个思想传统本身的整个背景环境。只是拿一个西方概念做样子到中国来对号入座。可以说,现代以来迄今为止我们所见到的比较,大抵是这样的比较方法,所以说,这样的比较方法存在很大的问题。

可以说,西方的思维方式,西方的方法就是神的方法,就是西方特有的形而上学方法,二元对立方法。中国的就是一种互系性的方法,看事物延续性的方法,看整体性的方法,整体观点是中国人的说法,也即互系性思维方法。比较哲学现在要着眼于这种方法,要创出一种东西方比较哲学的新模式。用比较通俗的语言表达,就是一个辩证的方法和一个形而上学的方法。按照郝大维、安乐哲的说法就是第一问题思维和第二问题思维方法。这个辩证法不是我们以往简单认为的是西方传入的。这个辩证法跟西方的辩证法还不是一个概念。这个辩证法在中国人的嘴里和头脑里实际是《易经》、阴阳、互系的思维方式。辩证法在现代中国所用语言之中,只是出了同样问题的一个词汇而已。它是从西方翻译过来的,但已不是原来的含义。西方"dialectic"的意思恰恰是二元对立思维方式。这个问题必须要说清楚,要对它有意识。今天上午赵老师讲到什么东西拿来比,说比较哲学很不成熟。但是我觉得如果更到位地说,所有这些比较方法都是属于形而上学、二元对立比较方法,都不是一种互系、通变式的;都是不问两个传统背景环境,只提出某单个概念,找出单个的人,到对方传统背景中去与雷同对象对号入座。比如孔子的历史朝代是一个动乱的朝代,柏拉图的时代也是一个混乱的时代,就这样将两人比较起来。而不是考虑到西方在哪个时期出现的柏拉图,西方那个时期的大背景是什么,与柏拉图构成着一种什么关系。柏拉图对后来基督教又起到什么作用,不是在整个域境背景之中找到柏拉图的思想,然后与孔子思想进行比较。如果一经这样比较,就会发现曾认为相似的地方,其实很大程度上不能比较,可比性很牵强,差别甚至大于相似。

认识差别是很重要的,不认识差别,你就不知道怎么和谐。你愿意和谐,你希望和谐,那都是属于人的态度,而态度不是问题本身,不是哲学问题。我们是讲哲学。我们心理状态尽管希望这样,但两个传统之间的差别是在那里存在的。是天天遇到的。讲同源,两个兄弟是不是同源？我跟我的儿子是不是同源？我儿子到了西方,几岁去的,他在那长到二十八、九岁,文化上可以说完全是西方人。我在中国生活那么多年,又在西方生活近二十年,我现在还是个中国人的思维方式。你说这是同源,但是这个差别是相当大的。我们俩话语很不一样,思维方式不一样,价值观不一样。你说今天谈中西方比较是谈差异比较重要,还是谈和比较重要？这得看目的是什么？不是对差别情有独钟。我们谈差别的目的是为了理解,为了将来能和。我们知道差别之后才会有智慧、才能将差别考虑进去,然后去找到如何去求和谐的道路,去寻找一条道路、一个互相可沟通的方式方法。

西方离不开形而上学,离不开二元结构,离不开超越,离不开上帝,也是离不开假设的。刚才讲同源分流,西方有人认为人类是从非洲来的,说实在的这还只是一个假设。尽管有基因上的证明似乎是,尽管有什么其他方面的说明,但还仍然不是定论。这就跟霍金新的理论一样,大爆炸理论也好,上帝创造世界也好,都不是定论,而是假设。爱因斯坦相对论当时认为是定论,迄今为止没有那么宏大的理论定论,以后总会有新的理论把它推翻。所以说在不是定论的时候,我们就不能把没有定论的东西作为假设。理论错误常常在假设阶段就是错的。

所以讲方法论,比较哲学方法论也是哲学的方法论,方法论是跟人的思维方式,人的世界观、人的价值观是完全分不开的,可以说是一回事情。只是你从某一个角度来看待这个东西,这就是一个方法。但是方法论也是世界观,也是思维方式,这是分不开的,也是语言问题,也是价值体系问题。从根本情况来讲,西方那套东西离不开假设,而中国不是靠假设来说明问题的。这是一个很关键、很根本的哲学方法和比较哲学方法的问题。

我认为可以用比较简单明了的话表明这一根本的方法问题。即一个是一多不分,另一个是一多二元。西方是一多二元的方法论;中国是一分不多的方法论。西方的"一"跟中国的"一"不是相同的"一"。中国的是浑然而一的"一",西方的是超绝的"一",是外在的"一",是由它开始单线的二元对立的关系。最原始的开始是"一",它被假设为一个实体。我们从根本上要认识到这个情况。也就是说,从今天开始,从现在开始,现在是一个很好的契机,中国学界要开始探讨东西方两个思想体系根本差别在哪里。现在是用中国人思维方式来搞比较哲学的时候了。

张志伟(中国人民大学哲学院常务副院长、教授):这几年几乎每年都会有类似的会议谈方法问题。我想之所以这几年重新重视这方面的问题有它的原因,像人大 2004 年的时候开了一次会,主题就是讨论中国哲学的合法性的问题。引起的原因实际上还是从中文系过来的,就是失语症,我们研究中国的问题离开西方话语权不能说话,因为你完全按照这套体系,显然中国哲学这门学科从 20 世纪初一些老先生从国外学成回国之后按照西方的概念、方法、框架梳理我们自己的文献、典籍而形成的学科。对这门学科的形成甚至很多方面的深入研究,最后的影响是不可估量的,影响非常大。

但是慢慢的人们意识到一些问题,东西方是完全不同的两个派系,你完全用西方的概念和方法研究我们自己的文献,实际上就有能否反映中国哲学自己内在特质的问题。人们面临一个问题,已经预示到中国按照原来的方法搞中国哲学不行了,走不出去了。但是另一方面在现在全球化背景下你说不要西方的,按照老路子搞中国的,也不行,根本不可能了。就我个人的理解,中国哲学的确现在处在十字路口,中国哲学往前发展该怎么做,实际上是摆在中国哲学界面前的一个很大的问题,需要很多人真正重视和做这件事情。

我也说一下打井说,不是研究打井学一口井没有打,我想说人们开始打井了,但是没有打出好水来,所以人们研究打井学。我从这个意义上来说的确应该重视方法论的研究,研究打井学的目的是如何打出水,出好水。这一点我个人不是研究中国哲学的,有很大困惑,你研究比较哲学和研究中国哲学有时候会发现有一个路径不一样。我们现在研究中国哲学更多的会非常看重文献学,你没有这个基础在中国哲学学术界不要说话。就像我去谈这个肯定说外行话,我首先要加上限定语,我不是搞这个专业的。你要涉及专业就要有点专业精神,但是中西哲学比较显然不是文献学的问题,这是义理上的问题,现在不能说研究中国哲学的人不研究义理。但是这两方面关系的确一直是个问题,为什么呢? 哲学不只是纯学术研究,它应对这个时代的问题作出回应。

你写一本专著影响只在学术圈子里面,对社会没有产生多少影响,真正对社会有影响的研究一定要应对社会问题。从这个角度来讲,我觉得中国哲学面临两方面问题,一方面是怎么走出传统研究的路子,另一方面要能够回去反映中国哲学神韵,同时还要应对现代问题,就是所谓中国哲学现在话语权,这两方面结合起来太难了,但是你又必须走,不走两个方面丢了任何一个方面,你丢了前面没有自己学术资源,你丢了后面就没有学术的生命。你对一个时代的影响,对社会的影响,你生存的意义和价值决定了这一点。从这个意义上来讲,要深入的去开展方法论研究,研究要更深入,方法论的研究要能够跟个案结合。我有了一种方法论意识,要在个案或具体研究中体现出来。

海外华裔学者或者西方人研究中国的人,尽管没有标明是比较研究,但他们无论自觉和不自觉就带着比较的意味,对于促进中国哲学的发展有非常重要的意义。中国哲学要在世界哲学里面争取有声音和影响,这恐怕要有一个对话的过程。要就大家共同关心的问题,当代的问题,从不同的学术资源提出自己的看法和观点,相互之间交流可能会产生新的东西。

乔清举(南开大学哲学系教授):我讲一点对中国哲学的认识,以及对这个论题的一点感想。中国哲学史研究做了一个分析,我想有这么几个认识:第一,是研究中国哲学也是在建构中国哲学。你有哲学的思想,当你以自觉的哲学学科的形式来对待你是在建构中国哲学,对他的方法进行哲学的思考。

第二,迄今为止所有的中国哲学史的研究都是以西释中的方法,学术界有的说以中释中,以西释中,我觉得这些都是不对的,所谓本体化研究,细化的研究区别都没有必要,不同的是研究成熟不成熟,完善不完善,我们举几个例子,比如说日本,最早中国研究哲学是1895年,这些都是以西方的哲学框架进行研究的。

第三,包括后来罗先生讲,冯友兰先生讲,唐君毅先生是强调本土化,他也包括西化式的方法。因为这个研究都是以哲学作为前提的,所有中国哲学史研究都是在哲学背景下的演出或者舞台上演出,这样的话就造成目前为止所有中国哲学史研究都是比较哲学研究,这个结论我反复地思考,我发现这个结论不容易推翻。凡是研究中国哲学史的书籍大家看一下,在里面的概念进行研究都是自觉和不自觉跟西方的概念跟西方的人物进行对比。像冯友兰先生讲了孟子像柏拉图,讲荀子像亚里士多德,他具体的人物对比都有。在这个过程中研究中国哲学的方法,研究中国哲学的过程中自觉或者不自觉都是把西方哲学作为一个理论,作为一个方法对待。西方哲学对于中国哲学的意义就是一个理论,就是一个方法。包括马克思主义世界观、方法论为什么这么强调,我们翻译西方的哲学类的著作,从开始翻译名曲,我们一直寻求这种方法,这种研究有什么特点呢? 这种研究对我们中国哲学来讲,一种拿着标准看这个,拿着尺子看对象的作用。不是说我把你放在一个平等的地位上,的确有这种特点。

第四,不同的西方哲学对于中国哲学有不同的适合。从这个意义上来讲,研究中国哲学没有一劳永逸的解决方案,时代在发展,你哲学的发展,方法论的发展推动了中国哲学的研究深入。

第五,迄今为止中国哲学都是靠西方哲学来挺立了,另外中国哲学价值是什么,也是靠西方哲学来挺立。我们看这个过程就会明确认识到这一点,包括后来马克思主义研究,我们每一个研究者都有一个西方的背景,这样一来从某种程度上来说的确有殖民化的特点,但是我用这个词是中性词,不是贬义词,这是一个事实,这有历史必然性,这个历史必然性表现在什么地方呢? 首先你采用了哲学这种方式,你就不可避免会陷入这里面,因为你没有这个学科,这是一个先天的。哲学就是中国哲学的原罪,你只要叫中国哲学,显然就有殖民化的宿命了。

殖民化的过程也不见得都是错的,你可以在这个过程中反过来肯定中国哲学的价值。你拿中国哲学谈西方哲学,西方哲学差远了,它没有功夫论,这是所有西方哲学的缺点,很好,人家证明哲学是理性思考,不涉及个人,像黑格尔和康德都讲得很好,康德在伦理学很反对把情感的东西加进来。西方哲学开始讲得很清楚,我一定要发展,科学和个人人格的特点要区分出来,我在德国看到德国人写的从中国哲学看德国哲学,我们可以看看他们是怎么看的。我想对殖民化的问题不应该过度的夸张来看待。

这种态度,我们要看到对殖民化要客观的认识,另外在这个过程中要摆脱这种方法,我想应该把中国哲学作为活的生存的,存在的东西摆脱对象性的观点,把它作为历史之物的观点,从这个意义上来讲,冯友兰讲抽象继承法,他在人大第一次提出来。他最深刻的含义是说中国哲学还是有生命力的东西。

第六,我们摆脱了对象性的方法,不是说对他进行研究,而是说和他共存,这样既是在研究,也是在建立学科,也是在建立中国哲学,这样中国哲学就从死的状态,一种对象的状态成活了,或者说就复苏了,这种状态最后是一种确立中国思想主体性,这种方法既是接受中国哲学家,也是接受西方哲学家,这实际上是对人类面临的问题,能够从中国哲学的理念出发,同时有哲学的思考来建立,这样才能够有一种普遍性。

回到中国哲学这种说法,我们客观来看待它,它不是回到原教旨主义,比如说回到五四以前,回到近代以前。如果稍微有一点反思,你所有的文字,所有的概念、术语都是被翻译过来,你根本没有退到翻译以前的状态,这是我研究过程中几个想法,正好跟比较哲学有点接近,我拿过来讲一讲,请大家批评。

吴国武(北京大学古文献研究中心):如果系统、仔细地考察近百年来几种重要的哲学史、思想史著作如何言说中国哲学、中国思想,我们会有新的认识。什么叫"以西释中",程度又如何? 这里面牵扯到用什么语言去说中国哲学、中国思想,我们有没有纯正的汉语? 我认为,自古以来应该说就没有纯正的汉语。所谓"以西释中"在近代至少有两种很不同的方式,也就是汉学与西学结合、宋学与西学结合。但是这两种方式也需要具体去讨论,从它们标举的立场或宏观来说,或许真是"以西释中"。然而,如果从个案研究或微观层面就不一定叫做"以西释中"。现在很多人在做中国哲学、中国思想研究或者中外比较研究时都要回溯到近现代,无论讨论"中国哲学合法性"也好,讨论"中国哲学方法论"也好都牵涉及怎么认识近现代哲学史、思想史的言说问题。过去将近一百年的哲学史、思想史的言说到底是怎样进行的,是不是真的是用"以西释中"办法? 执著于"以西释中"这一说法带来的问题就是前面提到的所谓"汉话汉说"抑或"汉话胡说"问题,我认为这个问题是一个伪问题,至少从古今语言的发展来讲就不是这么回事。因为我们在过去和当下受西方的影响,而我们深切地感受到了,于是我们站在当下我们的立场来说这么多年语言的"西化"、思想言说的"西化"。我个人觉得,这种认识有夸大的成分。

梁涛(中国人民大学国学院教授):中国哲学这个学科本身就是按照西方哲学的模式建立起来的,它必然就是殖民化,没有办法,以后还得这样搞。我对这个看法有疑问,不知道你注意没有,当年冯友兰讲中国哲学建立其实有两个路径,一个是讲中国的哲学,一个是讲中国的义理学。我认为在当时传统下建立中国义理学是不可能的,当时不可能不代表现在不可能,也不代表以后不可能。我们今天摆脱不了以西释中,也是有问题的,有人说以中释中,这是什么意思呢? 并不是我们研究不能有任何外来的概念了,不是这个意思。刚才说语言是永远发展变化的,在我印象当中,中国也没有人这么主张过,以西释中是什么呢? 是用西方的概念体系理论框架来解释中国哲学。以中释中是什么呢? 我们能不能建立起自己的理论框架来解释中国的思想传统,这是我们说的以中释中。当然现在这个还没有做到,我们没有产生出自己的哲学语言,没有产生自己的理论框架,所以暂时做不到,但并不是说未来做不到。

唐文明(清华大学哲学系副教授):按照我的理解如果一定要用比较哲学的概念,我觉得最好的典范是《作为意志和表象的世界》一书,因为叔本华精神在佛教,但是框架是康德式的框架,你会看到关键的立场是按照佛教的思想来的,他在理解或者达到这样结论的时候用的完全是康德式的思想。我们发现佛教是东方的宗教,康德是西方哲学家,这时候会发现东西方交在一起,我们看这个书根本想不到它是比较哲学的典范。如果中国哲学能够做到像叔本华那样,结合得看不到痕迹这就是成功的。那时候会看以中释中,以西释中就不那么简单,就不是完全静态的中西差异了。

白彤东(美国泽维尔大学哲学系副教授):刚才王晓朝老师提到可比性(commensurability),这不是说两个东西是一样的。它们互相之间可以翻译,可以用对方的言语系统表达自己的思想(即使是很不同的思想),这就足够了。关于这种可比性,不是非要单独地、在先地证明可比性。只要在具体层面上比了,自然就证明了可比性。这就像数学里存在性证明所采取的一种方法一样。我们这里不是为了比较而比较,而是阅读像柏拉图和孔子这样的聪明人,在我们不懂的时候、没有看出他们深刻的思想和深刻的问题的时候,也许把他们两个最聪明的人放在一起,能让他们互相之间去注解一下。而在他们有不同说法的时候,我们可以想想他们为什么有不同的地方。比如,《理想国》中谈到为什么要引入统治阶级时,苏格拉底指出其功能是要打仗,打仗要训练专门的战士及其领袖。但是,在《孟子》中,他谈到为什么要用统治阶级时,他说远古时有洪水猛兽,是君子控制了洪水猛兽,而之后人们衣食无忧后近于禽兽,这是君子教给人民伦理道德。为什么都是很聪明的人,柏拉图写的时候想统治者是为打仗用的,孟子一开始就讲统治者是为伦理教化用的呢?

并且,这些聪明的哲学家对他们本人立场的辩护,在他们立场相对的情况下,我们可以拿一个人的论辩去批驳另外一个论辩,从而加深我们的思考。比如说,希腊的polis和春秋战国时的城邦不太一样,但是有一个类似的问题,就是家庭之私利和公益之间的冲突。对于这一问题,《理想国》要把家彻底消灭掉。孔子也看到了这一冲突,但他不是说要把家灭掉,而是要用家中才有的亲情去外延以关心他人与公益,从而克服个人私利和家庭利益对公益的威胁。他们都对为什么采取这两种解决办法有论证。这里,让他们两个之间互相去评论,会加深我们对公私利益冲突的理解。在这个意义上,这些比较本身就是哲学,而不是独立的、被称作"比较哲学"的东西。

陈霞:中国哲学在其发展过程当中,存在着自觉运用理性原则不足的问题。我们在产生哲学突破的时期面临的具体问题、思维习惯,以及地理环境等因素,使得我们对理论的偏好,从一个基本前提出发去建构理论体系的偏好,不是那么强烈。建构理论体系这样的过程对中国哲学的发展是非常有必要的。我们强调直观,包括中国哲学的"道","道"也是直观的。只要道为道,非为物,就超越了人的理性限度。老子以理性的直观判断"道"的实有。但直观只是开端,我们应该从这个前提继续往上走,而不能停留在直观呈现给我们的东西上面。

另外一个问题是关于中西哲学比较。我们不管用什么方法比较,我想比较的意义都是显而易见的。不管就哪两个东西进行各种各样的比较,这个比较是很必要的,也是难以避免的。但是在比较的结果上,我赞同唐先生,您刚才说最典型的比较,是看不出任何比较的痕迹。像海德格尔从道家思想当中吸取了一些元素,这种元素不仅仅是增加了他的知识,更重要的是启发了他的智慧,使他把东方元素融入到自己的思想建构当中,不露痕迹。我们做中国哲学,使用比较的研究方法是不可避免的,这种情况下所做的哲学,我们也不应完全停留在知识层面、学术层面或者是学术性的比较上面,而应该上升到思想层面。我们可以学习西方哲学的问题意识，带着一个问题去进行建构，这样出来的成果就不完全是哲学工作者的学术书籍，而是一种思想性、理论性的著作，甚至是具有普世价值的理论创新作品。今天上午成先生谈"学"和"论"的关系，我觉得这两者之间，"学"是非常必要的，但是我们也应该有一种自觉的意识往"论"的方面去发展，这样的研究成果不仅仅是一些知识性的、学术性的，而是具有创造性的，并回应我们当代需要解决的问题。不少学术著作的影响范围限于一些同行的学者，局限于象牙塔。而"论"出来的东西更多的是思想性的，后者可能会更好地回应和面对现实，更能够对我们这个时代产生影响。

龚群（中国人民大学哲学院教授）：实际上我们是进行哲学比较，不是比较哲学。哲学比较，文化比较，传统比较，方法比较。我们面对着共同的人类经验或者共同的人类问题，在这个问题上可以有中国传统智慧也可以有西方的智慧，在这里面共同探讨，就是为了人类未来，为了未来人类能够在哲学上推进，能够解决这个问题，我们可以在这个意义上进行比较。

我们今天谈很多问题是另外一个重要的关于方法论的问题，证明方法发明以来，尤其是在德国有一个广泛的讨论，关于自然科学方法论和人文科学方法论的问题，人文方法论的独特性并不完全能够以自然科学方法论来研究人文社会科学，比如说在经济学里面可以用这些方法，但是不能完全用自然科学方法来研究人文社会科学。无论说是研究中国哲学的方法论，还是西方哲学方法论，本身也存在这个问题，自然科学的方法论可以用在人文社会科学领域，但是不能完全用自然科学方法论来研究人文社会科学。

人文社会科学有自己的逻辑，这些不可以量化，你用自然科学的理性来研究肯定是不可行的，因为很大意义上不能够量化。我们在经济危机能够用量化来预测吗？肯定是不能够预测的。人文社会科学里面一定有人文社会科学方法，我认为这是人文科学本质性的方法，这个本质性方法本身在一定意义上找到了中国哲学和西方哲学对人文社会科学的共同点，我们在什么意义上来谈哲学方法论，而且有共同方法论的东西把中国哲学和西方哲学概括起来。

在这里可以看到，应当重视人文社会科学本身的方法论的意义和存在的价值。关于语言问题我说两句，现在到底用什么语言，中国一百多年来语言的变化是惊人的，从鸦片战争或辛亥革命以来，中国语言变化是惊人的，中国语言的现代化本身产生的问题在哪儿呢？我们跟传统的距离，或者说传统语言的距离越来越远，从鲁迅的文章可以看出半文半白，但是现在基本上找不到了。我们所谓的现代语言在一定意义上是什么语言呢？就是双音节的词越来越多，这些词语更多的是用翻译过来的语言作为使用的日常话语。这些语言70%—80%以上，是从日本翻译过来的，哲学这个词，道德这个词都不是我们使用的，都是日本人使用的，我们接受了。中国现在的日常语言，包括学术语言在内的70%—80%以上是从日本翻译过来的，翻译成现在中国人使用的语言。可见我们跟古代汉语的距离是多么的巨大，我们现在一个方面生活当中语言已经变成现代汉语了。中国的传统的哲学是用古代的语言来做的,这方面的距离是非常巨大的。我们不可能回到原来传统语言上了,但是我们可以用那个语言做我们的哲学,继承那种思维方式。

韩东晖(中国人民大学哲学院副院长、教授):我简单地谈谈两个方面的问题。第一,在当代中国研究哲学,其实就处在广义的比较哲学视野当中。我们总是自觉不自觉地站在古今—中西交汇的十字路口,这恐怕是我们无法逃避的宿命。这种诠释学意义上的视域融合,让我们很难还原出哪些概念、问题、思考方式是纯粹中国的、纯粹西方的、纯粹印度的。当然,这并不是说没有必要检讨、澄清我们的"前见"、"前理解",对各种"前见"乃至"偏见"的澄清会让我们的视野更清晰;关于中国哲学研究范式的合法性问题的讨论,其意义之一就是澄清了许多以前纠缠不清的意见,但是在许多学者那里,似乎又强化了另一种偏见,这就是:所谓以西释中是不对的,正确的研究方法是以中释中。且不论完全摆脱以西释中是否可能,仅就以西释中本身来说,以中国哲学这个学科在中国的初创历程来说,以西释中是一个重要的方法,而且取得了巨大的学术成就,至少挖掘出以前我们没注意到的、忽略掉的、遗忘掉的东西,在不同思考方式和历史背景中凸显出中国思想在哲学方面的特色。我认为这实际上极大提高了与中国问题的理解和研究。

但现在不少人对以西释中口诛笔伐,根源出在哪里?我认为有两个主要方面:(1)我们到底是用一种僵化的、封闭的(西方)哲学理论来看待中国哲学,还是用一种开放的、富有生命力的哲学看待中国哲学。(2)以西释中不是也不可能是唯一的甚至是主要的方法,研究中国哲学可以有多种路径,我们执意去批判以西释中,鼓吹以中释中,其实可能往往会忽略掉很多可能的路径。通往罗马的道路有很多条。

第二,关于比较哲学的研究方法问题。哲学史编纂和研究的方法多种多样,就其大者,我归纳为两种:分析史观和语境史观。这是两种理想形态,不是说每一个人必须使用这个或者那个。这个区分大致相当于理查德·罗蒂所说的理性重建和历史重建,迈克·弗雷德所说的寻求好的理由和历史事实的区分。我们现在做的比较哲学研究大部分是在分析史观的层面上,即寻找一些在某些问题上,有相似之处的人物或思想,重构他们的论证,比较各自的利弊得失。这样的工作在哲学史上有很大好处,一方面可以沟通中西思考方式,另一方面可以提出很多有意思的比较,刺激我们的理智思考,得到好的理智思考成果。语境史观上的研究相对来说比较少。我想这个方面在以后的中西哲学比较当中会发挥更大的作用。如果要贯彻一种语境史观,要拓展研究视野,可能不仅仅局限在我们现在所讲的哲学范围内,而会扩展到思想史的范围内,可能需要将宗教、政治思想以及一般文化的各种观念都纳入到语境史观的进路当中去。这种进路带来的是更一般也更深刻的历史比较、跨文化交流。

牛宏宝(中国人民大学哲学院教授):我做了一个比较研究,我知道从文学的角度来讲比较研究有两个学派,一个是法国学派,一个是美国学派。法国学派一直主张影响

哲学家

研究,而美国学派一直主张平行研究,我认为平行研究有一系列问题,我一直做影响研究,我做中西美学和中西艺术比较研究的时候一直做中国和西方艺术的相互影响、相互交流,以及在这个过程中的知识形成的过程。

我做比较研究后来变成一个什么样的东西呢? 我变成了跨文化的语境分析,这主要核心是要揭示一个核心东西,在跨文化语境当中知识形成的方式与轴心时代有什么不同。我们知道文化有一个时期是各自发展的,到了殖民拓展以后,就是西方地理大发现以后文化发展和知识发展方式也是发生了变化,轴心时代已经结束了,而跨文化语境知识形成过程才真正开始。

对我来讲我们进入了另外一个历史阶段,轴心时代结束。当然对中国而言轴心时代的真正的结束是鸦片战争,我觉得做比较研究要去看的一个东西,比较研究这样一个东西形成的历史语境是在跨文化的时期,而不是在轴心时代,我觉得在今天做比较哲学研究的方法论建设的时候,这一点是应该作为一个基础性的认识来做的。

大家进入跨文化语境以后,单一文化自身传统必然破灭。我们不仅仅是以西释中,或者以日释中,我们不单一地以哪一个来释哪一个,我们进入跨文化语境以后传统本身的概念已经发生了变化。

当我们遇到知识论或者认识论的问题我们要不要引述康德,当我们遇到论述问题要不要引述康德,因为他是西方的,我觉得王国维的观点,到今天很多人还没有去发现他阐述的就是学无中西。我们现在能不能打破中西以问题意识的方式来追问,我们会发现自己有内传统,还有外传统。我们当然也有不分内外传统来讲学术发展,我们进入跨文化语境的时候要分析知识形成的方式发生了变化,在这个过程中,每一个做学问的人可能都是双语,或者是生活在文化边缘上的人。中国人在目前语言变化还是不够的,我们知道欧洲比中国先进入跨文化语境,他掌握的语言,他语言中包括像德国的一个学者曾经讲过,17 世纪欧洲不同语言之间交互凝视,并且在对方身上发现自己的不足,是这样一个时期。跨文化语境给我们带来一个最重要的东西就是开辟了你的可能性,对今天来说表现得是你的不足,你有没有一些欠缺。我们说中国有没有哲学,中国有没有美学,对于你的传统来讲是一个不足,但是对于你的未来是你的可能性。

对于我来讲,在这个地方,我看到知识形成跨文化语境当中丰富的道路,我认为应该认识到这一点,我认为这是非常重要的一点。所以在这个地方我不认为,在这个时候过于滥用殖民,后殖民这样一个词汇。我今天去把头发染成金黄色,你会发现我有殖民色彩,但是如果我谈的问题,我要谈的伦理学,我认为康德的方法是我研究伦理学基础性的地方,这和我染头发是不一样的,你可以通过讨论看康德的讨论是不是大家愿意普遍接受的,我们在这个地方要发展学术。我说在跨文化语境中区分中西,我认为这个东西可能在某种意义上仍然保留了我们的轴心心态。

我总结了一下,新文化运动中间,这些学者所表述的中西比较,我们会发现这中间有一个变化,从陈独秀 1914 年比较西方问题是动的,东方文化是静的,包括梁漱溟先生做的比较,他的比较批判地色彩更浓一些,这里面有一个意识形态架构,把中国文化架构在精神层面,而把西方架构在物质上面,以此保持中国文化的优越性,这是有意识形态考虑的。

一直到了1931年中国学者认识到不是中西问题,而是中国文化的现代化问题,这个过程中有一个深化的过程。我们要把这个东西变化一下,不去谈中西,而是谈跨文化语境当中知识形成基本的规律是什么,这是我的简单看法。

刘悦迪(中国社会科学院哲学所副教授):比较的目的究竟是什么?显然,我们不能为了比较而比较。这就需要区分三个关键词,comparative philosophy 也就是"比较哲学",cross-cultural philosophy 也就是"跨文化哲学",还有 inter-cultural philosophy 也就是"文化间哲学"。在我看来,现在比较哲学更像是两条平行线在比较,而跨文化哲学则更像是一座桥,我们从这边走到那边,又从那边走到这边,需要更多的了解。但最后文化间哲学应该是相互推动的,相互合作,相互整合的。这三种哲学分别对应着 diversity、interaction 和 integration,也就是分殊、互动和整合。

为什么我们不能"还原"到原初的传统当中,我想一个根本的原因,就在于我们是在"现代汉语的学术共同体"之内来工作的,我们都无法超过我们的语言界限,在维特根斯坦的意义上。接下来的问题就是中国哲学史研究为什么不是比较哲学?我觉得这里面可能忽略了影响研究和平行研究的差异,中国哲学史研究更多是影响研究,当然影响当中也包括平行研究的要素。我们倒可以说,汉学家的中国哲学和思想研究更接近于比较哲学,无论是 Schwartz 还是 Graham,他们"求同存异"也好,"求异存同"也罢,恰恰代表了比较哲学的两种方向。这里面有很重要的一个"过度诠释"或者"强的诠释"的问题,我想最后给出这样两点推论,其一,比较哲学一定是"过度诠释"的哲学,因为必然要深入到对方思想的腹地。其二,哲学的创造需要 misunderstanding,在一定意义上,misunderstanding 越强,那么创造性也就越强,牟宗三就是最突出的一个例子。

温海明(中国人民大学哲学院副教授):今天与会学者有一个共识,就是我们对中西比较哲学当持一种正面的态度,因为在当代做哲学不可避免的要涉及中西哲学比较研究的问题。我认为,首先,比较哲学研究当以个案研究为切入点,围绕某一个哲学问题来展开,我在写作英文著作《儒家实用主义 Confucian Pragmatism》时,一直围绕创生力(creativity)这个中心议题,从东西方哲学关于该问题的不同理解角度来切入,探索中国哲学在与美国哲学传统的对话中获得新生的可能性。其次,以问题为中心,就不容易被东西方哲学之间很多纠结不清的问题,如古今、中西之辩等大问题所影响,而可以尽量围绕比较具体的中心议题,同时了解多方立场和观点,寻找共同对话和沟通的平台,这样才能取得突破。最后,比较哲学是中国哲学的常态,中国哲学从诞生之日起就是比较研究,而中国的西方哲学研究也一直是比较的,因为是在汉语语境中对西方哲学展开研究,就难以回避不同语境对哲学问题的不同理解。在今天东西方哲学融会的大时代趋势下,比较哲学的方法论应当成为哲学研究的自觉,在中西交融的境遇中深化既有的哲学问题研究,努力突破各种藩篱和限制。比较哲学的方法论是在比较哲学理论的建构过程中逐步实现的。我们研究比较哲学的目的是建构新的哲学思考方式,帮助中国哲学找到一个新的发展方向,即中国哲学研究通过比较哲学的洗礼,既要努力保持传统中国哲学的韵味,又要实现中国哲学问题意识的哲学转化,实现从传统学术(经学、子学与近代中国哲学史)到中国现代哲学理论的转型。

冯俊:今天讨论的这些问题,实际上是没有一个定论的,为什么要比,不是为了比而比,我以后也不要把那两个东西拿来比一比,而更多的以问题为导向,进行跨文化或者文化间的对话。为了解决好这个问题,各种文化,各种哲学贡献自己的智慧,看你能说出哪几点,对人类的文化也好,对人类社会发展也好,能够作出什么贡献。以问题为导向,最后要解决问题,对社会发展有推动,这个目的是再好不过的。学者们也不是闲着无聊做一些学理上比较,我觉得要关注人类所关注的共同问题,在进行不同的文化,不同哲学之间的对话,这样才体现出比较哲学的意义。

成中英:比较哲学基本上在沟通,在整合,在相互学习,我提出相互学习的概念,也在说明彼此在掌握对方发展自己,来发展双方关系。从这个角度看东方哲学吸收西方哲学,像吸收营养一样丰富自己,而西方也是一样,最后的目的是改善人类未来的一种处境,改善人类的存在的一种处境,改善人的价值的处境,这个是不断的,是必然的一种趋势。

【哲学家学术述评】

三十年的回顾

夏甄陶[1]

（中国人民大学哲学院）

1931 年 4 月 1 日，我出生在湖南省安化县二都乡（今羊角塘镇）符竹村的一个农耕家庭。父亲是一个小知识分子，在村小学当校长。在我 5 岁的时候，我的祖父送我到村私塾接受启蒙教育，主要是读简单的识字课本。但我对私塾很反感，整天都是机械地重复念和背，身心都受到压抑。1938 年 9 月，我进入符竹村小学学习。在这里学习的内容和形式都比较多样化，在学习中感到轻松愉快。1942 年秋，我考入二都乡文昌庙中心小学（高小），学了一年半。1944 年春，我考入位于安化东坪镇的私立英江初级中学。东坪在解放前是安化后乡的一个市镇，学校就在镇西一个小山上，风景十分优美。我在英江初级中学学习了三年。1947 年 1 月毕业。就在这一年春季，我考入位于安化后乡鸦雀坪的湖南省立第五中学（高中），1950 年 1 月从这里毕业。

解放前，安化县是一个很闭塞的地区。境内多山，交通十分不便，没有公路。虽有一条资江流经境内，但因滩多水急，航道凶险，解放前只能行驶木船，还经常发生船毁人亡的事故。由于山多路险闭塞，抗日时期才避免了日本侵略者的践踏。当时有些沦陷区的学校还迁入安化办学。湖南省立第五中学就是从外地迁至安化县资江边一个叫鸦雀坪的地方的山上，十分偏僻而且闭塞。同时，还有一些从长沙、武汉逃难来到安化的知识分子（其中包括当时长沙的几位名教师，甚至还有大学教师）进入到安化一些学校从事教学工作，所以无论是私立英江初级中学，还是省立第五中学，师资水平和教学质量都是比较高的。

我就是在闭塞的安化山区接受从小学到高中的教育的，虽然高中毕了业，但没有见过电灯，没有见过汽车、火车，没有看过电影，是一个地地道道的乡巴佬。在家里，还要从事放牛、打柴、采茶、种菜和各种田间（主要是水稻田）劳动。正因为受过这种劳动训练，"文化大革命"时在五七干校种水稻的整套作业对我来说都不陌生，不是难事。

1949 年安化县得到解放。1950 年年初，我在五中毕业后，被吸收加入人民教师队伍，在一个叫樱桃溪的山村教小学。我当了一个学期的小学教师。1950 年 7 月，我到

---

① 作者系中国人民大学荣誉一级教授。

长沙参加解放后的第一次高考。考大学,在解放前我连做梦都不敢想。当我动身经益阳前往长沙赶考时,确实有人嘲笑我在做大学梦。来到长沙,是生平第一次进大城市,所见所闻,无不感到陌生和新奇。在火车站,第一次见到火车,当听到火车汽笛长鸣,吓得掉头就跑。这次参加高考,没有任何考前准备,完全是仓促上阵。由于家庭经济困难,身上带的钱很少,到长沙后不敢住旅馆,晚上在湖南大学的教室睡觉(因为炎热的夏天不用盖被子),每天早晚只在街边小摊上买两碗米粉充饥。当时在长沙,除了湖南大学和武汉大学各自单独招生以外,还有北京大学、清华大学、南开大学三校联合招生。我分别报考了武汉大学和北京大学的哲学系。考完之后,我和几位同行的同学,身上带的路费已经不够买从长沙到益阳的轮船票了。我们到省教育厅说明情况,请求帮助。教育厅给我们开了一张免费乘轮船的证明。当时轮船还是属于资本家的。为了避免第二天上船检票,我们只好前一天晚上就登上轮船过夜。第二天下午船到益阳,下船检票时,我们没有票。船老板把我们送到码头派出所,我们拿出教育厅的证明,说明身上实在没有钱了,派出所只好将我们放行。我们又花了两天时间,步行180里,才回到家里。这是一次艰难的高考之旅。

到了8月中旬,我先后收到了武汉大学和北京大学的录取通知书,我和父母都非常高兴。按我的愿望,本来想上北京大学,但因家庭经济十分困难,加上美国侵略朝鲜,局势紧张,父母让我就读于离家较近的武汉大学。9月初,我仅带了7万元(7元)钱,一条旧毯子,几件旧衣服,一本英汉字典,前往武汉大学报到。在长沙火车站,我正在打听如何买票时,碰到一位前往汉阳鹦鹉洲做木材生意的老乡也在买票。他认识我的父亲,得知我到武汉大学上学,便替我买了去武昌的火车票。他同我一同乘火车到了武昌,下车后又带我过长江在鹦鹉洲他的住处吃饭,并帮我找到了我的一位在鹦鹉洲码头上工作并安家的远房叔叔。这位远房叔叔热情地接待了我。住了一夜,他送了我一条被子,并送我过长江到武汉大学报到。就这样,我终于走进了武汉大学的校门,成为了一名大学生。

在武汉大学报到时,我申请到了丙等助学金。助学金每月7万5千元(7.5元),正好够一个月的伙食费,从而解决了我的吃饭问题。但是,在日常生活中,我仍面临不少的困难,一些必要的学习用品和生活用品都没有钱买。日子一长,我从家里带来的布鞋和旧衣服都破了,也没有钱添置。幸好我那位在鹦鹉洲的远房叔叔,有时能给我一点零用钱,使我能够买点必要的学习用品和生活用品。鞋破了,我就到垃圾堆捡别人扔掉的旧鞋穿。有的老师看到我的衣服单薄而且破旧,便送我些旧衣服,解除了我的一些生活上的窘迫。

当时武汉大学哲学系的系主任是洪谦教授。1951年洪先生调到北京燕京大学哲学系,黄子通教授继任系主任。教授还有程迺颐先生、周辅成先生,副教授有江天骥先生、石峻先生,讲师有陈修斋先生、张世英先生,还有助教侯春福先生。哲学系的学生很少。抗美援朝参军时,又有几个学生参军,剩下的学生更少了。

在武汉大学,从1950年9月到1952年暑假两个学年的时间,学生上课的时间很少,大部分时间是参加各种政治运动。比如有抗美援朝初期的参军运动、肃反运动、"三反""五反"运动、知识分子思想改造运动、土地改革运动(参加过两期)等。在这两年里,哲学系虽为我们"50级"学生开设过逻辑学(江天骥讲授)、心理学(程廼颐讲授)、哲学概论(陈修斋讲授),但都因参加政治运动而没有完成。1952年上半年,哲学系开设辩证唯物主义课,是全系几位教师作为知识分子思想改造的心得体会而分别宣讲的。到1952年暑假,我虽然已是2年级学生,但一些基础性的哲学课程都没有学过。

1952年8、9月间院系调整,全国几所大学的哲学系集中起来,与北京大学哲学系合并,我终于实现了上北京大学的心愿。合并后的北京大学哲学系集中了一批全国知名的哲学教授,如金岳霖教授、汤用彤教授、冯友兰教授、贺麟教授、郑昕教授、洪谦教授等,我的内心充满了求知和接受熏陶的渴望和喜悦。

然而,新的学期开始不久,教育部从北京大学文科各系抽调一批学生提前毕业,分配到一些新成立的高等院校做政治教员,我也是被抽调提前毕业之一。我被分配到北京地质学院政治教研室工作,因而中断了在新成立的北京大学哲学系的正规学习。1952年11月,我到北京地质学院报到,并第一次领取了工资。从此,我在日常生活上的困难逐渐得到了解决。当然,我对于在北京大学哲学系学习的中断,内心还是有些不甘。但是过了不久,1952年12月初,我又被保送到北京大学马列主义研究部做研究生,系统学习马列主义基础。这是当时教育部为了培养政治理论教师而采取的一项措施。

当时所谓学习马列主义基础其实就是学习联共(布)党史,完全由苏联专家讲课。此时,还较为系统地学习了中国革命史、政治经济学、辩证唯物主义和历史唯物主义。这些就是当时各高等院校普遍开设的政治理论课。

1954年7月,我带着近两年所记的十几本听课笔记和凭着死记硬背所取得的全优考试成绩,从北京大学马列主义研究部毕业了。我回到北京地质学院政治教研室并开始给学生开设马列主义基础课程,两年之后,改为讲授辩证唯物主义。

工作之后,我对哲学仍念念不忘。在大学时,有关哲学专业的一些基础课程没有系统学习,心中常感失落。我暗下决心,要自学补课。于是,在工作之余,我利用一切业余时间,努力学习马克思主义哲学的经典著作,学习中外哲学史和一些哲学家的原著。我还到北京大学旁听金岳霖先生讲授的罗素哲学,贺麟先生讲授的黑格尔哲学,以及张岱年先生讲授的中国哲学史。但因经常与工作时间相抵触,这些旁听都是时断时续。在这同时,我还结合学术界和现实生活中的一些热点问题,练笔写了几篇文章在有关报刊上发表。没有想到,我的这些作为却招来了非议和批判,说我"不务正业","走白专道路"。

1957年秋季,我下放到十三陵农村劳动。1958年北京市修建十三陵水库时,我被调到工地,当了半年多的工地记者。十三陵水库完工后,我回到北京地质学院。庐山会议后,全国开展反右倾机会主义的运动,我所在的单位把我当做"走白专道路"的典型,对我进行连续的批判,名之曰"拔白旗"。在此之后,我待在校内的时间就少了,先后参加了由北京市组织的编写马克思主义哲学教材的工作、由《红旗》杂志编辑部和哲学研究所等有关部门组织的反修小组的工作,并随这个小组参加了北京市通县一个农村生产队的"四清"运动。一直到 1965 年中才回地质学院。不久,我被调到地质部政治学校。"文化大革命"开始后,我作为一个"臭老九"靠边站了。

1969 年 3 月,我被下放到地质部江西"五七"干校劳动。在这里,主要是种水稻,我一个人种过三亩水稻试验田,还烧过木炭,全是重体力劳动。在干校劳动了四年,1973年 3 月,我被调到国家计委地质总局政治部工作。但我对政府机关工作实在不习惯,勉强工作了两年,1975 年 9 月,我申请调到了中国科学院哲学社会科学部哲学研究所。至此,我终于走进了一个学术研究单位,内心充满了喜悦。

当时还是"四人帮"横行猖獗之时,我到哲学研究所报到之后,同所里的其他几位同志被派到山西昔阳大寨作调查研究。在那动乱的年代,所谓调查研究左右不知所从,反反复复,折腾了一年多时间。1976 年 10 月,"四人帮"倒台以后,全国掀起了批判"四人帮"的高潮。学术理论领域出现了"拨乱反正"的形势,开展正常的学术研究的春天到来了。

在哲学研究所,我本来想到中国哲学史研究室搞点中国哲学史方面的研究工作。但所领导把我安排到辩证唯物主义研究室,研究室分工时,我又分在认识论组。1978年哲学研究所招收了首批研究生,我负责认识论方向的研究生的指导工作。这样,我就不得不把研究方向放在认识论领域。不过当时我还是把过去已经收集的有关荀子哲学的资料加以整理,于 1979 年由上海人民出版社出版了我的第一本小书——《论荀子的哲学思想》。这时我已快到"知天命"之年了。

从 1978 年中国共产党召开的十一届三中全会开始,中国进入了改革开放的新的历史时期。为了从理论上拨乱反正,全国开展了"实践是检验真理的唯一标准"的大讨论,并从理论上对"四人帮"展开深入批判。我参加了中国社会科学院组织的《"四人帮"批判》一书的写作。针对"四人帮"疯狂推行唯意志论的逆流,我撰写了该书哲学部分的《"四人帮"的唯意志论》、《"四人帮"在社会历史领域的"权力意志论"》、《"四人帮"在认识论上的权力实用主义》。为了深入理解实践为什么能够和怎样检验认识的真理性,我对实践的结构、要素和特性作了一些思考,写了几篇文章。我在文章中提出"目的是实践的一个要素"的看法,在学术界引起了很大的争论和讨论。针对这一情况,我索性以"目的"为主题,根据马克思的实践的唯物主义观点,对"目的"范畴的适用范围及其属人性的哲学内涵作比较系统的考察,写成了《关于目的的哲学》一书(上海人民出版社 1982 年版)。在书中,通过对目的范畴的适用范围及其属人性内涵的哲学考察,批判了自然观中的唯心主义目的论和社会历史观及人的活动中的唯意志论,力求在自然、社会历史和人类活动等领域贯彻实践的唯物主义观点。这是我对自然观、社会历史观和实践—认识论所作的一种一体化的思考。

在哲学研究所,我既然被安排在辩证唯物主义研究室认识论组,又负责指导认识论方向的研究生,当然应该把研究的重点放在认识论方面。在完成《关于目的的哲学》一书的写作以后,为了适应指导研究生的需要,我开始着手写一本关于认识论原理的书。

认识论是关于人类认识的哲学反思,是对认识的认识,而人类认识本身有自己构成自己的道路。我在考察前人对认识的反思成果的基础上,力求按照认识自己构成自己的道路,对关于认识反思中的一些一般性问题进行系统的考察。认识是以实践为基础并与实践相统一的人的活动,表现为以主客体关系为结构骨架的动态系统,其目的是为了实现人对世界的观念的和实践的掌握。所谓认识论的一般性问题就发生于、存在于和解决于主客体关系的动态展开之中。我就是以主客体关系作为结构骨架,对认识的本质、认识的发生、认识实现的形式和方法、认识的过程、认识的观念目的和实践目的等问题进行哲学思考,于 1985 年秋完成了《认识论引论》一书的写作。在研究一般认识论原理的基础上,我继续对实践—认识的结构,特别是主客体关系作进一步较深入的思考,并由此引发了对实践的唯物主义本身的关注。

研究认识论,不仅仅是研究认识的现成的、成熟的形态,而且要研究认识的发生。特别是马克思主义哲学认识论,更要把研究认识的发生作为自己题中应有之义。列宁早就指出过:"辩证法,按照马克思的理解……其本身包括现在称之为认识论的内容,这种认识论同样应当历史地观察自己的对象,研究并概括认识的起源和发展,从不知到知的转化。"①认识的起源即认识的发生。在以往的认识论著作中,这个问题特别是关于认识的原始发生问题是完全被忽视的。为了使这个缺陷得到弥补,把认识发生问题提到认识论研究的日程上来是必要的。1982 年,我在中国社会科学院哲学研究所提出了认识发生论的研究课题,并成立了由我主持的认识发生论课题研究小组。我们迈出的第一步是提出研究提纲,收集资料。由于课题本身有很大的难度,课题小组的成员又经常流动,所以研究的进展很慢。

在研究认识发生论的同时,我还开始了对中国认识论思想史的关注。我把这种关注也看做是认识论研究的一个组成部分。有人认为,中国传统哲学缺少认识论思想,因为中国历史中的哲学家不注意认识论的研究。我觉得这种看法不符合事实。事实上,在中国传统哲学中,认识论或与认识论有关的一些重大问题,如天人关系、主客关系、形神关系、名实关系、言意关系、学思关系、知行关系等,都曾受到哲学家们的自觉关注,并引起哲学家们的热烈研讨。通过这些研讨,哲学家们对认识的本质、认识的条件、认识的来源、认识的过程、认识的方法、认识的内容与形式、认识的检验、认识的目的等问题,都提出了各自的看法并形成了各种不同的认识论思想。应该说,在中国传统哲学中,认识论思想是很丰富的。当然,这些思想既具有中国哲学的一般特色(与西方哲学相比),又具有哲学家所属的学派和他们个人的特点。这都是需要我们做系统的研究的。

在这期间,我还参加了《中国大百科全书·哲学》卷的"总论及辩证唯物主义"编写组的编写工作。1985 年 9 月,我调到中国人民大学哲学系。年底,完成了《认识论引

---

① 《列宁选集》第 2 卷,人民出版社 1995 年版,第 422 页。

论》的定稿,1986 年交给人民出版社出版。在这以后,我继续开展在哲学研究所时已经着手的一些研究工作。

第一,继续研究认识的系统结构问题,先后发表了《论认识系统》、《论主体的认知定势》、《试论认识系统中的主—客体相关律》、《论认识的主体性的客体性基础》、《人在对象性活动中的主体地位和主体性》等论文,并完成了《认识的主—客体相关原理》(湖北教育出版社 1996 年版)一书。

第二,继续组织对认识发生论的研究和写作。课题小组的成员在集体讨论的基础上,各自按照分配的任务,完成了各章的初稿,又经过多次研讨和修改,最终由我统稿,完成了《认识发生论》(人民出版社 1991 年版)一书。书中所探讨的主要是认识的原始发生及与之相关的一些基本问题。

第三,从 1989 年下半年开始,我又挤出时间,继续收集并着手整理有关中国认识论思想史的资料,花了几年功夫,对中国历史上的六十余位哲学家或学派代表的认识论思想进行了梳理,完成了《中国认识论思想史稿》上、下卷,分别于 1992 年和 1996 年由中国人民大学出版社出版。

第四,与李淮春教授、郭湛教授合作主编了《思维世界导论》一书,这是对思维的一种认识论考察,涉及思维的发生、思维的结构和功能、思维的本质、思维的活动和方法、思维世界和人工智能、思维世界的发展等内容。该书由中国人民大学出版社于 1992 年出版。

第五,开展人学研究。有一种相当流行的看法,认为马克思主义哲学见物不见人。这种看法完全不符合事实。马克思主义哲学认识论研究的实践和认识都是人的活动,都是人处理和建立各种人的关系(包括人同自然界的关系和人的社会关系)的活动。现实的人就是通过自己的活动来实现自己的生存和发展的。正是通过对处理和建立各种人的关系的活动的总结和概括,才有马克思主义哲学的认识论、自然观和历史观。因此,马克思主义哲学思想内在地包含着人学的内容。事实确实如此,在马克思的相关著作中有着丰富的人学思想,马克思总是把现实的人当做考察现实的感性世界和社会历史发展的出发点和前提。因此,我在研究认识论的同时,很自然地对马克思的人学思想投入了关注。20 世纪 80 年代后期,我作为第二主编同北京大学的黄枬森教授(第一主编)、陈志尚教授(第三主编)一起合作编辑了《人学词典》一书,并于 1990 年由中国国际广播出版社出版。这是开展人学研究的一项基础性工作。此后,我同他们一起就人学的有关问题进行了多次研讨,我还参与了他们主持的《人学原理》的写作。我本人也独自发表了一些有关人学问题的文章,并先后完成了《人是什么》(商务印书馆 2000 年版)和《人:关系 活动 发展》(河南人民出版社 2009 年版)两本书。

此外,在 20 个世纪的 80—90 年代,围绕着马克思主义哲学教材的改革,对马克思主义哲学的形态、体系、结构、功能和历史命运等问题在哲学界展开了热烈讨论。我为这种气氛所感染,也投入到讨论之中,并发表了一系列文章,其中包括《论哲学的性质、特点与功能》(与欧阳康合作)、《哲学与实践》、《试论马克思哲学体系的建构原则》(与欧阳康合作)、《关于哲学研究改革中应处理好的几种关系》、《哲学应该关注人与世界的大关系》、《论实践的唯物主义》等。在这期间,我还参与了由萧前教授主编、由中国人民大学出版社出版的《马克思主义哲学原理》的撰稿工作,参与了萧前、李秀林、汪永祥主编的由人民出版社出版的《辩证唯物主义原理》的修订再版。

改革开放以来,我在哲学研究中一以贯之的思维方式是从存在的关系出发来思考问题。我不喜欢那种单一的、孤立的实体性思维方式。哲学本来应该是从总体上研究人与世界的关系的。人们常说,哲学是智慧之学,而智慧在本质上就是人善于驾驭和处理自己与现实世界的关系的品质和能力。马克思把哲学看做是"人世的智慧",并强调哲学在内容和表现上都要"同自己时代的现实世界接触并相互作用"。① 任何哲学问题都是在人和现实世界接触并相互作用的关系中发生的,也只有通过对这种关系的合理驾驭和处理才能得到解答。因此,我在自己所涉及的哲学研究中,力图把关系作为思考问题的出发点,并力图按照关系的展开来规定自己的思维逻辑。

实践关系是人和现实世界最实际的接触和相互作用,是人和现实世界的关系的最切近的基础。正是在这种关系的基础上,才发生了人和世界的其他关系。以实践为基础来理解、解释、驾驭和处理人和现实世界的关系,是一种实践的唯物主义观点。实践的唯物主义是和旧的直观的唯物主义对立的。正因为马克思主义哲学在本质上是实践的唯物主义,才有辩证的历史的唯物主义的理论形态,并与形而上学的旧形态的唯物主义对立。要客观地理解人和现实世界的关系的现实状况与历史发展,必须坚持实践的唯物主义观点。认识论是研究人和现实世界的关系的,人学研究人本身,而现实的人是通过感性活动、通过实践来表现和实现自己的生存与发展的动态关系的存在物。因此,我在认识论和人学研究中也力图坚持和贯彻实践的唯物主义观点。

作为一个专业的哲学研究工作者,我只能算是"半路出家"。我虽然上过大学哲学系,但由于各种不以我自己的意志为转移的原因,系统学习过的哲学专业课程没有一门。参加工作以后,我利用业余时间断断续续地自学了一些哲学专业方面的知识,但毕竟是功底浅薄,不成系统。我在自学中经常受到嘲讽和非议,如果想尝试性地搞点研究,就更被指责为犯了方向错误。1978 年党的十一届三中全会以后,我们的国家进入了改革开放的春天,哲学研究的园地也沐浴着改革开放的春风。于是,我也开始了在这片园地上的自由耕耘,并真正成了一个专业的哲学研究工作者,趁改革开放的春风,耕耘生产了一些成果。由于我功底浅薄,又是"半路出家"搞研究,所以这些成果自然不够成熟,只不过是一些粗疏之作。为了不枉在哲学研究园地的一番耕耘作业,现将部分成果收录成集,有"立此存照"之意。

(摘自《夏甄陶文集》卷首语)

---

① 《马克思恩格斯全集》第 1 卷,人民出版社 1995 年版,第 223、220 页。

为文喜作风雷笔，闻道犹能以身求

——陈先达哲学思想述要

张立波　　周秀菊

（中国人民大学哲学院）

内容提要：陈先达教授是我国当代著名的马克思主义哲学家和教育家，在马克思主义哲学的经典著作、基本理论和历史研究，哲学的一般理论乃至文化等人文学科方面，都有深入思考和博大精深的论述。《陈先达文集》促使我们认识到，要准确完整理解马克思主义哲学的本真精神，就必须立足于考察马克思主义的孕育、形成、发展的思想历史进程；要深化、发展马克思主义理论，就必须直面现实问题的挑战与应答。不能空谈理论和问题，不能两眼只盯住书本，从文献的夹缝中寻找问题；必须面向现实，在用马克思主义立场、观点和方法创造性地解决新问题中，深化对马克思主义理论的理解，寻找马克思主义的真问题。

关键词：陈先达　马克思主义哲学　唯物史观　哲学　文化

陈先达教授是我国当代著名的马克思主义哲学家和教育家。1930 年 12 月出生于江西鄱阳，1953 年毕业于复旦大学历史系，1956 年中国人民大学哲学研究班毕业后留校任教至今，曾任中国人民大学哲学系主任，第三届国务院学科评议组成员，教育部哲学教学指导委员会成员，教育部人文社会科学专家咨询委员会委员，中国历史唯物主义学会会长，北京市哲学学会会长等职。从 1991 年起，享受政府特殊津贴。现任中国人民大学哲学院一级教授、全国哲学社会科学规划哲学组组长、中国历史唯物主义学会名誉会长、教育部社会科学委员会委员。陈先达教授在马克思主义哲学的经典著作、基本理论和历史研究，哲学的一般理论乃至文化等人文学科方面，都有博大精深的论述，著有《走向历史的深处》、《马克思早期思想研究》、《被肢解的马克思》、《漫步遐思》、《静园夜语》等。他在哲学社会理论领域拥有崇高的声誉，著作和论文曾获教育部全国普通高校人文社会科学研究成果一等奖、中宣部"五个一工程"奖（第七、第八届）、北京市哲学社会科学研究成果特等奖、一等奖、二等奖，吴玉章奖金一等奖等多种奖项。本文主要依据《陈先达文集》（中国人民大学出版社 2006 年版）第一、二、三、四卷，对陈先达教授的哲学思想钩沉述要，希望能以此引发更为深入的研究。

一、马克思历史观的深入开掘

20 世纪 70 年代末以来，陈先达教授潜心于马克思主义哲学经典著作解读和哲学史研究，成果结晶为《走向历史的深处——马克思历史观研究》，1987 年由上海人民出版社出版。该书着力对马克思的历史观形成及其划时代变革进行系统完整地探讨，深入细致地剖析马克思如何突破以往历史观的局限而不断从历史的外部走向历史的内部、从历史的表层走向历史的深处，即发现社会历史的规律性，创立历史唯物主义的思想发展进程。为此，对马克思思想发展的具体历程作了细致、翔实的阐述与考察，思想资料几乎涉及马克思的每一部著作，理论脉络纵横交错而内容又异常丰富。

人类最关心的是自己，但最不了解的也是自己，如何认识历史，如何认识历史自身的规律，达到对历史的科学认识，长期以来成为人类自我认识的一道难解的"谜题"。从古希腊的希罗多德到维科，从法国启蒙学派和唯物主义到复辟时代的历史学派再到黑格尔，虽然人类对历史的认识是不断进步的，但仍游走在历史的迷宫中。历史认识的道路之所以如此艰难，原因在于陈先达教授所指出的："在社会历史领域中不像在自然领域和认识论领域那样，可以通过倒转、剔除、清洗、补充来形成新的理论，而必须通过总结全部人类优秀文化遗产，重新研究历史和现实，揭示从未被发现过的历史自身的规律。"①作为人类对历史探索的最光辉的结晶，唯物史观的创立是人类认识途程中的一块界碑，照亮了长期在黑暗中摸索的社会历史领域。

社会历史的客观条件和时代精神与马克思个人思想发展之间的关系是宏观环境和微观环境的辩证关系。陈先达教授的研究表明，从历史条件和时代精神的宏观角度看，唯物史观的诞生并非源于马克思的天才头脑，而是 19 世纪 40 年代资本主义经济危机、政治危机及其所特有矛盾激化的时代召唤；从作为个人的思想家思想创造过程微观角度看，把握时代精神，发现历史发展的一般规律，表述唯物史观的理论成果，意味着艰巨的科学劳动，思想不断的自我批判和理论创新。历史选择了马克思，更重要的是马克思理解了历史，他真正把握了时代，把客观历史所蕴涵的可能性变成了对历史的科学认识。这种宏观环境和微观环境的关系问题始终是哲学史研究面对的问题，以往马克思主义哲学史研究重视从时代精神的脉搏与客观要求来论述马克思主义经典作家思想形成的必然性和最终结论，缺少对其思想进程的具体描述和辨析。陈先达教授在强调时代宏观环境的同时，通过对马克思著作文本的深入研读，具体地、历史地描绘出其思想发展的细微历程。在他看来，困难并不在于指出马克思与以往思想家的思想联系，而在于马克思是如何对他们的思想观点进行批判吸收的。只有这样，才能深刻揭示出唯心

---

① 《陈先达文集》第 1 卷，中国人民大学出版社 2006 年版，"前言"，第 2 页。

史观可以孕育出唯物史观,马克思走向"真正马克思"的历史辩证法。这种对马克思思想进程和立场、观点转换的探源式或发生学研究是本书着力甚多也最见理论功力的部分,它以史、论结合的方法,并不满足于以丰富、翔实的思想资料对马克思思想历程作单纯的历史描述和观点堆砌,而是着重在马克思思想发展不同阶段的术语、概念的使用和理论观点的前行中,勾勒出马克思思想发展的内在逻辑,辨析马克思思想的旧痕和局限,捕捉马克思唯物史观思想的新萌芽,探寻唯物史观每一个概念、范畴和原理的生发点,考察马克思思想发展的转换与契机,细致入微地真实再现了马克思创立唯物史观的完整历史图景。

譬如,对《神圣家族》的分析中,陈先达教授指出,马克思的这部著作在唯物史观两个发展维度上都有所突破,一是通过劳动揭示出物质生产资料生产的作用,这是历史观的根本性问题,它揭示出历史的发源地,从而为发现物质生产过程中的社会关系及其蕴涵的客观规律性孕育可能;二是发现人民群众的历史主体的伟大作用。但也应当看到,《神圣家族》仍从人的自我异化分析有产阶级和无产阶级,从人性的对立来看待资本主义私有制,这都表明它保留了人本主义的色彩。本书中这种辩证分析比比皆是,几乎透射、剖析到马克思的每一部著作,甚至连少有人留意的著作也阐释出新意。这特别表现在《詹姆斯·穆勒〈政治经济学原理〉一书摘要》的研究上。这个"摘要"在《巴黎笔记》中占有突出地位,它关于"人的本质是人的真正的社会联系"观点、真正社会和异化社会的关系和异化劳动的初步论述都包含着深刻的思想内涵,预示着马克思在《1844年经济学哲学手稿》转向异化劳动思想进路的可能方向,但费尔巴哈人本主义的印记使得它既不可能以明确、清晰的术语阐述其思想,也不可能对人的本质与异化社会的关系作出科学解释。在这种细致刻画和条分缕析中,展示了马克思由唯心史观走向唯物史观,由不成熟步入成熟,成为真正马克思的思想历程,梳理出唯物史观基本范畴、基本观点、基本原理形成与发展的来龙去脉。

《走向历史的深处》一书恢弘的理论气度,得益于陈先达教授对人类思想史线索的把握与论述。作为一部马克思主义哲学史专题研究著作,它突破了以往在马克思早期思想研究的理论界限和范围,不是仅仅从直接思想来源来阐述马克思唯物史观思想的发展和形成,而是着眼于思想史的深度历史开掘,从人类历史观念的思想发展史说明唯物史观的历史继承性和革命性变革,从而深刻揭示出唯物史观在人类思想史和哲学史上的巨大意义。陈先达教授提醒我们,马克思并不是为了构造一种历史哲学而创立唯物史观,他是在为无产阶级寻求彻底解放的道路。唯物史观产生的历史条件、理论来源和进一步发展表明,它是阶级性和科学性相结合的历史观。马克思在短短几年时间内,思想经历了急剧变化,理论研究的重心由哲学向政治经济学和社会主义学说不断转移,甚至往来回复,都与他对社会实践与现实的强烈关注和无产阶级运动实际密切关联,也成为唯物史观进一步发展的根本动因。这也说明在马克思主义哲学中,哲学、经济学、科学社会主义理论是相互融为一体的理论整体,不可分割。

《走向历史的深处》一书之所以获得巨大的成功，还在于陈先达教授强烈的现实关怀。他后来在《哲学心语——我的哲学人生》中回忆说，之所以转向马克思主义哲学史研究，并把这本研究马克思历史观的书取名《走向历史的深处》，并非无的放矢，这一论题与当时国内外瞩目的重大理论问题和理论思潮密切相关。马克思早期思想的评价问题、马克思的历史观及其形成的实际历史过程、人道主义、异化问题等，都是马克思主义哲学史上的理论难题。20世纪80年代在对十年"文化大革命"进行历史反思时，形成了人道主义和异化问题的探讨热点，一些人把马克思主义人道主义化，片面理解马克思的异化理论，这显然曲解了马克思的实际思想历程。为了揭示这种认识的错误，陈先达教授站在真正的马克思主义立场上，深入分析马克思异化理论和人道主义思想的关联，强调"不从历史着手，很难说清楚这个问题"。① 他结合《1844年经济学哲学手稿》思想在唯物史观创立中的作用，浓墨重彩地对马克思异化劳动理论的特色及其历史地位进行分析，将其置于唯物史观形成的历史进程中予以阐述。此外，针对当时一些学者把文化心理结构、自我意识或者主体性作为历史的深层结构，并以此作为理论工具和社会分析方法来分析社会现象和社会问题的"时髦"现象，陈先达教授指出："主体性、自我意识、文化心理结构对于理解历史非常重要，但仍然是属于历史活动的表层，唯物史观所要解决的，正是表层后面深层的东西——揭示决定文化和人的意识的深层的结构，揭示社会历史的规律性。"②这些观点在经历了历史的风雨洗礼和风浪淘沙后，愈来愈显示出卓尔不群和远见卓识。

《走向历史的深处》一书最具启发性的地方在于它蕴涵着对马克思主义哲学史的研究方法和立场的重要思考。它提出了我们对待马克思主义的科学态度问题。从解释学视角看，马克思主义哲学史研究实际上就是对马克思主义哲学的历史发展和著作文本进行深入的理解和阐释。其目的之一是揭示其本来面目和意义，澄清各种错误附加和误读、曲解；其目的之二在于推进其理论发展，彰显马克思主义理论的在场性或当代价值。解释的主体性和能动性并不排斥文本的客观性和真实性，文本是历史形成的，要理解和解释文本及其思想，必须要把文本还原到具体的历史时代背景中。只有结合马克思主义哲学创始人生活的历史条件和时代问题，联系他们的政治、理论实践活动，以及当时无产阶级革命运动，马克思主义哲学的革命性及其理论观点才能获得充分的展开。就此而言，《走向历史的深处》一书堪称典范。

《走向历史的深处》一书集思想史研究、理论原理研究、方法论研究于一体，气度恢弘，逻辑严密，思想深邃，不仅探源了马克思唯物史观形成的真实历史过程与思想变革的发展逻辑，而且聚焦国内外马克思主义哲学研究重大问题与难题，以一名马克思主义理论工作者独立思考的理论勇气和坚定信仰，提出和探索了马克思主义哲学研究中的

---

① 陈先达：《哲学心语——我的哲学人生》，北京师范大学出版社2007年版，第7页。
② 陈先达：《哲学心语——我的哲学人生》，北京师范大学出版社2007年版，第7页。

一系列重大理论问题。该书一经出版,就在马克思主义哲学和社会科学理论界产生重大影响,1988 年获中国人民大学优秀著作奖,1994 年获北京市哲学社会科学研究成果特等奖,1995 年获教育部全国普通高校人文社会科学研究成果一等奖,1996 年由人民出版社再版,2006 年收入《陈先达文集》第一卷,2010 年收入"当代中国人文大系"由中国人民大学出版社再次印行。《学习时报》最近在回顾和总结当代中国马克思主义哲学研究成就时,以"《走向历史的深处》:马克思唯物史观的学术寻根"为题,将其与其他六部著作一起,作为反映改革开放以来中国马克思主义哲学研究领域学术进展和学术成就的最重要影响的哲学论著。

二、马克思主义哲学史溯源

在马克思主义哲学理论和历史的研究中,马克思早期思想研究无疑是一个难啃的理论"硬核",但它也是关系到马克思主义哲学发展的重大问题,因此一直是国内外学界研究的"热点"和"难点"问题。青年马克思处于思想形成和发展转换的特定历史时期,其思想的变动性、多义性和矛盾性为人们的理解和解释提供了多种可能性空间,在同一问题上,往往存在着截然相反的结论。基于对马克思早期思想的不同理解和解释,马克思被描绘成"人本主义的马克思"、"人道主义的马克思"、"黑格尔主义的马克思"、"青年马克思"和"老年马克思",等等。可以说,误读、错解、曲解马克思的早期思想往往成为歪曲和篡改马克思主义的最主要手段和途径。即使在今天马克思主义哲学及其文本、文献学研究中,对马克思早期思想的研究仍然占据了突出的地位,引发的争议最多也最热烈。在 20 世纪 80 年代初的思想理论界,深入探讨青年马克思的思想发展道路更是具有迫切的理论意义。正是基于这种高度的责任感和使命感,清醒地意识到这一论题的重要性,陈先达教授率先对马克思早期思想进行系统研究,并和靳辉明教授共同撰写了《马克思早期思想研究》一书,由北京出版社于 1983 年出版,《陈先达文集》第二卷所收录的就是这本著作。

如同任何思想家思想发展历程一样,马克思思想的形成和成熟必然是一个错综复杂的曲折过程,其中充满着矛盾、冲突和变动,新旧思想并存,天才萌芽与他人烙印共在,理论视点不断游移,成熟观点和不成熟观点交错,即使在完成世界观转变后,在创立自己理论体系过程中,也仍然存在着理论观点的深化和成熟过程,这使得马克思早期思想呈现复杂纷纭的特点。然而,马克思之所以"成为马克思",其思想发展历程中也一定"是一个有着内在联系的、完整的上升过程"。问题在于,如何通过再现青年马克思思想发展的全过程,科学地揭示出马克思思想发展的阶段性、关联性及其质变性。《马克思早期思想研究》一书运用辩证唯物主义和历史唯物主义立场、观点和方法,透过马克思思想形成过程中错综复杂的矛盾,根据"马克思思想在每个时期深化和成熟的程度",将马克思思想形成的过程概括为四个主要发展阶段,并进行了辩证分析。

第一阶段为马克思世界观转变前的思想演变。包括 1842 年《莱茵报》以前的整个时期。这一时期马克思思想发展的本质特征是革命民主主义观点的确立,并以此观点解释黑格尔哲学。马克思思想的第一个重大转折是转向黑格尔哲学,可以说,黑格尔主义是马克思思想的出发点。对黑格尔思想丰富辩证法因素的吸收、借鉴与批判,大大缩短了青年马克思思想摸索的过程。要"在太阳光下检验一下珍珠的成色"的批判性态度和激烈的革命民主主义立场,已预示着马克思与青年黑格尔派的最终决裂。

第二阶段包括从《莱茵报》到《德法年鉴》的两年时期,时间虽短,马克思世界观却发生了根本改变。《莱茵报》时期处于与封建势力斗争旋涡之中的马克思,接触了现实社会政治生活的许多重大问题,也使他意识到自己头脑中黑格尔思想因素与现实的矛盾与冲突,促使了马克思世界观向唯物主义立场的转变。克罗茨纳赫时期在马克思思想发展史上地位极其重要,它是对黑格尔哲学进行批判的思想准备。《德法年鉴》时期的著述表明了马克思思想的这一转化。对现实的无情批判与对实现人类解放途径和决定力量的探索,标志着马克思已经完成了由唯心主义向唯物主义、由革命民主主义向共产主义世界观的根本改变。

第三阶段从 1844 年年初到 1845 年春,是马克思学说的初创时期。从思想转变的角度来说,费尔巴哈对马克思思想的影响比谁都大,但马克思从来不是一个纯粹的费尔巴哈主义者,政治经济学研究转向对马克思的思想转折起到了重要作用。在《1844 年经济学哲学手稿》中,马克思虽然深受费尔巴哈人本主义的影响,但同时对费尔巴哈人本主义的根本弱点也进行了批判。异化劳动学说的确立,说明青年马克思远远超出了费尔巴哈。马克思通过对人的物质生产活动和社会关系的探讨,对人的本质作了科学规定,使他在人的问题上同一切旧哲学划清了界限。由异化劳动到实践观点的转变,表明马克思思想进程向唯物史观伟大发现的逐渐行进。

第四阶段在 1845 年和 1846 年间。马克思脱离费尔巴哈,进一步走向历史(和辩证)唯物主义,马克思在此阶段全面制定了唯物史观,完成第一个伟大发现,最终完成人类认识史上的伟大变革,真正成为成熟的马克思。剖析《德意志意识形态》对唯物史观的系统阐述,可以肯定,《德意志意识形态》标志着马克思唯物史观的最终形成。

《马克思早期思想研究》一书特别重视马克思早期思想研究的方法论问题,强调列宁对马克思早期著作的研究及其原则,应该成为我们今天研究工作的方法论基础。这就是说,马克思思想的形成是一个辩证的发展过程,不能将其发展的不同阶段割裂开来。"只有把马克思思想发展看成是一个充满矛盾的、变动的活生生的过程,只有辩证地理解这一过程中旧哲学影响和新生的理论现象的关系,并全力捕捉对马克思这一时期思想发生决定性影响的新的思想萌芽,才能科学地揭示马克思思想的形成过程,以及这一过程中各阶段之间的有机联系。"①如果不从马克思思想的整体有机联系中考察，而把某一阶段游离、割裂开来，势必造成对马克思思想的误解与歪曲。

基于这样的观点，《马克思早期思想研究》一书批判了西方"马克思学"的惯用手段之一就是将马克思思想发展的不同阶段对立起来，形成所谓"青年马克思"与"老年马克思"、"人道主义的马克思"与"唯物主义的马克思"对立；也批判了 20 世纪 20 年代前苏联曾出现的马克思思想发展"三阶段论"：马克思开始是彻底的黑格尔派，继而是彻底的费尔巴哈派，最后是二者的"综合"。该书认为，这些都是以机械论和形而上学的方法臆造马克思的思想形成过程，他们都不理解马克思思想发展过程中批判与继承的辩证关系，也不愿对此作深入、辩证地研究与分析，必然得出上述错误结论。

在《马克思早期思想研究》出版之后，陈先达教授继续对马克思和马克思主义进行深入研究，撰写了一系列文章，这些大都收录在《陈先达文集》第三卷中。

在纪念马克思逝世 120 周年的文章中，陈先达教授开宗明义："马克思和马克思主义不可分。"②毫无疑问，马克思是马克思主义的创造者，没有马克思就没有以马克思命名的马克思主义。但马克思主义与马克思又不能等同。马克思是具体的个人，马克思主义是一个科学的思想理论体系；马克思像所有的人一样会逝世，马克思主义则依然存在和发展。我们对马克思的评价是历史的，着眼于他的历史贡献；对马克思主义的评价则是当代的，着眼于它的当代价值和适用性。从这样的基本观点出发，陈先达教授批驳了"马克思主义过时论"，也批驳了割裂马克思和马克思主义的做法，深入阐述了马克思主义产生的历史必然性，强调马克思的思想依然光辉灿烂，马克思主义的发展没有止境，马克思主义前途光明。

当今世界上，标榜马克思主义的学派比比皆是，它们的观点却大有不同，甚至相互对立，这就引发出一个问题：究竟什么是马克思主义？陈先达教授指出，那种认为凡是马克思和恩格斯没有说过的就不是马克思主义的原则是僵化的，同样，把任何背离、反对马克思和恩格斯根本观点的学派划入马克思主义的原则是荒唐的。他并不否认对马克思主义理解的多样性和差异性，同时又坚持认为，马克思主义作为一种科学体系，它的内容取决于它的科学本性，在这个意义上说，应该把"什么是马克思主义"和"我认为什么是马克思主义"区分开来，否则，坚持马克思主义就变成了各行其是的空话。陈先达教授认为，应从两个角度来考察什么是马克思主义，一是它的缔造者，二是它的内容。在探讨马克思主义科学体系的特点、结构和功能时，陈先达教授都从理论和实践相统一的原则出发，高屋建瓴。他指出："马克思主义科学体系的结构，是由无产阶级的伟大使命和马克思主义理论自身的内在逻辑决定的。离开了这个基点，只能陷于烦琐的争

---

① 《陈先达文集》第 2 卷，中国人民大学出版社 2006 年版，第 335 页。
② 《陈先达文集》第 3 卷，中国人民大学出版社 2006 年版，第 1 页。

论。"①的确，如何看待马克思主义，是坚持还是否定马克思主义的指导作用，这是关系到无产阶级能否实现自己的伟大历史使命、关系到马克思主义在当代命运的问题。

恩格斯和马克思主义的关系是马克思主义研究史中的一个焦点问题。陈先达教授坚持："恩格斯和马克思是两个人，又是一个人，从理论角度来说，他们是一个人，是同一学说、同一理论、同一主义的共同创造者。"②在当代要坚持和发展马克思主义，必须捍卫恩格斯。制造马克思和恩格斯对立的神话由来已久，反对恩格斯的根本目的还是为了反对马克思主义，所谓"马恩对立"，无非是青年马克思和老年马克思对立的另一种说法而已。而且，"马恩对立"论更有蛊惑性，把实际的政治目的和尖锐的意识形态斗争隐藏在烦琐的学术考证和比较之中。陈先达教授阐述了恩格斯对马克思主义的形成、创立和完善的贡献，认为恩格斯坚决反对马克思主义的教条化，创造性地推进了马克思主义。

《1844 年经济学哲学手稿》是 20 世纪马克思主义研究史上的一个焦点"文本"。围绕马克思思想本来面目的争论，无不围绕这个文本。从"一个马克思"到"两个马克思"，再到"多元马克思"，马克思的思想形象愈来愈模糊不清。陈先达教授尖锐地指出，"两个马克思"的神话具有时代的特征，如果说"两个马克思"是神话，那么，"多元马克思"就是谎言。"马克思只有一个，这就是作为马克思主义创始人的马克思；离开了马克思主义的马克思，是虚构的马克思；离开了马克思的观点和学说的马克思主义，是打引号的马克思主义。"③把马克思从其发展的角度孤立出来，把马克思主义某一学说甚至某一句话同整体割裂开来，都是对马克思主义的歪曲。陈先达教授分辨"手稿"中的科学因素和价值因素，超越唯价值论和唯科学主义的对立，认为"顶峰论是唯价值论的必然结论"，"离马克思最远的马克思"则是对"手稿"的彻底否定。陈先达教授正确地指出，历史研究的任务，重要的是分析过程，即马克思的思想如何由不成熟到成熟的发展，应当看到，在不成熟的著作中可以包含很多天才思想的萌芽；而在成熟著作中也可能包括某些判断的失误。

在《评费尔巴哈在马克思早期思想中的地位和作用》《论马克思对费尔巴哈的超越》等文章中，陈先达教授一再强调，我们反对把马克思主义人道主义化，但不能拒绝对人的问题进行马克思主义的研究。费尔巴哈在马克思的两个转变中，起到纽带和桥梁的作用。马克思开始是借助于费尔巴哈，批判和改造黑格尔的唯物主义辩证法的。马克思依靠费尔巴哈，但又超出了费尔巴哈，由费尔巴哈的抽象的人过渡到现实的人，马克思实现了历史观上的重大变革，唯物主义历史观得以形成和创立。"人性不是历史的尺度，我们只能以历史来解释人性，而不能以人性来解释历史。"④以人性来解释历

---

① 《陈先达文集》第 3 卷，中国人民大学出版社 2006 年版，第 45 页。
② 《陈先达文集》第 3 卷，中国人民大学出版社 2006 年版，第 58 页。
③ 《陈先达文集》第 3 卷，中国人民大学出版社 2006 年版，第 76 页。
④ 《陈先达文集》第 3 卷，中国人民大学出版社 2006 年版，第 142 页。

史,只能是主观的、任意的、唯心主义的历史观。共产主义不是人性的复归。

通过探讨马克思通向历史主体的道路,研究了马克思对人与自然关系的实践把握,以及社会与自然的关系等一系列核心议题,陈先达教授不断挖掘马克思在历史观上的伟大变革的实质及其意义,确立了历史唯物主义的基本精神。并由此出发,批判地揭示了资产阶级人道主义的出发点、西方马克思学的实质,以及哲学人本主义与民主社会主义的内在关联、民主社会主义的哲学基础等焦点问题。坚持"两个必然性",强调马克思主义是不可战胜的。只要世界上存在资本主义,只要资本主义依然是资本主义,马克思主义就有其存在的根据和最牢靠的基础。因为马克思主义是为消除资本主义的弊端而产生的。马克思主义不可能被消灭,但它必须发展,使之符合当代的实际需要,成为当代的马克思主义。这就要求我们必须把马克思主义和本国实际结合起来,创造性地推进马克思主义。

毫无疑问,随着社会主义市场经济的确立,以公有制为主体、多种经济成分共同发展的经济格局,必然会对思想领域中的态势产生极大影响。在不同的所有制基础上,会出现不同的思想意识,这是一种规律性现象。但不能由此得出结论,经济成分的多样化必然会带来指导思想的多元化。必须坚持马克思主义在巩固和完善社会主义制度中的指导地位。具体到学科建设上来说,哲学社会科学必须以马克思主义为指导。只有以马克思主义为指导,才能有科学的立场、观点和方法,才能解放思想、实事求是,才能推进理论联系实际和理论创新。在《世纪转换中的马克思主义》、《马克思主义在当代的新课题》、《马克思主义的生命力》、《〈共产党宣言〉的当代价值》等文章中,陈先达教授强调,马克思是科学家而非预言家,时代的发展会越来越出现马克思未曾见过、未曾预料到的现象,这毫不奇怪。认识新现象、解决新问题是马克思主义后继者的任务。我们必须在坚持马克思主义基本原则的基础上,大胆地进行理论创新。

《陈先达文集》第3卷的主要内容就是回答这样一个问题:什么是马克思主义? 什么是真正的马克思主义? 在这一卷中,这个问题多次出现,《做马克思主义圣火的传播者》一文的标题就表明,陈先达教授作为坚定的马克思主义理论家和马克思主义哲学家,他把澄清马克思主义的本来面目,维护马克思主义的基本原则,宣扬马克思主义的伟大真理,作为自己矢志不渝的职责和使命。

三、哲学与文化的开阔视野

马克思主义哲学是陈先达教授的专业,但他的思想旨趣并不仅仅局限于此,而是对一般的哲学与文化有普遍的关怀。《陈先达文集》第4卷集中展示了20世纪90年代中后期以来,陈先达教授围绕哲学与文化所展开的思想成果,哲学、马克思主义哲学和文化是该卷的三个关键词。

随着市场经济的发展,哲学陷入"困境"的说法弥漫开来。对此,陈先达教授有精辟的见解，认为哲学面临的困境具有世界性，不仅是我们国家特有的问题，即使在西方发达国家，与科学技术的迅速发展和对科学技术人才的需求相比，哲学也是受冷落的。总的说来，也是科技与人文关系失衡的局部表现。中国马克思主义哲学目前面临的困境，也是与重理工轻人文、重实利轻理想的社会倾向有关。为了有力地回应所谓的"哲学困境"，陈先达教授在《论哲学和马克思主义哲学》、《哲学三论》、《我对哲学的几点浅见》中，阐述了自己对哲学的一般性思考和认识。他指出，我国哲学界关于哲学问题的争论，大多与如何理解哲学，如何理解马克思主义哲学有关。哲学存在是多元的，它并没有唯一的标准样板，从这个基本的观点出发，陈先达教授阐述了哲学的时代性、民族性，并强调哲学还是个体化的存在。

一些人对马克思主义哲学不理解，不感兴趣，甚至拒斥。所谓信仰的危机，在相当程度上表现为对马克思主义包括马克思主义哲学的冷淡。任何一个有社会责任感的理论工作者都对这种处境痛感忧虑。陈先达教授为此撰写了《评马克思主义哲学的"困境"》、《马克思主义哲学与现时代的关系》、《马克思主义哲学的群众性与实践性——兼谈哲学的冷与热》、《马克思主义哲学繁荣之路》、《关于马克思主义哲学的未来走向》等一系列文章，分析原委，寻找对策。

从马克思主义哲学的群众性与实践性的角度出发，陈先达教授总结历史经验来寻找摆脱困境的出路，他强调，马克思主义哲学应当面对群众，宣传群众，这是由它的本性决定的，是马克思恩格斯在创立自己的学说时就确定了的原则。如果割断马克思主义哲学和群众的联系，把它从实际活动和科研活动中排挤出去，就是把它变为无用之物，最多也不过是"偶像"而已。马克思主义哲学的群众性决定了它必须面对群众，即用马克思主义哲学来教育我们的干部、知识分子和青年一代，马克思主义哲学的实践性则决定了它必须面对实际，走理论联系实际的道路。需要有人专门从事所谓纯哲学的研究，但即使是这种研究，也必须结合人们实践和科研中提出的问题，而不能置中国社会主义建设与改革的实践于不顾，走上背对现实的哲学之路。

所以严格说来，马克思主义哲学困境的说法并不确切，应该说是马克思主义哲学工作者的困境。为此，陈先达教授从不同方面入手，予以阐释。从学科建设的角度来看，目前多种部门学科并存，显示出哲学的兴旺发达。与此同时，要正视马克思主义哲学的双重身份，它既是目前哲学学科分类中的二级学科，又是我们整个思想领域的指导原则。这就是说，马克思主义哲学的指导地位不能动摇，发展马克思主义哲学的任务并不是马克思主义哲学教研室或专业的专利。加强马克思主义哲学在各个二级学科的指导作用，既有利于该学科自身的建设，也有利于繁荣马克思主义哲学。马克思主义哲学专业的教师也应该向其他二级学科学习，更多地了解它们研究的成果和提出的问题。

在马克思主义哲学史的研究方面，应该立足现实，但不是按照现实的需要重铸历史，马克思主义哲学史应该是一部"信史"。"马克思主义哲学史不应该仅仅是一部真理的发展史,而且应该是自我完善的历史。"①应该具有世界眼光和感召力,注意主题多样化、道路民族化、风格个性化,使我们的哲学著作生动可读,趣味盎然。要在这些方面有所作为,离不开创新性思维。"没有突破就没有创新,没有创新就没有发展。"②哲学的创新最重要的不是面对文本,而是面对时代、面对实际,研究新的材料,提出新的问题,开拓新的领域,得出新的结论。

作为从教五十余年的老教师,陈先达教授指出,应该区分马克思主义哲学的教学体系和它的基本原理,斯大林的《辩证唯物主义和历史唯物主义》是教学体系,是为对苏共党员进行马克思主义哲学基本常识教育的目的服务的。它起过积极作用,但也存在某些不足。它的结构、体系和某些论述不是不可改变的,但是,用所谓"苏联模式的马克思主义哲学"一棍子把辩证唯物主义和历史唯物主义打倒是不能成立的,也是做不到的。陈先达教授批驳了两个流行的观点,一个是:"辩证唯物主义和历史唯物主义是两大块,没有一元化、一体化,违背列宁关于马克思主义哲学是一块整钢的原则。"另一个是:"马克思主义哲学是实践唯物主义,辩证唯物主义和历史唯物主义是伪造。"坚持辩证唯物主义和历史唯物主义,绝不是照本宣科,讲条条背概念,把课讲得干巴巴的。只要立足当代,面对现实,基本原理同样可以讲得有深度、有条理、有兴趣。陈先达教授特别强调,课堂不是讲坛,教师必须有社会使命感和责任感。

在谈到马克思主义哲学的繁荣之路时,陈先达教授提出,在哲学各学科的互动中坚持马克思主义哲学,关键是马克思主义哲学自身的发展,究竟什么是马克思主义哲学的创新,需要深入研究,但绝不能离开马克思主义哲学的特点来谈创新。在追求学术水平的同时,必须坚守思想阵地。在十年前一篇纪念关于真理标准大讨论的文章中,陈先达教授阐述了他的体会。针对人们把"哲学是时代精神的精华"视作新哲学体系的创造,陈先达教授提出,具有真理性的新的原理的创造固然重要,根据时代的需要结合实际应用马克思主义基本原理解决时代面临的问题同样是个创造。马克思说过,世界历史的发展就是不断提出问题并解决问题,在这个意义上说,谁能正确地回答历史提出的问题就是创造。在中国特色社会主义实践中会不断提出问题,其中包括哲学问题,或者最后会上升为哲学问题,哲学工作者应当有为社会实践服务的哲学意识和使命感。实践标准讨论的意义为我们的哲学发展指出了一条正确道路,中国哲学发展的道路,仍然是马克思主义与中国实际相结合的道路,它的本质是马克思主义中国化,创造性地推进马克思主义。

社会越发展,哲学社会科学越重要。陈先达教授在《论哲学社会科学的地位和作用》、《哲学社会科学的作用和学者的责任》、《论哲学社会科学重要性的社会制约性和理论依据》等文章中从历史的经验和现实的要求出发,阐述了哲学社会科学的作用和

---

① 《陈先达文集》第 4 卷,中国人民大学出版社 2006 年版,第 50 页。
② 《陈先达文集》第 4 卷,中国人民大学出版社 2006 年版,第 95 页。

作用方式，提出社会科学"科学化"的任务，至今尚未完成。如何在各门社会科学的研究中，真正运用马克思的立场、观点、方法，真正以事实为依据，以规律为对象，以实践为标准，推进哲学社会科学和学科的建设，仍然需要全体哲学社会科学工作者共同努力。"我们越是重视哲学社会科学学科建设，越能凸显它与自然科学同样重要的地位"。①

中国社会主义建设的伟大成就、东亚儒家文化圈和地区的经济飞速发展，把以儒家为主体的中国传统文化推到世界文化舞台的前列。陈先达教授注意到这一现象，撰写了《中国传统文化的当代价值》、《历史进步中的传统与当代》、《关于文化研究中的几个问题》等文章，具体地予以阐述分析。西方资本主义国家在发展过程中，对中国传统文化的态度并非铁板一块，也不是始终如一，针对西方现代化过程中出现的种种弊端，西方某些学者希望通过中国传统文化有所裨益，陈先达教授认为这并非可行，原因就在于，西方现代化过程中的问题是社会问题，而非简单的文化危机，既然是社会结构本身出现了问题，那么，根本解决矛盾的手段和途径就存在于资本主义自身。对东西方交往而言，中国传统文化发挥的是文化交流的作用，而对东亚儒家文化圈的国家和地区则不同，它已深入社会的政策层面，成为对民众进行道德教化的内容。中国传统文化的当代价值，归根结底，最主要的还是对我们自己的价值，一方面，社会主义文化的建设必须继承中国传统文化，离开中国文化就不是中国的社会主义文化，另一方面，中华民族的传统道德、特别是儒家道德，在一定程度上是中国人民、包括散居在世界各地的炎黄子孙彼此认同的思想文化纽带，弘扬我们道德中的优秀传统，有利于增强中华民族的凝聚力和全球华人的身份认同。

在文化建设中，要正确地处理时代性和民族性的关系，传统与当代的关系。文化是保存在民族中绵绵不断并为后代所继承运用的一种巨大力量，它具有一定的稳定性，却又不是凝固不变、永恒同一的，而是出于不断创造之中。陈先达教授正视传统与进步的关系的双重性，并特别强调，中国优秀的传统道德之所以具有当代价值，根本原因在于我们的经济和政治制度，其中包括我们确立的市场经济的社会主义性质。

在文化建设中，一定要坚持先进文化的前进方向。陈先达教授提出，先进文化问题所涉及的是判断文化的标准问题，在这个问题上，相对主义和绝对主义都是片面的。文化的社会制约性决定文化的先进性，它表现为社会制度的先进性。在市场经济条件下，如何坚持先进文化，会遇到许多困难。譬如，市场经济的利益导向与先进文化的价值原则，高雅文化与大众文化，人文文化与科技文化，等等，都存在一定的矛盾，这就要求我们在建设中国特色社会主义文化的过程中，要始终坚持先进文化的前进方向，有效地防止和坚决抵制腐朽文化和各种错误思潮观点对人们的侵蚀，这是时代赋予马克思主义哲学理论工作者的历史使命。

---

① 《陈先达文集》第 4 卷，中国人民大学出版社 2006 年版，第 442 页。

基于对哲学和文化问题的深入研究,陈先达教授阐述了自己对人生观的独到见解。他在《哲学与人生》、《人生观问题的时代特征》、《马克思主义哲学在大学生人才素质培养中的地位和作用》等文章中指出,人生问题是个哲学问题,人生观问题离不开世界观和历史观。共产主义人生观是无产阶级世界观的重要组成部分,它关于人生意义、价值、目的的基本观点,完全是以辩证唯物主义和历史唯物主义为依据的。要真正解决青年学生在人生观方面的问题,就必须学习哲学特别是辩证唯物主义和历史唯物主义。马克思主义哲学教学改革的一个重要目标,是针对大学生人才的素质培养,哲学与政治素质、文化素质和身心素质有直接的关联,为避免当代过分专业化的局限和狭隘眼界,必须认真进行哲学教育,教给学生善于观察世界、分析问题的唯物辩证的思维方法。

陈先达教授《人生三论》中关于失败、后悔和命运的论述,《生命中的有限与无限》中关于个人生命有限性与认识无限性、精神境界提高的无限性、社会发展无限性、文明积累无限性等矛盾的论述,形式上类似古代哲人的人生妙论,内容上则是从马克思主义哲学的基本理论出发,对人生中面临的种种问题的具体阐述。他形象生动地说:"人生是五花八门的,我们每个人应该作为比赛的参加者而不应该是看客,更不应该是人生途中的小商小贩。"①他相信:"一个人如果真能掌握马克思主义哲学的精髓,能够对马克思主义哲学的世界观、人生观和价值观有比较深刻的体会、理解和运用,就有可能接近孔子的理想:无大过矣。"②

在当今世界上,各种哲学流派纷呈林立,其中最具真理性和实践性的是马克思主义哲学,它依然是我们时代的主旋律。与此同时,我们也要清醒地认识到,马克思主义哲学并非封闭僵化教条的理论体系,它需要在不断解决新问题中发展自己的理论并深化对原有理论的理解。陈先达教授的研究表明,要准确完整理解马克思主义哲学的本真精神,就必须立足于考察马克思主义的孕育、形成、发展的思想历史进程;要深化、发展马克思主义理论,就必须直面现实问题的挑战与应答。不能空谈理论和问题,不能两眼只盯住书本,从文献的夹缝中寻找问题;必须面向现实,在用马克思主义立场、观点和方法创造性地解决新问题中,深化对马克思主义理论的理解,寻找马克思主义的真问题。所有这些,对我们从事马克思主义哲学研究都有非常重要的指导意义。

---

① 《陈先达文集》第 4 卷,中国人民大学出版社 2006 年版,第 643 页。
② 《陈先达文集》第 4 卷,中国人民大学出版社 2006 年版,第 644 页。

精思穷微,著作传九州

——方立天教授学案

魏德东

（中国人民大学哲学院）

方立天,1933 年生,浙江永康人。1961 年毕业于北京大学哲学系,在中国人民大学哲学院(系)工作至今。现任中国人民大学一级教授,博士生导师,中央文史馆馆员,中国人民大学宗教高等研究院院长,教育部人文社会科学重点研究基地中国人民大学佛教与宗教学理论研究所所长。历任中国宗教学会副会长、顾问,中国哲学史学会副会长、常务副会长,《中国哲学史》杂志主编,《宗教研究》丛刊主编,《宗教社会科学》丛刊主编,全国高校古籍整理研究工作委员会委员,教育部人文社会科学研究专家咨询委员会委员等。

方立天教授著作等身,是享誉海内外的佛教学家、中国哲学史家和宗教学家。迄今为止,方立天教授共发表著作15 部,合著18 部,文章360 余篇,另有《方立天文集》6 卷本行世。方教授的著述赢得众多奖励,其中《佛教哲学》先后获中国图书荣誉奖、中国人民大学图书优秀奖、国家教委首届人文社会科学优秀成果一等奖;《中国佛教哲学要义》(上、下卷)获国家图书奖、北京市第8 届哲学社会科学优秀成果特等奖、中华优秀文化成果著作类一等奖等。2005 年,方立天教授当选为全国先进生产者。

本文主要将从学术历程、学术成就和学术特色三个方面,对方立天教授的学术生平和思想做简要的介绍。

一、学术历程

方立天教授的学术经历,至今略可分为五个时期,这就是起步期、蛰伏期、拓展期、专攻期和升华期。

(一)起步期(1956—1966 年)

方立天教授出生于浙东山村,幼时"沉静少言,不贪玩耍,喜好读书"。① 但由于日

---

① 方立天:《我和中国佛学及哲学研究》,载方立天:《学林春秋》三编上册,朝华出版社 1999 年版,第 197 页。

寇的侵略,小学时断时续。1946年春入永康县立初级中学读书,1949年毕业。1950年进入华东财政系统的干部学校学习,当年留校工作,从事马列理论课的教学和行政工作。1956年,党中央号召"向科学进军",鼓励在职青年报考大学。呼应时代的感召,方教授作出了人生的重大选择,决定放弃工作,献身学术。他以同等学力,考入了北京大学哲学系,开启了他卓有所成的学术生涯。

从1956年入北京大学,到1966年"文化大革命"开始,可以说是方立天教授学术生涯的起步阶段。从1956年到1961年,方教授在北京大学哲学系读书。冯友兰、汤用彤、张岱年、任继愈、郑昕、洪谦、任华等学术大师的言传身教,使方立天教授得到一流的学术训练,形成了很高的学术标的,养成了良好的学风。他曾经担任冯友兰先生中国哲学史课的课代表,对冯先生的学术精神有特别的感受,他后来写道:"先生深入浅出的讲授艺术、严密的逻辑论述,使我们受益匪浅;他幽默的讲课风格,至今仍历历在目。"①或许与这一段经历有关,方教授在特别喜爱的中国哲学史和西方哲学史之间,选择了中国哲学史作为学习的重点。由于政治运动的干扰,方教授在北京大学的5年实际上课的时间不过一半儿。期间,方教授不仅学习了哲学系课程,还到历史系听了近两年的中国通史课,又自学了中文系的中国文学史教程。在北京大学学习期间,方教授还养成了另一个影响终生的习惯,这就是泡图书馆。他充分利用北京大学图书馆的丰富藏书,在文史阅览室阅读了大量中国历史和文学方面的典籍。在他工作以后,仍然保持了这一习惯,几十年如一日,端着一杯水,背着一个学生书包,和大学生一起按时泡图书馆,成为人民大学的一道风景和学术界广为流传的佳话。

1961年,方立天教授分配到中国人民大学哲学系从事中国哲学史的教学和研究。在确立工作方向的时候,他进一步确定以魏晋南北朝隋唐为重点。这一断代的最大特点是佛教的传入和儒释道三教格局的形成,方立天教授的工作于是不可分割地与中国佛教联系在一起。

1962年,为了对佛教有比较准确的了解,方立天教授申请到位于北京法源寺的中国佛学院进修了8个月。著名佛教学者、副院长周叔迦先生亲自为他开列了书单,并嘱咐其每周汇报。方立天教授在这里受教于法尊、正果、明真、观空诸法师,以及周叔迦、虞愚等一流佛教学者。这一殊胜因缘,使方教授在佛学研究的起步阶段就得到纯正的指导,不仅使其对佛教的基本历史和义理有了准确的认识,更重要的是对佛教文化的精神形成了客观而符合实际的理解,这对他以后的学术研究有着不可估量的潜在影响。同时,佛学院的寺庙生活,也让方教授对佛教徒的修持实践有了直接的感悟。在20世纪60年代初的社会环境下,方教授能有这样一段学术历练,堪称因缘殊胜。

经过一系列学术准备,方立天教授开始发表科研成果。1964年,他在《新建设》第

---

① 方立天:《我和中国佛学及哲学研究》,载方立天:《学林春秋》三编上册,朝华出版社1999年版,第198页。

3 期上发表了《道安的佛教哲学思想》,在第 8—9 期发表《慧远佛教因果报应说批判》,次年又在《哲学研究》第 5 期发表《试论慧远的佛教哲学思想》,《新建设》第 8 期发表《僧肇的形而上学》。《新建设》是"文化大革命"以前中国社会科学领域的最高学术刊物,相当于"文化大革命"以后的《中国社会科学》,《哲学研究》则一直是哲学研究领域的权威杂志。从这一角度看,方立天教授的学术起点是很高的。他的切入点也十分精彩:结合自己的学习,抓住中国佛教史上的关键人物,从哲学视角做个案剖析,资料扎实而角度新颖,且能深入把握。当时对中国佛教的研究,或局限于教内的以经解经,或流俗于简单化的批判,方立天教授这几篇文章一经发表,立刻受到了国内外学术界的关注。美国的《中国哲学研究》杂志将其《试论慧远的佛教哲学思想》一文翻译为英文发表。国内张岱年、任继愈等学术前辈,以及中国人民大学也认可了这位学术新秀。

(二)蛰伏期(1967—1977 年)

正当方立天教授的学术事业顺利起步之际,"文化大革命"开始了。在中国现代史上,这称之为"十年浩劫"。方立天教授在回忆这一历史时期时说:"我一向珍惜光阴,但文化大革命使我在无所适从,无所作为,无可奈何中度过了一生中最宝贵的黄金季节,这使我终生为之遗憾,又是无法弥补的。"①方立天教授不仅不能从事他所挚爱的学术工作,甚至中国人民大学都被撤销了。从 1969 年到 1972 年,他和许多教授一起到江西省余江农场劳动。可以说这是方立天学术生涯的蛰伏时期。

即便在这样的历史条件下,酷爱学习的方立天教授仍在争取机会读书。在余江,除了阅读马列毛的著作外,他还读遍了《鲁迅全集》,这在当时是允许的。无人知晓方教授从这部中国现代文化经典中具体学到了什么,但后来他那冷峻严肃的形象,或许在彼时得到了强化。

(三)拓展期(1978—1987 年)

"向科学进军"时立志,在"科学的春天"腾飞。1978 年之后的 10 年,方立天教授的学术研究进入了急速拓展的时期,由此奠定了他的学术地位。

延续 10 年前的研究计划,方教授对中国佛教人物的研究进一步展开。在研究过道安、慧远的基础上,他进又一步探讨中国佛教史上的重要人物支遁、僧肇、萧衍等人的思想和历史地位。这些论文于 1982 年由中华书局结集为《魏晋南北朝佛教论丛》出版。这部历时 18 年才完成的文集经受住了历史的检验,在初版 13 年后,于 1995 年再版,2002 年三版。在个案研究领域,基于慧远的重要性,方立天教授又专门写作了《慧远及其佛学》一书,于 1984 年由中国人民大学出版社出版。

这一时期佛教研究逐渐恢复,整理佛教典籍资料的必要性空前突出。方教授用了很大精力从事这一基础性工作,并称其为补课。他和师友一起编辑了《中国佛教思想

---

① 方立天:《我和中国佛学及哲学研究》,载方立天:《学林春秋》三编上册,朝华出版社 1999 年版,第 203 页。

史料选编》共 4 卷 10 余册,由中华书局出版,成为 20 世纪 80、90 年代高校最流行的佛教思想资料集。他自己则撰写了《华严金师子章校释》一书,由中华书局于 1983 年出版。这部校释在吸收有史以来所有相关资料的基础上,用现代学术语言对原文做了简要准确的注释,同时从现代哲学的高度对其思想源流做了论评,得到国务院古籍整理小组的高度评价,成为古籍整理的范本。国务院古迹整理小组组长李一氓先生为此专门写了书评,说:"可贵的是校释者在书前写了一篇长文章—《华严金师子章评述》,详述法藏生平和《金师子章》成书经过,并根据马克思主义的基本原则,剖析了《金师子章》的宗教哲学思想的客观唯心主义方面,更有助于读者深入地了解这篇讲话的内容和意义。现时搞古籍校注者流于烦琐者多,而能以马克思主义根本原则作出评析者则较少,我以为在治学方法上,校释者所采取的态度,是很严肃的。"①

这一时期方立天教授影响最大的著作是《佛教哲学》(中国人民大学出版社 1986 年初版)。当时的佛教研究著作以佛教通史或断代史居多,却很少有介绍佛教基本思想的著作。方立天教授从宇宙论和人生论入手,对佛教哲学的基本内涵做了准确而精要的概括。此书出版后,受到专家学者和社会大众乃至佛教界的共同推崇。北京大学周一良教授称赞说,中国自此有了"一本真正的佛教入门书"。1986 年该书获得中国图书荣誉奖,1988 年获中国人民大学图书优秀奖,1995 年获国家教委首届人文社会科学优秀成果一等奖。与此同时,该书在非专业读者中也产生了广泛的影响,它是 20 世纪 80 年代中国大陆流行最广的一部佛教入门书,许多这一年代成长起来的佛学专家和高僧都不讳言此书的入门之功。该书于 1991 年出版增订版,加上了认识论部分,使体系更为完整。这部著作也得到了国际学术界的重视,1993 年被翻译成韩文在韩国出版。

方立天教授这一时期关注的另一个重点是佛教与中国文化的关系,也就是佛教的中国化问题。他撰写了《中国佛教与传统文化》(上海人民出版社 1988 年初版,1992 年二版,1997 年三版),从哲学、伦理、文学、艺术等多个方面,分析了佛教与中国文化的关系。学术界认为,该书"标志着我们民族的文化反思进入一个新层次"②,"为佛教研究开出一条科学化的新路"③。

方立天教授的佛教研究是在中国哲学史的大框架下进行的。在这一时期,他的另一个突出成就是《中国古代哲学问题发展史》(中华书局 1990 年初版,1992 年二版)的完成。此书继承了张岱年先生《中国哲学大纲》的理路,充分吸取了现代研究成果,从宇宙观、时空观、道德观、天人观、知行观等 12 个方面,从哲学问题史的角度概括了中国哲学的发展历程。此书的一个特色是在叙述中国哲学问题时,对于佛教哲学娴熟而自

---

① 李一氓:《读华严狮子章校释》,《读书》第 9 期。
② 方广锠:《对中国传统文化的有益反思——评〈中国佛教与传统文化〉》,《人民日报》1988 年 10 月 7 日。
③ 牟钟鉴:《开拓佛教文化的研究——读〈中国佛教与传统文化〉》,《哲学研究》1988 年第 5 期。

信，使其对儒释道三教都有比较全面的把握。张岱年先生说："方立天同志不仅对于儒学及先秦诸子有较深的研究，而且是中国佛教史的专家，故能会综论述中国古代哲学的丰富内容。"①

在这十年，方立天教授共写作、出版专著 6 部，合著 4 部，发表论文 50 余篇。基于他的突出成就，国务院于 1984 年将其从讲师直接晋升为教授。1986 年他开始了培养研究生的工作。方立天教授此时已经成为国内著名的佛教史和中国哲学史专家。

（四）专攻期（1988—2002 年）

1988 年以后，方立天教授学术思想进入成熟时期，他集全部精力专攻中国佛教哲学，取得了辉煌的成就。

在对佛教史料、中国佛教个案、佛教哲学基本体系、中国古代哲学问题等有了比较充分的把握以后，方立天教授开始致力于中国佛教哲学体系的概括。围绕这一题目，他撰写了 100 余篇论文，最终成果体现于巨著《中国佛教哲学要义》（上、下卷）。该书 91 万字，2002 年由中国人民大学出版社初版，在学术界、佛教界、政界以及整个学术界都引起了巨大反响。这部著作将中国佛教哲学置于中国思想发展史的背景下，前所未有地以人生论、宇宙论和实践论概括中国佛教哲学的体系，又特别从心性论和直觉论两个方面展现中国佛教哲学的特色，在许多方面都作出了开创性的成果，被学术界誉为现代佛教哲学研究里程碑式的作品②。《人民日报》、《光明日报》、《中国宗教》、《哲学研究》、《中国哲学史研究》、《世界宗教研究》、《世界宗教文化》、《法音》、《中华读书报》、《中国社会科学院院报》、《中国人民大学校报》、中央教育电视台等媒体以不同形式对此书做了报道或评论。

在这一时期，方立天先生写作发表专著 6 部，合作编著 12 部，论文 180 余篇。

（五）升华期（2003—　　）

进入 21 世纪，当代中国的宗教实践日益丰富，宗教问题开始成为各个学科关注的公共话题。从对中国宗教的深刻体认出发，方立天教授开始思考中国化的宗教学基本理论问题。他先后出任教育部重大攻关课题"宗教与社会主义社会相适应的重大理论与实践问题研究"、统战部课题"马克思主义宗教理论若干重大问题研究"的首席专家。2005 年，方教授在《中国社会科学》第 4 期上发表了《论中国化马克思主义宗教观》一文，系统阐述了他对当代宗教基本理论的认识和看法，引起学术界、宗教界和政府部门的积极反响。《新华文摘》2005 年第 21 期、《宗教》2005 年第 5 期、《中国民族报》10—11 月等媒体纷纷予以转载，并被收入多种文集。党和国家领导人也对此文作出了专门

---

① 张岱年：《喜闻〈中国古代哲学问题发展史〉再版》，载《张岱年全集》第 8 卷，河北人民出版社 1996 年版。

② 参见李艳辉：《中国佛教哲学研究的重大进展——〈中国佛教哲学要义〉出版座谈会纪要》，《光明日报》2003 年 4 月 3 日。

批示。该文获得了 2006 年北京市第九届哲学社会科学优秀成果一等奖。

方立天教授还领导同仁积极推动当代宗教的实证科学研究。自 2004 年开始,中国人民大学创办了"中美欧暑期宗教学高级研讨班"和"宗教社会科学年会",极大地促进了宗教与当代社会关系的研究。2008 年,方教授还主编出版了《宗教社会科学》丛刊。

在这一时期,方立天教授逐步建立起高水平的学术团队。早在 1987 年,中国人民大学就成立了宗教学教研室,方立天教授为主任;1991 年,中国人民大学成立宗教研究所;1999 年,成立佛教与宗教学理论研究所,2000 年该所被批准为教育部人文社会科学重点研究基地,方立天教授出任所长;2009 年,中国人民大学成立了宗教高等研究院,方立天教授担任院长。目前,方立天教授领导的中国人民大学宗教学教学与科研团队已经成为海内外知名的学术群体。

"教书育人桃李满天下,精思穷微著作传九州",北京大学楼宇烈教授以这副对联精辟概括了方立天教授 70 余年的人生经历。他是一位新中国培养起来的能够随着时间推移而矗立在学术史上的学者。

二、学术成就

方立天教授的学术旨趣集中在三个密切关联的领域:佛教、中国哲学史和宗教学理论。他的学术成就集中体现在以下 6 个方面。

(一)佛教哲学体系的概括

关于佛教的特质,也就是佛教是宗教还是哲学的问题,在现代学术史上争议很大。方立天教授继承了汤用彤先生佛法亦宗教亦哲学的观点,认为佛教既是一个宗教信仰系统,又内含丰富深刻的哲学内容。方教授毕生的学术重心,就围绕佛教哲学而展开。

佛教哲学在佛教文化体系中占有一个什么样的位置呢? 方立天教授认为佛教文化体系是一个内含丰富而内容复杂的有机体,包括了神学、哲学、道德、文献、文学、艺术、科学和社会心理,而哲学是整个佛教文化体系的核心。首先,佛教哲学表达了佛教对宇宙人生的根本看法,体现了佛教的最高理论思维;其次,佛教哲学深刻地影响了佛教的信仰观念、道德实践、文学艺术和社会心理;再次,佛教哲学处于佛教文化诸元素的最高层次,对其他因素有决定作用。

方立天教授在佛教哲学领域的首要贡献,是成功地建构了佛教哲学和中国佛教哲学的体系。尽管佛教包含了极其丰富的哲学思想,但佛教本身是以宗教形态存在于世的,通常并不直接表现为哲学,这也就是近代有人主张佛教非宗教非哲学,或只是宗教不是哲学的重要原因。因此,提出佛教哲学的概念,首先就要建构佛教哲学的体系,阐明佛教哲学的框架和内涵。

在《佛教哲学》一书中,方立天教授从现代哲学视角出发,举重若轻,对遍及五大洲历时 2500 余年的佛教文化作了解析，提炼出佛教哲学的三个主要成分，这就是人生论、宇宙论和认识论。人生论主要包括人生学说和伦理学说，宇宙观包括宇宙要素论、构成论、生成论和本体论，认识论则主要分析禅观、般若中观、因明、顿悟、三谛等认识方式。这一体系综合运用了价值学、心理论、认识论等现代研究方法，比较如实地反映了佛教自身的特色，同时充满时代精神，从而成为国内外各个层次的读者了解佛教文化的入门佳作。

在《中国佛教哲学要义》一书中，方立天教授进一步对中国佛教哲学体系作出了前所未有的概括。他以大量独具中国特色的佛教著述说明，在佛教中国化进程中，出现了印度佛教文化与中国文化的深层融和，产生了中国佛教哲学。有一种影响很大的观点，认为只有印度佛教哲学，没有中国佛教哲学，中国佛学只是印度佛学的继续发展，不属于中国哲学的传统。① 方教授认为这一观点只看到了中印佛教的联系，而未尝注意其差异。在中国固有文化和哲学的强力影响下，印度佛教在中国流传过程中，在体用观念、心性理论、伦理学说、修持方法和思维方式等一系列重大问题上都发生了偏离，乃至性质的变化，甚至与印度佛教教义完全相反，这在天台宗、华严宗、净土宗和禅宗等几个中国化的宗派上均有不同程度的表现，举凡这些异于印度佛教的部分，就构成了中国佛教哲学的独特内涵。

在对中国佛教两千年间所有重要佛教思想家和流派系统研究的基础上，方立天教授对中国佛教哲学体系作出了概括，认为中国佛教哲学包含了人生论、宇宙论和实践论三大部分。人生论主要说明人生主体的本质和理想，宇宙论论述人生所处的环境，实践论阐释人如何修行解脱，实现终极目的。三者相互联系，构成了中国佛教哲学的框架，体现了中国佛教哲学的特色。其中每一部分，又包含了众多不同的侧面和多重内涵。人生论包括了人生本原、因果、价值、形神、心性、佛性、道德和理想等内容，宇宙论涉及结构论、现象论和本体论，实践论则主要指修持的方法、方式、步骤、过程和直觉思维等议题。

方立天教授有关中国佛教哲学体系的建构得到了学术界的高度评价。学术界认为，这一体系摆脱了半个多世纪以来在中国佛教思想研究中拘泥于唯物主义和唯心主义两军对垒的传统，从中国佛教哲学的实际出发，将西方哲学、中国哲学与佛教哲学真正汇融起来，达到了一个新的高度，具有示范意义②。更重要的是，这一体系从人学的角度入手，抓住了佛教哲学乃至所有宗教哲学的核心。这一体系先讲人生论、心性论，次讲宇宙论，最后是实践论，全部围绕人的问题展开，没有像一般的哲学体系那样，将宇宙论放在第一位。"这本书把握的不仅是佛学、而且是整个宗教的本质问题"，"这部书

---

① 参见牟宗三：《佛性与般若》(修订版)，(台湾)学生书局 1989 年版，第 4—5 页。

② 方广锠语，见李艳萍：《中国佛教哲学研究的重大进展——〈中国佛教哲学要义〉出版座谈会纪要》，《光明日报》2003 年 4 月 3 日。

不仅作为学术著作有贡献,对我们的精神生活也会有很大作用"①。

（二）对中国佛教哲学内涵的全面探索

《中国佛教哲学要义》堪称方立天教授的代表作。著名学者黄心川认为,这本书总结了解放以后乃至近现代研究佛教义理的历史经验,从中国文化的宏观角度,探讨了中国佛教文化的精髓,继承和发扬了老一辈佛学研究家汤用彤、吕澂、陈垣、任继愈等的优秀传统,"用历史比较的方法和角度对中国佛教哲学做了全新的解释,堪称我国佛学界具有里程碑意义的力作"②。该书从中国人的佛教著作出发,从中梳理出中国佛教的重要哲学问题,勾勒中国佛教哲学体系,阐述中国佛教哲学思想的历史演变;在此基础上,又与印度佛教哲学思想、中国固有的儒、道哲学思想进行比较,凸显了中国佛教哲学思想独具的异彩。

依据中国佛教哲学的实际,方教授从人生论、心性论、宇宙论和实践论四个方面解析中国佛教哲学的内涵。人生论是对人的构成、人的本质、人的本性、人生价值、人生理想等问题的综合探讨,结合中国佛教史的实际,方教授集中分析了因果报应论、神不灭论、涅槃理论、佛的理念和净土观念。心性论主要是对成佛根据的研究,是理解中国佛教哲学的核心环节。方教授在概述印度佛教心性说的基础上,建立了中国佛教哲学心性论的范畴网络,依次阐述了南北朝时期的心性思潮、天台宗、华严宗、三论宗、唯识宗、密宗的心性思想,又以特别巨大的篇幅阐述禅宗的心性论,包括慧能以前、慧能、慧能以后之菏泽宗、石头宗、洪州宗和临济宗,最后概括佛教与儒家、道家在心性思想上的互动,指出心性思想是儒释道三教合一的根基。宇宙论是对人的生存环境和客观世界本质的研究,方教授进一步细分为结构论、现象论和本体论,总结了中国佛教哲学中不同时期不同宗派的宇宙观。实践论探讨的是佛教解脱的途径和方法,方教授认为这是中国佛教哲学最富创造性的部分,暗合佛教戒、定、慧三学的理路,方教授从伦理实践、禅法修持和智慧修学三个方面依次展开,重点分析佛教伦理实践的方式方法,直觉思维的内容和特点,语言观和真理观。全书的结语则表达了作者对 21 世纪人类社会特点和基本矛盾的看法,浓缩了中国佛教哲学的基本精神,进而提出了中国佛教哲学的现代价值,表现出强烈的现实关怀。

在有关中国佛教哲学的一系列重大理论问题上,方立天教授都在充分吸取前人成果的基础上,有所突破,体现出长期学术磨砺的功夫和高超的理论思维水准。例如,对于佛教哲学的核心范畴"空",有很多说法,不易界定,方立天教授经过多年反复的体会与思考,将其概括为四个层次,即空性、空理、空境和空观,囊括了中国佛教学者在不同语境中对这一概念的多重理解。又如,在中国思想文化史上,因果报应是最早从国外传

---

① 蒙培元语,见李艳萍:《中国佛教哲学研究的重大进展——〈中国佛教哲学要义〉出版座谈会纪要》,《光明日报》2003 年 4 月 3 日。

② 黄心川语,见李艳萍:《中国佛教哲学研究的重大进展——〈中国佛教哲学要义〉出版座谈会纪要》,《光明日报》2003 年 4 月 3 日。

入,并产生广泛而巨大反响的宗教人生理论。这一理论在给中国人巨大心灵冲击的同时,也带来了众多质疑,方著将自东汉至近代的怀疑综括为八类,这就是第一,人死气散,何处是地狱天宫? 第二,五情六欲,人心所常,不应有报应;第三,一切都是自然的造化;第四,命定或偶然;第五,杀生不应受恶报;第六,信佛并不得好报;第七,善人早夭恶人长寿;第八,不能证明灵魂的存在。在探讨中国佛教学者对报应说的新论证时,方著又逻辑地解析为报应的根源、报应的方式、报应的主体、报应的性质四个方面,庞芜繁杂的史料立刻了然分明。在分析中国佛教因果报应论的特色时,方著又特别从宗教社会学功能主义的角度,考察其复杂的社会作用,这就是平衡心理、道德导向和稳定社会,体现了作者深厚的社会科学理论背景。再如,慧能的《坛经》是一部表面通俗但含义繁复的著作,对概念的使用灵活多变,方著在讨论其核心概念"自性"时,归结为五个方面,这就是清净性、真如性、智慧性、空寂性和含藏性,在论证"自性"的功能时,又分解为含容万法、观照万法、思量自化和生三身佛四个层次。这样精辟的概括总结,在方著中俯拾皆是。

专家评论说:"同以往国内涉及佛教哲学的著作相比较,方先生的论著无论是在思想的深度上还是在广度上,都是一个很大的飞跃。论著的第一个特点是其理论探讨的广泛与全面。论著研究的对象已经包括了所有中国佛教派别,但由于它是佛学观念的发展研究,讨论的是每一基本哲学范畴在佛教哲学大厦中的位置与相互联系,因此它不是一个个宗派的个别思想的再现,而是一个宗教的整体思想的凸显。正是在这里,该书充分体现了作者对于佛教哲学体系的深刻领会、对名相概念及其各家说法的精到把握与娴熟传达的能力。"①

基于以上成就,《中国佛教哲学要义》被誉为全面总结了百余年来中国佛教哲学研究的成果,是 20 多年来最好的佛教研究著作之一。方立天教授也因这部著作而成为中国现代佛教与哲学研究史上的代表人物。

(三)以心性和直觉概括中国佛教哲学的特质

什么是中国佛教哲学的特质? 佛教中国化以后的思想特色何在? 方立天教授认为,心性和直觉是中国佛教哲学的两大要点。在中国佛教哲学思想中,最富创新、最富特色的就是心性论和直觉论。

方教授认为,心性指人的本性,是一个包含心理自然、道德修养、宗教情感、宗教实践和众生与万物本原等多层面含义的概念。心性论着重论述人的心性本质,探讨人觉悟成佛的根据,是中国佛教理论的核心内容,在中国佛教哲学体系中占有非常重要的地位。在《中国佛教哲学要义》一书中,方教授用近 20 万字的篇幅论述了中国佛教不同时期不同流派的心性思想,其主要成就是:第一,对中国各个时期各个宗派的心性思想

---

① 宋立道:《评方立天的〈中国佛教哲学要义〉》,《中国人民大学学报》2003 年第 3 期。

都作了详尽分析,对最具中国气派的禅宗心性说的解析尤为细密,从而展现了中国佛教心性论的特色。第二,建构了中国佛教心性论的哲学范畴网络,在心的方面,主要论述真心与妄心,心与意识,心与神,心与物,心与理,心与佛的关系;在性方面,着重讨论心性与法性,凡性与佛性,性净与性觉,性善与性恶,性有与性无,性本有与性始有,性的体、相、用,性与情、性与理、性具、性起等范畴及其关系。第三,研究了佛教心性论与儒家、道家心性论的互动关系,进而提出心性论是儒释道三教合流的主要契合点。方教授认为从思想文化的旨趣上看,儒释道都是生命哲学,都强调人要在生命中进行向内磨砺、完善心性修养,这成为三教合流的前提和基础。佛教作为一种外来文化,与中国文化传统有明显的差异,其融入中国文化的立足点就是心性。第四,归纳了中印佛教心性论的异同。两者的最大共同点是强调如来藏思想和佛性说,而提倡"平常心是道"、"本觉"说和返本归源修持方式则是中国心性论区别于印度的最大差异点。

佛教作为一种宗教,其终极归宿是解脱成佛,如何实现这一目的? 佛教创立了独特的实践方法,这些方式的核心就是体验式的直觉。然而什么是直觉? 直觉有无客观性? 中国佛教直觉的特点何在? 有无科学价值? 这些问题长期以来研究较少,甚至有人将其视为宗教中的迷信。方教授对中国佛教中的直觉范畴予以了高度重视,认为这是中国佛教哲学最富特色和价值的部分之一。他利用现代学术方法解析这一具有浓郁宗教色彩的实践方式,为人们客观了解佛教的解脱途径开辟了通道。

方立天教授认为,直觉是现代用语,指人类的一种普遍心理现象,一种不需经过分析、推理,而对客体直接洞察、完整把握的认识能力和思维方式。在佛教中,表现为观、照、证、悟四个概念。中国佛教对直觉思维有众多的理论创造和实践经验。汉魏西晋主要修持印度所传的禅观和般若,东晋到南北朝流行两者融合的直觉方式,隋唐以后天台、华严和禅诸宗都创造出异彩纷呈的中国式的直觉方式,特别是禅宗的禅悟式直觉,最为生动灵活。

直觉思维方式并非为佛教所独有,中国传统的儒家和道家也拥有丰富的直觉思维资源,而且与佛教直觉是相通的。方立天教授认为,中国佛教学者把印度佛教的直觉论与中国传统直觉论融合起来,且有新的创发。中国佛教重视空观是区别于中国固有哲学直觉论的根本特点,而中国佛教重视把自心与真理、本体结合起来进行观照,以及鲜明的圆融直觉思维,则是有别于印度佛教直觉论的主要特色所在。

(四)佛教中国化规律的探索

方立天教授的学术生涯肇始于中国佛教思想家的个案研究。他先是选择了魏晋南北朝时期的道安、支遁、慧远、僧肇、道生、梁武帝,随后是侧重华严宗和禅宗。这一研究顺序,使他很自然地意识到印度佛教中国化的过程,并最终形成了他的佛教中国化思想。

方教授认为,佛教作为一种外来宗教,能够为中国人所理解和接受,实现中国化,成为中国文化传统的一部分,主要得益于三个条件。第一,与中国世俗政治的协调。佛教传入之时,中国已经是一个中央集权专制的国家,皇权至上,绝不容许神权高于皇权。中国佛教徒由此形成了独具特色的自处之道,其最典型的表述就是慧远的"政教离即"论:既强调僧侣独立于政治,维护佛教的独立立场,又说明佛教的道德教化有助于世俗的政治统治,两者有一致的地方。这是封建时代佛教僧侣对政教关系所作的最出色的总结,为佛教在中国的立足和发展奠定了社会政治基础。

第二,佛教与中国固有文化的磨合。佛教与中国固有的儒、道文化,虽然有摩擦和冲突,但从历史上看,相互融合是主要方面。佛教在中国的发展过程中,吸取了儒家和道家的思想资源,并在伦理道德等方面作出了相应的调整;同时佛教提升了中国固有文化的理论思维水平,直接催生了新儒家,也推动了道教全真道的形成。佛教的禅宗、儒家的理学和道教的全真道,就是佛教与中国固有文化互动产生的三大硕果。在这一过程中,佛教最终成为中国传统文化的有机组成部分。

第三,中国佛教的文化创新。佛教中国化的完成是以独具特色的中国佛教宗派的形成为标志的,以天台宗、华严宗、净土宗和禅宗最为典型。这些宗派大不同于印度佛教,是中国佛教徒创造性地整合佛教与中国固有文化的结果。这些创造性的成果,是佛教中国化历程的核心内容。

方教授具体描述了中国佛教形成的历史进程,这就是格义式佛教、玄学式佛教、学派化佛教、宗派化佛教和心性化佛教。同时他还概括了佛教中国化的四个途径,这就是翻译经典、讲习经义、编撰佛典和判教创宗。

在《中国佛教与传统文化》一书中,方立天教授又从佛教与其他社会文化形态的关系上,多层次全方位地论述了佛教与中国文化的相互影响。他详细说明了佛教与中国政治、伦理、哲学、文学、艺术、民俗的关系,以此展现中国佛教的特殊品格,揭示外来文化中国化的一般规律。

(五)中华民族精神的总结

作为一名有深刻社会关怀的学者,方立天在对佛教哲学、中国哲学进行艰苦卓绝的理论创造的同时,也时刻关注着时代。20世纪80年代以来,中国社会进入了近代以来前所未有的安定时期,中华民族逐步走上了复兴之路。在这一时期,对于传统文化的价值出现了种种歧见。有人认为传统文化是落后的,不能成为社会主义新文化的有机部分;有人则从全盘西化的角度,认为必须彻底抛弃传统文化才能实现中国的现代化;也有人认为中国的未来在传统文化诸如儒教的复兴;还有人主张中国文化应该在继承传统的基础上综合创新。在这林林总总的文化观中,方立天教授肯认综合创新说,并且从这一视角出发,对中华民族精神的界定、内涵和提升提出了独立的观点。

方立天教授认为,界定民族精神需要符合5个条件。其一,为本民族绝大多数成员所认同;其二,贯穿民族延续、发展的全过程;其三,在民族延续发展过程中居于主导地位;其四,维系民族间的和睦团结,促进民族繁荣;其五,推动民族的进步。依据这一逻辑前提,方立天教授概括中华民族的基本精神包括四个方面,这就是重德、自强、宽容、爱国,其中自强不息更是中华民族精神的精髓。中华民族的复兴需要中华民族精神的高扬和提升。

(六)对中国化马克思主义宗教观的阐发

方立天教授认为,马克思主义宗教观是制定当代中国宗教政策的理论根据,是从事宗教工作的指导思想。中国共产党在领导中国革命、建设和改革的实践过程中,把马克思主义关于宗教的基本原理同中国宗教的具体实际相结合,在宗教本质观、宗教价值观、宗教历史观等问题上提出了一系列重要观点,并阐明了"积极引导宗教与社会主义相适应"的理论,形成了中国化马克思主义宗教观。

方教授进一步总结出,中国化马克思主义宗教观在 10 个方面有新的突破,这就是:(1)宗教是一种社会历史现象,而不仅仅是一种意识形态;(2)宗教是人民内部的思想信仰,宗教是文化;(3)宗教产生和存在的最深层根源,在于人们有不能解释和不能解决的思想问题;(4)宗教具有长期性,宗教消亡在阶级和国家之后;(5)思想信仰与政治立场相区分;(6)信教群众与不信教群众在信仰上的差异是比较次要的差异,思想信仰上要互相尊重;(7)在正视宗教中存在消极因素的同时,重视挖掘、运用和发挥宗教中的积极因素;(8)信教与不信教以及信仰不同宗教的群众,在政治、经济根本利益上是一致,信教群众同样是社会主义建设的积极力量;(9)执行宗教信仰自由政策,处理宗教问题的根本出发点和落脚点,是使全体信教的和不信教的群众联合起来,集中建设现代化的社会主义强国这个共同目标;(10)积极引导宗教爱国爱教,与社会主义社会相适应。

三、学术特色

在半个世纪的学术研究生涯中,方立天教授逐步形成了自己的学术特色。

(一)哲学问题研究法是方立天学术研究的根本方法

方立天教授的著述很多,领域横跨佛教、中国哲学史和宗教学三大领域,但就研究方法来说,其核心是哲学问题研究法。

现代国际佛学研究最主要的方法有三种。第一是语言、文献研究法,主要通过对佛教原始语言及其相关文献的辨认、比较,厘清佛教典籍的本意以及在不同时空流传的变化发展。第二是历史研究法,主要从历史学角度研究佛教的发生、发展和变化的规律。第三就是哲学问题研究法,通过对佛教哲学概念的厘析,说明概念的意义及其发展变化,从哲学层次观照佛教文化的本质。方立天教授的佛教研究方法属于第三种。从他的处女作《道安的佛教哲学思想》到成名作《魏晋南北朝佛教论丛》,到名著《佛教哲学》,再到近著《中国佛教哲学要义》,无不如此。

现代的中国哲学史研究也主要有三种方法。第一是学案体,依年代选录重要人物的资料加以评论。第二是通史体,以人物或学派为纲叙述哲学思想的发展过程。第三是问题解析体，以问题为纲，叙述哲学重要问题的源流演变。张岱年先生认为，问题解析体的长处是可以比较清楚地阐明哲学问题的提出、争论、演变与解决的历史过程，易于体现历史与逻辑的统一。方立天教授的中国哲学史研究运用的依然是哲学问题研究法。他的《中国古代哲学问题发展史》直接就用了哲学问题的名字。方立天教授是充分运用哲学问题研究法在佛教研究和中国哲学史领域取得突出成就的学者。

（二）哲学思辨与资料积累是方立天学术研究的两大基石

任继愈先生曾说："方先生有两个特点：一是理论基础打得好。哲学是基础，是骨干，哲学基础打不好，没办法创新；二是原始资料积累得比较丰厚，这不是三五天冲刺就能解决的问题，而是一个积累的过程。"①

擅长哲学思辨是方立天教授的突出特点。他受业于北京大学哲学系，训练出很好的哲学思维能力。面对佛教这样五光十色的文化对象，他比较注重探寻本质，从中找出最能反映佛教特质的核心概念。在佛教繁复的名相体系中，他又注重寻找概念之间的联系。他喜欢将现代学术方法综合地运用于研究对象，还原古人的思想逻辑，推论其发生发展的理由。所有这些努力，都需要有很强的哲学思辨能力做基础。擅长哲学分析，善于从繁芜复杂的思想表象中抓住其精神实质，是方立天教授学术思想的特色之一。

扎实的资料积累是方立天教授学术的又一基石。在善于思辨的同时，方立天教授秉持言必有据的原则，从不做无根之谈，或肆意假设。为此，他极其重视资料的学习和积累，大量阅读原始史料，关注海内外的学术信息。这也是他常年泡图书馆的重要原因。他的著作往往都能充分吸取当代学术成果，成为有时代精神的清新之作。

（三）准确简明是方立天著述的语言风格

佛教与中国古代哲学概念均以繁复难解闻名，尤其在用现代汉语表达时，往往言不及义。方立天教授的著述，继承了近代以来以冯友兰、张岱年、任继愈等人为代表的优秀传统，在以现代汉语表述古代学术思想时，达到了准确简明、深入浅出的境界。方立天教授的著作主要是哲学范畴研究，每每有大量的古代哲学概念，对每一概念，方教授都要以晓白的现代汉语予以准确的界定。方教授著作中引用的所有古文，均有逐字逐句的解说，转深奥为平易，且不失原旨，从不避重就轻，以其昏昏使人昭昭。这些都是不易做到的。方教授的许多著作都经累年揣摩，对概念的表述成竹在胸，因此发言立论，常常能举重若轻，一语中的。

方立天教授的语言风格对他的著作惠及大众有直接的促进作用。在方立天教授的众多著述中，奠定其学术声望，使其名扬天下的，就是那部初版15万字的《佛教哲学》。在学术界与佛教界还相当隔膜的时代，这部著作得到了学术界和宗教界的共同激赏，这是与该书深入浅出、准确简明的语言风格分不开的。

---

① 李艳辉：《中国佛教哲学研究的重大进展——〈中国佛教哲学要义〉出版座谈会纪要》，《光明日报》2003年4月3日。

（四）客观态度与同情默应是方立天佛教研究的基本立场

作为研究对象的宗教思想，与自然科学乃至一般社会科学的研究对象都有一个很大的不同，即它本身就是人的思想，极易与研究者的立场相互影响。在中国现代宗教研究中，有两种倾向影响很大。一是宗教的立场，以经解经，以宗教的概念解释宗教思想，外人往往不知所云；二是反宗教的立场，认为宗教愚昧迷信，只是批判的对象，历史证明这不能真正认识宗教。

方立天教授在宗教研究中体现出客观态度与同情默应相结合的学术立场。一方面他强调客观和理性，从文献资料出发，不持成见地探寻对象的内涵与特色，没有丝毫的盲目与迷狂。另一方面，他深刻如同汤用彤先生的观点，主张对于作为研究对象的宗教，要有"同情之默应"，进而体会其真谛。

（五）现实关怀是方立天学术研究的潜在动力

总结方立天教授的学术思想，可以看到，他在学术研究领域之所以产生重大的研究成果，是与其强烈的社会关怀分不开的。他终日埋首于图书馆，而思想却无时不体味着时代的风云。他的学术研究体现了时代精神的精华。

在对佛教中国化过程的探索中，方立天教授特别重视佛教与社会的关系，如对慧远的政教离即说给予了极高的评价。实际上，这一学说对于今天中国和谐政教关系的建立，依然有很大的启发作用。

20 世纪以降，在对传统文化的批判的同时，中国伦理生活发生了巨变，直至 20 世纪晚期出现道德滑坡。中国人在道德失落的同时，也茫然于重建道德的资源。方立天先生对中国佛教伦理的研究倾注了大量心血，并理性地指出其普世性的成分，认为它对今天中国的伦理建设及全球伦理建设都有积极意义。他认为，中国佛教伦理的旨趣是人生论，佛教伦理的理论基石是果报论，伦理自觉的根据是心性论。中国佛教伦理有三大原则，这就是去恶从善、平等慈悲和自利利他。佛教的伦理思想，包括因果思想，对于今天的和谐社会与全球道德建设依然有积极意义。

方立天先生还在其代表作《中国佛教哲学要义》的结语中，分析了 21 世纪人类社会的基本特点和矛盾，概括了中国佛教哲学的六大基本理念——缘起、因果、中道、平等、慈悲、解脱，最后指出中国佛教哲学对解决人类面临的三大问题所拥有的价值，这就是：关注人与自我的矛盾，提升人的精神境界；协调人与人的矛盾，维护世界和平；调适人与自然的矛盾，促进可持续发展。显然，这是既有学术价值，也有现实意义的。

在研究中国文化与哲学方面，方立天教授也十分重视传统与现代的关系，认为研究中国文化与哲学的重要任务之一是为了推进我国的现代化事业。他在研究后指出，中华文化的核心是价值观，尤其是人生价值观；强调传统文化的核心与国民素质的提高的结合是我们当前研究传统文化的一个重要任务。主张弘扬中华文化价值观中的合理因素，有助于提高国民的人文素质、道德素质和心理素质，进而有利于我国新型现代化事业的发展。

进入 21 世纪，宗教现实问题的重要性日益突出。方教授与时俱进，花费大量时间和精力研究当代宗教和宗教学的基本理论问题。他关于中国化马克思主义宗教观的阐述，关于宗教实证研究的提倡，无不体现了他的现实关怀。

（六）静心专一是方立天学风的集中体现

方立天教授毕生遵循着立身有道，学有专长的人生格言，立志求真，业精于勤，取得了令人瞩目的成就。"静心专一"四字或许最能代表他的学风。

方教授认为，治学是一种缜密深邃的思维活动，它需要上下求索，融会贯通。这就要求治学者静心，任何虚夸浮躁、急功近利都是治学的大敌。学习和研究，需要一种老僧入定的功夫，一种物我两忘的境界。要培养自己的毅力和定力，遵守学术道德，不沾染不良习气。①

"专一"是方立天教授学术研究的又一自觉追求。他很早就体会到人生而有涯，知则无涯，个人的精力总是有限的，研究范围不宜太广，不能对所有感兴趣的问题都割舍不下，在学术研究上必须敢于并善于作出选择。朝秦暮楚，即便勤奋过人，也极易一事无成。早在大学时期，他就结合自己的特点，在十分喜爱的中国哲学史和西方哲学史中间，作出了侧重前者的抉择。工作以后，他进一步选择了以魏晋南北朝隋唐时期哲学思想做研究重点，并逐渐地将精力凝聚在佛教哲学领域。

任继愈教授曾经为方立天教授题词，称赞他"锲而不舍，金石可镂"。方教授研究中国佛教哲学的目标一经确定，就终身追求，矢志不渝。从他的第一篇论文，到专著，到资料集，到杂文，都无不围绕这一方向展开。方教授学术起步的时代，佛教研究在学术界的地位是极端边缘化的。到了"文化大革命"时期，更是绝对的禁区。但方立天教授并不由此改变自己的人生选择。他坚信包括佛教文化在内的中国传统文化的现代价值，在剧烈的时代变迁中必将获得应有的肯定。他自己也以数十年呕心沥血的生命结晶巍然屹立于这一历史伟业之中，成为海内外公认的代表中国佛教哲学研究最高水平的学者。

自 1961 年到中国人民大学任教至今，方立天教授已经在教学与科研的沃野上辛勤地耕耘了半个世纪。在这漫长的学术生涯中，方立天教授秉承立身有道、学有专长的人生信条，自强不息，由一名莘莘学子成长为国际知名的哲学家、宗教学家。方立天教授是新中国培养的，能够矗立在学术史上的杰出学者。我们衷心祝愿方立天教授健康长寿，为中华民族的文化复兴不断作出新的贡献。

参考文献

1. 方立天：《我和中国佛学及哲学研究》，《学林春秋》三编上册，朝华出版社 1999

① 参见方立天：《治学以勤奋为要》，《人民日报》2002 年 4 月 27 日。

年版。

2. 方立天:《治学以勤奋为要》,《人民日报》2002 年 4 月 27 日。

3. 方广锠,《对中国传统文化的有益反思——评〈中国佛教与传统文化〉》,《人民日报》1988 年 10 月 7 日。

4. 李艳辉:《中国佛教哲学研究的重大进展——〈中国佛教哲学要义〉出版座谈会纪要》,《光明日报》2003 年 4 月 3 日。

5. 李一氓:《读华严金狮子章校释》,《读书》1984 年第 9 期。

6. 牟钟鉴:《开拓佛教文化的研究——读〈中国佛教与传统文化〉》,《哲学研究》1988 年第 5 期。

7. 牟宗三:《佛性与般若》(修订版)"序言",(台湾)学生书局 1989 年版。

8. 宋立道:《评方立天的〈中国佛教哲学要义〉》,《中国人民大学学报》2003 年第 3 期。

9. 张岱年:《喜闻〈中国古代哲学问题发展史〉再版》,《张岱年全集》第 8 卷,河北人民出版社 1996 年版。

探赜索隐,开拓创新

——张立文教授学术创新综述

张瑞涛

(中国石油大学(华东)人文社会科学学院)

张立文,男,汉族,1935 年 4 月 28 日生,浙江省温州市人,一级教授。现任中国人民大学哲学院博士生导师,中国人民大学国学研究院院长,孔子研究院院长,"国际儒藏"总编纂。1956 年考入中国人民大学历史系中国革命史专业,1960 年毕业留校,分配在哲学系中国哲学史教研室任教,曾任教研室主任。迄今为止,已出版学术专著 24 部,主编、合编著作 38 部,发表论文 480 多篇。张立文先生从事学术研究 40 多年,梳爬经典,笃思明辨,勤于创作,勇于创新,始从宋明理学研究入手,坚持问题意识和人文关怀,实现中国哲学史研究和哲学体系建构的重大突破,既是名副其实的哲学史家,又是当代中国著名的哲学家。综观张先生学术成就,可概括为十个方面。

一、《周易》入手奠根基:出版了"文化大革命"
后第一部《周易》研究专著

《周易》研究开张先生学术创新之端绪。张先生 1960 年 6 月提前毕业后即从事宋明理学研究。宋明理学是中国思想史上的一个顶峰,是中国哲学发展的新阶段,是儒释道三家理论思维融合的表现。它的本旨是对汉唐以来章句注疏之学和笃守师说的逆向运动,是"疑经改经"形式下的新儒学复兴运动。近、现代的中国哲学家都是从宋明理学研究起步攀登的。因此,"总结中国古代哲学思想,展望未来中国哲学思想的发展,宋明理学是一把钥匙。"①但是,宋明理学家无人不研究《周易》,《周易》成了研究宋明理学的关键。这样,张先生边熟读宋明理学家文献资料,边研究《周易》并在"文化大革命"前就注释完成《周易》。在 1962 年至 1963 年间,张先生从哲学的角度对《周易》的思想进行了研究,撰著了《周易思想研究》,完成三个目的:其一,按照历史的本来面目研究古代思想,恢复《易经》的原貌;其二,明晰《易传》与《易经》是两个不同历史时期

---

① 张立文:《宋明理学逻辑结构的演化》,(台湾)万卷楼图书有限公司 1993 年版,第 1 页。

与思想体系的著作,把他们放在各自的历史范围内,联系当时的社会政治、经济关系,进行阶级的、理论的分析,作出符合历史实际的研究结论;其三,通过《易经》思想的研究,弄清了我国科学思维萌芽的开端,以及科学思想的萌芽是怎样同宗教相联系的。①《周易思想研究》是国内"文化大革命"后第一本专著,有学者发表书评指出:"这部书的问世,对学术研究的影响和意义值得重视","是近年来中国哲学史领域取得的可喜成果"②,是"文化大革命"后第一部系统研究《周易》义理思想的专著。③ 而且,是著亦对张先生的和合哲学体系创构有直接影响,和合学提出的很多概念。如天地人三界就是从《周易》里面来的:地就是生存世界,人就是意义世界,天就是可能世界。

《周易》是中华礼乐文明的源头,是民族生命智慧的活水。张先生在完成《周易思想研究》之后,又据发表于 1984 年《文物》第三期的《马王堆帛书六十四卦释文》,参考原先对《周易》的注译,而成《帛书周易注译》,先后出版《周易帛书今注今译》、《帛书周易注译》、《白话帛书周易》④。《帛书周易注译》首从文字、音韵、训诂方面对帛书文字做了考证,对六十四卦三百八十四爻的卦辞和爻辞均首先校勘原文以辨别正误,次对每一字词细加串通句意,终加总释以疏通卦旨。是著摆脱各家各派以自己的偏见而进行说教的色彩,以及许多恣意附会、虚妄不实之词,着力于字词本义的考证,还卦辞与爻辞以本来面目,朴实而具有概括力,是易学史上的里程碑,在目前仍是首著。

二、朱熹研究立中哲:出版了"文化大革命"
后第一部朱熹研究专著

紧随《周易》研究之后的是朱熹研究。朱熹研究成为张先生中国哲学史研究和哲学理论创新的直接切入点。

朱熹是宋明理学中的重要人物,宋明理学诸家处处会涉及朱熹的问题,朱熹搞不清楚,宋明理学其他人物也搞不清楚。张先生据此指出:"在宋明理学当中,朱熹是一个关键人物。如果我把朱熹思想搞清楚了,顺下来我就可以搞王阳明这一派。横向的我就可以通陆九渊、张栻和吕祖谦。所以我就抓了朱熹,朱熹一抓,宋明理学上下左右基本上就通了。"⑤在"文化大革命"当中,中国人民大学解散,中国哲学史教研室转到北师大,张先生在师大图书馆熟读朱熹的书和相关研究论著,系统地掌握了朱熹的思想。

① 参见张立文:《周易思想研究》,湖北人民出版社 1980 年版,"前言"。

② 金隆德:《喜读〈周易思想研究〉》,《中国哲学史研究》1981 年第 3 期。

③ 参见周山:《倚筇随处弄潺湲——近十几年中国大陆〈周易〉研究述评》,《上海社会科学院学术季刊》1993 年第 1 期。

④ 《周易帛书今注今译》(上、下册),(台北)学生书局 1991 年版;《帛书周易注译》,中州古籍出版社 1992 年版;《白话帛书周易》,中州古籍出版社 1994 年版;《帛书周易注译》(修订本),中州古籍出版社 2008 年版。

⑤ 康香阁:《著名哲学家张立文先生访谈录》,《邯郸学院学报》2009 年第 2 期。

完成于"文化大革命"、出版于 1981 年的《朱熹思想研究》①以求道为目标，以"哲学逻辑结构论"为具体方法，坚持实事求是的原则，从朱熹的思想实际出发，具体问题具体分析，客观地研究了朱熹的哲学、经学、史学、文学、乐律、佛学、道学以至自然科学。

《朱熹思想研究》出版后，在国内外引起很大反响，《人民日报》《光明日报》和《中国社会科学》都发表了评论。香港《镜报》月刊 1983 年第 7 期刊载非闻文章《中年学者在大陆崛起——访〈朱熹思想研究〉作者张立文》，指出："三十多年来，大陆不仅没有出版过一本有关朱子研究的专著，就连一本普通论述朱子的小册子亦难于找到。特别是'文化大革命'期间，大批儒孔，由孔子而株连及朱子，加上一顶'大儒'的帽子，'扔进历史垃圾堆'，不值一顾了。难怪海外学者咸认为大陆无人研究朱子。张立文长达五十余万言的专著《朱熹思想研究》的问世，说明大陆对朱子的研究并未中辍。"又说："在大陆学术空气遭十年浩劫的污染以后，张立文对朱子这个'大儒'所作的这样的分析研究，特别使人感到清新。……它企图使哲学基本概念的研究，不仅仅停留在对主要范畴的论证上，而着重于范畴之间的联结以及结合方式的不同的研究，说明由此构成各不相同的哲学逻辑结构或哲学体系。这样的研究方法，是能还各个哲学体系以本来面目的。因而《朱熹思想研究》是散发着浓郁的中国芬芳的著作，在中国哲学史、思想史重点人物的研究中，开拓了新的蹊径。"外国学者亦给予很高评价。美国著名学者陈荣捷教授说："此书学术水准很高，肯下死工夫做学问"，其"治学之严，所用材料皆第一手，且每有新见，令人起敬"。日本《朝日新闻》1982 年 6 月 13 日的学术栏发表专文，介绍是著的内容及其评价；《国家学会杂志》第 96 卷第 11、12 号，发表渡边浩教授文章，给予很好的评价。② 因《朱熹思想研究》具有重大学术价值和意义，张先生与冯友兰教授、任继愈教授、邱汉生教授、邓艾民教授等被邀请参加 1982 年在美国夏威夷东西方研究中心召开的"朱熹学术国际研讨会"，并在大会上发表《朱熹易学思想辨析》，日本著名学者岛田虔次教授评论说："朱熹易学是魔鬼也搞不清的，张立文梳理清楚了。"邱汉生教授作诗云："张邓文章动异邦，一席高谭惊四座，掌声如雨击寒江。"③

以朱熹研究为契机，张先生又陆续出版了《宋明理学研究》④、《戴震》⑤、《走向心学之路——陆象山思想的足迹》⑥、《宋明理学逻辑结构的演化》⑦、《船山哲学》⑧等专著。

① 《朱熹思想研究》，中国社会科学出版社 1981 年版，1994 年修订版；（台北）谷风出版社 1986 年版（繁体字版）；中国社会科学出版社 2001 年修订版，收入《社科学术文库》。
② 参见张立文：《朱熹思想研究》，中国社会科学出版社 2001 年修订版，"修订版后记"。
③ 邱汉生：《邱汉生诗集——九十诞辰纪念》，第 16 页。
④ 《宋明理学研究》，中国人民大学出版社 1985 年版；人民出版社 2002 年修订版，收入《哲学史家文库》。
⑤ 《戴震》，（台北）东大图书有限公司 1991 年版。
⑥ 《走向心学之路——陆象山思想的足迹》，中华书局 1992 年版；《心学之路——陆九渊思想研究》（修订本），人民出版社 2008 年版，收入《当代中国学术精品·哲学》。
⑦ 《宋明理学逻辑结构的演化》，（台北）万卷楼图书有限公司 1993 年版。
⑧ 张立文：《船山哲学》，（台北）七略出版社 2000 年版；《正学与开新——王船山哲学思想》，人民出版社 2001 年版收入《哲学史家文库》。

张先生是享誉国内外的宋明理学研究大家,多次被日本东京大学、京都大学、早稻田大学、九州大学、韩国高丽大学、成均馆大学邀请讲授宋明理学,使中国人民大学哲学院中国哲学教研室成为国内外宋明理学研究的重镇之一。

三、宋明理学分主次:提出宋明理学的主流与 非主流说,以及主流中的"三系说"

宋明理学的分系问题由来已久,是中国哲学史研究中的一大课题。在宋明理学发展史上,由于理学家们建构理论的自觉意识的不同,他们不断对宋明理学的内在结构、理论模型、学术特点和思维风格努力探索。[①] 进入 20 世纪后,从事中国哲学研究的学者根据自身对宋明理学的理解提出不同的分系理论。其中,张先生的主流与非主流说具有一席之地。

张先生于 1982 年出版的《宋明理学研究》[②]中首先界定了宋明理学的内涵。在张先生看来,"理学"与"道学"是上下关系,"宋明理学"内涵了"程朱道学"。原因就在于,"道学"概念不包括心学。道学虽在北宋出现,最早指称"与政术相对称的学术"[③],而整个两宋时期,都不包括陆九渊心学在内。在当时,道学概念的使用都是指程朱一系,元丞相脱脱修《宋史》,特立《道学传》而置于《儒林传》之前,仅列周、程、张、邵、朱及其门人,陆九渊、吕祖谦、陈亮等人入《儒林传》。这说明,在元人心目中,道学与心学、婺学、永康之学不类:一属示隆,一属非示隆之列。故,"程、朱理学,须加正名,称谓为程朱道学更贴切"[④]。但是,"理学"包括道学和心学。据张先生考证,理学之名在南宋已有,朱熹说"理学",不仅仅指伊洛二程门人,亦指蜀学二苏;陆九渊则以"理学"为圣贤之学,指整个儒家道统,而不是指宋时哪一学派的特称。另外,南宋亦有"心学"称谓,乃指称象山"发明本心之学"。元、明时期,程朱"道学"成为主导意识形态,陆学式微。阳明学出,发扬心学,并以陆学为孔孟道统的真正继承者。元末张九韶辑集周、邵、张、程、朱之言,辅以荀子以下数十人之说,成《理学类编》,但不辑陆九渊之言。明永乐年间,朱棣敕胡广纂修《五经大全》、《四书大全》、《性理大全》,以性理为中心,把程朱道学和陆九渊心学编纂在一起,融合道学与心学。至阳明,道学与心学皆纳入理学范围。自明以后,理学称谓盛行,黄宗羲的《明儒学案》、孙奇峰的《理学宗传》皆明确将程朱与陆王称之为"理学"。因此,在张先生看来,理学作为总称优于"道学"。原因就在于:其一,明清以来"理学"包括了程朱道学和陆王心学,不会发生概念上的混乱;其二,

---

① 参见向世陵:《理气性心之间——宋明理学的分系和四系》,湖南大学出版社 2006 年版,第 174 页。

② 张先生在《宋明理学研究》第一版的"序言"中指出,是著写作于 1982 年,但由于《朱熹思想研究》出版后而受到不公正批判,使得是著于 1985 年才出版。

③ 张立文:《宋明理学研究》,人民出版社 2002 年修订版,第 6 页。

④ 张立文:《宋明理学研究》,人民出版社 2002 年修订版,第 9 页。

道学既容易与后来的"假道学"相混,也容易与道教之学、道家之学相混;其三,"道学"并不能十分确切地反映这个时代哲学的本质特征和最高范畴,反而会给人以重道德伦理轻宇宙本体的研究之嫌。①

张先生以主流和非主流划分宋明理学。在张先生看来,宋明理学作为社会思潮,有主流与非主流之分,其区别就在于其作用和影响不同,社会效果不同。所谓主流与非主流,简言之是指一种社会思潮是否起主导作用或居于重要地位,还是起非主导作用和居于次要地位。② 宋明理学的主流派包括:濂(周敦颐)、洛(程颐、程颢)、关(张载)、闽(朱熹),以及邵雍、司马光、张栻、陆九渊和王守仁等,周敦颐、二程、张载、朱熹及其门人为正统派;非主流派包括:王安石、苏轼、苏辙、吕祖谦等。周敦颐是宋明理学的开创者,只缘他"暗破心性义理之学"。濂、洛、关、闽一脉相承,是"理学"中的正统派,历代统治者皆奉程朱为正统,且成为后期社会发展中居统治地位的官方哲学,强烈影响了上层建筑的各个领域。朱熹是"道学"的集大成者,继承和发挥濂、洛、关学的思想,亦汲取欧阳修的疑经观、王安石的"道器论",二苏的"道"的思想,糅合诸家,综罗百代。以吕祖谦为代表的婺学力图调和朱陆,并吸收永嘉、永康学派的经世致用之学,但从整体上看,倾向于"心学"。永嘉、永康之学上承张载实事事功思想,反对空谈"心性",与朱、陆鼎足三立。明代陈献章由宗朱而转为宗陆,王守仁承"心学"而为心学之集大成者,并成为理学的主流派。刘宗周为明末大师,其学推本周、程,得源与王守仁,以"慎独为宗",针砭王学各派的王畿、罗汝芳、王艮等,承朱熹之道德伦理,舍空谈而趋道德之实践,但终究与朱、王皆异。总之,理学各派与其他学派相互交错,既互相否定,又相互吸收,形成了螺旋式的前进运动,而绝不是并行不悖、笔直发展的。③

与主流、非主流相对应的是"三系说"。张先生指出,宋明理学的主流可分为"三系",即程朱道学(或可说程朱理学)、陆王心学和张王气学。张先生在《宋明理学研究》的第一版中就已在"宋明理学的性质"和"宋明理学主要范畴的演变"部分④中详细的论说了理学、心学和气学的历史演变。之后,张先生在《善恶之上·序》中进一步指出:"宋明理学中从张载到王夫之为一系,与程朱、陆王并称为三系,笔者认为是可以成立的。"⑤实际上,张先生在撰写《王船山哲学思想》一书中就指出:"笔者据此把船山接续张载一脉,而从程朱一系中分离出来成为独立的一系,即与程朱道学(或理学)的绝对理学派、陆王心学的主体理学派鼎足而立的张王气学的客体理学派。然宋明理学分此三系,非拙著《宋明理学研究》所独创,清人已有以张载、王夫之为一系者,或谓船山继

① 参见张立文:《宋明理学研究》,人民出版社 2002 年修订版,第 11—12 页。
② 参见张立文:《宋明理学研究》,中国人民大学出版社 1985 年版,第 680 页。
③ 参见张立文:《宋明理学研究》,中国人民大学出版社 1985 年版,第 681—683 页。
④ 参见张立文:《宋明理学研究》,中国人民大学出版社 1985 年版,第 15—79 页。
⑤ 向世陵:《善恶之上——胡宏·性学·理学》,中国广播电视出版社 2000 年版,第 2 页。

张载之学脉。"①从康熙、雍正时的李周望到乾隆、嘉庆、道光时的邓显鹤,从晚期时的孔祥麟到现代的熊十力,都把张载和船山看做一系。接受宋明理学的古代朝鲜主理派、主气派的发展史,亦可旁证宋明理学中气学一系的成立。② 总之,船山发宋明理学中张载气学一脉,而成为气学的集大成者,从学术意义上可与宋明理学中朱熹集道学大成、王阳明集心学大成相当。

四、退溪研究拓视界:国内首位研究李退溪思想的学者

李退溪③研究是张先生朱熹研究的偶然拓展。但是,偶然的机缘造就了非凡功绩。1981 年 10 月,张先生携《朱熹思想研究》专著出席在杭州召开的宋明理学国际会议,美国的陈荣捷、狄百瑞,日本的山井涌,加拿大的秦嘉懿,西德的余倍荷和香港的刘述先都参加了会议。陈荣捷教授在看了《周易思想研究》和《朱熹思想研究》后,建议张先生撰写《朱熹易学思想辨析》以参加 1982 年在美国举办的朱子学国际研讨会。张先生在朱子学会议上做了演讲,得到学术界的认同和高度赞扬。1982 年的国际会议不仅仅使张先生认识了各国学者,还开拓了眼界,知道了朱子学对日本、朝鲜和越南的影响,开始关注朱子学在各国的发展与结合等问题。1983 年,张先生受邀参加在美国哈佛大学召开的第六届退溪学国际学术会议,虽未成行,但撰写了《朱子与退溪的易学思想比较研究》,是《朱熹易学思想辨析》的续篇。之后,张先生参加历届退溪学国际会议。张先生从各个层面、角度研究李退溪,将论文发表于退溪学研究院主办的《退溪学报》及其他杂志上。1985 年,张先生发表于《哲学研究》上的退溪学研究论文④,是国内首次发表研究韩国最著名哲学家思想的文章。因张先生在退溪学研究的成就,1987 年被国际退溪学会授予"国际退溪学学术奖",1988 年被邀请参加汉城奥林匹克运动会组委会召开的世界学术会议和第十届退溪学国际会议,并被邀出席奥林匹克运动会开幕式,亦是时任卢泰愚总统接见的世界八位学者之一,并促成 1989 年 10 月中韩建交前,在中国人民大学召开第十一届退溪学国际学术会议。张先生先后出版《退溪哲学入门》⑤、《朱熹

---

① 张立文:《正学与开新——王船山哲学思想》,人民出版社 2001 年版,第 402—403 页。

② 张先生这样的论说在《善恶之上·序》和《王船山哲学思想》中都说过,若论时间早晚,当以《王船山哲学思想》为早。张先生在《善恶之上·序》中曾说:"近年来笔者撰写《王船山哲学思想》一书",可见,稍早出版的《善恶之上》一书中张先生的观点是渊源于稍晚出版的《王船山哲学思想》的,学者须注意。

③ 李滉,号退溪,生于李氏朝鲜第十代燕山君七年(1502 年,中国明代孝宗朱祐樘弘治十四年),卒于宣祖三年(1571 年,中国明代穆宗朱载垕隆庆四年)。李退溪乃"朝鲜之朱子","东方百世之师",是朝鲜一代哲人。

④ 参见张立文:《李退溪哲学逻辑结构探析》,《哲学研究》1985 年第 2 期。

⑤ 《退溪哲学入门》(韩文),(汉城)骊江出版社 1990 年版。

与李退溪比较研究》①、《李退溪思想研究》②，主编《退溪书节要》③，在退溪学研究领域具有重要地位。

退溪研究深化了张先生的朱子学研究。朱子学在东亚各国传播和发展，在与东亚诸国的传统思想冲突与融合中适应了各国社会发展的需要。朱子学已经不仅仅是中国的朱子学，还包括了日本的朱子学、朝鲜的朱子学、越南的朱子学，我们不可以执著于中国的朱子学而评价其他各国的朱子学，而应把朱子学看做是动态的、灵活的、发展的生命智慧，以此观东亚诸国的朱子学，才会赋予朱子学以新的生命力。李退溪的贡献就在于把中国的朱子学与朝鲜传统思想融合起来，并与其他学者创造和发展了朝鲜的性理学，适应了朝鲜社会的需要，丰富了朱子学的内涵。退溪学研究拓宽了朱熹研究的视域，是中国学者以世界眼光看哲学发展史的良好开端。

张先生在退溪学研究中推导出了东亚意识。不仅仅中国的朱子学影响了东亚，整个中国儒学也在不断影响东亚社会与意识形态。儒学既是中国的又是东亚的。儒学在公元前3世纪便传播东亚和南亚的朝鲜、日本、越南等国，形成了儒家文化圈，体现出"东亚意识"。所谓东亚意识，"是中国、日本、韩国等东亚地区的，以儒学为核心的文化意识"④。这个儒学是指孔、孟、荀的元典儒学、汉唐经学儒学和宋明新儒学。就东亚言，包括朝鲜的性理学（主理派、主气派、折中派、实学派），日本的朱子学、阳明学和古学学派。儒学对东亚地区的社会结构、典章制度、伦理道德、风俗习惯、心理结构、行为模式以及价值观念都有极为重要的影响，从而形成以东亚为主的要求改变世界不均衡、不公正、不平等状况的意识。正是基于这样的思考，张先生主持国家社科基金重点项目《东亚哲学与21世纪》，主编《东亚哲学与21世纪丛书》⑤，并编纂《国际儒藏》。世界眼光、东亚意识、国际儒学，是张先生宋明理学研究的深刻性、全球性与开创性的体现。

五、方法创新为前提：中国哲学逻辑结构论的开现

研究方法的创新是哲学研究创新的先导。中国哲学研究产生于西方强势文化迅猛传入中国的特殊时代，从产生起就存在着依傍西方哲学、照着西方哲学讲的尴尬，最典型表现就是以唯心唯物来分析中国的哲学思想家。新中国成立后，我们就是以此为指导撰写中国哲学史，编写教科书。随着中国哲学学科的发展，如何从中国文化自身的立

---

① 《朱熹与退溪思想比较研究》，（台北）文津出版社1995年版。
② 《李退溪思想研究》，东方出版社1997年版。
③ 《退溪书节要》，中国人民大学出版社1989年版。
④ 张立文：《李退溪思想研究》，东方出版社1997年版，"自序"。
⑤ 《东亚哲学与21世纪丛书》，华东师范大学出版社2001年版。包括：《和合与东亚意识》（张立文著）、《东亚的转生》（陆玉林著）、《和合之境》（李振纲、方国根著）、《和魂新思》（李甦平等著）、《君子国的智慧》（姜日天、彭永捷著）。

场探寻中国哲学的发展规律,研究中国哲学的固有内容,便成为中国哲学学科发展的一大任务。对此问题的思索,张先生提出了中国哲学逻辑结构论,探寻中国哲学内在逻辑结构、发现了中国哲学固有的发展规律。

中国哲学逻辑结构论实现了中国哲学研究方法的创新。早在1964年研究谭嗣同哲学思想时,张先生便对谭嗣同哲学思想的逻辑结构进行了深入探讨,力图实现中国哲学的方法论创新。在《朱熹思想研究》一书中明确提出了这一理论:"哲学家哲学体系的各个方面及其基本范畴之间,是紧密联系的,从而构成了一个整体。'分门别类'的研究,往往于整个哲学体系内在的逻辑联系注意不够,而只有深入揭示某一哲学体系的内在逻辑或联系,才能如实地反映该哲学体系的本来面目。"①张先生专门撰写了《朱熹哲学的逻辑结构》一章,详细讲解了朱熹哲学诸范畴之间的逻辑关系。什么是中国哲学逻辑结构论? 张先生有《中国哲学逻辑结构论》②专著专门研究这一问题。从根本上讲,"所谓中国哲学逻辑结构,是指研究中国哲学范畴的逻辑发展及诸范畴间的内在联系,是中国哲学范畴在一定社会经济、政治、思维结构背景下所构筑的相对稳定的逻辑理论形态。"③这包含三层含义:一是就中国哲学的同一范畴而言,中国哲学逻辑结构论强调要厘清该范畴在不同的历史时期、不同思想体系中的具体含义和发展脉络;二是就不同的范畴而言,中国哲学逻辑结构论强调要明晰哲学体系中不同范畴之间的思想差分和内在逻辑关系;三是就中国哲学逻辑结构与社会的经济、政治、思维结构之间的关系而言,它强调中国哲学逻辑结构总是植根于一定社会的经济、政治、思维结构而构建的逻辑体系和理论形态。

以中国哲学逻辑结构研究法研究中国哲学,可从三方面入手:一是纵向的哲学范畴、逻辑结构的研究,它可以揭示整个历史长河中本质相同或不同范畴之间的继承关系及其演变发展规律;二是横向的哲学范畴、逻辑结构的研究,它可以揭示各个哲学范畴在同一个历史发展阶段中的相互关系,进而把握一个时代的哲学思潮,反映一个时代的思维水平;三是纵横结合的哲学范畴、逻辑结构的研究,它可以揭示范畴在各个历史阶段之间和各个时代哲学思潮之间的中间环节,明确它们之间相互渗透、相互过渡的关系。通过这三个方面的研究,便可以对中国哲学的总体发展历程、各个时代的哲学思潮、各个哲学流派或哲学家思想的演化路径、发展规律及其内在特点进行全面深入的多维了解。

《中国哲学逻辑结构论》创造性地建构中国哲学研究的"范畴解释学"。张先生说:"要正确把握中国哲学逻辑结构中的范畴,需要有具体、义理、真实三层次的句法、语

---

① 张立文:《朱熹思想研究》,中国社会科学出版社2001年修订版,"前言"。

② 《中国哲学逻辑结构论》,中国社会科学出版社1989年版;中国社会科学出版社2002年修订版,收入《社科学术文库》。

③ 张立文:《中国哲学逻辑结构论》,中国社会科学出版社2002年修订版,第5页。

义、网状、时代、历史、统一六层面的诠释，以揭示哲学范畴的本意、义理蕴涵和整体本质。"①所谓表层结构的具体诠释，就是客观地再现思想逻辑结构中概念、范畴的本意，是对哲学家的言论、著作的句法层面结构和语义层面结构的诠释。所谓深层结构的义理诠释，就是从整体思想的逻辑结构，即范畴之网和时代思潮之网中，再现哲学家思想逻辑结构中范畴的义理蕴涵，从宏观的整体来透视微观的局部范畴的义理。所谓整体结构的真实诠释，是指从历史的发展演变的联结中，掌握范畴演变的必然趋势，以验证概念范畴的本质义蕴。经过对中国哲学范畴的三层次的诠释，便可以多角度、多层面地把握中国哲学范畴的详细含义。

张先生将逻辑结构论的思想广泛运用于中国哲学史各领域的研究中，撰写了《中国哲学范畴发展史》（天道篇、人道篇）②，并主编了《道》、《气》、《理》、《心》、《性》、《天》、《变》等《中国哲学范畴丛书》③。经过长期教学研究的涵泳砥砺，他的中国哲学逻辑结构论的思想也日益丰富和完善，成为目前中国哲学研究的重要方法论。

六、传统学说创体系：将传统学从文化学中独立出来

中国哲学逻辑结构论研究的自然结果是传统学的创构。中国哲学逻辑结构是讲概念范畴发展的历史，研究的对象是古代的东西，是传统性的东西。20 世纪 80 年代开始的传统文化和现代化的争论，启发了张先生思考如何对待传统文化问题。在传统和现代化讨论过程中，学术界提出了很多关于把传统文化变成现代化的方法。如，张岱年先生提出"综合创新论"，林毓生提出"创造性转化"，李泽厚提出"西体中用论"，还有过去张之洞的"中体西用"，冯友兰的"抽象继承论"，等等。这些方法背后都各自受价值观的支配，存在价值选择与判断的问题。而在张先生，这个方法及其价值观就是"传统学"。1986 年，张先生在《光明日报》发表文章，首次提出"传统学"概念；④1989 年，出版《传统学引论》⑤，就作为独立学科的"传统学"的理论框架进行详细阐释。

"传统学"是张先生首创。《传统学引论》出版时，希尔斯的《论传统》一书还未在

---

① 张立文：《中国哲学逻辑结构论》，中国社会科学出版社 2002 年修订版，第 74 页。

② 《中国哲学范畴发展史（天道篇）》，中国人民大学出版社 1988 年版；（台北）五南图书出版公司 1996 年繁体字版；《中国哲学范畴发展史（人道篇）》，中国人民大学出版社 1995 年版；（台北）五南图书出版公司 1997 年繁体字版。

③ 《道》，中国人民大学出版社 1989 年版，（台北）汉兴书局有限公司 1994 年版，（汉城）东文选出版社 1995 年朝文版、越南文版；《气》（主编、合著），中国人民大学出版社 1990 年版，（台北）汉兴书局有限公司 1994 年版，（汉城）东文选出版 1993 年朝文版、越南文版；《理》（主编、合著），中国人民大学出版社 1991 年版，（台北）汉兴书局有限公司 1994 年朝文版、越南文版；《心》，中国人民大学出版社 1993 年版；《性》，中国人民大学出版社 1996 年版；《天》，（台北）七略出版社 1996 年版；《变》，（台北）七略出版社 2000 年版。

④ 张立文：《论传统和传统学》，《光明日报》1986 年 11 月 3 日（哲学专刊）。

⑤ 《传统学引论——中国传统文化的多维反思》，中国人民大学出版社 1989 年版；《传统学七讲》（修订本），长春出版社 2008 年版。

中国出版译本,直到 1991 年 3 月才由上海人民出版社出版。在国内学术界,张先生是第一位从哲学视角研究"传统"的学者;在国际学术界,将"传统"上升为"传统学",并将"传统学"从文化学中独立出来且进行系统阐释的,张先生是第一人。尽管希尔斯研究"传统"的时间比较早,始于 1956 年在芝加哥大学研究班课程的主题研究,但他撰著《论传统》的宗旨是"探讨传统的共同基础和共同要素,分析传统在人类生活中所造成的差异"。① 此外,希尔斯不仅没有将传统从文化中独立出来,而且根本没有提出"传统学"理念,更不要说架构"传统学"体系了。而张先生撰著《传统学引论》是"为了文化探索的扩展和深入,为了中国早日步入世界现代化国家的行列","今天的中国是传统的中国的延续,现代的中国人是传统的中国人的沿传。我们评判传统中国的丑陋,是为了建立一个富强、文明、友爱的现代化中国"。为此,张先生把"传统学从文化学中分离出来,把传统作为一门独立的学科来建构"。② 修订版自序则明确指出:"传统学的宗旨是体认传统,继承传统,度越传统,创造传统。使传统重新焕发生命智慧,以适应现代化的合理性需要,化解传统与现代的冲突。"③

张先生将传统学从文化学中独立出来。张先生所建构的"传统学"是关于研究传统发生、成长、发展的规则、原理与其要素之间相互关系的学问,是传统的变异性与稳定性、内在性与外在性、殊相性与共相性的融突和合的学说。④ 与文化学相比较,"传统学"有三方面特征:一,传统学是研究客体化的对象物是如何及怎样体现主体精神、风格、神韵、意境和心理机构的,而文化学是研究主体人如何及怎样外化或对象化、主体与客体的关系;二,传统学是研究各种文化现象如何凝聚、固化成传统,文化学研究各种文化现象之间的冲突与融合及由此而和合成文化有机整体系统;三,传统学研究传统在各个历史时期的变异和契合及如何重新筛选、凝聚、固化、延续等,文化学研究各个历史时期文化现象的发生、发展和瓦解、衰微的过程及规则。总之,传统学是关于传统主体——人的需要、欲望、追求被转换固化为实存的研究;文化学是关于文化主体——人的需要、欲望、追求等主观性的综合研究。

"传统学"作为独立学科系统,包括横式结构和纵式结构。横式结构包含传统的价值系统、心气系统、知识系统和语言符号系统;纵式结构是指传统无意识。⑤ 传统的价值观念系统是由和合生存世界的物的价值和社会价值、和合意义世界的人的价值、和合可能世界的艺术理想价值等构成的多层次复杂结构:传统的物的价值是指物以及物和物的关系所能满足人的需要而体现的价值;传统的社会价值是就人与社会之关系而言的,中国的传统是重群体价值,轻个人价值,整体利益重于个体利益;传统的人的价值是

① [美]希尔斯:《论传统》,傅铿、吕乐译,上海人民出版社 1991 年版,第 1 页。
② 张立文:《传统学引论——中国传统文化的多维反思》,中国人民大学出版社 1989 年版,第 2 页。
③ 张立文:《传统学七讲》(修订本),长春出版社 2008 年版,"自序"。
④ 参见张立文:《传统学七讲》(修订本),长春出版社 2008 年版,第 10 页。
⑤ 详细分疏,可参考张瑞涛:《张立文先生与"传统学"创构》,《邯郸学院学报》2009 年第 2 期。

指人的生命智慧在实践交往活动中对自身需求的体现，表现为人的自我价值和社会价值。传统的心气是指主体所具有的传统的情感、心理、性格以及心理活动的稳定性、灵活性、指向性，是传统的内在活力体现，具有生生不息之功能。参与传统活动的精神要素、思维模式以及再造传统的工具系统构成传统的知识系统。它既是传统再造的手段，又是传统活动的积累结果。传统的语言符号系统是传统的价值系统和心气系统的外部表现，是传统得以传播、交流、延续的中介。

张先生还提出了传统学的研究方法，既纵横互补律、整体贯通律和混沌对应律。纵横互补律是指在全时空境域里把握传统诸要素、因子间的纵向联系、横向联系、斜向联系以及纵、横、斜交织互补梳理出传统"古今"运动的接合点和突变点，寻找文化"中外"交流的和谐处与交融处，将民族文化视为血气氤氲、脉络清晰和生意盎然的有机整体。整体贯通律是指在民族文化传统有机体内，透视同质要素、因子、异质要素、因子及同异交质要素、因子之间相互胶黏、贯洽，由相互渗透而发展到极点并引起相互转化的过程。传统文化精神体系属于形而上学范畴，具有本质上的混沌性和模糊性，应通由系统化与非系统化、整体化与非整体化、逻辑化与非逻辑化、有序化与非有序化等无穷度越的对应方法来去蔽和疏明，故称之为混沌对应律。透过传统学研究的三理论思维和三分法定律，可以从传统文化中发掘民族精神的真正脉络，可以探讨华夏文明的和合精神意蕴。

七、人学新论新规定：人是能够自我创造的和合存在

传统学的发展结果是新人学。传统学根本上是"人"的问题，因为传统是人创造的。传统亦是通过人的智慧，赋予一种文本，或赋予一种实物以"传统"这种精神。传统文化实际上是人化。人是传统的前提和基础，又是哲学的前提和基础。所以，"传统学"归根到底是人学。张先生曾指出："世界上只有一个最大的字，这就是'人'字。……人是一个谜，过去是个谜，现在是个谜，未来还是个谜。"[1]对人的探讨，是哲学永恒的主题。故而，"不把人搞清楚，那么其他就都是空的，你建构一个学术，就等于是建在了一个空中楼阁上了，你的基础就不扎实了，所以我必须对人有一个重新的思考。"[2]当张先生完成传统学研究之后，便自然进入了"人"的研究。

张先生从"人"的两次自我发现出发，论证了"人的第三次发现"。前两次人的自我发现，第一次是从自然中发现了人，把人从自然的奴役下解放出来；第二次是从宗教神学中发现了人，把人从宗教神学的奴役下解放出来。但是，人类科学技术的发展扩展和膨胀了人与自然、社会的关系，人的个体自由与技术进步处在"二律背反"之中，人在创

---

① 张立文：《新人学导论——中国传统人学的省察》，职工教育出版社1989年版，"引论"。
② 康香阁：《著名哲学家张立文先生访谈录》，《邯郸学院学报》2009年第2期。

造丰硕的文明成果的同时亦造就了自身的灾难。为此,张先生提出人类目前面临着"第三次发现或第三次解放,这就是从大工业工具系统和现代科学技术中发现人,把人从现代机器的控制下和生态危机的灾难中解放出来"①。而这次发现,根本上依据人类的自我创造而使人得以"解放"。1984年,张先生在德国哥廷根大学曾与德国卡西尔协会的一个会员讨论卡西尔提出的"人是符号的动物"问题。在张先生看来,如果说人是符号的动物的话,那么,阿猫阿狗也是一个符号。狗有各种各样的狗,马也有各种各样的马,但是它没有人性,没有创造性,没有主观能动性。如果说人是一个符号的话,那同其他东西没有区别,是把人退化到一般事物的层次。卡西尔的论断消解了人所特有的智慧与创造性。当时,张先生就给人作了这样一个新规定:"人是会自我创造的动物。"人只有自我创造,才能够创造世界,才能够改造世界,才能够设计自己的未来,也才能够掌握自己的未来。在1989年出版的《新人学导论》中,张先生明确地将"人"规定为"会自我创造的动物"②。但是,以动物来规定人,同过去讲动物的话没多大区别,尽管这个规定从根本上否定了卡西尔"人是符合的动物"一说。因为人有两重性,自然性(动物性)和社会性(道德性),若人的动物性得以张扬,那么,人比动物还可怕。希特勒屠杀600万犹太人,日本人发动南京大屠杀,根本就是动物性的张扬。故而,张先生在反复思考之后,将"人"的规定改成"人是会自我创造的和合存在"③,以与和合学相契合。这样的人,是会调节人与社会、人与人、人与自然、人的心灵中的冲突,是真正走进和合之境的人。

张先生的"人学"构筑了人之"自我和合"的价值目标。这个自我和合是"和合型"的人与"优美型"的人的统一。"和合型"的人内涵了和合型人格与和合型人际关系。和合型人格是指各层次、各类型人格的冲突融合而和合并存;和合型人际关系是指在某一国家、社会、群体、集团内,把每个各具特质的人的相互冲突、融合的交往关系,通过反复冲突、融合而取得一定程度、水平上的共识,达成和合,呈现稳定的有序的状态。"优美型"的人内涵了人与自然和谐关系的"天人合一"之真、道德知识和道德实践融合的"知行合一"之善以及作为情感再现天地造化之工的"情景合一"之美。"和合型"的人能够依据各具特质的人格和社会关系来处理好人际关系的冲突与融合,"优美型"的人可以通过社会实践活动,提高人的思想文化素质、科学文化素质、礼仪道德素质和艺术文化素质,使人进入高素质的精神境界,实现真、善、美的合一,以此弥补人格的种种分裂,达到人格和合的优美境界。自我和合的完成,真善美融合的和合优美境界,便是人生"自由境界"。张先生通过对冯友兰的四大境界说、唐君毅的九境界说及傅伟勋的十层面说的评论,而以自由为基础和出发点,依据现代社会状况和需要提出人生五大境界

① 张立文:《新人学导论——中国传统人学的省察》,职工教育出版社1989年版,第23页。
② 张立文:《新人学导论——中国传统人学的省察》,职工教育出版社1989年版,第18页。
③ 张立文:《和合历史哲学论》,《首都师范大学学报》(社科版)2003年第1期。

说，即生命超越境、知行合一境、情景互渗境、圣王一体境、道体自由境，以此作为现代化新人的价值导向。

哲学的本质就是人学，就是对社会人生的探讨。新人学的创构体现了张先生哲学的人本情怀。

八、哲学创新新标志：发现了中国哲学理论
思维形态创新的游戏规则

哲学是时代精神的精华，是民族精神及其生命智慧的结晶和凝聚，是思想家主体精神的超越和流行。每一次哲学创新，都是哲学家针对特定的社会问题，依据特定的文献资料而创新出新的问题解决之道。张先生在几十年的中国哲学史研究中，发现了这些游戏规则，即核心话题的转向、人文语境的转移和诠释文本的转换。

张先生最早以"周期性"来说明中国哲学创新的规律性。张先生指出，"中国文化思想的发展，凡每一次具有开创性、重大性的传统结构的爆炸和传统机制的转换，到形而上学体系和价值理想的重构，若从孔子算起，大体上是 300 年到 500 年之间，这是一个带有规律性现象。"①譬如从孔子创建儒家学说及百家争鸣，到汉武帝、董仲舒建构天人感应新儒学及两汉经学，约经 400 来年；从董仲舒到魏晋玄学的建构，约经 300 多年；从魏晋玄学到唐代儒、释、道三家之学，约近 400 年；从贞观年间的玄奘、窥基、法藏、慧能等到宋明理学莫基的北宋周敦颐、张载、程颢、程颐，亦近 400 来年。当然，从宋明理学周、张、程直到现在将近千年，中国文化受元代、清代思想的禁锢和近代西学的严重影响，中国文化和哲学的创新几乎停滞。张先生亦在《和合学概论》中讲到了这个"中国文化人文精神转生的阶段性和周期性"②。

中国文化的"周期性"表明中国文化"转生"③的过程性。"转生"总会体现出特征。张先生对"转生"特征的把握经历了从"两个标志"说到"三个标志"说的转变。1996年，张先生在文章中指出："大凡每一新时期新理论形态出现之前，都进行了两方面的努力"，一是对先在理论形态进行批判，二是建构新理论形态所依据的经典文本的重新

---

① 张立文：《新形上学体系和价值理想的重建》，《中华文化论坛》1994 年第 3 期。

② 张立文：《和合学概论——21 世纪文化战略的构想》，首都师范大学出版社 1996 年版，第 56—62页。

③ 张先生所说的中国理论思维形态的阶段性和周期性，意蕴着文化的死与生。死亡与转生是相续相继的，而不是绝然割断、非此即彼的。张先生曾给"转生"作注："轮回转生本是古印度婆罗门教的主要教义之一，佛教沿袭并加以发展。婆罗门教认为四大种姓以及贱民在轮回中永世不变，佛教主张在业报面前四姓众生平等。下等种姓今生积善德，下世生为上等种姓，甚至到天界；上等种姓今生有恶行，下世亦可生为下等种姓，以至下地狱。藏传佛教寺院为解决其首领的继承问题而有转世之说，其义与转生相近。"（张立文：《和合是中国人文精神的精髓》，载香港浸会大学《人文中国》创刊号 1995 年 4 月。）"转生"说明了中国文化和中国理论思维形态演变发展的相对相关、相分相继的过程。

选择和解释。① 2000 年,张先生在文章中指出:"中国新的哲学理论思维形态的化生,需要把握两个尺度,换言之,新之所以为新有两个标志",一是其建构哲学理论思维形态的核心范畴与以往哲学理论体系的核心范畴异,以及由此核心范畴而展开的逻辑结构异趣;二是作为各个时代精神的精华所体现的新的哲学理论思维形态,其所依傍的经典文本的选择异。② "两个标志"说注意到哲学创新的"内因","外缘"因素并未被纳入其中。到 2003 年,张先生在论文中明确提出中国哲学不断创新的"三个分析维度",即核心话题的转向、人文语境的转移和诠释文本的转换。③ 文化"转生"是内外因素和合构成。

核心话题体现特定时代的意义追寻和价值创造。核心话题的转向是中国哲学创新的话语标志。从先秦到近代,核心话题经历了五次大的转向,哲学理论实现了五次创新。先秦是中国哲学的原创期,其核心话题是"道德之意";两汉是中国哲学的感通期,学术探究的核心话题是"天人相应";魏晋是中国哲学的玄冥期,核心话题是"有无之辨";隋唐是中国哲学的融摄期,"性情之原"是其核心话题;宋明是中国哲学的造极期,理学的核心话题是"理气性心"。

人文语境是中华民族精神及其生命智慧历史变迁的集中体现。先秦诸子百家都是从"学在官府"的西周礼乐文化中衍生出来的,是对"古之道术"的创新与发明,中国哲学生命智慧的觉解,通过散文来叙述;两汉哲学中,文人学者以堆砌辞藻、繁衍象数的辞赋渲染"天人相应",民族精神与哲学智慧显露出繁杂和神秘的感应气象;魏晋"有无之辨"解脱了名教束缚,文学创作与哲理运思的巧妙结合,构成魏晋人文语境中最引人注目的地方;隋唐佛学高涨,在三教融摄中穷究推本"性情之原",以诗意韵律为语境,智慧觉解出隋唐哲学包容大度、冲和气象的主题特征;两宋"以文德致治",民族精神及其生命智慧在既豪放又婉约的人文语境中,结出堪与唐诗媲美的宋词,激发出"为天地立心,为生民立命,为往圣继绝学,为万世开太平"的豪迈气概,引诱出抑制个性、熄灭情欲、攻击异端的内敛心术;明清之际,人文语境进一步内向收敛,专心训诂考据的"汉学"取代了讲究性命义理的"宋学",《四书大全》和《性理大全》的话语专制和文字监禁宣告了善思传统的中断和创新精神的枯萎。

诠释文本是学术思想的符号踪迹,是智慧觉解的文字报告。诠释文本的转换,是中国哲学创新的承继特征。先秦是元典文本的书写与集结过程,总体上以《五经》为诠释文本,两汉哲学则以《公羊春秋》为诠释文本,《庄子》、《老子》和《周易》之"三玄"则成为魏晋玄学的诠释文本。佛教东传,中国化宗教创生,天台宗以《妙法莲华经》为诠释文本,华严宗以《大方广佛华严经》为立论依据,禅宗先以《楞伽阿跋多罗宝经》印心,后

① 参见张立文:《中国文化的精髓——和合学源流的考察》,《中国哲学史》1996 年第 1—2 期。

② 参见张立文:《中国哲学:从"照着讲"、"接着讲"到"自己讲"》,《中国人民大学学报》2000 年第 2 期。

③ 参见张立文:《中国哲学的创新与和合学的使命》,《中国人民大学学报》2003 年第 1 期。

以《金刚般若波罗蜜经》传法，惠能南宗独创《坛经》明心见性。宋明理学是儒释道三教思想长期融突的智慧结晶，以《四书》为诠释文本。

明晰中国哲学理论思维创新的标志，可为哲学体系创新提供具体操作依据。张先生和合哲学的创构正是对此三方面的把握和应用。

九、和合哲学终究大：建构当代中国哲学的创新体系

张先生出"史"入"论"，基于中国哲学逻辑结构论、传统学引论和新人学导论，又建构了当代中国哲学的创新体系——"和合学"。和合学的核心范畴是和合，而与先秦的"道德之意"，两汉的"天人相应"、魏晋的"有无之辨"、隋唐"性情之源"、宋明"理气心性"等核心范畴异；"和合"语出《国语》，其依傍的解释文本亦与先前之学有异；和合学是对于人类所共同面临的五大冲突和五大危机，以及中西文化冲突和中国现代化遭遇的挑战的回应和化解之道，是适应世界格局由斗争主题向和平、发展、合作主题转变的新思维、新理论体系。这个新思维体系与先秦百家之学、秦汉天人之学、魏晋玄学、隋唐佛学、宋明理学以及现代新儒学所面临的挑战有别，因此其回应化解之道亦异。和合学的提出，在究竟的意义上标志着中西体用、古今因革、义利理欲等思辨的逻辑终结，标志着哲学理论思维已经完成了从迷途忘返的支离化疏远、你死我活的变异化对抗，到健顺和乐的融突化创造的历史性转换。①

在和合学体系中，"和"是指和谐、和平、和睦、和乐、祥和；"合"是结合、联合、融合、合作。和合是指自然、社会、人际、心灵、文明中诸多形相和无形相相互冲突、融合，与在冲突、融合的动态过程中各形相和无形相和合为新结构方式、新事物、新生命的总和。和合不是自然法则，也不是客观规律，而是人文精神，是哲学智慧，是人世间的普遍现象。建立在和合文化基础上的和合学，指研究在自然、社会、人际、人自身心灵及不同文明中存在的和合现象，并以和合的义理为依归，是既涵摄又超越冲突、融合的学问。②"和合学"既是民族精神生命智慧转生的转生者，又是中国文化整体性、结构性、有机性转生的载体。这正是"和合学"的本质所在。

"和合学"承接"新人学"之"人是会自我创造的和合存在"而建构了和合三界，即生存世界、意义世界、可能世界，对此三界的研究构成了生存和合学、意义和合学、可能和合学。生存和合学的理论模型为宇宙模型，即人与自然的和合性问题，包括认知关系和践行关系，知行和合转换境与理，为生存和合学的真实性原理；意义和合学的社会模型即人与社会和合性问题，包括修治关系和涵养关系，修养和合转换性与命，为意义和

---

① 参见张立文:《东亚意识与和合精神》，《学术月刊》1998 年第 1 期。
② 参见张立文:《和合学——21 世纪文化战略的构想》（修订版）上，中国人民大学出版社 2006 年版，第 71 页。

合学的完善性原理;可能和合学的思维模型即人与思维的和合性问题,包括刚健关系和柔顺关系,健顺和合转换道与和,为可能和合学的优美性原理。和合学"三界"分层展开为:和合生存世界的"境"(生存活动环境)与"理"(生存行为原理);和合意义世界的"性"(价值活动本性)与"命"(价值行为命运);和合可能世界的"道"(逻辑活动的思维道理)与"和"(逻辑活动的义理和谐)。人为了改变自然形态创造人化自然;必须对所要改变的对象(境)的特性、本质(理)有所认知和把握,这便是"知理明境","境"明反过来可促进知"理"。"知理明境"是为了"行理易境","知理"为了"行理","明境"为了"易境"。人为了实现自我人生的意义,必须对所要改变、涵泳的主体人的人生必然命运有所体认和修治,对于人自身的属性、本质也要涵养,以培养道德情操,这便是"养性明命","命"明可促进"养性"。"养性明命"是为了"修命易性",以塑造新人。人类思维建构价值理想的未来模型,这本身就是创造性生命活动的体现,这便是"顺道求和",即求"和"的可能世界,促使"顺道"。"顺道求和"是为了"健道达和",以达天人和乐的可能世界。①

　　"和合学"为中国文化发展路径的具体落实提供理论支持和方法资源。② 首先,"和合学"认为和合是实现文化发展的途径:第一,和合是诸多异质因素、要素的对待统一;第二,和合是诸多形象和无形象因素、要素的融合;第三,和合是有机的、有序的;第四,和合是动态分析的理论结构。这就意味着中国未来文化发展必然是多元文化体系既交流又碰撞、既有引进又有输出,终究是要构建基于中国自身民族文化的多文化要素融贯和合体。其次,"和合学"在对中西思维方法的比较和分析中创造性的提出"和合方法论"作为实现文化发展的基本方法:第一,"和合生生法",即新生命、新事物不断化生;其二,"和合创新法",和合不是一方消灭一方、一方打倒一方的单一法、唯一法,而是《中庸》所讲"万物并育而不相害,道并行而不相悖"的互补法、双赢法;其三,"和合意境法",和合是人文观念创造之物,而非自然实在之物。再次,"和合学"构想了中国文化和合载体的内容。《和合学概论》③从文化战略层面创造性的提出了化解人类当代冲突和危机的五大原理,即和生、和处、和立、和达、和爱,并构想了中国文化和合载体的八个方面,即形上和合与和合自然哲学、道德和合与和合伦理学、人文和合与和合人类学、工具和合与和合技术科学、形下和合与和合经济学、艺术和合与和合美学、社会和合与和合管理学、目标和合与和合决策学。《和合哲学论》④则从哲学理论思维道体维度诠释构成和合精神家园的和合生存世界、和合意义世界和和合可能世界以及和合历史哲

　　① 参见张立文:《中国的改革开放与哲学创新》,《学术月刊》2003 年第 3 期。
　　② 参见张瑞涛:《和合学与哲学创新——回应杜运辉和陆信礼对张立文先生"和合学"的质疑与批评》,《探索与争鸣》2009 年第 3 期。
　　③ 张立文:《和合学概论——21 世纪文化战略的构想》上、下卷,首都师范大学出版社 1996 年版;《和合学——21 世纪文化战略的构想》(修订本),中国人民大学出版社 2006 年版。
　　④ 张立文:《和合哲学论》,人民出版社 2004 年版。

学、和合语言哲学、和合价值哲学和和合艺术哲学。"和合学"八维四偶生生原理和三界六层立体结构是我们文化建设的目标模式。

从和合思想的最早提出①，到"和合学"哲学体系的创构②，和合学产生了重要影响，引起国内外学术界、哲学界、政界的广泛关注。张先生1991年在日本京都大学、东京大学、新加坡国立大学，1994年在日本九州大学、东京大学、韩国高丽大学，1995年在美国波士顿大学讲授"和合学"，2002年在日本新泻大学开课讲授"和合学"。李铁映、钱其琛、李瑞环等政界领袖亦都发表了肯定"和合学"的谈话。如李瑞环2000年会见香港各界知名人士时特别指出："当今中国要发展、要振兴，必须继续弘扬中华民族的优良传统，特别要提倡和合，强调团结"；2005年12月，张先生随政府代表团访问葡萄牙，参加"中葡文化交流活动"，并发表"和合学"的主题演讲，引起西方学者和政界领袖的极大兴趣。

十、自己讲要讲自己：创新中国哲学研究范式

和合哲学既是张先生对中国哲学发展历程的深刻把握和细心回应，又是中国哲学研究范式③创新的思想结晶。

关于中国哲学研究范式，前有"学着讲"、"照着讲"，后有"接着讲"，近有"自己讲"、"讲自己"。④ "自己讲"、"讲自己"是张先生于2000年明确提出："中国哲学的未来走向必须像王阳明那样'自己讲'。这虽然很难，要从'百死千难'的体悟中得来，但百年中国哲学经炼狱般的煎熬和中国学人深受其难的体悟，具备了'自己讲'的内外因缘。自己讲自己的哲学，走自己的中国哲学之路，建构中国自己的哲学理论体系，才能在世界多元哲学中有自己的价值和地位，照搬照抄西方哲学只能是西方哲学的附庸或'小伙计'。"⑤于此，张先生明确表达了融突而和合的"中国哲学研究范式"的宗旨："自己讲自己的哲学，走自己的中国哲学之路，建构中国自己的哲学理论体系。"即，中国哲学研究"从中国哲学之是不是、有没有中超越出来，从全球哲学（世界哲学）与民族哲学

---

① 张先生在《新人学导论》第五章第二节《和合型与完美型——合一的氛围》中对"和合"作了论述。参见张立文：《新人学导论——中国传统人学的省察》，职工教育出版社1989年版，第211—219页。

② 为构建和合哲学体系，张先生前后发表20多篇论文，出版《和合学概论》、《和合与东亚意识》、《和合哲学论》和《中国和合文化导论》，既梳理了中国和合思想发展史，又架构哲学体系。

③ "范式"是库恩所提出的，"一方面，它代表着一个特定共同体的成员所共有的信念、价值、技术等构成的整体。另一方面，它指谓着那个整体的一种元素，即具体的谜题解答；把它们当做模型和范例，可以取代明确的规则作为常规科学中其他谜题解答的基础。"（[美]托马斯·库恩：《科学革命的结构》，金吾伦、胡新和译，北京大学出版社2003年版，第157页）范式尽管是分界科学与非科学的标准，但把它放在中国哲学研究上，即"中国哲学研究范式"是指，中国哲学研究者在一定的时代背景、学术氛围中所建立的符合中国哲学实际和特征的共同遵循的研究方法。

④ 郭庆堂：《20世纪中国哲学的历史分期：学着讲、照着讲、接着讲》，《哲学动态》2001年第8期。

⑤ 张立文：《中国哲学：从"照着讲"、"接着讲"到"自己讲"》，《中国人民大学学报》2000年第2期。

的冲突、融合而和合的视阈来观照中国哲学,不管他人说三道四,'自作主宰',自己走自己的路"。① "自己讲"、"讲自己"正是沿着这样的道路前进的。

所谓"讲自己",就是通过中国哲学自身的发展逻辑来讲述中国哲学的"话题本身"。中国哲学"讲自己"并不是"闭关自守",而是在中西哲学比较中,在知己知彼的互动中讲述中国哲学"话题本身"。当然,讲中国哲学"自己"而了解、研究西方的哲学,必须改变过去"我注六经"的方式,确立"六经注我"的方式②,即以西方哲学注中国哲学,发展中国哲学。中国哲学"讲自己"要实现"自我定义"、"自立标准"。③ 张先生从中西"哲学"的特征出发,给出的中国哲学定义是:"哲学是指人对宇宙、社会、人生之道的道的体贴和名字体系。"所谓"道的道",它包括:一、人对宇宙、社会、人生的体贴、体认导向某一方向的道路;二、宇宙、社会、人生的根本道理;三、不可言说的、无名无为的、万物之奥的形而上之道,即万物的根据;四、宇宙、社会、人生的必然性和趋势;五、大化流行、唯变所适的过程;六、知与行及其关系的方法;七、格致诚正修齐治平的道理、规范及价值理想。简言之,道的道是指一种道理、原理的所当然的所以然之故。④ 从张先生的哲学定义可以看出,中国哲学既重社会、人生之道的道的探索,又重宇宙之道的道的探索。这一定义既有对哲学研究问题普遍性的把握,又体现中国哲学的主体意识。

"讲自己"是讲中国哲学的"话题本身",那么,"自己讲"则是实现"讲自己"的方法。要实现"自己讲",归根到底应坚持"六经注我"、"以中解中"的方法。所谓"以中解中"就是"以中国哲学的核心灵魂解释中国哲学。只有这样的解释,中国哲学才不会走样,才能真正讲述中国哲学'话题本身'。"⑤中国哲学的核心灵魂是指中国哲学逻辑结构,即从整体上分析、确定中国哲学诸概念、范畴在一个时代思想或某哲学家哲学体系中的地位、功能、性质与作用。

归根结底,中国哲学"自己讲"就是以中国哲学的核心灵魂——中国哲学概念、范畴间的"哲学逻辑结构"——分析、梳理、诠释中国哲学,实现了当下"中国哲学研究范式"的创新。其一,"自己讲"、"讲自己"超越了中国哲学"照着讲"和"接着讲"范式。"自己讲"、"讲自己"不再是"照着"和"接着"西方哲学讲中国哲学,不再是围绕西方文明中心论(包括西方哲学中心论)的指挥棒转,而是在突出中国哲学研究的主体性和自

---

① 张立文:《"自己讲"、"讲自己"——中国哲学的重建与传统现代的度越》,北京师范大学出版社 2007 年版,第 8 页。

② 参见张立文:《"自己讲"、"讲自己"——中国哲学的重建与传统现代的度越》,北京师范大学出版社 2007 年版,第 9 页。

③ 张立文:《中国哲学的"自己讲"、"讲自己"——论走出中国哲学的危机和超越合法性问题》,《中国人民大学学报》2003 年第 2 期

④ 参见张立文:《"自己讲"、"讲自己"——中国哲学的重建与传统现代的度越》,北京师范大学出版社 2007 年版,第 36 页。

⑤ 张立文:《"自己讲"、"讲自己"——中国哲学的重建与传统现代的度越》,北京师范大学出版社 2007 年版,第 12 页。

觉性基础上讲述中国哲学自己对"话题本身"的重新发现，讲述中国哲学自己对时代冲突的艺术化解，讲述中国哲学自己对时代危机的义理解决，讲述中国哲学自己对形而上者之谓道的赤诚追求，等等。它既坚持了中国哲学的主体性，又尊重中国哲学对哲学普遍问题的关注和分析；既坚持中国哲学固有的哲学逻辑，又阐释了中国哲学核心话题、诠释文本和人文语境的转向、转换和转移的必然性、必要性。其二，"自己讲"、"讲自己"从根本上遵循了哲学史上的"问题"与"个性"相统一的原则。哲学发展史是对哲学史上各种"问题"、"话题"反思和化解的历史。在哲学发展史上，每一时代、每一民族、每一哲学家都会在自己对社会、人生、宇宙的思考中去发现"问题"、解决"问题"，结果却是"问题"越来越多，而想去解决"问题"的哲学家也越来越多。"问题"、"话题"是哲学发展的动力，是哲学创新的助推剂。研究中国哲学，实际上是研究中国哲学发展史上的"问题"和"话题"，并且借鉴古人对"问题"和"话题"的思维方法来解决当下的"问题"和"话题"。只是，对"问题"和"话题"的体认与分析，不同的哲学系统、不同的哲学家又体现出差异性，即提出者、研究者间的"个性"差别。"自己讲"、"讲自己"的哲学研究方法正是对这一问题的深化，"和合学"的创构体现了张先生的"个性"哲学精神。"自己讲"、"讲自己"在以自己本有之"哲学逻辑结构"讲述中国哲学"话题"的过程中，在坚持中国哲学主体性的前提下，主张中西马间的交流、互动、融通，既坚持世界哲学、哲学系统的"问题"和"话题"普遍性，又兼顾民族哲学、哲学体系的"问题"意识和"话题"诠释的"个性"，创新中国哲学体系。

张先生"自己讲"、"讲自己"哲学范式的理论效果正是"和合学"。"和合学"本身是对中国传统哲学中的"和合"思想的继承与发展，是面对新的"人文语境"（和平与发展），在古已有之的"诠释文本"（《国语》）之上以"和合"作为"核心话题"而展开的哲学创新。可能有学者会问，张先生是先明确的提出"和合学"，之后才有"自己讲"、"讲自己"的哲学研究法的系统阐释。方法是为哲学体系的创构服务的，张先生的哲学理论体系在前，哲学研究方法在后，如何解释？实际上，"和合学"正是在遵守"自己讲"、"讲自己"哲学研究法的基础上确立起来的。张先生说："《和合学概论》是1995年完成的，写完这本书我是六十岁，正好是一个甲子轮回，当时我在下卷后记中写到，到了六十岁，这个时候就是应该写自己的东西了。这就是我说的'自己讲'。"[1]《和合学概论》后记这样讲："你看那婴儿，哭就哭，叫就叫，笑就笑，不是做给人看，也不是为讨好别人，却有了一份淳朴和天真。这淳朴和天真，就是做自己想做的，做自己喜欢做的，写自己冀望写的。既不是为讨人喜欢，又不是为应世媚俗。"[2]和合学是张先生以其生命体悟和哲学智慧而创生的哲学新体系、新思维，是中国哲学"自己讲"、"讲自己"的具体

① 刘景钊、韩进军：《和合之路：中国哲学"自己讲"的努力与贡献》，《晋阳学刊》2006年第3期。
② 张立文：《和合学概论——21世纪文化战略的构想》（下），北京：首都师范大学出版社1996年版，第1162页。

实践。

　　总之,张先生学术创新的十个方面整体贯通、相互联系,是个系统的逻辑结构体系(图示如下)。张先生为研究宋明理学,选择从《周易》研究入手,奠定了学术创新的基础。一通百通,《周易》通则宋明理学诸家、诸派思想皆通。从文本上讲,《周易》是宋明理学基础;从人物上讲,朱熹是宋明理学最重要代表。朱熹既是宋代理学的集大成者,又是宋代以后理学创新的起点,是宋明理学研究的重心和中心。故而,不懂朱熹,前不能评论周、程、张,后不能论说陆、王、刘。《周易》研究和朱熹研究是张先生哲学史研究的奠基之作,亦是发现问题和解决问题的出发点。正因为朱熹研究的卓越贡献和开创意义,张先生在偶然之中走进朝鲜李退溪研究,成为宋明理学研究的必然步骤。亦是因为朱熹研究,张先生的宋明理学诸家、诸派思想研究和宋明理学发展史的研究占据学术界"领军"的地位。更由于朱熹研究,张先生构设了中国哲学研究的基本方法——中国哲学逻辑结构论,从此而展开传统学研究和新人学研究。中国哲学逻辑结构论守住了中国哲学的合法性,传统学研究捍卫了中国文化的可欲性,新人学研究坚持了哲学文化的人本性。张先生入手哲学史研究,钩玄提要,沉思体悟,发现了中国哲学创新的标志,加之前三论的铺垫,独具匠心,创造了当代中国哲学的创新体系——和合哲学。和合学既是对纵向的中国哲学发展历程的回应,又是横向的"自己讲"、"讲自己"哲学研究范式的真切把握。

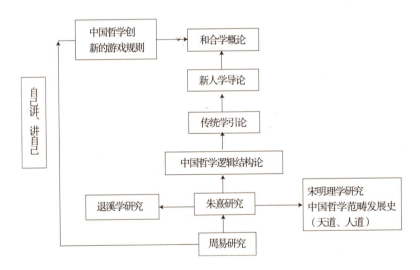

问题流变中的创新

——刘大椿教授与科学技术哲学研究

刘永谋

（中国人民大学哲学院）

刘大椿（1944—　），江西于都人，出生于贵州安顺，是中国当代科学技术哲学的领军性人物。他1961年考入江西师范学院，本科学的是数学专业。"文化大革命"期间，在南昌五中、九江师专等校任数学教师。1978年，考入中国人民大学哲学系，学习自然辩证法专业，1981年获哲学硕士学位。之后，他留校任教至今，1990年晋升教授，1993年被聘为博导。曾任哲学系副主任、主任，研究生院常务副院长、校长助理，国务院哲学学科评议组成员、教育部哲学教学指导委员会副主任委员。现任中国人民大学哲学院一级教授，科学技术哲学专业博士生导师，中国人民大学校务委员会副主任，学位评定委员会副主任，学术委员会副主任，马克思主义研究院副院长、首席专家，人文社会科学发展研究中心主任。兼任中国自然辩证法研究会名义副理事长，自然辩证法史专业委员会主任委员，并为十数所大学聘作兼职教授。

大椿教授的主要著作有《科学活动论》、《科学的哲学反思》、《互补方法论》、《走向自为：社会科学的活动与方法》、《环境问题：从中日友好与合作的观点看》、《环境思想研究：基于中日传统与现实的回应》、《科技生产力：理论和运作》、《新学苦旅：中国科学文化兴起的历程》、《中国科技体制的转型之路》、《科学哲学》、《转型驱动力：现代科技革命与社会变革》、《在真与善之间：科技时代的伦理问题与道德抉择》、《科学技术哲学导论》、《现代科技导论》、《自然辩证法概论》、《"自然辩证法"研究述评》、《"自然辩证法"疑难解析》、《百年学术精品提要（文史与哲学卷）》、《百年学术精品提要（政治学与法学卷）》、《百年学术精品提要（经济学管理学与社会学卷）》、《从中心到边缘：科学、哲学、人文之反思》、《中国高校哲学社会科学发展报告1978—2008，交叉学科卷》、《从辩护到审度——马克思主义科技观与当代科学论》、《人文社会科学研究成果评价体系研究》等，并从2002年起主编中国人民大学《中国人文社会科学发展研究报告（年度）》（已出版6卷）。同时在国内外学术刊物和重要国际会议发表论文一百五十余篇。著作曾多次获国家图书奖以及教育部、北京市人文社会科学优秀成果奖。

大椿教授在科技哲学领域耕耘三十余载，著作等身。其中，最受推崇的要数《科学活动论》、《互补方法论》、《科学哲学》和《科学技术哲学导论》，尤以《科学哲学》为经典,几乎成为中国科技哲学从业人员的必读书目。难能可贵的,他迄今仍思维活跃,笔耕不辍,不断有重要作品问世,正应了黑格尔那句"密涅瓦的猫头鹰只有在黄昏才起飞"的名言,是名副其实的"学界常青树"。

大椿教授主张"做人要守规矩,为文要有新意",其作品文风清新,又不失文采,长于将复杂哲理表述得非常清晰,深邃而不晦涩,平缓又不失激情。细细品味,在他著述的字里行间饱含着深切的人文情怀和关照现实的勇气,以及一颗祈望国家富强、民族兴盛的赤子之心。从论题看,他涉猎广泛,主题多元,几乎涉及了当代中国囊括在"自然辩证法"大口袋之下的所有领域,举凡科学哲学、STS(科学、技术与社会)、科技公共政策、技术哲学、自然哲学、科技思想史、科技伦理学,等等,无一不造诣颇深。并且,他的视角早已越出科技哲学,转向更一般的哲学问题,乃至人文社会科学的基本问题。但是,在研究问题域的不断流变中,他的思考主线始终没有偏离科技问题。从科技出发的哲学审思是他思想的基本点,在学术与现实的两极张力中不断变换视角以求得持续的哲学创新是他的学术品格。从改革开放30年来中国科技哲学的发展来看,大椿教授历次问题域的转变都与整个学科主攻方向的转换相一致,并且在很大程度上引领了这种转换。

一、聚焦科学的反思:活动·方法·科技革命

大椿教授最初是从"科学是什么"切入科学哲学研究的。20世纪70年代,对于中国哲学界,"科学是什么"好像是很简单、清楚的。那时,各种流行的教科书和辞典毫无例外都把科学定义为"知识体系"。受到贝尔纳的启发,他尝试着把科学作为一种活动来系统研究,并试图在科学活动的观点下,将对科学作认识论的分析与心理学、社会学的探讨就统一起来。1985年,人民出版社出版了他的著作《科学活动论》,书中提出了"科学活动论"的观点。后来,他又把科学活动论扩展到社会科学。总体上说,科学活动论有四个方面的要点,集中反映了当代科学实践的基本特点。第一,科学在今天是人类特有的活动形式,是从事新知识生产的人们的活动领域。现代科学已不再局限于个别科学家自发的认识过程,而表现为一种精神生产形态,表现为科学家、科学工作者的共同活动。第二,科学又是人类特定的社会活动的成果,它表现为发展着的知识系统,是借助于相应的认识手段和方式生产出来的。科学活动的直接目的和最高价值,在于达到对客观世界的真理性认识。第三,科学活动离不开独特的物质手段,但在本质上是精神的、智力的活动。科学活动具有极大的创造性,这一点与它遵循特定的认识规律、心理规律相辅相成。第四,科学活动组成一种社会体制,是整个社会活动的一部分。现代科学活动与生产活动有最密切的关系,前者是后者的准备和手段。知识并入生产过程、知识转化为直接生产力,这都是科学活动的重要方面。科学活动与其他社会体制,如军事、政治、文化诸活动,也彼此渗透,互相作用和影响。并且,对社会科学也应当采

用活动论的观点,换言之,应当把社会科学作为一种特殊的人类活动来论述,把社会科学活动及其精神产品作为一个从自在走向自为的过程来描述。

科学方法论是大椿教授沉思科学的另一个着力点。他强调方法论给人的不仅仅是既成的产品,而是产品借以制造出来的工具。他认为,方法论作为一种分析似不应看做一种指令,只有在理论和实践两方面有意识地把握现实的能力比较发达时,才能产生对不同的方法、它们的应用范围以及它们之间的关系进行哲学反思的必要和可能,才能提出真正的方法论问题。在他看来,各种方法应该是互补的,因而提出了"互补方法论"。在《互补方法论》中,他对先后流行的各种方法论思想和问题进行比较,倡导了一种互补的理解。就是说,科学方法论与科学活动本身一样,是历史的,永远不会停留在某一水平上。恰当的态度是:善于学习已有的科学方法和方法论思想,但绝不要把任何一种方法和方法论思想绝对化;尽管它都有一定的作用,毕竟又有一定的范围和局限性。它们之间可以取长补短,具有互补效应。所谓互补方法论,可以看做是多重视角下的方法论。

20世纪80年代末,邓小平同志提出了"科学技术是第一生产力"的论断,开始受到学术界的关注,大椿教授属于最早从学术角度切入科技与社会关系领域的研究者。他起初围绕科技革命来展开研究,主要有三个方面的关注。第一,关注现代科技革命的基本特征、趋势以及对中国的挑战。历史上,曾经发生过许多科学革命。进入20世纪,科学开始干预一切生活领域,科学、技术与生产正在形成一个有机的系统,因此20世纪发生的是科技革命,而不是单纯的科学革命。现代科技革命的实质是,科学在现代社会条件下,转化成技术进步和生产发展的主导因素,从而对生产力进行彻底改造,简而言之,现代科技革命的实质是生产力革命。第二,关注科技革命对资本主义社会嬗变的推动。从某种意义上说,在科学技术与资本主义生产方式之间,的确存在着某种默契的配合:科技革命为资本主义开辟道路,资本主义又为科技革命深刻地理解这种契合而形成了内在机制,这种默契的配合对于社会生产具有十分重要的意义。科技进步与经济增长已经成为当代资本主义社会—经济体制中内在的关联性要素。第三,关注科技革命与当代社会主义运动之间的关系。根据当代科技革命所展现的崭新的历史可能性,人们最迫切的使命是,进一步明确科学技术是第一生产力,从而在操作层面上,为完成社会主义的根本任务找到突破口。这就是首先解放和发展科技生产力,其中包括解放和发展教育生产力,把四个现代化的关键放在科技教育现代化上。

二、聚焦哲学的反思:文化·学科·哲学教育

20世纪90年代,大椿教授进一步思考"科学技术是第一生产力"的问题。他致力于剖析当代科学技术对经济社会发展的决定作用,运用马克思的劳动价值论集中思考"现代科技何以创造价值"的问题。"科技—生产—经济"统一体已经成为当代经济社

会的重要建构,这种一体化的显著标志便是科学技术成为经济系统的内生变量,现代科技有机的、内在地并入生产过程。微观地看,现代科技革命通过对劳动、资源和资本品的作用和变革,创造出巨大的财富。他认为,技术不能仅仅看做一种工具。后来,在《技术何以决定人的本质》中,他提出,技术是人与客观世界实践关系的中介,在人类的目的性活动过程中发挥着不可替代的作用,并因此决定人之本质。

当时,另一个在科技哲学界备受瞩目的问题是"中国近代科技文化转型"。大椿教授从"李约瑟问题"切入这一问题,把目光集中在中西传统思维方式的差别上,结论是中国传统的有机论思维与西方科学思维方式具有互补性。在近代中国科学技术相对衰落之后,中国现代科学技术发展的主流只能是向西方科学技术学习,包括检讨中国思维方式之不足。但是随着科学的发展,西方科学已经越过或者将要越过以还原论为主的阶段,一种系统的观念脱颖而出,风靡各个领域。对于中国人而言,应当具有互补的眼光,既从现实应用的角度,又从前瞻的角度,关注中国有机论思维传统与西方科学传统之间的互补性。后来,他又把对"李约瑟问题"的思考投向一个更广阔的文化历史背景中,回溯了西学传入中国的历史旅程,把科学传入中国与中国步入现代化这两个相互关联的过程结合起来审视,写作出版了《新学苦旅:中国科学文化兴起的历程》一书。他沿着这个思路,跳出中国,把眼光投向整个世界,探讨以科技革命为动力的全球性现代化过程的复杂进路。实际上,他的研究触角已经经由科技革命、科技转型逐渐深入到中国现代化的一般哲学问题。

20世纪90年代他对哲学思考的另一条进路是对科学技术哲学专业的定位,特别是对自然辩证法公共课的省思。80年代,科学哲学研究非常活跃,学术界大规模引进西方相关的理论,这为今后进一步的研究打下了基础,但也的确出现了食洋不化,浅尝辄止的毛病。他认为,自然辩证法教学和学科建设应该坚持"基点不动摇、功能有特色、学科要拓展"。基点就是成为科学技术与马克思主义相联结的桥梁。自然辩证法课程的教育功能有特色在于,它努力借助于现代科学技术的最新成果,通过改变学生的思维方式来确立马克思主义观点。这样,既能避免把马克思主义当教条强加于人,又不能听任我们所培养的人才对自己专业以外的知识孤陋寡闻。学科要拓展,主要是从学科建设的指导思想、目标模式和内容更新的重点三个方面做工作。具体到内容更新的重点,他提出了三个可能方向:一是人工自然问题,二是科学发现、技术发明和产业化的方法论问题,三是科技—经济—社会—文化的互动作用问题。这三个方面也是他之后研究的重点领域。应该说,对科学哲学的反思实际上引导了他后来的工作,让他从科学哲学的基础性问题转向更广阔的哲学领域。当然,他后来对哲学的省思,仍然有从科学问题中生发出来的特点,逐渐从科学哲学的中心向边缘处前进。

大椿教授对于科技哲学的思考很自然地就扩展到对当代哲学教育的反思。他认为,哲学教育备受冷落,部分地归因于转型期日益浮躁的社会风气,但也暴露出了当代我国哲学教育积重难返的诸多流弊,其中哲学教育思想和哲学教育方法是最为突出的问题,而这个问题,又源于对哲学教育研究的忽视。他指出,虽然我们由国家主导的哲学教育搞了几十年,却并不重视哲学教育的研究。对哲学教育研究的忽视,使哲学教育成为一种缺乏反思性的活动。哲学教师不能依据实践的发展和时代的变迁,创造性地领悟当代哲学的思想以及最佳的哲学教育方法,反而深陷于一些幻象之中,造成了一些重要的缺失。

他尖锐地指出,当代中国哲学教育方法的刻板性和独断性集中表现为三种幻象和三种缺失。它们分别是,真理化身的幻象、人生导师的幻象和知识大全的幻象三种幻象,以及互动性的缺失、针对性的缺失和适应性的缺失三种缺失。关于三种幻象,具体地说:真理化身的幻象,即哲学教师在哲学教育活动中仅将哲学简单地视为真理,把自己看成真理的代言人。在此幻象下,哲学教师的主要工作,是让学生无条件地接受被当成真理的哲学命题。人生导师的幻象,即哲学教师自以为是掌握了人生智慧的人,试图通过哲学课为学生指点人生的迷津。在此幻象下,哲学成了一种其原则一经掌握便可受益终生的人生指南。知识大全的幻象,即视哲学教育为最高层次的知识教育,哲学教师为无所不晓的万事通,他们不是用哲学解说和评判知识,就是用知识替代哲学,甚至自负地视哲学为最高层次的知识。关于三种缺失,则是:所谓主动性的缺失,意指学生缺乏主动思考和发问的积极性。教师上课照本宣科,学生除了洗耳恭听之外,已无主动思考和发问的必要,久而久之学生也习惯于被动性地接受了。所谓针对性缺失,意指当代我国哲学教育没有依据学生的现实需要开展教学活动。哲学教育将目标定位为大而全,结果却是大而不当、全而无用,毫无针对性。所谓适应性缺失,意指哲学教育因其教育方法的刻板和独断,越来越难以适应处于社会转型期加速变迁的现时代。一方面,普及性哲学教育未能行使其应有的人文教育或博雅教育的功能;另一方面,专业性哲学教育所培养出的学生缺乏广泛的社会适应性。

大椿教授提倡搞哲学方面的素质教育,反对刻意教化。他认为,刻意教化与着眼提高受教育者素质的本质区别在于,前者以独断论的态度看待客观精神,试图用灌输的手法将受教育者加工为顺应既存社会的模块;而后者则立足客观精神与个体主观精神的互动,使受教育者通过理解领会客观精神的实质,培养出能够积极应对现实生活挑战的新的社会成员。具体来说,刻意教化而非提高素质的表现集中在下面四个方面:灌输而非启迪;说教而非理喻;型范而非陶冶;受动而非创造。

三、聚焦人文的反思:伦理·环境·人文精神

20世纪90年代后期,大椿教授对科技伦理产生了浓厚兴趣,试图从科学技术的角度审视人类的价值观和现代性。他对待当代科技的负面效应有一个总的判断,即科技困境根源不在于科技,而在于支配科学技术运用的价值观,本质上是价值观危机。在《在真与善之间:科技时代的伦理问题与道德抉择》中,他不仅把现代科学技术看做一

种物质性实践,而且还把它视作一场开拓性的社会伦理试验。他认为,正是现代科技的发展使人类交往实践日渐复杂,同时也使主体活动后果的深远性愈益凸显;结果,迫使人们放弃技术价值中立论和盲目的技术乐观主义,进而认识到日益增长的惊人的科技力量所担负的巨大责任。科技难以克服的负面影响使人们清醒地认识到,不仅伦理应该是科技的内在维度,而且正是科技进步在加速地拓展着伦理的新领域和向度。现代科技的最新发展,比如克隆人、人体器官移植、网络技术等,都引发了许多以前没有的伦理问题。对科技伦理问题的反思的确可以触及现代科技最深层的根本性问题,也可以进一步深入挖掘,反思整个现代性。

在科技伦理方面,他尤其关注网络伦理问题。从伦理的角度而言,网络给社会提供了一种新的交往方式,也引发了一系列的社会伦理问题。在现代社会,网络伦理应该成为一种努力使权利得到公正分配的制度伦理。这种伦理观念充分尊重个体的自由与权利,同时倡导兼顾他人,确保他人的福利得以实现。现在,人们已经逐渐意识到,网络伦理实质上是一种责任伦理,它强调用道义论来平衡功利主义的效益论。在网络发展的过程中,单纯从功利主义的角度强调技术的进步和利益的获取是片面的。在发展网络技术的同时,我们还要针对已经出现的伦理问题,以责任伦理为指导,建立起强调公平和正义的、契约化的伦理底线。

同时,他还特别关注环境哲学和环境伦理。具体地说,他主要从三个方面进行研究。首先是当代环境伦理的重构的研究。面对现代工业社会的环境问题,东方文化,尤其是儒道结合的中国传统文化重现了它们的合理性。儒道文化传统主张将人和自然的协同进化作为一种理想,并将它贯彻到自然保护的多个环节中去,是当代环境伦理的重构不可忽视的宝贵财富。其次,可持续发展观的研究。传统的经济增长观注重近期和局部的利益,片面地强调经济发展,忽视人口、资源、环境的协调发展,很可能带来"有增长无发展"、"无发展的增长"或"恶的增长"的结果。要实现向可持续发展观的转变。要在经济活动中,建立绿色 GDP 核算体系、稳态经济和非物质化经济。最后,生态价值观的研究。造成人类生存困境的根源不在于科学技术,而在于支配着科学技术运用的价值观,本质上是价值观的危机。与传统价值观那种把自然视为"聚宝盆"和"垃圾场"的观念相反,生态价值观把地球看做是人类赖以生存的唯一家园。用生态价值观来代替传统价值观,才是解决人类困境的根本性出路。

20 世纪 90 年代末期,他对科学与人文的融合问题投入了相当大的精力,仔细研究了科学精神的概念和内涵,还旗帜鲜明地讨论了当代哲学视野中的科学与迷信。他主张,要注意对科学的盲目迷信,又不能简单地跟着国外流行的反科学思潮跑,在科技不发达的条件下,超越可能意味着愚昧。在他看来,科学精神与人文精神的分离和对立,在很大程度上是现代人制造的一个幻象。必须正视两者,才能看到这个世界的真实图景。科学精神和人文精神,单独一方不可能构建完整的人类精神世界。科技革命时代特别需要有人文关怀。科学精神和人文精神都是人类精神的内在组成部分,是贯穿在科技探究活动和人文追索过程中的精神实质,它们有冲突和龃龉,又能融合和沟通,重要的是在二者之间保持必要的张力。

他指出,传统的科学模型认为科学是一种与价值无关的追求真理的活动,独立于它的社会文化情景;但在作为一种活动的科学中,科学知识的获得及其应用是不能分开的。科学家对社会的义务不仅是提供好的科学知识,也应该关注它应用的后果。规范并不足以阻止科学中损害科学和科学家形象的弄虚作假或不轨行为。作为体制的科学也必须在权衡不同价值的基础上作出对资源公平分配的决定。作为一种控制,科技伦理学可以通过科学共同体对其成员行为的自我调节而与专业自主性调和起来。科学家的社会责任不仅包括研究活动和创新,也包括科学家作为专家对科学知识的可能滥用负责,因为只有科学家有能力准确预知这些滥用。科学家需要意识到科学的目的,推敲新的自然概念,参与制定伦理准则,对他们在社会的作用采取负责任的态度。

在他看来,科学精神是人类在对世界特别是自然界的探究中形成的,它主要包括:(1)实事求是,怀疑一切既定权威;(2)相信理性,追求知识,注重可操作程序;(3)热爱真理,憎恶一切弄虚作假行为;(4)遵循公正、普遍、创新等准则。科学精神重在求真务实,探究万物之理。人文精神则是人类对自己生存意义和价值的关怀,包含对人的价值的至高信仰,对人类处境的无限关切,对开放、民主、自由等准则的不懈追求,凝结为人的价值理性、道德情操、理想人格和精神境界。人文精神重在价值蕴涵,追求理想境界。过分地强调科技理性,以为能包打天下,不过是一种偏执,必然走向极端。而一味反讽科学,把一切罪责都归于科学,也是极其片面和偏激的,从一个极端走向了另一个极端。现代科学技术越来越对社会各方面产生深刻的影响。在物质技术占据人们生活的主体的同时,人们更感觉到需要人文关怀。

四、聚集学术生态的反思:问题—超越·精品—大师

进入21世纪,以主编中国人民大学《中国人文社会科学发展研究报告(年度)》为契机,大椿教授致力于对中国的人文社会科学进行整体反思。他尝试着从不同的角度给目前中国人文社会科学"挑刺"、"找茬",或者是给它"号脉"、"看病"。这种反思至今还在持续,提出了许多有现实价值的观点。

第一个角度是"问题意识和超越情怀"。目前,我们的人文社会科学缺少问题意识,运作性不强,是制约人文社会科学发展的突出问题。如何才能提高问题意识?他认为,从方法论上看,是在设问方式和应答方式两个方面都要转变。从价值观上看,要破除研究者急功近利的心态,张扬一种超越情怀。他指出,问题意识淡漠既有学科自身的原因,也有特定的政治根源和社会历史根源;对于人文社会科学,问题意识淡漠脱离时代与社会现实,无异于切断了它们发展的源头,必将成为无源之水,无本之木,生命力将随之枯竭;为了真正凸显问题意识,必须矫正体系本位意识和功利主宰导向,其中最关

键的是不能抱持急功近利的心态,而要张扬一种超越情怀。这就要求在咨政与怡情、建构与解构、学者人格与多元追求之间保持必要的张力,要提防人文社会科学研究非怡情化的趋向。他指出,超越情怀的现实意义,一是在对问题的反思中,坚持一种实事求是的客观公正的态度;二是在对现实的批判中,寻求建设性的解答。

第二个角度是"学术精品与学术大师"。在人文社会科学领域,什么是学术精品?什么是学术大师?为什么现在难出学术精品和学术大师?他对这些问题做了一些深入的探讨。中国人文知识分子自古就形成了有别于西方学者的人文传统。在西方同仁关注自然,探求宇宙的本源与发展规律,探求超越现象世界的客观的纯粹知识之时;中国的人文学者将关注的目光更多地投向了生活现实和人本身,在"人文"与"天道"契合的视野里,虚置彼岸,执著此岸,形成了独特的"人文精神":一是深刻的忧患意识,二是对道德理想的探求和对社会道德秩序的建构与维系,三是具有强烈的政治抱负,关注政治、参与政治,置政治于学术之中。在他看来,必须要强调"学术"的求真本意。首先,对学术本意的揭示可以让我们更好地理解中国学术从传统到现代的变迁。其次,对学术本意的解释有利于人们解除强加于学术上的束缚。只有追求学术的本意,才可能出学术精品。他指出,讨论学术精品,绝对离不开"大师"。在人文社会科学领域,"大师"必须具备几个条件:一是要有巨大的成就,二是必须拥有扎实的学术功底,三是,应能够获得人们的景仰。时代呼唤精品和大师。目前中国学界问题很多,但蔓延最广、危害最深的是学术浮躁。学界的浮躁源于世俗利益的诱惑和评价体系的缺位。既要对学术成果、学术项目、学术机构进行评价,又要对评价的理念和方法进行评价。学风浮躁与学术腐败是相辅相成的。解决的办法一是加强监督,强调规则的公开和公正;二是尽量减少行政化的程度。没有学术的独立也就没有学术的繁荣,学术自由是学术繁荣的前提。当前,学术自由最大的障碍,一是审批学术,再就是等级学术。去掉了浮躁学风,消除了权力腐败,撤销了对自由的束缚,学术自然就繁荣了。

五、当下迫切关注的问题:当代科学论·
另类科学哲学·创新方法

2006 年以后,大椿教授研究的重心重新回到科技哲学的核心问题,集中反思马克思主义科技观与当代科学论(包括另类科学哲学)以及创新方法两个问题,它们也是最近在科技哲学界最受关注的重大问题。

他认为,在当前科技突飞猛进、综合国力较量日趋激烈的新形势下,用新的眼光重新审视马克思主义科技观是一个重大的战略要求。充分认识科技对经济社会、对生产力发展所起的决定作用,恰当应对精神领域和生态领域提出的新问题,是马克思主义科技观与当代科学论研究的当务之急。当代科技论现出两种趋势:一方面,学科领域不断分化,形成科学技术(思想)史、科学哲学、技术哲学、科学技术与社会等学科,同时在它们之间也出现了一些壁垒;另一方面,以问题为中心日趋综合,不同学科之间的交叉、融合成为时尚,但在整合中也出现了一些疏漏,以至忽视基本理论的建设,甚至对马克思主义科学技术观缺乏认同感。因此,迫切需要通过马克思主义科学技术观与当代科学技术论的研究,进一步明确其研究对象和目标,形成能为大多数共同体成员认可的学科范式,并协调好它与其他学科的关系,促进马克思主义科学技术论的与时俱进。

在当代科学论方面,他对另类科学哲学给予了特别的关注。另类科学哲学的兴起,最显著的表征是有影响的另类科学哲学家及其科学哲学理论受到科学哲学界的重视。如果把卡尔纳普、赖欣巴赫、亨普尔等人作为正统科学哲学家的代表,把波普、库恩、拉卡托斯等人看做从正统到另类的过渡人物,那么,费耶阿本德、海德格尔、法兰克福学派、罗蒂、福柯、德里达、利奥塔等人应当说就属于另类科学哲学家。他指出,另类科学哲学的兴起,实际上是当代科学哲学正在发生重大变化和转向的表征。首先,科学论从逻辑主义转向历史主义、社会学化和"后哲学文化"。其次,本质主义、基础主义的消解和多元主义兴起。再次,现象学方法、解释学方法、后现代性的"解构"方法渗入,从辩护转向批判。最后,当下科学论的视域、论域越来越多元化,研究旨趣转向科学、人文两种文化的融合。

在他看来,科学论有一个对科技从辩护到审度的转变。19世纪下半叶,自然科学技术对现代社会的巨大影响日益彰显,引起了哲学的强烈关注,科学哲学可以说是自然科学兴起并对现代社会产生巨大影响的理论产物。因此,科学论产生之初,主要宗旨是为科学辩护,即证明自然科学的合理性,进而试图用科学方法改造人文社会科学,或者把非科学问题划归为无意义命题。辩护科学的思路在逻辑实证主义那里发展到了顶峰,之后辩护的声音逐渐衰落,质疑科学的声音越来越响,包括历史主义、逻辑实用主义,等等。到了20世纪70、80年代,对科学的质疑甚至走向全盘否定科学的极端,出现所谓后现代科学论、SSK、女性主义科学论等另类科学论。但是,对科学的全盘否定显然是与常识不一致的,很快引起了反弹,20世纪末的"科学大战"就是佐证。21世纪之交,重新捍卫自然科学地位的声音在科学论领域越来越强烈。他指出,从科学论的百年流变来看,哲学对自然科学最合理的态度应该是审度,既不一味辩护,也不一味否定,而是实事求是地具体分析,真正做到扬长避短、为我所用。

他还指出,在审度的宗旨下,在重新概括和发掘马克思主义对科学技术的经典论述的基础上,应当进一步从理论上阐明马克思主义与科学技术的关系。为此,需要对现代科学技术的特征进行全面的理论概括,需要对现代科学技术及其社会作用作实事求是的理论和实践分析,需要将马克思主义科技观与西方现代科技观加以比较,也需要对我国科学技术发展的战略政策加以探讨。这些问题的研究无疑会为新形势下正确认识和促进马克思主义与科学技术的发展提供良好的基础。

这几年,自主创新能力的问题引起了国家的高度重视,党和政府提出了建设创新型国家的号召。在这个背景下,创新问题也引起了他的关注。自主创新,方法先行。他认为,创新的突破口是创新方法,创新方法研究的重要方式是范例研究,最具显示度并易于理解和普及的范例是卓越科学家的创新方法范例。创新方法研究不能空谈理论,应该紧密结合我国卓越科学家科研实践的丰富案例,力求研究有所突破、有所发展,促进创新方法工作。所以,他主张概括和分析卓越科学家的事业、人格、思想,揭示他们如何创新方法,创新方法对他们的成功具有怎样重大的作用,给他人创新提供借鉴。创新方法研究要坚持"助发现"的方法论指导,即创新方法研究不是要制定传统科学方法意义上普遍的、确定的常则,而是试图提供一种启发性的帮助。创新方法是在实践中变化的,科学方法也不是千篇一律的,研究要有新发展,对实践要有新概括,帮助人们的实践。他还指出,创新方法研究应该与教育、宣传、推广紧密结合起来,充分利用网络、电视等大众传媒,将研究成果直接转化为群众喜闻乐见、容易传播的形式。

六、简短评论

近20年来,自然辩证法在中国演化成科学技术哲学。这个领域的研究问题异常庞杂,大椿教授的研究从曲高和寡的自然哲学、认识论问题到大众关注的伪科学、科技创新问题,从经典的马克思主义科技观到另类的后现代知识论,从久远的科技史问题到时兴的环境伦理、克隆人、虚拟实在问题,从科学方法和科学规范问题到问题意识的树立、超越情怀的培养、人文社会科学的评价等问题,基本上囊括了与科学技术有关的各个领域。科学技术哲学研究的问题域,是伴随着对于科学本质的认识、科学方法论的总结与反思、科学思想史研究的深入、科技社会学与科技伦理等领域的探索以及人文社会科学哲学的兴起而不断拓展、深化的。从科技出发的哲学审思是他思想的基本点,在学术与现实的两极张力中不断变换视角以求得持续的哲学创新是他的学术品格。

从整个学科发展来看,迄今为止,他的研究取向集中体现了中国科技哲学领域的基本发展方向。他的学术生涯从"科学是什么"这个科学哲学的"中心"问题开始,历经了一个逐渐向方法论、科学思想史、科技社会学、乃至科技伦理学、技术创新研究、人文社会科学哲学等领域发散的过程。近年来,他又重新回到科技哲学的核心领域,用全新的视角审视科学及其方法问题。他不是试图营建无所不包的体系,而是不断发现和提出问题,并追随问题给出别开生面的思考,似乎在经历着一个从中心到边缘再到中心的转换。正是在这种转换中,新的理论生长点不断出现,研究的问题域不断扩张,创新型的思维活动异常活跃。引领潮流,而不是跟风,是大椿教授理论创新的一个重要特点。

他的研究的另一个重要推动力是密切关注科技实践中的问题,尤其是中国科技事业的发展状况。从"科技是第一生产力"命题、科教兴国战略、可持续发展战略、生态文明到科学发展观、建设创新型国家,这些时代的最强音总能引起他的关注,并引发他对当代中国科技的新理解。无论是问题域,还是应答域,他都力图紧密结合实际,不流于表面、空谈理论,对热点问题一直保持敏感的、开明的哲学关照,随时保持对中国现实的清醒认识和判断,而不被外界此起彼伏的新理论所迷惑。总之,中国现实、中国问题和中国视角是他研究的出发点。

正如大椿教授所言,每一代都只能承担有限任务。"筚路蓝缕,以启山林",开拓者总是注重攻城略地,这是改革开放之后走上学术舞台的一代中国学人的共同特点。但是,经过 30 年的开拓,纵深发展正在取代横向扩张成为新一代学人的主流模式;问题意识取代体系本位,原创研究取代引进消化,这是新一代学人不得不面对的学术生态。当下中国学术研究已经进入打硬仗的阶段,很难再找到前人完全没有接触过的问题了;为此,他寄望新一代学人不仅能继续完成继续中国学术优秀传统、弥补几十年耽误所造成的差距使命,而且能自觉关照改革开放后中国的新形势、新情况和新问题,在面向世界、与西方学术交流、对话方面作出更好的成绩,担当起形成中国特色、中国气派、中国思路的历史重任。

部分文章英文提要

The Philosophy of Ours:
"First and Foremost is to Interpret the World"

Han Qingxiang　Wang Haibin

Since the reform and opening up, Marxist Philosophy in China has made progress. However, an issue worth considering is: can our philosophy explain our world? Contemporary our some Marxist philosophy, during the state, alienation of our real-life world, behind the required level of the times; In the synchronic state, it does not upgrade out philosophy which has the impact of the development of contemporary China, and it is not concerned about the reality through philosophical approach; In content, it always satisfies with the grand narrative, and did not pay attention to the specific and accurate knowledge of analysis of the new realities; It is always difficult to understand in the abstract form of expression, and it does not provide us with the wisdom of this should have plainly. The basic function of the philosophy is to explain the world, critic the world, evaluate the world, lead the world and change the world. However, our some philosophy does not say to change the world, and even an explanation of the world has not happened.

Meta-value, Human Value and
Responsibility Value

Mou Yongsheng

Universal value is one hot topic now and it has implication of the rich. Directly related to connotation and features of value, universal value also has meta-value, human value and responsibility value. They Constitute those contents that we create Axiology, demand harmonious world, share global issues.

Stratums of Seeing: Visual Culture, Visual Sociology and the Critique of Visual Method

Liao Hsintien

Influenced by culture studies and image theories, visual culture (or visual culture studies) emerges in the 1990s. There are three characteristics in visual culture: cross disciplines, postmodernism basis, and daily-life concern. "Visuality" is one of key words coined by visual culture. The concept invites power and discourse into the traditional visual discussion, entering into a critical dimension and societal perspective. In the development of visual culture, theory of sociology does not play a positive role, though it is often mentioned. Chris Jenks conceives sociology doest not involve profoundly in the visual and modernity, comparing with other issues. However, it is a misunderstanding. Exploring social issues through visual images is called "visual sociology". *Current Sociology*(1986) put that "visual sociology" is about as old as sociology itself. Moreover, the fundamental position of "observation" in social research method is closely connected to visual analysis. The problematic of observation therefore is perhaps the meeting point of visual culture studies and visual sociology. This paper will critically examine "stratum of seeing" in social observation and try to find out the possible "visual encounter" between the two fields.

Ideology Fantasy and "the Real"

Han Zhenjiang

Slavoj Žižek has enlarged the field of ideological research. He inherited the "The Real" theory in the late years of Lacan, and interpreted his own theory of ideology fantasy on the basis of "The Real". Through the fantasy of ideology, thc idcal will become the social dominance, it serves to not only the actuality of subjectivity, but also the intergration, consistancy and coordination, without it, the subject will commit suicide or collaps when facing the re-established real.

The Hermeneutical Context of "Going Back to Marx"

Zhang Wenxi

How is "going back to Marx" possible? Being tested by the practice of interpretation which Althusser put on Marx, whoever wants to probe into the meaning of Marx's texts is faced with the problem of how to judge the legitimate standard of reading. To implant the very problem in the critique of historical consciousness will give rise to two hermeneutic principles which seem to be totally different: to cling to the belief of returning to Marx's intention, or to claim the "legitimate prejudice". In the practice of interpretation, if the interpreter establishes the principles of interpretation according to the former, and recognizes the obscure meaning between the lines genuinely and carefully like Leo Strauss does, then, for he is guided to think what Marx and himself think, thus, it's possible to transcend the "historical vision" and direct to what they think in common.

New Illumination of the Views of Ethics and Morality of Marx and Engels

Wei Zhengxiang

To develop Marxist Ethics in the new historical context and related new academic a-chievements, we need to give new illustration of the views of ethics and morality of Marx and Engels based on their original texts. This paper has given new illustration in the three aspects of original texts of Marx and Engels, definitions of ethics and morality, and historical development of Ethical systems, to explain that the *universal ethics* such as "freedom, equality" had been emphasized by Marx and Engels, but they think that they cannot be truly realized in capitalist society but in communist society.

Re-defining Marxism

Norman Levine

Norman Levine is famous scholar on the intellectual relationship between Marx and

Engles. His mean idea drew international attention to the Marxology scholars in *The Tragic Deception: Marx Contra Engles* and *Dialogue within the Dialectic*. Many scholars discussed deeply around these ideas. This paper argues the two labels that "Dialectical Materialism" and "Historical Materialism" distorted the true content of Marxist thought. For this reason, Levine wants to redefine Marxism. By drawing on the relevant outcomes of MEGA2, he pointed out that Hegelian methodology was the ground for Marx's method of social analysis and Marx incorporated Hegelian methodological categories and employed them to uncover the inner structure of social systems. He announced a new formula of explanation in the social sciences breaking with all previous programs of social science diagnosis.

Evolution of Capital Logic and Rethinking "Discourse of Class"

Sun Liang

In traditional understanding, discourse of class equated with the violence. It causes discourse of class disappeared. While talking about the topic of class, Could not the class be evaluated again? This is a key topic of Marxism. Continuing to chapter three of Marx's capital theory, Western Marxism regard it as "Farewell to class". But it is untrue. We think that discourse of class is higher than other social analysis ways because our understanding establish at relation between class and capital.

The Origin and the Definition of Class

Yang Weiqing

As far as the origin of class is concerned, the most popular explanation model is based on productive power and the division of labor, but this model is inadequate. Only by combining it with other two explanation factors, that is, the endowment-skill explanation model and a particular theory of human nature, can we expect to give a better explanation of the origin of class. In discussing the concept of class, this paper begins with examining some conventional definitions, and then explores the connection between the concept of class and class consciousness. In the forth part, the relationship between class, order, and strata is introduced. In the last, this paper points out the two different kinds of use of the concept of class.

We

Jaap van Brakel

One can distinguish a variety of more or less inclusive "we's": we scientists, we Chinese people, we beings in the universe, we philosophers, we people-in-the-globalised -world, and so on. This paper starts with a critique of Bernard Williams' distinction between the/a inclusive "we of science and logic" and the/a contrastive we of a "parochial us" (e. g. members of modern industrial societies). Next I evaluate Williams discussion of the/a "transcendental we", which is connected with the issue of the (alleged) transcendental status of Wittgenstein's philosophy. Then instead of these and other "we's", I propose a most fundamental and primordial "we", that is, the you-and-me-we (particularly the you-and-me-we of intercultural encounters).

Rhetoricand Philosophy: on some
Typical Stylistic Differences between Plato's *Republic*
in Chinese Translation and its Greek Original

Wang Yang

This essay examines and analyses some typical stylistic differences between Plato's *Republic* in Chinese translation and its Greek original. To have Socratic dialogue means to debate, to rationalize, to discover, and to illuminate truth. The stylistic tendency in Plato's composition is chiefly shown in his use of an array of rhetorical devices to modulate and variegate the scheme, tonality, and atmosphere of the dialogue. Such practices clearly serve well to enliven the philosophical text, to delight, educate, and move the reader. With parallel examples from the original Greek text and from their counterparts in some Chinese translations, the author of this essay hopes to illustrate that rhetoric plays a very important role in Plato's writings and that, in our effort to translate Plato's work into Chinese, we must adhere as closely as possible to its original style.

Zen Masters' "Hand" and Heidegger' "Hand"

Liu Yi

In this paper, based on literatures of Zen Buddhism, we have discussed in details a kind of phenomena that Zen masters taught the people who practiced Zen by "hand", and pointed out that the Zen masters' "hand" actually said something vast, empty in which the incessant play of phenomena could occur. With the help of saying of "hand", Zen practitioners could feel, and finally, go into the spirit of surmounting of Zen Buddhism. This kind of phenomena in Zen Buddhism is similar to the thought in Heidegger's writings that people could think nothingness and say nothingness by "hand". This similarity may mean some concrete clue which Zen masters' thinking and Heidegger's thinking have some close linkage.

后　记

　　《哲学家》是中国人民大学哲学院主办面向全国的学术年度期刊,以弘扬哲学智慧、繁荣哲学研究为宗旨,设有马克思主义哲学、中国哲学、西方哲学、伦理学、宗教学、美学、逻辑学、科技哲学、管理哲学、政治哲学、比较哲学研究等相关栏目。本书力图体现哲学研究的高水平成果,成为这一领域的标志性刊物。

　　《哲学家》由人民出版社出版,每年1期,目前已出版4期,每期约30万字。为了进一步促进哲学界同仁的相互交流,2010年度《哲学家》现面向全国哲学界征稿。来稿一律由中国人民大学哲学院学术委员会进行审阅,一经采用,即通知作者本人。

　　来稿请注意:

　　一、稿件必须是未发表的原创性稿件,包括学术论文、学术书评、翻译文章等。字数以8000—15000为宜,重要文章可适当放宽。因为本期刊为年度刊物,所以不便登载商榷性文章。

　　二、来稿请遵循本刊的规范格式:

　　1. 来稿由标题名、作者名、具体到学院或研究所的作者单位、内容提要(200—400字)、关键词(3—5个)、正文组成。另外还需提供论文的英文题目、内容提要和关键词。

　　2. 来稿注释一律采取当页脚注,另页重新编号。注释以阿拉伯数字①②③④⑤等编号。格式为:"作者:《书名》,××译,出版地:出版社××年版,第××页。"引用期刊文章格式为:"作者:《文章名》,××译,《期刊名》××年第××期。"

　　3. 来稿请在稿件上注明真实姓名、详细通讯地址、邮编、电子邮件和电话。

　　三、来稿可以是打印稿,但必须另附电子文本,也可以直接发送电子邮件。打印稿请寄至:中国人民大学哲学院《哲学家》编辑部收,邮编:100872。电子邮件请发至:rd-philosopher@126.com。

《哲学家》编委会

2010年6月

责任编辑:洪 琼

图书在版编目(CIP)数据

哲学家·2009/郝立新 主编,中国人民大学哲学院编.
－北京:人民出版社,2010.10
ISBN 978－7－01－009193－8

Ⅰ.①哲…　Ⅱ.①郝…②中…　Ⅲ.①哲学-文集　Ⅳ.①B－53

中国版本图书馆 CIP 数据核字(2010)第 159099 号

哲学家·2009
ZHEXUEJIA·2009

郝立新　主编　中国人民大学哲学院　编

人民出版社 出版发行
(100706　北京朝阳门内大街166号)

北京瑞古冠中印刷厂印刷　新华书店经销

2010 年 10 月第 1 版　2010 年 10 月北京第 1 次印刷
开本:787 毫米×1092 毫米 1/16　印张:22
字数:470 千字　印数:0,001-2,000 册

ISBN 978－7－01－009193－8　定价:59.00 元

邮购地址 100706　北京朝阳门内大街 166 号
人民东方图书销售中心　电话 (010)65250042　65289539